本辑编辑委员会(按姓氏笔画排序)

王泓之 邓 伟 包康赟 邵博文 金雨萌
徐 成 崔 斌 康 骁 谢可晟 潘 程

本辑主编

邵博文

本辑审稿和校对编辑(按姓氏笔画排序)

王泓之 邓 伟 叶依梦 包康赟 邵博文
金雨萌 柯 达 侯婷婷 洪国盛 徐 成
崔 斌 康 骁 谢可晟 潘 程

声 明

本刊的各篇文章仅代表作者本人的观点和意见,并不必然代表编辑委员会的任何意见、观点或倾向,也不反映北京大学的立场。特此声明。

《北大法律评论》编辑委员会

中文社会科学引文索引(CSSCI)来源集刊

北大法律評論
PEKING UNIVERSITY LAW REVIEW
第 20 卷·第 1 辑(2019)

《北大法律评论》编辑委员会　编

图书在版编目(CIP)数据

北大法律评论.第20卷.第1辑/《北大法律评论》编辑委员会编.—北京：北京大学出版社，2020.9

ISBN 978-7-301-31511-8

Ⅰ.①北… Ⅱ.①北… Ⅲ.①法律—文集 Ⅳ.①D9-53

中国版本图书馆CIP数据核字(2020)第143282号

书　　　名	北大法律评论（第20卷·第1辑）
	BEIDA FALÜ PINGLUN（DI-ERSHI JUAN·DI-YI JI）
著作责任者	《北大法律评论》编辑委员会　编
责任编辑	王　晶
标准书号	ISBN 978-7-301-31511-8
出版发行	北京大学出版社
地　　　址	北京市海淀区成府路205号　100871
网　　　址	http://www.pup.cn
电子信箱	law@pup.pku.edu.cn
新浪微博	@北京大学出版社　@北大出版社法律图书
电　　　话	邮购部 010-62752015　发行部 010-62750672　编辑部 010-62752027
印　刷　者	北京虎彩文化传播有限公司
经　销　者	新华书店
	787毫米×1092毫米　16开本　21印张　393千字
	2020年9月第1版　2020年9月第1次印刷
定　　　价	59.00元

未经许可，不得以任何方式复制或抄袭本书之部分或全部内容。

版权所有，侵权必究

举报电话：010-62752024　电子信箱：fd@pup.pku.edu.cn

图书如有印装质量问题，请与出版部联系，电话：010-62756370

《北大法律评论》第 20 卷·第 1 辑(总第 38 辑)

目 录

专题:时空维度中的法学(律)

黄钰洲　理性的规范性与历史的延续性
　　　　——哲学法学与历史法学之争 ……………………………(1)
黄茂钦　经济法视域下的"时空"之辨…………………………………(19)
吴佩林　论清代州县衙门诉讼文书的多样性与复杂性
　　　　——以《南部档案》中的"票"为中心……………………(38)
蒋正阳　变革与承续:陕甘宁边区自首制度的表达与实践 ……………(66)

论文

李　腾　作为行动理由的服务性权威………………………………(89)
艾佳慧　连续性思考的"神话"
　　　　——侵权法经济分析模型之反思 ………………………(111)
蔡　仙　论过失犯中结果避免可能性理论之演变 …………………(139)
邓卓行　强迫劳动罪的实质法基础与教义学阐释 …………………(171)

评论

范继增　废除《人权法案》与退出《欧洲人权公约》:英国普通法法理
　　　　能否有效保障基本权利? ……………………………(200)
李红海　普通法能否更为有效地保护人权?! ………………………(232)
叶　姗　个人所得税量能课征的法律构造 …………………………(236)

缪因知　资产管理违法所得追缴模式研究 ………………………（255）

孙竞超　社交媒体能为民主做什么？
　　　　——读桑斯坦的《标签共和国》………………………（275）

译文

〔美〕安德瑞·马默　〔英〕亚历山大·萨奇　著　张民全　译
　　法律的性质 ………………………………………………………（293）

编后小记 ……………………………………………………………（322）

Contents

Symposium: Legal Studies & Provisions Within the Spatiotemporal Dimension

Huang Yuzhou
    The Normality of Reason and the Continuity of History
      —The Dispute Between Philosophical Jurisprudence and
      Historical Jurisprudence ………………………………………… (1)

Huang Maoqin
    On "Time and Space" from the Perspective of Economic Law …… (19)

Wu Peilin
    The Diversity and Complexity of Litigation Documents in Counties
    of the Qing: A Case Study of "Piao" in *the Archives of Nanbu*
    County ……………………………………………………………… (38)

Jiang Zhengyang
    Change and Continuity: Representation and Practice of the System
    of "Turing Oneself In" in the Shan-Gan-Ning Border Region … (66)

Articles

Li Teng
    Service Authority as Reason for Action ………………………… (89)

Ai Jiahui
    The Myth of the Thought of Continuity: Rethinking the Economic
    Analysis Model in Tort Law ……………………………………… (111)

Cai Xian
    On the Development of the Theory of Possibility of Avoiding the
        Result in Negligent Crimes ·· (139)

Deng Zhuoxing
    Substantive Law Foundation and Doctrine Interpretation of Forced
        Labor Crime ·· (171)

Comments

Fan Jizeng
    Abolition of the *Bill of Rights* & withdrawl from the *European*
        Convention on Human Rights: Can British Common Law
        Jurisprudence Effectively Protect Basic Rights? ················ (200)

Li Honghai
    Can British Common Law Effectively Protect Civil Rights?! ······ (232)

Ye Shan
    Legal Construction of the Ability-to-pay of Individual Income
        Tax ·· (236)

Miao Yinzhi
    The Liability Allocation Mode of Disgorgements of Illicit Profits
        in Asset Management ·· (255)

Sun Jingchao
    What Can Social Media Do for Democracy? A Review on Cass
        Sunstein's #*Republic*: *Divided Democracy in the Age of Social*
        Media ··· (275)

Translation

Andrei Marmor and Alexander Sarch   Translated by Zhang Minquan
    The Nature of Law ·· (293)

Afterword ··· (322)

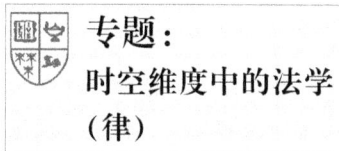

专题：
时空维度中的法学
（律）

理性的规范性与历史的延续性
——哲学法学与历史法学之争

黄钰洲[*]

The Normality of Reason and the Continuity of History
—The Dispute Between Philosophical Jurisprudence and Historical Jurisprudence

Huang Yuzhou

内容摘要：19世纪初，以黑格尔为代表的哲学法学派和以萨维尼为代表的历史法学派围绕着制定一部统一的德国民法典产生了争论。哲学法学派强调法的理性层面，认为制定一部清晰而明确的民法典是历史的必然，拒绝以过去来理解现在。历史法学派则强调法的历史性维度，坚持法必须出自民族精神和民族的共同生活意识，认为法本身是一个过去和现在相接续的过程。因此，哲学法学和历史法学之争的根本就在于如何理解理性与历史的交互关系。

关键词：理性　历史　哲学法学　历史法学

---

[*] 法学博士，中国社会科学院大学政法学院讲师。
本文受国家留学基金委员会"建设高水平大学公派研究生"项目（编号：201508500087）资助。

在1821年的《法哲学原理》中黑格尔指责以萨维尼为代表的德意志历史法学派，称他们："否认一个文明民族和它的法学界具有编纂法典的能力，这是对这一民族和它的法学界莫大的侮辱。"[1] 针对萨维尼及其作品，黑格尔进一步指出："最近有人否认各民族具有立法的使命，这不仅是侮辱，而且还含有荒谬的想法，认为个别的人并不具有这种才干来把无数现行法律编成一个前后一贯的体系。其实，体系化，即提高到普遍物，正是我们时代无限迫切的要求。"[2] 众所周知，蒂堡在1814年的《论统一民法对于德意志的必要性》中提出，拿破仑战争后的德意志尽管在政治上仍然可以保持分裂状态，但是却有必要进行"一个彻底的、迅速的转变"，也就是说，蒂堡希望诸邦能够团结起来制定一部统一的民法典："只要所有的德意志政府团结一致，努力完成排除单个政府的恣意而适用于全德意志的法典的编纂，德意志人在市民关系上才有幸福可言。"[3] 而蒂堡的这一主张旋即遭到萨维尼的反对。萨维尼在《论我们时代立法与法学的使命》（Vom Beruf unserer Zeit für Gesetzgebung und Rechtswissenschaft）（以下简称《使命》）中明确拒绝蒂堡的倡议，主张法作为民族生活的一部分，和语言、风俗及国家制度一样，浸润于悄无声息的民族意识，伴随着普遍民族生活而变迁，绝不能像"无历史"学派所臆想的那样出自于立法者的任意："法是由民族的全部过去而不是任意所给定的，以至于它不能偶然地是这样或那样的，而是出自民族最内在的本质自身及其历史。"[4]

黑格尔派与历史法学派之间的矛盾由来已久。一方面，根据耶什克（Walter Jaeschke）的研究，黑格尔与蒂堡素有交往。在1817年5月给弗罗曼的信中，黑格尔提到了在海德堡大学期间与蒂堡的友好关系，他常常参加在蒂堡家举行的音乐之夜。正如黑格尔所言，他与蒂堡"有着友好的、近乎信赖的友谊；他（蒂堡）是一名正直并且非常开朗的人"。[5] 因此，就像耶什克所言，黑格尔对萨维尼的批评近乎可以看作是这段美好友谊的回响。[6] 另一方面，萨维尼也对黑格尔素有敌意。在对黑格尔学派的一个评价中，萨维尼称："黑格尔统治着哲学，他拉拢了十分热情而没有宽容心的学生，他们大多数甚至完全不理解黑格尔，黑格尔甚至得到了波兰人（这些波兰人既不会德语，也无法把握某些

---

[1] 黑格尔：《法哲学原理》，范扬、张企泰译，商务印书馆1982年版，第220页。
[2] 同前注[1]，第221页。
[3] 蒂堡：《论统一民法对于德意志的必要性》，朱虎译，中国法制出版社2009年版，第11页。
[4] von Savigny, Vom Beruf unserer Zeit für Gesetzgebung und Rechtswissenschaft, 1814, S. 7.
[5] 转引自Walter Jaeschke, Hegel Handbuch, 2010, S. 40.
[6] Jaeschke, Hegel Handbuch, 2010, S. 40.

东西)狂热的崇拜。"[7]当然,我们绝不能把黑格尔与萨维尼之争看作是纯粹的个人恩怨,二者对"法之历史性"这一问题的不同理解,恐怕才是引发上述冲突的根本原因。

在19世纪20年代,黑格尔的学生甘斯(Edward Gans)和亨宁(Leopold v. Henning)接续黑格尔的法哲学构想对萨维尼和历史法学派提出了公开的批判。甘斯在《世界历史发展中的继承权》(Das Erbrecht in weltgeschichtlicher Entwicklung)中指责萨维尼及其信徒不过是"逆时代之流和对过去进行咬文嚼字的阅读"[8]。黑格尔派强调,历史本身是一种概念所引导的合理性之展开,历史之为自由的实现必然是能为概念所把握的,即甘斯所谓"自觉到概念必然性之天福",而在历史法学派的历史叙事中,历史的材料和要素只不过是一种偶然的罗列,历史本身并没有真正的意义、方向和目的,萨维尼借以解释法之产生的"民族意识",不过是一种缺乏任何科学判准的"神秘",历史法学派必然无法对所谓的"民族意识"给出任何清晰的解释。而历史法学派这一称谓恰是萨维尼最早的批评者、他在兰茨胡特大学的同事歌纳(Nikolaus Thaddäus von Gönner)所提出的,他在他主编的《立法和法学研究改革档案》(Archiv für die Gesetzgebung und Reforme des juristischen Studiums)第一期中指责萨维尼:

> 因为我们近来的民法学者——众所周知可称之为历史学派——把对法这一对象的哲学思考视同有罪,他们把哲学(理性)贬低为罗马法的卑微女仆,他们被这种永恒之法的理性所包围,忙于从事考古癖的、咬文嚼字的历史研究,从而试图用毫无生气的博学把世界搞得头晕目眩,用优士丁尼时代有效的东西来窒息理性所要求应当有效的东西,从而把人类错置回1300年前,近来的这些民法学者把弓弦拉得这么紧,它必然会断的,因为从未有人如此反叛理性的统治而免受惩罚![9]

由此可见,哲学、理性与历史之间的对立一开始就隐藏在这场冲突之中。歌纳的批判未能像他自己以为的那样,仅仅凭借指控民法学者是"历史学派"就大获全胜,他没有意识到哲学正在与启蒙时代的抽象理性作别,而这场决裂的新主题正是"历史",萨维尼对此心领神会:"历史感已在各处苏醒。"[10]黑格尔派与历史法学派之冲突是两方对理性与历史之关系的不同洞见的产物,两者的根本争执在于,究竟是理性先于历史,从而是理性规定历史的意义,还是历史先于理性,从而是历史孕育和培植了理性?

---

[7] 转引自 Walter Jaeschke, Hegel Handbuch, 2010, S. 46.
[8] Eduard Gans, Das Erbrecht in weltgeschichtlicher Entwicklung, Bd. 1, 1963, S. 67.
[9] von Gönner, Archiv für die Gesetzgebung und Reforme des juristischen Studiums, 1808, S. 143.
[10] von Savigny (Fn. 4), S. 5.

一、黑格尔的哲学法学:概念与理性

萨维尼及其学派或许未曾注意到,黑格尔对所谓"自然法"这一说法的态度是很暧昧的。在某种程度上,黑格尔既属于又区别于萨维尼所批判的自然法传统。在 1817/18 年[11]的海德堡法哲学讲座中,黑格尔指出:"法的领域不是自然的地盘,总归不是外在自然,也不是人的主观自然的地盘,就此而言,人的意志,为其自然所规定,在自然需要和冲动的领域之中,而法的领域则在精神——尽管是自由的领域。尽管自然会进入到自由的王国,自由的理念在此之内表达自身并且给予自身以实存,然而自由仍然是基础,而自然则作为一种非独立的东西而进入。"[12]在黑格尔看来,自然法这一称谓是有歧义的,应该被抛弃。这种歧义(Zweideutigkeit,或双意性)就在于,"自然"这个词本身可能有完全不同的含义。用黑格尔的话说,自然"可以被理解为某东西的本质和概念",也可以是"无意识的自然本身"。而后一种对"自然"的理解与一种自然状态的虚构相关联,"这种自然状态与社会状态特别是国家相对立。进而错误的观念占据了支配地位,仿佛社会不是某种自在自为地合乎精神的本质的东西和必然的东西,而是一种人为的恶和不幸,并且在社会中自由是受到限制的"[13]。而对于 1819/20 年的柏林法哲学讲座,亨伊尔(Rudolf Ringier)笔记中写道,黑格尔称这种自然法是"抽象法":"在这种考察中,人们并没有把国家看作是法的现实化,而是看作法的一种不幸;一种冷酷的命运,在其中人的自然权利受到限制、欺骗并受辱。法被如此看待,以至于那种抽象法和其间的(自然)状态被看作一个失落的乐园,而目标则必须是由国家来恢复之。"[14]

黑格尔由此也就提出,"自然法"应该被他所谓的"哲学法学"或者"客观精神学说"取代,而黑格尔的法哲学也可以说是法的科学(die Wissenschaft des Rechts)。在《法哲学原理》中,黑格尔把这门科学的对象规定为"法的理念,即法的概念及其现实化为对象";在海德堡讲座中则沿用自然法这一称谓,指出:"自然法以法的诸理性规定及这种理念的现实化为其对象";柏林讲座则称"科学的任务是,规定定在的方面,法进入到其现实性,然而,首先要认识真的法之存在(was das wahrhafte Recht ist)"。[15]而黑格尔的哲学法学、法的科学之落脚点就在哲学、真理、概念上。黑格尔指出,"作为科学的哲学因而与意见无关。

---

[11] 这里是指 1817 年—1818 年冬,后面类似写法相同。

[12] Hegel, Georg Wilhelm Friedrich Hegel Vorlesungen, Ausgewählte Nachschriften und Manuskripte, Band 1, 1983, S. 6.

[13] Hegel, a. a. O., S. 6-7.

[14] Hegel, Vorlesungen über die Philosophie des Rechts Berlin 1819/20, nachgeschrieben von Johann Rudolf Ringier, hrsg. v. Angehrn, Bondeli und Seelmann, 2000, S. 3.

[15] Hegel, a. a. O., S. 3.

意见只不过是我的(das Meinige),在另一个人那里可能就有不同的意见。在哲学中的认识是一种绝对的认识,对绝对(Absoluten)的认识"。[16] 对于黑格尔而言,这样一种"绝对的认识""对绝对的认识"就是真理、概念。对于黑格尔来说,概念绝非是一种形式归纳和总结的产物,绝非是一套主观操作的形式或工具,而就是事情本身、世界之合理性与真理:"哲学所考虑的仅仅有关所有这一切问题的内在方面,有关被思考的概念。"[17]正如菲威克(Klaus Vieweg)所言,黑格尔的"哲学就是要探究和论证合乎理性的东西,表达'它时代的思想',代表自身思维着的时代精神并且给予它恰当的表达。哲学必须把握在思想中的它的时代、它的世界,将其带向概念"。[18] 对黑格尔来说,世界之合理性、概念也只能通过思想来把握:"法和伦理世界以及法和伦理的现实世界是通过思想而被领会的,它们通过思想才取得合理性的形式,即取得普遍性和规定性,这一形式就是规律。"[19]

在此意义上,黑格尔反对近代世界的那种肤浅认识,认为伦理世界仿佛是真理和理性的禁地:"据说精神世界毋宁受偶然和任性的摆布,它是被上帝遗弃的;所以按照精神世界的这种无神论说来,真的东西是处于精神世界之外的,但同时因为那里也应该有理性存在,结果真的东西仅仅成为一个待决的东西。"[20]也就是说,在黑格尔看来,现代世界相对主义的根源就在于,把真的东西降格为主观的情感、信念。由此,一方面,现代世界承认自己对真理的无能为力:"哲学自己以为并确信它曾经发现并证明没有对于真理的知识;上帝,世界和精神的实质,乃是一个不可把握不可认知的东西。"[21]现代人是活在无真理生活中的相对主义者和虚无主义者,他们的生活已然被剥去了一切意义,计算理性异常发达,但生活的实质却是漂浮无根的。现代人尽可以以自己为立基点,把一切都安排得井井有条,但是他却欠缺一种终极的目的、整体,伦理世界的无神论也就是一种生活的意义全然丧失、对真理无能为力的状态,一种"真理是什么东西?"的戏谑式轻浮。另一方面,真理也被缩减为一种"应当":"这种真理只不过是一种与真理相对立的应当。"[22]哲学不能超越其时代,不能强加给世界主观的"应当"、意见、某种臆想的更好的东西,哲学所要穷究的是理念、在世界之中的理性、"在现在的十字架中去认知作为蔷薇的理性":"哲学所研究的

---

[16] Hegel (Fn. 10), S. 4.
[17] 同前注[1],第 254 页。
[18] Vieweg, Das Denken der Freiheit, 2012, S. 17.
[19] 同前注[1],第 7 页。
[20] 同前注[1],第 4 页。
[21] 黑格尔:《小逻辑》,贺麟译,商务印书馆 1980 年版,第 33 页。
[22] Hegel, Philosophie des Rechts, Die Vorlesung von 1819/20 in einer Nachschrift, hrsg. v. Henrich, 1983, S. 47.

对象是理念,而理念并不会软弱无力到永远只是应当如此,而不是真实如此的程度。所以哲学研究的对象就是现实性。"[23]理性,绝对不是超越时间、超出世界的,而就是渗透在世界之中,显现为诸种合理性的、制度化的生活形式和精神世界。正如在宗教中,神抛弃自身单纯的本质性而堕入到世界之中,从而神与人的关系才真正得到和解,两者才能携手进入精神的共同体中一样,法哲学的目标也是理念、现实性,因此它也是"侍神的作品":"精神应当自我满足。在此我们拥有和宗教一样的旨趣。去发现在世界之中的制度的精神,精神与世界的和解,乃是我们侍神的作品。"[24]

精神的世界即是自由的王国,整个法哲学所探讨的无非就是自由意志自我规定所形成的自由体系,法的科学正是对自由之思,对其时代自由真理的概念之思,对在世界中的现实自由秩序之思。因此,对黑格尔的国家科学来说,理性的东西和现实之间并不是对立的,理性的东西就在现实之中:

> 我们主张,真理是实体性的,同样是作为现实的内在概念;真理不是空洞的表象,而是唯一有权柄的(das Rechtshabende)。当人们说,神圣之物不过是一个苍穹之上的彼岸或者仅仅在内在的主观思想,那么这是非宗教的。理念毋宁说是全然一切现在者(das Allgegenwärtige),不是在旁的一个漠不关心的观众,而是鼓动一切灵魂的东西,无它一切皆无。[25]

法哲学或者说哲学法学的目标就在于,探究理念如何自己为自己创造出一个自由的世界,为自己创造出合理性的制度性生活形式和条件,理念塑造世界的过程、参与到实在的过程,也是理念自我实现的过程:"把通达理念的道路理解为各种制度的历史形成过程(Gestaltung)(这是一个辩证的—矛盾的进程),并且把这条曲折的道路理解为认识逻辑概念自身的辩证法的必要条件。"[26]而在有限性的世界中,特别是在客观精神所描述的世界中,对于黑格尔而言,客观精神就是"在作为一个必须由它来产生和已被它产生出来的世界中,在这个世界中自由是作为现存的必然性出现的"[27]。一方面,主体通过各种制度来实现自己的财产、情感和共同体需要,这些制度本身对主体来说不是陌生的,主体借助它们凸显了自己的特殊性权利;另一方面,这些制度本身是存在着的理性,是在世界中的合理性,是主体借以确证自己的自由条件,主体只有参与到这种制度的实践中,只有在这种制度的网络中,他的行动才能被赋予理性和意义。这

---

[23] 同前注[1],第45页。
[24] Hegel (Fn. 18), S. 53.
[25] Hegel, a. a. O. , S. 47.
[26] Riedel, Zwischen Tradition und Revolution, 1982, S. 42.
[27] Hegel, Werke, Bd. 10, Enzyklopädie der Philosophischen Wissenschaft im Grundrisse 1830, 1996, S. 32.

些制度也是对主体的教化过程,把人的自然性、偶然性冲动上升为精神性、伦理性的关系,也就是说,通过制度,一个活生生的主体被社会所建构起来。现实并不是可耻的,而正是为理性所中介的,正是理性的显现,真正的自由就在于世界性的自由。

在哲学法学的体系中,实定法本身只是作为法的一种定在形式而得到探讨,而哲学法学则是对法之绝对必然性的概念把握。实定法作为一国之内有效的法律,总是具有种种实定要素,总是和各种偶然的、外在的、历史的因素纠缠在一起,相应地,也就会出现对实定法的"纯历史的研究"。黑格尔承认这种研究的功用和价值,但是他却坚持认为这种研究不同于哲学的考察:

> 因为基于历史上的原因的发展不得与概念的发展相混淆,而且历史的说明和论证也不得被扩展而成为具有自在自为地有效的那种论证的意义。这项十分重要而应予坚持的区别,同时也是十分明显的。某种法的规定从各种情况和现行法律制度看来虽然显得完全有根有据而且彼此符合。但仍然可能是绝对不法和不合理的。[28]

法的科学关心的是法的合法性、合理性、真理性方面,关心的是随着历史的推进而展现的自由意识的进步,自由如何现实化为具体的生活秩序。因此,黑格尔的方法不过是依据事情本身所展现的逻辑而对事情本身进行概念理解。所以,他拒绝历史叙述的方法,这种方法不过是把各种历史情况、历史材料根据叙述者的需要进行一种外在的搜集、罗列和说明,它可以阐明一种实定法的历史性起源和变迁,但是它却无力深入到事情的本身、本质、概念之中。黑格尔认为,究其根本,实定法学是一种"历史科学",既然是历史科学,那么它所做和所能做的就不过是实证材料的考据,它可以"极其详细地演绎先行法规的历史进程以及它们的适用和分类,并证明它们的前后一贯性"[29]。但是,历史科学的这种操作完成之后,法的科学就要追问某一法律规定是否合乎理性。

历史性的研究也容易产生一种可称之为"实定性"的态度,它不愿放弃一种已经丧失了合法性、合理性的历史回忆,但是对哲学而言,一切的关键在现在:"哲学并不飞越它的时代;它立于时代之中,它认识现在。永恒的真并不是过去和未来。"[30]正是在这一意义上,黑格尔支持编纂成文法典。通过思想、普遍性的形式,成文法典获得了法律的确定性和可理解性,向每个人的意识敞开,每个人凭借其理性、思维、认识都可以通晓之:"法律是自在地是法的东西而被设定在它的客观定在中,这就是说,为了提供于意识,思想把它明确规定,并作为法

---

[28] 同前注[1],第5页。
[29] 同前注[1],第221页。
[30] Hegel (Fn. 18), S. 48.

的和有效的东西予以公布,通过这种规定,法就成为一般的实定法。"[31]黑格尔认为,即使是在习惯法中,也包含思想,也需要通过认识剥离出习惯法中纯粹历史性的东西和普遍性的内容,只不过这种内容本身是"主观地和偶然地被知道的",没有以一种连贯的、体系性的、人人可理解、人人可习得的形式呈现出来:"如果还停留在赤裸裸的习惯法,而不是成文法并作为体系在自身中展开来,那么思想的普遍性也就仍然是一种晦暗不明的东西。"[32]习惯法产生于"未受教化的时代",也就是说,人们还没有进展到思想、普遍性的形式和内容,用黑格尔的话说,教化即是"通过长期艰苦的工作,使内容从感性的和直接的形式以进到它的思想的形式,从而达到它的简单的表达方式"。[33]而"习惯法的形式产生于一个未受教化的时代,其时人们只是把普遍物看作是某种所有人都这么做的某种东西,而不是看作某种自在自为的现存物"。[34]习惯法的方法和历史性研究一样,也是一种碎片式的记录和搜集(Aufgeschriebenes und Gesammeltes)。这种欠缺理性条理的法律形式,一方面,为普通人之研习设置了巨大的障碍——"布莱克斯通说,为了深入研习这种习惯法,人们至少要二十年时间"[35];另一方面,也促成了一个垄断性的、封闭性的法律专家团体。但是对黑格尔而言,"法律知识仅仅操于专家之手的地方,专家就是其他人的主人,因为其他人只能服从于他们无法了解的陌生命运"。[36]清晰、能为一切人通晓的法律是"自我意识的权利",法律不是专家的独占品,"每个人毋须都成为鞋匠才知道鞋子对他是否合穿,同样,他也毋须是个行家才能认识有关普遍利益的问题。法与自由有关,是对人最神圣可贵的东西,如果对人发生拘束力,人本身就必须知道它"。[37]

萨维尼对法典编纂的一大质疑在于,"就材料而言,法典的完善性是最重要且最困难的任务"。[38]在萨维尼看来,法典编纂的一大缺陷就在于法典始终是不完善的:

> 法典就被规定为唯一的法律渊源,而且实际上预先就包含了每一现有案件的裁判。人们常常这样认为,仿佛通过经验完全了解个别的案件本身是可能的和好的,然后通过法典相应的规定裁判每一案件。那些注意观察法律案件的人很容易就会洞察到,这种企图必然是不会有结果的,因为现

---

[31] 同前注[1],第218页。
[32] Hegel (Fn. 18), S. 170.
[33] 同前注[1],第227页。
[34] Hegel (Fn. 18), S. 170.
[35] Hegel, a.a.O., S. 171.
[36] Hegel, a.a.O., S. 172.
[37] 同前注[1],第224—225页。
[38] von Savigny (Fn. 4), S. 21.

实的案件差别甚大,层出不穷。在最新近的法典中,人们已经完全放弃了追求这种材料上的完善性的假象,尽管没有代之以任何东西。"[39]

但是,在黑格尔看来,萨维尼这种说法就是一种德国的"坏习惯":"要求一部完备的法典,即看来绝对完整而毋须作进一步规定的法典——这种要求是德国人犯的毛病——以及借一部法典不可能修订得那么完整为理由,就主张不该让所谓不完整的东西产生,即不该让它达到现实。"[40]对于萨维尼所说的这种法律的不完善性,黑格尔在青年时期就有所论述。在《论自然法的科学探讨方式》中,黑格尔就指出,完美的立法是不可能的,面对经验的无限性,法律就好比是用一把尺子去量一条无限长的直线,两者之间始终是不可通约的(Inkommensurables):"立法的细化对每一观点做出更加细致、全面的规定,立法的扩张也并不是接近肯定的完美的目标(如前述,这里肯定的完美并无真理性),而只是形式的不断扩充。"[41]而在海德堡讲座中,黑格尔不无讽刺地说:"坏天气总是好过完全没有天气。"[42]法典所追求的"只是永久不断地对完整性的接近而已",法典完整性和体系性与经验素材之间的二律背反并没有取消编纂一部法典的权利,就其材料而言,法典永远也不可能是一个完成品,它必须要不断适应现实情况和教化的要求,正是在这一意义上,施内德尔巴赫(Herbert Schnädelbach)称黑格尔的法律理论是"现代法社会学的前史"[43]。

更为重要的是法典本身所体现的普遍性内容。黑格尔认为,哲学法学就是要从自由的概念中发展出法之存在,而法典——特别是《拿破仑法典》——就是这种新时代自由原则之体现。黑格尔为拿破仑战争后焚烧《拿破仑法典》的德意志青年感到遗憾,称之为"令人悲伤的现象",他们的举动让人想起侮辱死去的雄狮的驴子的寓言。更重要的是,那些反对《拿破仑法典》的人或许认识到了,这一法典所包含的原则于他们而言是一种威胁:"《拿破仑法典》包含了那种财产自由的伟大原则以及对一切封建时代产物的克服。"[44]正是这一原因,黑格尔才与历史法学派产生争执。在黑格尔看来,历史法学派和哈勒的复辟国家哲学一样,都是以在现实中已经存在的和历史发展而来的法的名义来攻击"自然法"或"哲学法学"。这种批判在法国大革命之后取得了巨大的成功,在这种批判看来,自然等于理性等于启蒙等于革命,这种批判最重要的代表就是伯克的《反思法国大革命》。尽管伯克和近代自然法学说一样,认为政治建立在同意

---

[39] von Savigny (Fn. 4), S. 21-22.
[40] 同前注[1],第 225 页。
[41] Hegel, Werke Bd. 2, Jenaer Schriften, 1996, S. 486.
[42] Hegel (Fn. 18), S. 172.
[43] Schnädelbach, Hegels praktische Philosophie, 2010, S. 284.
[44] Hegel (Fn. 18), S. 172-173.

的基础上,但是在伯克看来,这种同意并不是建立在理性的基础上,而是建立在日积月累的习惯和前见,或者一言以蔽之,生活方式基础上。政治统治的合法性既不能以服从为基础,也不能建立在一种理性法所设想的社会契约之上,而是要以政治制度的历史发展为基础,这种历史发展能够保障需要的满足和公民的幸福。而现代的理性和所谓的理性国家都是人为的,正因为这种人为性,现代的自然法尽管号称确立起了人性的理想,但最终却导向了革命,并以种种残忍的兽行告终。拿破仑倒台之后的复辟时期和1820年卡尔斯巴德决议颁布之后都可以看到伯克的身影,甚至在1848年革命之后,保守主义思想家斯塔尔仍然称:"这种意义上的自由主义或革命受到了那种自然法原则的影响。"要知道,他写这句话的时候黑格尔已经去世20年了。而黑格尔对复辟哲学的态度可以在1821年的《法哲学》第258节对哈勒(Carl Ludwig von Haller)的复辟国家哲学的长篇注释中看出来。在黑格尔看来,按照这种复辟哲学,有更大权力的人进行统治,这就是"上帝永恒不变的秩序",现象的外在性——匮乏、保护的必要性、力量和财富的偶然性——都借由这一论证被错误地视为国家的实体,由此哈勒完全放弃了国家之所是的合理内容和思想的形式:概念把握的自由。

对于黑格尔而言,历史本身是一个内在于自身之中的辩证合理性展开的过程,也就是说,在历史中,人不断扩展、深化和提炼关于存在和自身的意识,并且在这一过程中不断地重新塑造人自身的历史和社会世界。对于黑格尔而言,这样一个过程本身是不受人的操控的,但是历史的方向又不是说一般已经完全由命运先定了,而是说,正是通过人的生命和行动,历史、内在于存在中的合理性才被彰显出来。正如霍尔盖特(Stephen Houlgate)所言:"对于黑格尔而言,历史是人以某种方式生活和行动于其间的领域,但是借助一种进步的、合理的和辩证的方式,人通过其个体的和共同的行动无意间深化了对人性的理解。"[45]

二、萨维尼的历史法学:法的历史性

康特洛维茨(Hermann Kantorowicz)将萨维尼法学思想的根源追溯至浪漫主义,在他看来,萨维尼之所以强调历史这一维度,正是他浸润于其间的浪漫派风格的结果,因为"浪漫派的整个世界观是历史导向的"[46]。小施莱格尔(Friedrich Schlegel)所谓"世界不是体系,而是一种历史"已经道出了浪漫主义的这一倾向。18世纪末,经过赫尔德、哈曼和雅可比等的工作,启蒙运动所谓纯粹的、无偏的理性主张已然遭到质疑,理性现在被认为是裹挟在具体的、处境

---

[45] Houlgate, "Introduction: An Overview of Hegel's Aesthetics", in Stephen Houlgate (ed.), *Hegel and the arts*, Northwestern University Press, 2007, xiv.

[46] Kantorowicz, Was ist uns Savigny?, 1912, S. 16.

性的人类文化、语言和经验之中的,必须用一种特殊的、历史性的民族语言表达出来,并且与特殊的文化和历史经验交织在一起,蕴含在活生生的个体和民族生命有机体之中。通过《使命》,萨维尼"建构了一种浪漫派的法律体系,而这正是政治浪漫派的一个根本支柱"[47]。

在《使命》中,萨维尼明确指出蒂堡的观点"与18世纪中叶以来许多相似的建议和尝试"以及"一种一切实证法之产生的普遍观点相关":

> 在这一时期,全欧洲都为一种完全盲目的教化的冲动(Bildungstrieb)所激动起来。对其他时代之伟大和特性,以及诸民族和宪制合法自然的发展的意义和情感,也就是说,一切必然使得历史神圣和有益的东西,都已经丧失了。取而代之的是一种对现时代毫无界限的期望,现时代相信人注定了要达致一种绝对完善的现实展现。这种冲动在各个方向上都有所体现:它在宗教和国家制度上所造成的事情已然尽人皆知,很明显,由于在一切地方所遭到的自然的反应,它必然在这里为一种崭新的、更鲜活的爱预备好道路。它在民法上也在积极活动。人们要求制定法典,这些法典应当通过它在司法上的完备性提供一种机械的安全,仿佛由此法官就免于作出任何自己的判断,完全局限于字面的适用;同时这些法典应当抛弃一切的历史特性,对一切民族和一切时代都抽象地具有同样的可用性(Brauchbarkeit)。把这种冲动和这些运用归给个别的伪教师是错误的:除了一些值得敬重的例外,此乃是诸民族的意见。[48]

在萨维尼看来,蒂堡的建议是启蒙时代抽象"理性"在民法学上的表现:期望以去历史化的方式赋予实践以一套理性的、颠覆性的规则。经由启蒙,一切不符合理性之物都被作为无意义的鬼魅和迷信而被驱除出去,其中也包括历史和传统——它们不再是人立基于其间并从中获得"意义和情感"的源泉,而是要被理性的操作审视、批判和剥夺的对象。人确信一种完满的理性控制生活可以实现,一切都可以被置入精准的理性计划中,由此,人类便可在尘世实现完美的、理想的天国。启蒙的实践自然法和理性法认为:"存在着实践的自然法或理性,一种适用于一切时代和一切事项的完满立法,为了永恒地去完善实定法,我们只需要去发现它。"[49]萨维尼认为这种理性法本身是"无历史的",现代的理性构建让人抽象地从历史的关联和整体当中孤立出去,但是"历史不再是单纯的事例汇集,而是通往我们自身情势的真正知识的唯一途径"[50]。而确如萨维

---

[47] Bourassa, Hegel et Savigny: L'impossible réconciliation, 2016, p.7.
[48] von Savigny (Fn. 4), S. 4-5.
[49] von Savigny, a.a.O., S. 4-5.
[50] 同前注[3],第105—106页。

尼所言,这绝非是个别人的信念,而是弥漫于整个现时代的普遍世界观之中:

> 通常情况下,一切的法产生于法律,也就是说最高国家权力的明确规定。法律只把法律的内容作为对象。据此,立法自身以及法学就具有完全偶然的、变幻无常的内容,很可能,今日之法会和明日之法迥然不同。据此,一部完备的法典是最高的需要,而只有在法典出现漏洞的情况下,人们才可以进入悲伤的必然性,必须求助于作为一种摇摆的补充的习惯法。[51]

哲学法学立足于"现在",强调理性在塑造一种共同的公民身份中所扮演的角色,指责历史法学则回溯到"过去"、一种理想化的中世纪图景。对萨维尼而言,哲学法学的这一指责是对他基本立场的歪曲。在他看来,历史本身是一种法学方法论立场,它并不神圣化和永恒化过去,"毋宁在于对所有时代的价值和独立性的相同承认"。萨维尼的方法论层次包含以下几个维度:首先,历史法学要回归到各种法律制度在罗马法学家著作中的原初意义;其次,要在制度变迁的视野下,呈现这些制度在当今法律体系中的形态;最后,要寻找一种过去和现在之间的有机关联。哲学法学的指责只涉及历史法学方法论的第一个层次,历史法学首先致力于罗马法注释、释义,但是历史法学并不受制于这种原初意义。历史法学的立场并不是回到过去,而是展现在"过去"和"现在"之间的制度功能和意义变迁。这也表现在历史法学的方法论上——释义是一种归纳性的法律方法,体系化则是一种演绎的方法,而历史的方法在萨维尼看来既是归纳的也是演绎的:我们从归纳中获得历史原初语境下的制度意义,而从演绎中获得适用于现在的法律原则,因此,历史的方法是在过去和现在、历史与体系、法律的起源与法律之本质之间架起一座沟通的桥梁。所以,在《使命》中,萨维尼强调法律人必须兼备历史感与体系感,前者可以"敏锐地理解每一时代和每一法律形式之特性",后者则"在与整体的活生生联系和交互作用中直观每一个概念和命题"。[52] 因此萨维尼在《法学方法论讲座》中把法律看作是一个自我接续的过程、一个自我展开的鲜活有机体,因而,"真正意义上的历史探讨,意味着对特定时代法律的自我续造进行考察。"[53]一切意义之源在历史,而不是先天的、抽象的理性规定,正如吕克尔特(Joachim Rückert)所言:"科学展示之统一性的必然原则不再来自抽象的理性,而是来自对历史的思虑,简而言之,来自直

---

[51] von Savigny (Fn. 4), S. 5.
[52] von, a. a. O., S. 48.
[53] von Savigny, Vorlesungen über juristische Methodologie 1802-1842, hg. v. und eingeleitet von Mazzacane, 1993, S. 88.

观。"[54]法和语言、风俗、宪制一样,是民族文化整体,是民族生命中不可分离的一部分,因此,法的本质不在理性、概念,相应地,对法的认识需要的也是一种直觉式的、非概念的对事情本身的直接把握,而这也是与黑格尔的主张完全相反的。黑格尔在《逻辑学》中明确提出"任何科学都不是由直观达成,而唯有由思维来达成"[55],而萨维尼的方法论是他所谓"真正的历史方法"或者说"严格的历史方法"。历史法学方法论的基本命题在于"我们把对一种客观给定物的认识称之为历史认识"[56],在萨维尼看来,法律是完全客观的东西,超出任何立法者的任意之外,萨维尼强调的历史性更在于实定法的必然性。在《当代罗马法体系》中,萨维尼反对近代的理性法理论——它们认为法律来自社会契约论或意志的构建,而萨维尼宣称:"在法律关系被讨论以及被意识到的所有地方,涉及此法律关系的规则早已存在,因此,现在创造规则既不必要也不可能。"[57]作为抽象理性,法是非现实的,也就是说,它本身并不在"给定的状态"中"具有已然给定的现实的定在",而法的历史性意味着法必须是实定法。由此可见,历史性的方法针对的就是自然法、理性法的纯粹演绎,哲学法学强调法的合理性,而历史法学则试图揭示出法的历史性。

既然理性法作为"普遍法"不具有外在性和定在的方面,所以是不现实的,那么实定法必然就是一种具体的、特殊的和个别的法,其主体不能是抽象的普遍,而必须是在历史中出现的个别主体,也就是民族。因此,萨维尼的历史方法就要求"我们的科学与国家和民族的历史联系起来"[58],法作为一种历史现象必然属于一个独特的民族文化和历史,和这民族的其他文化现象分享了共同的起源:

> 我们首先在原初历史即可发现,民法已经具有一种特定的、民族特有的性质,正如同它的语言、风俗、宪制。这些现象并没有分离的存在,它们只不过是一个民族单个的力量和活动牢不可分地结合在自然中,只是对我们的考察而言才显得是特殊的。把它们与一个整体连接起来的是民族的共同信念、内在必然性的相同情感,而这也就排除了任何偶然和任意起源的思想。[59]

---

[54] Joachim Rückert, Savigny et la méthode juridique, dans L'esprit de l'École historique du droit—Annales de la Faculté de droit de Strasbourg, Strasbourg: Presses Universitaires de Strasbourg; Strasbourg, 2004, pp. 86-87.

[55] 黑格尔:《逻辑学》(下卷),杨一之译,商务印书馆1982年版,第516页。

[56] von Savigny, Juristische Mothodenlehre. Nach der Ausarbeitung des Jacob Grimm [1802/03], hg. v. Wesenberg, Stuttgart, 1951, S. 14.

[57] 萨维尼:《当代罗马法体系》,朱虎译,中国法制出版社2009年版,第17页。

[58] von Savigny (Fn. 49), S. 88.

[59] von Savigny (Fn. 4), S. 9.

由此可见,历史的承载者不是普遍的"人",而是个别的、独特的民族,因此,对萨维尼来说,历史正是民族的历史,法的历史性同时也是民族法的历史性,而绝不存在一种超民族、超历史的理性法。同时,法在历史的开端处就已经被给定了,因此不存在一种类似自然状态的前历史的法,也不存在用这种前历史的法来构想一种具有普遍适用性的"自然法"的可能。在这一点上,萨维尼和黑格尔一样,都认为自然状态是一种人为的抽象,只不过在黑格尔那里,对自然状态的批判是基于其混淆政治与社会、普遍意志与共同意志的知性构建,而萨维尼则是从法的历史性、实定性角度出发,认为一个民族历史的开端即是国家的开端、法的开端、一个民族独特文化生命的开端,因为"每一民族,只要它作为一民族出现,同时也就出现为国家"[60]。但是历史法学派并不认同黑格尔把政治置于私人领域之上的做法,萨维尼甚至根本认为黑格尔对罗马法的理解是错误的。黑格尔把罗马法定位为一种抽象的法权状态,一种单个原子基于法权人格建立起来的分裂的、冷冰冰的外在性关系状态,因此,黑格尔始终认为必须要有一种更为精神性的伦理关系来超越这种私法状态。但是萨维尼认为,私法展现了一个民族最鲜活的生活形态,是一个民族有机体不可分割的一部分,私法和一个民族的语言、信仰和艺术一样,诉说着一个民族最密切的、最具精神性的共同意识。只有在私法中,每一个民族成员才感受到自己最真切的共同体归属感,相比而言,公法则只不过是外在的强制的体系,国家的必然性只不过是个体任意相互限制的结果,一个置于各个个体之间的第三者。

在对歌纳的反驳中,萨维尼指出,现代理性法试图创造一种对所有人和所有时代都有效力的法,这也就取消了法本身所应当具有的活力和现实存在:"因而为所有民族发明一种普遍的法同样是虚无的,正如同发明一种普遍的语言来试图取代现实的活生生的语言。"萨维尼在这里更强调的法的历史性有一种生存意义上的历史性意味,我们无法跳出我们的历史性生存境遇来先天地规定法的合理性,我们现实地生存在法之中,法的合理性就在法的历史之中,不存在超历史性的法,因此,我们对法之合理性的分析不可避免的是一种对法的抽象,就好比我们无法用一种历史性的语言来规定语言的合理性,因为当我们这样规定、这样来说语言时,我们的规定、我们的说已经是历史性的了。但是,对萨维尼而言,法的历史性并不意味着把法的历史起源、变迁和续造中出现的偶然要素,也就是把法的历史偶然性作为法的本质。胡果作为哥廷根历史法学派的代表人物,率先对理性法的形式性和抽象性进行了批判。在他看来,自然法无法给出任何法的真实内容,从而无法作出任何证明和判决,这种内容只能由"经验和历史"给出。但是,胡果的历史性理解过于强调法的后天、偶然和经验维度。

---

[60] 同前注[53],第28页。

在他看来,法的真理绝非"可先天认识的、纯粹的、普遍的、必然的",法仅仅是一种经验给定的、偶然生成的东西,每一种内容都可填充入此种"暂时的法",正如胡果所言:"(法的)真实状况是后天的、经验的、依照时间和地点各有差别的、偶然的,通过自己和他人的事实经验可以获知,历史性的(geschichtlich)。"[61]因此,胡果的历史性是一种彻底的历史偶然性,法被他完全相对化为一种历史和经验事实。萨维尼所谓法的历史性是一种有机发展的内在必然性、"有机进步的法学",此种历史性可以理解为一种历史必然性。萨维尼反对自然法以及自然状态和公民状态的区分,但是他提出了一种自然性的法(natürliches Recht)与"人为法"(künsterliches Recht)或者"专家法"(gelehrtes Recht)的区分,而这也分别对应于所谓的"青年时代"和"老年时代":

> 诸民族的青年时代在概念上贫乏,但它们对其状况和关系却享有一种更为清晰的意识,它们完全和完整地感受和经历之,而我们,在我们人为卷入的生存中,则被我们的财富压倒了,而不是享受和掌控它。[62]

萨维尼的这段话不得不让人想起卢梭对现代社会分裂和异化的批判以及黑格尔在《精神现象学》中关于古代人自然意识和现代人抽象思维的比较。在青年时代、"自然性的状态",法直接地就作为民族的"精神功能"而产生,就如同语言、宪制等其他精神功能一样,也必须具有一种外在性的呈现。由于缺乏概念,自然性状态中的法就表现为一种具有直观性的"象征性的行为",这种法与民族的信仰、共同意识具有一种直接的关系,具有与"民族本质和性格的有机联系"[63]。

但是,这种状态并不会继续持续下去,"不存在完全静止的时刻,而只有持续不断的有机发展,在民族生活以及构成整体生活的所有个别组成部分中也同样如此"[64],民族必然进展到老年时代、教化时代。在我们的时代,社会需要会愈发地细化,也会产生更专门、更广泛的劳动分工。共同意识的民族法会变成专家的法,一个专门的法律人阶层也就此形成:

> 从现在起,法在语言中不断形成,它采取了一种科学的方向,如同它之前生于全体民族的意识中,现在它归于法律人的意识,从现在起,民族中的这个功能由法律人代表。从现在起,法的定在更具有人为性、更充满纠葛,法因此具有两重生命,一方面它并不停止作为整个民族生活的一部分,另

---

[61] Hugo, Philosophische Encyclopädie für Juristen, 1792, S. 132.
[62] von Savigny (Fn. 4), S. 9.
[63] von Savigny, a. a. O., S. 10.
[64] 同前注[53],第19页。

一方面则作为特殊的科学掌控在法律人手里。[65]

黑格尔一般性地反对法律人专家主义,而萨维尼则从现代社会劳动分工的角度说明了法律人群体和法律职业出现的必然性。但是萨维尼的这种历史必然性却不同于黑格尔"世界历史是自由意识进步的历史",他既不认为历史的开端和终点是自由,就像他的"民族精神"一样极具有神秘和宗教气息,也不认为历史是合理性的展开,无论是它的开端还是目的都是一种理性和概念无法把握的隐蔽神启计划:"在这里存在着近代伟大目标的发展进程,我们还无法看透其最终的目标。"[66]萨维尼始终强调,历史并不一定可以纳入人的计划、任意和理解范围,历史的深处是理性穿不透的神秘,面对它,我们只能尽其可能地回到开端去发现它的原则,投之以情感、直观和信仰,不断亲近和融入历史悄无声息的力量中。

既然历史的方向无法被先天地规定,那么置身于历史性生存境遇中的我们,也就只能从过去、传统中汲取法和生存的力量。不同的历史时代本身展现出不同的法律原则,但是这种法律原则并不是一种"无中生有",并不来自理性的纯演绎,而是一种延续性的生成和变迁过程。历史法学并不否认历史存在一种渐变、甚至剧变的可能性,它只是否认这种变化可以由人的理性外在地、任意地设置。因此,历史法学的基本精神就是尊重法的历史性、法的实定性,它构成一个民族法生活的基础出发点,一个我们无论怎样扯着头皮也无法跳脱的地表,它不单单是一具风干的死尸,而是每时每刻都在形塑着我们对现在、对未来的理解。对19世纪的德国人而言,这也就意味着他们无法一夜之间把自己变成法国人,这个民族的自我理解也决定了他们无法与法国人共享同一个历史理性、同一套法的体系。

三、结语

里德尔(Manfred Riedel)曾指出,历史主义的本质在于:"它不再把国家理解为自身的现实,而是理解为历史的产物。"[67]黑格尔试图从思想的角度把握国家的真理和现实性,以此确立起法的概念、规范性,而萨维尼的历史主义则试图表明,规范性基础必须从历史中得出,法作为实践生活的尺度本身是历史性的。哲学法学和历史法学的这场争执,就像一根绷紧的弦,逼迫着我们去追问:绝对的规范性主张本身一定像历史主义宣称的那样是独断的吗?而历史主义的主张又必然无视真理,走向相对主义和虚无主义?对于理性法学而言,法律

---

[65] von Savigny (Fn. 4), S. 12.
[66] 同前注[53],第70页。译文有改动。
[67] Riedel (Fn. 22), S. 62.

不仅仅是一种抽象的社会规制形式,更要在其实施过程中塑造一种法律人格的理想类型。依照这种理想类型,现代社会纷繁复杂的社会纠纷都可以被还原为种种权利和义务争议,然后法律人依据每个人所禀有的人格就可以以一种公开透明的、程序化的方式定分止争。但是对历史法学而言,理性法学不过是描绘了一幅支离破碎的人类图景,民族生活的鲜活生命被抽干为僵死的标本,法律人的工作被还原和抽象为一种枯燥的类型分类,法律不再是民族生活的创造性言说与实践,反倒是一种匠气十足的"抽象劳动",其中精神的要素由于无限的分解、切割而枯萎了。但是,理性法学又拒绝历史法学的浪漫主义叙事。在它看来,在历史法学这种温情脉脉的"原乡"背后,隐含着对历史现实的熟视无睹——现代所造成的种种撕裂不应被理解为一种绝对消极的东西,正是在它们当中历史自身对于理性的意义才展现出来。这种意义在于,只有在现代社会的种种撕裂中,法才获得一种前所未见的、历史本身揭示出来的可能性:理性的人过一种理性的法生活是可欲的。理性法学的所有主张都建立在一种现代意识之上,我们的时代呈现出一种与过去截然不同的意义。正像黑格尔反复强调的那样,一种全然不同的原则从世界的西北角突入到人类世界,地球上的每一个民族都要依据这种原则承受历史法庭的审判。

对新时代的中国法律人来说,重审法的理性和历史性之争有助于我们在传统与未来之间理解法的精神:一方面,法必须贴合一个时代的精神、共识,法本身是一个社会在发展过程中自我理解的组成部分;另一方面,法源自过去和传统,它的延续必然是一个与过去不断接榫、在传统的土壤中不断更新的过程。清末以降我国经历了数次民法典的编纂,贯穿数次修典始终的问题皆在于:如何把舶来的法律观念、立法技术移植入中国的社会语境和生活土壤之中?面对如此两难,全盘西化论者有之,主张利用本土资源或是对中西加以调和之论者亦有之。调和论者借助反形而上学话语消解大叙事的历史理性话语,将理性主义的普遍性主张还原为一种"地方性知识",但对本土资源论者来说,这更多是一种"技术性"处理,他们拒绝像他们的西方前辈那样把法治原则彻底碎片化、虚无化,他们怀乡,但是所谓怀乡也不过是遗憾地瞥上一眼,道路依然通向城市。在最终的路径取向上,他们与全盘西化者并无不同,只不过他们并不认为接轨西方的抽象法律原则一切问题皆可迎刃而解,法治需要的是真正的实践技术和经验眼光。但是这一说法不同样是片面的吗?如果舶来的权利话语只具有相对性的效力,不过是人为制造出来的"大写的真理",那么它何以搅动起我们文明如此剧烈的阵痛?它必然不仅仅是一种外来的、单纯的暴力,野蛮民族可以摧毁一个民族的器具、建筑等,但是却无法撼动教化,而我们文明承受的是一种来自教化的暴力,这也是所谓"三千年未有之大变局"之意:它从根本上撼动了一个民族的教化,而法亦是其中之一。而本土资源论者实际上并没有真正去思索这种历史和文明转轨的意义,因此他们对这种根本性冲突的理解是轻忽的,似乎社会的发展、民族生活的变迁会自动消解这些问题,法学只需忠实地记录。

而回顾黑格尔与萨维尼、哲学法学与历史法学之争,我们可以看到两百年前的德国法学思想家面临着法国革命及其原则何种强烈的冲击,黑格尔和萨维尼的争执正是这一冲击的回响。这一回响的思想和社会背景与近代中国如出一辙:历史的延续性、民族生活习以为常的安定性猛然间被外部引来的暴力和裹挟在暴力中的原则所打破。因此,理性法学和历史法学之争也是关于德国民族国家未来图景之争——未来的德意志究竟应当构筑在何种原则之上?哪种政治和生活形态才可以保持德意志文化的独特性以及它在世界历史中的地位?从这个意义上来说,民法乃至任何立法都要求法律人必须具有真正的政治和历史眼光,敢于把思想的落脚点放在最艰深的问题上。我们更要知道,在理性与历史之间并不存在一条捷径,两者之间内在的紧张也不会随着时间的推移而自行消解,我们只能不断越出理性与历史各自封闭的疆界,不断理清思想和现实的种种纠葛,在法的历史与法的意义之间寻求和解之道。

(审稿编辑　邵博文)

(校对编辑　徐　成)

经济法视域下的"时空"之辨

黄茂钦*

On "Time and Space" from the Perspective of Economic Law

Huang Maoqin

内容摘要：经济法中"时空"范式的哲学源流可以追溯到古代中西方各自的哲学源头，其最为核心的要素乃是不可或缺的科学向度，其价值意蕴在于面对市场经济的发展作出制度回应的内在诉求。具有人性本质的时空维度，在市场主体的市场交易实践与治理主体的经济治理实践中，借助经济场域来发挥作用；正是在具有时空逻辑的经济法治的保障之下，经济场域中的经济（治理）活动才能够维系其应有的秩序。在中国厉行法治四十年的时间节点上，对中国经济法治的成长轨迹加以回顾，对中国经济法学的研究成果加以反思，将能够洞悉其间独具特色的时空内涵，进而有助于认识中国经济法治和经济法学的过去、现在和未来。

关键词：经济法　时空　思辨　理性　经济法治　经济法学

---

* 法学博士，西南政法大学经济法学院教授，博士生导师。
本文系 2019 年度国家社会科学基金一般项目"软法在经济法治发展中的地位与作用研究"（19BFX007）的阶段性成果。

自经济法这一极具现代性特征的新兴法律现象产生以来,时间维度和空间维度就以"在场"的方式伴随着经济法不断演进。作为一种实践方式和研究方法,经济法视域下的"时空"维度尽管可能会因其实在太普通而难以引起人们的足够重视以致被"虚无"化,但这并不能够掩盖其对于规范经济(治理)活动,进而促进经济法治发展所"存在"的价值。从学理上看,为厘清经济法视域下"时空"维度的本质属性和运行规律,需要返回到"时空"范式久远的哲学源流,同时揭示其丰富的科学向度,进而体悟其本真的价值意蕴。在此基础上,以现实中市场经济里的个体成员或团体组织开展经济(治理)活动的经济场域为着眼点,通过考察经济场域中制度运行的基本内容,可发现经济法治所具有的为实现特定时空内的"赋权(利)"和"控权(力)"提供制度保障的内在逻辑。而立足于中国厉行法治四十年的时间节点,以对中国经济法治的成长轨迹和中国经济法学的研究成果进行反思为前提,并以当下的"本土时空""全球化时空""虚拟时空"以及"符号化时空"为坐标,将能够推动现有的中国经济法治发展与经济法学研究朝着理想的"时空"图景迈进。

一、从哲学思辨到科学理性:经济法中"时空"范式的基本内涵

(一)经济法中"时空"范式的哲学源流

作为一种认知方法,经济法中的"时空"范式有其生发的肇始之源和谱系脉络,需要追溯到赋予其丰富内涵的哲学源流。可以说,当我们论及经济法视域下的"相关(时间/地域)市场"(《反垄断法》)、"产品产地"(《产品质量法》)、"营业时间"(《商业银行法》)、"纳税地点"(《企业所得税法》)、"十三五规划"(规划法)、"区域经济"(区域经济法)等议题时,只有立足于哲学的时空观,才能把握此类语言表述的准确内涵。而从比较研究的角度看,这一哲学源流可以追溯到古代西方和古代中国各自的哲学源头。

首先,古代西方的"自然哲学"传统提供了包括经济法在内各个部门法"时空"维度不可或缺的内在规定性。具体而言,古代西方"自然哲学"关注的主题是有关宇宙万物的规律性知识。其中,哲学家们就时间和空间问题作了诸多具有重要理论价值和实践意义的研究。例如,泰勒斯在天文学和几何学方面的巨大建树为人们认识时空问题提供了有力的知识支撑[1];赫拉克利特认为,时间令一切皆"流—变",空间则使得一切皆"有迹可循"[2];柏拉图在《蒂迈欧篇》中,从理念论的基础上衍生出一种对自然—宇宙的"科学性"描述,其一方面把时间化解在空间中,使"可感"的世界成为"可理解"的"有序"的世界[3],另一

---

[1] 罗素:《西方哲学史》(上卷),何兆武等译,商务印书馆1963年版,第30—31页。
[2] 叶秀山:《欧洲哲学史上的时空关系——从柏拉图〈蒂迈欧篇〉所想到的》,载《中国社会科学院研究生院学报》2014年第1期,第16页。
[3] 同前注[2],第13页。

面也把空间存放于时间之中,此时,空间是"永恒的","并且为一切被创造的事物提供了一个住所"[4]。如此等等,古希腊关于时空话题的探讨延续到近代,这种终极追问与以物理学为首的自然科学产生了紧密联系,成为哲学和自然科学之间相互作用的连接点,以至于"不管是相对论还是当代的量子引力理论,时空预设都带有形而上学思考的性质"[5]。无疑,当我们开展法学研究时,一旦触及与某一具体法律问题相关的时空维度,就需要从哲学思辨的路径去获取解释问题的密匙。[6]

与此同时,中国古代哲学体系也内在地包含着独特的时空意蕴,这成为千百年来"寻求自然秩序中的和谐"[7]的重要思想依据和影响今日法治国家治理理念形成的独特本土资源。总体而言,中国古代的时空观既有经验性认识的一面,也有哲学性认识的一面。其中,中国古代经验性的时空观在时间维度方面源于人们对昼夜、日月、四季和年岁的体悟,由此形成系统的时空观念即历法;在空间维度方面则源于人们在日常生活中关于方向、方位与几何形体的观念,由此形成较为系统的空间观念。[8] 与此同时,中国古代时空观在哲学性认识方面也表现出丰富的内涵。例如,在春秋战国时期,中国文化体中便产生了关于时空的抽象观念,《文子·自然》记录的据传是老子所言的"往古来今谓之宙,四方上下谓之宇"就代表了当时人们的时空观念。[9] 此外,在中国古代的时空观中,有两个特别值得注意的方面:其一是儒家传统所主张的"历史观念"强调"一脉相承"的"前因后果";在此场域中,"时间"虽然"流逝","空间"中的生活方式却可保持"稳定"[10],而维系此种生活方式的制度保障正是得益于"儒家化的

---

[4] 同前注[1],第186页。
[5] 程瑞:《当代时空实在论思想探源》,载《科学技术哲学研究》2012年第5期,第16页。
[6] 值得注意的是,从哲学思辨的路径去解释法律实践问题和法学研究问题离不开对"隐喻"(metaphor)的时空概念的阐释。现实中,当人们在探讨与时空有关的问题时,除直接使用可以计量的时间单位和空间单位来进行描述之外,还会大量采用"隐喻"的方式来探讨时空维度。比如,人们通常用"前后""上下"和"左右"这三对词来描述空间上的基本方向,与此同时,这三个词也常被用来描述时间,即"前"和"上"均与"较早"或者"过去"的时间相联系,"后"和"下"均与"较晚"或者"未来"的时间相联系,而"左"和"右"尽管在语言中没有被用来表征时间,但在心理层面上,时间表征很可能确实具有左右方向性。因此,在关注包括经济法在内的法律实践问题和法学研究问题时,应当重视隐喻的时空概念的作用和价值。下文在探讨经济法的"当下反思"与"未来展望"时也会就经济法中隐喻的时空维度进行解析。参见金泓、黄希庭:《时空隐喻研究的新问题:时间表征的左右方向性》,载《心理科学进展》2012年第9期,第1364—1371页。
[7] 参见梁治平:《寻求自然秩序中的和谐——中国传统法律文化研究》,商务印书馆2013年版。
[8] 李晓春:《中国古代时空观与道观念的演变》,载《兰州大学学报(社会科学版)》2015年第3期,第28页。
[9] 同前注[8],第28页。
[10] 同前注[2],第15页。

中国法律"[11]。其二,在儒家思想影响下,"则天立法""顺天刑罚""顺天理讼"等法律传统反映了治国理政中顺应自然时空的天人合一观念。[12] 时至今日,此种法律所依存的古今国情仍有相似之处,孕育此种法律的中华民族之精神也是一脉相承,因此,此种法律传统中诸多具有合理性的文化因子对于建设社会主义法治国家仍然具有重要的现实意义。[13]

综上可见,东西方哲学思想中关于"时空"所包含的"有序""稳定""因果关系""合规律性"等要义,对于包括经济法在内的各个部门法的法律思维的形成和法律实践的生成均具有重要意义。

(二)经济法中"时空"范式的科学向度

经济法中的"时空"范式最为核心的要素就是其不可或缺的科学向度。从某种意义上讲,经济法作为"法律科学"的一个部分,其所包含的时间维度和空间维度已经融入经济法律体系各个领域的法律规范之中,成为引导经济法主体的市场交易行为和经济治理行为、界定和确认经济法主体的实体性权利和程序性权利、确保和维系经济法领域的实质正义和程序正义的科学性因素。而探寻时空维度这一经济法律规范中的科学性因素,有待回到时空问题的科学向度。

回顾时空问题的演进历程可知,及至近代,物理学的发展为时空问题的讨论和时空观的丰富注入了理性因素。其时,人们对时空问题的研究越来越多地受到科学方法论的影响,关于自然世界以至于人类社会的思索已不仅仅是立足于形而上学层面的思辨,而更多地具有了越来越浓重的理性色彩。进而,当代物理学的发展为时空问题的探讨注入了更加具有解释力的理性因素,这就为自然科学和哲学社会科学的发展带来了巨大革命。[14] 于是,当我们借助一定的学术文献对自然科学领域和哲学社会科学领域的研究成果进行跨学科考察时就可以看到,自然科学和哲学社会科学在回答各自对于客观世界的理解时,在很多情况下,均需要借助"时空"范式来开展研究。由此,形成了既遵循各自学科的学术传统,又在时空维度上可以相互沟通和印证的理论成果。

这种时空范式在跨学科视域下融通与呼应的例证在"中国知网"数据库中有着十分显著的表现,它反映出时间和空间的科学向度乃是自然科学和哲学社会科学能够相互理解、对话与借鉴的一个重要的公约数。例如,通过对"中国知网"数据库自1915年到2019年4月的"期刊"论文进行检索可以看到,在该数据库全部十个"文献分类目录"的CSSCI论文中,无一例外均有运用"时空"范

---

[11] 瞿同祖:《中国法律与中国社会》,中华书局2003年版,第355页。
[12] 张晋藩:《中华民族的法律传统与史鉴价值》,载《国家行政学院学报》2014年第5期,第52页。
[13] 徐立星:《张晋藩:留住中国法制史的根》,载《人民日报》2016年6月15日,第018版。
[14] 同前注[5],第5页。

式开展学术研究的成果。其中,"基础科学"类的相关论文有718篇,"工程科技Ⅰ辑"类的相关论文有443篇,"工程科技Ⅱ辑"类的相关论文有253篇,"农业科技"类的相关论文有250篇,"医学卫生科技"类的相关论文有16篇,"哲学与人文科学"类的相关论文有995篇,"社会科学Ⅰ辑"类的相关论文有186篇,"社会科学Ⅱ辑"类的相关论文有376篇,"信息科技"类的相关论文有198篇,"经济与管理科学"类的相关论文则多达2040篇。[15] 更进一步来看,在经济法视域下,时空维度成为打通经济法学科与自然科学学科和哲学社会科学学科界限的理论通道,其他学科对于相关时空问题的研究有可能直接或间接地对经济法学研究提供学理支撑,或者对经济法治实践提供理论参考。

例如,"基础科学"角度关于"资源环境约束下中国城镇化效率的时空分析"[16]对于推进城镇化领域的法治建设具有一定的参考意义;"医疗卫生科技"角度关于"医疗卫生财政支出对经济增长贡献的时空差异"[17]分析对于完善医疗卫生领域的财政法治建设具有积极的参考作用;"哲学与人文科学"角度关于"现代性的本质、矛盾及其时空分析"[18]对于深入研究经济法的现代性特征具有重要的理论价值;"信息科技"角度关于"移动互联网的时空分区效应"[19]的研究对于界定和规范移动互联网影响下的市场主体行为具有现实意义;"经济与管理科学"角度关于"中国系统性金融风险的时空格局演化特征"[20]的解析对于完善我国金融监管法律制度具有一定的借鉴意义;等等。

上述研究表明,"时空"维度是能够打通哲学社会科学以及自然科学界限的重要思维方式,其对包括经济法在内的法治实践具有重要的认识论和方法论意义。

(三)经济法中"时空"范式的价值意蕴

如果说经济法中"时空"范式的科学向度为我们提供了看待市场经济和经济法治"是什么"和"为什么"的客观依据,那么,经济法中"时空"范式的价值意蕴则为我们展现了面对市场经济和经济法治的发展时应当"怎么办"的内在需求和道德标准。

进言之,经济法中"时空"范式的价值意蕴凸显了时空维度所具有的人性本

---

[15] 参见中国知网,http://kns.cnki.net/kns/brief/result.aspx? dbPrefix=CJFQ,最后访问日期:2019年4月30日。
[16] 参见赵黎明、焦珊珊:《资源环境约束下中国城镇化效率的时空分析》,载《天津大学学报(社会科学版)》2017年第2期。
[17] 参见范柏乃、张电电:《医疗卫生财政支出对经济增长贡献的时空差异——基于1997—2012年30个省级地区面板数据分析》,载《华东经济管理》2014年第5期。
[18] 参见韩庆祥:《现代性的本质、矛盾及其时空分析》,载《中国社会科学》2016年第2期。
[19] 参见李慧娟、李彦:《从线下到线上:移动互联网的时空分区效应研究》,载《国际新闻界》2015年第8期。
[20] 沈悦、李博阳、张嘉望:《系统性金融风险:测度与时空格局演化分析》,载《统计与信息论坛》2017年第12期。

质,即"时空"其实是与人的身体、情感、自由有着内在联系的,现实中,时间与空间始终与人的生活实践相关,时空学说史则始终贯穿着人的出场。[21] 事实上,早在古希腊时期,哲学家就将对时空的认识与人联系在一起。例如,亚里士多德就认为,空间的本质是客观的,但依赖于人的观察视角,同时,时间是客观存在的,但又具有主观性;及至中世纪,奥古斯丁指出,时间不是外在、客观的,而是源于人在记忆中的印象;而后,随着近代自然科学的建立,人们对于时空的研究出现了人文维度和科学维度的分化,康德的时空理论就是以人类的主体能力为基础的"客观"时空观;随后,以马克思实践唯物主义的创立和现代西方哲学中人本主义思潮的兴起为标志,学界对于时空问题的研究又出现了将人文维度和科学维度统一起来的新趋向。[22] 其中,马克思关于"时间实际上是人的积极存在。它不仅是人的生命的尺度,而且是人的发展的空间"[23]的论断便是从人文维度和科学维度相统一的角度去看待时间与空间。

思想史上对"时空"的实践性特质和人性本质的揭示对于正确理解"时空"范式的价值意蕴,特别是对于客观认识经济法视域下的"本土时空""全球化时空""虚拟时空""符号化时空"[24]等具体时空维度的价值具有重要的现实意义。

首先,经济法视域下的"本土时空"表明,经济法律制度是各国在面对市场失灵和政府失灵的现代性问题时所创制出的一种"回应型法"。基于各国历史文化和社会经济条件的不同,此类法律有着各自的地方性特色,表现为"美国的自由市场经济法""德国的社会市场经济法""日本的政府主导经济法""瑞典的福利经济法"等"地方性知识"[25]。此时,"本土时空"中表现出的经济法的独特形态反映了各国为解决自身经济治理问题而构建经济法的内在需求。

其次,经济法视域下的"全球化时空"表明,全球范围内的经济法律制度在发展中具有诸多共性。一方面,此类法律在全球化背景下体现出基本理念、制度体系、结构功能等方面的相似性特质;另一方面,各国为融入全球经济交往,需要遵循国际化的经济治理规则,在市场准入、企业治理、公平竞争、消费者保护、质量管理、金融监管、财税治理等方面按照"国际惯例""国际规则"来调整彼此的经济利益,维系公正合理的国际经济秩序。

再次,经济法视域下的"虚拟时空"表明,以互联网、高科技为基础的虚拟网络空间延展出的虚拟经济丰富了现代经济治理的公共性和经济性,同时也给经

---

[21] 参见杨沐、王代生:《时空的人性本质——基于人文视野下的时空考察》,载《科学技术哲学研究》2017年第6期,第120—121页。
[22] 同前注[21],第120—121页。
[23] 马克思:《马克思恩格斯全集》第47卷,人民出版社1979年版,第532页。
[24] 胡刘、祝莉萍:《从"自在时空"到"社会历史时空"——马克思对传统时空观的实践论改造及其当代意义》,载《学术研究》2012年第6期,第22页。
[25] 参见李昌麒、黄茂钦:《论经济法的时空性》,载《现代法学》2002年第5期,第6—8页。

济治理提出了挑战。实践中,经济法律制度对此的回应反映在政府主体和其他参与经济治理的主体对互联网行业市场准入、互联网领域竞争行为规制、互联网金融监管、电子商务税收征管等方面的制度完善与创新上。其价值目标在于,不断适应实体经济与虚拟经济协调发展的需要,以及适应规范各方主体行为、维系主体之间利益均衡的需要。

最后,经济法视域下的"符号化时空"表明,随着大数据和人工智能的发展,实体经济、虚拟经济越来越需要借助数学符号[26]及其逻辑运行来整合数据资源,从而为经济运行提供支撑,由此,形成了以数据、数学及其逻辑关联为基础的"符号化时空"。在此背景下,大数据和人工智能广泛渗透到企业经营、产品制造、个性消费、产业规划、金融运行、市场监管等方面;同时,大数据和人工智能所带来的不确定性也给经济运行造成了风险,如何确立符号化、智能化经济运行所需要的伦理标准和法律体系,须借助时空维度来作出制度回应。

据此可见,经济法中"时空"范式的价值意蕴在于,它能够揭示现代社会以降,具有"回应型法"本质的这一新型法律制度,在面对双重失灵、社会风险、数字生存、智能治理的挑战时,如何以具有一定道德基础的法律形式,来规范可转换成为特定"时空"存在模式的市场规制问题和宏观调控问题。

二、从经济场域到经济法治:经济法中"时空"之维的实践展开

(一)经济场域的运行机理与经济法治的时空逻辑

具有人性本质的时空维度在市场主体的市场交易实践与治理主体的经济治理实践中主要是借助一定的场域来发挥作用的。此处所说的"场域",是指特定时空中的行动者凭借一定的"惯习"或"组织规则"在处理相互关系、实现资源配置的过程中所形成的网络(network)。[27] 具体到经济场域,则是市场经济中的个体成员或团体组织在微观经济领域或宏观经济领域从事经济(治理)活动所形成的特定社会网络。在这一网络中,每一个经济(治理)活动所反映出的事件都"具有有限的延续(duration),并在空间中具有有限的广延(extension)",同时,"每个在空间—时间中的事件都与其他事件交叉"[28],而每一个事件所涉

---

[26] 客观来看,符号在人类社会和自然界中具有普遍性,"符号囊括自然和文化的世界"。在大数据和人工智能时代,社会成员个体活动和人类社会整体运行的方方面面均可还原为数学符号及其逻辑运行,这使得其中的个体经济行为和整体经济运行更能够通过精准的时空维度来加以规范和治理,而这种规范和治理的制度化形式在大数据和智能化广泛而深入地影响经济(治理)活动的今天尚有待加强研究。参见约翰·迪利:《符号学基础(第六版)》,张祖建译,中国人民大学出版社2012年版,第213、249页。

[27] 参见皮埃尔·布尔迪厄、华康德:《实践与反思——反思社会学导引》,李猛等译,中央编译出版社2004年版,第16页。

[28] 伯特兰·罗素:《哲学大纲》,黄翔译,商务印书馆2017年版,第272页。

及的"位置""场所""先后""次序",往往都包含着复杂的经济权利与经济义务(或经济职权与经济职责)关系[29],也往往都影响到具体的市场个体利益或广泛的社会公共利益。[30]

进一步讲,经济场域的运行机理在于,其个体成员和团体组织的经济(治理)活动,需要在以一定的时间轴线和空间轴线为基础的规则指引下进行,进而实现其预期的交易目的或治理目标。

经由海德格尔的时空观可知,经济场域的经济(治理)活动是通过"时机"与"去远"来加以展开的。其中,"时机"是展开经济(治理)活动的时间维度,它反映了人们从事经济(治理)活动需要把握"适当"的"时机",而适逢其时地做事需要以秒、分、时、日、月、年等公共可用的尺度来测量时间;当"公共化了的时间"得以通过法定程序规定在经济法律制度之中时,经济场域中的成员和组织就能够依照公共时间来调整自己的行为,并能够预期经济交往和经济治理中他人的行为。[31]相应地,"去远"是展开经济(治理)活动的空间维度,它使得人们可以用熟悉的方式把事物由"远方"拉"近",它反映了人们借助精密的"空间尺度"使得经济(治理)活动能够以厘米、米、公里、立方厘米、立方米等便于把握的客观标准来加以展开[32];在工业化和后工业化背景下,经济治理机构通过法定程序,将国际计量部门确认的空间尺度规定在经济法律制度之中,从而实现对经济交往活动的精准规范和精准治理。

经济场域中以"时机"和"去远"来加以展开的经济(治理)活动成为赋予经济法治时空逻辑的基础和前提。

具言之,当经济场域中的经济(治理)活动通过法律化的语言输入到经济法律制度之中时,公共化了的时间和精准化了的空间就成为法定的市场交易标准和法律运行依据。此时,人们依照经济法律体系所进行的执法、司法和守法活动,便成为构成经济法治体系的重要内容。而以经济场域运行为基础的经济法治,其存在的时空逻辑在于,为实现特定时空范围内经济法主体的"赋权(利)"和"控权(力)"提供经济领域的法治保障。[33]具体来看,一方面,这种法治保障

---

[29] 赫尔嘉·诺沃特尼:《时间:现代与后现代经验》,金梦兰等译,北京师范大学出版社2011年版,景天魁、朱红文"总序"第4页。

[30] 例如,自然形成型(伦敦、纽约、香港)和政府推动型(东京、新加坡)的国际金融中心这一特定的地域,凭借完善的金融法律体系和由此形成的金融法治环境,来有效保护企业合法财产、充分维护投资利益、切实履行金融契约,从而保障金融安全、提升金融效率。参见冯果:《营造与国际金融中心地位相适应的司法环境》,载《法学》2016年第10期,第71—78页。

[31] 参见陈嘉映:《海德格尔哲学概论》,商务印书馆2014年版,第128页。

[32] 同前注[21]。

[33] 例如,这种"赋权"与"控权"具体体现为,经济法律制度中的"期间""期限"以及"全境适用""域外适用""特别适用""除外适用"等时间和空间因素均会影响相关主体的权利与义务、职权与职责。参见张守文:《经济法理论的重构》,人民出版社2004年版,第500、503页。

体现在社会成员需要借助经济法律制度来实现自身在特定时空范围内享有的权利,履行特定时空范围内的义务。例如,消费者享有"自收到商品之日起七日内退货"的权利(我国《消费者权益保护法》第 24 条);居民企业应履行就其"来源于中国境内、境外"的所得缴纳企业所得税的义务(我国《企业所得税法》第 3 条);等等。另一方面,这种法治保障还体现在经济治理机构依法进行经济干预、管理、调控、治理的公权力也需要受到控制,从而防止"在国家干预中出现国家和政府等国家机构的利益侵蚀社会整体利益的现象"[34]。例如,行政机关和法律、法规授权的具有管理公共事务职能的组织不得滥用行政权力,实施妨碍商品在"地区之间"自由流通的行为(我国《反垄断法》第 33 条);银行业监督管理机构在对银行业金融机构的业务活动及其风险状况进行"现场"检查时,应当制定"现场"检查程序、规范"现场"检查行为(我国《银行业监督管理法》第 24 条);等等。正是在具有时空内涵的经济法治的保障之下,经济场域中的经济(治理)活动才得以可预期地开展,也才能维系其应有的秩序。

(二)经济法治实践中制度创制的"时空"之维

从"时空"维度来理解,经济法治实践中的制度创制其实就是人们有意识地创制符合资源优化配置目的的一整套规范经济场域活动的制度[35];在此意义上,每一部经济法律都是一部经济领域的"时空建构史"。[36]

具言之,经济法治实践中制度创制的"时空"之维包含以下五个基本要素:其一,制度创制的主体要素。在当今公共治理的时代背景下,经济领域制度创制的主体既有制定"硬法"(hard law)的国家机关,也有制定"软法"(soft law)的国家机关或非官方的"次国家"(sub-state)[37]组织[38]。其二,制度创制的目的要素。经济领域的制度创制具有"合目的性"的特点,即以(土地、资金、技术、

---

[34] 卢代富:《经济法对社会整体利益的维护》,载《现代法学》2013 年第 4 期,第 27 页。

[35] 此处所说的"制度",既包括如《中华人民共和国银行业监督管理法》(2006 年)、《中华人民共和国反垄断法》(2007 年)等"硬法"一类的正式制度,也包括如《中国银行业自律公约》(2005 年)、《网络数据和用户个人信息收集、使用自律公约》(2019 年)等"软法"一类的非正式制度,此时,其英文表述为"legal institution";相较而言,当仅指"硬法"一类的正式制度时,其英文表述为"legal system"。参见马克·范·胡克:《法律的沟通之维》,孙国东译,法律出版社 2008 年版,第 21 页。

[36] 张世明:《法律、资源与时空建构:1644—1945 年的中国》(第一卷),广东人民出版社 2012 年版,第 65—66 页。

[37] 同前注[35],第 22 页。

[38] 在当今公共治理时代,为解决经济场域市场失灵和政府失灵问题所创制的制度规范主要包括"硬法"和"软法"两种类型。其中,所谓"软法",是指"那些效力结构未必完整、无须依靠国家强制保障实施,但能够产生社会实效的法律规范";所谓"硬法",则是指"那些需要依赖国家强制力保障实施的法律规范"。而借鉴相关研究成果来看,经济场域的"软法"规范大致可划分为政法性常规成例、公共政策、自律规范、专业标准、弹性法条等五种类型。参见罗豪才、宋功德:《认真对待软法——公域软法的一般理论及其中国实践》,载《中国法学》2006 年第 2 期;宋功德:《公域软法规范的主要渊源》,载罗豪才等:《软法与公共治理》,北京大学出版社 2006 年版,第 189—201 页。

人力、信息等)资源的优化配置为目的,是该领域所有"硬法"规范或"软法"规范的创制初衷,这体现了经济法律制度作为回应型法所具有的"目的性法律思维"[39]特征[40]。其三,制度创制的程序要素。[41] 无论是"硬法"规范的正式立法程序,还是"软法"规范的特定创制程序,经济领域的制度创制均需要在特定时间(包括时段和时点)和特定空间(包括地域和场所)经由特定的制定程序产生。其四,制度创制的语言要素。此要素既包含将经济场域的时空因素这一"外部素材"(external data)"转换"[42]成为法律语言,也包含在设置权利诉求或权力行使的程序时采用具有时空维度的法律语言。其五,制度创制的效力范围要素。此要素表明经济领域的制度规范在什么地方、什么时间、对什么人具有效力。此外,经济领域制度规范演进过程的立改废体现了任何制度均具有的"生命周期"[43]这一时间特质。

现实中,经济法治实践之制度创制的"时空"之维可以从我国经济立法发展的历时性轨迹和学界对经济立法时空维度的相关研究两个方面得以呈现。

一方面,从我国经济立法发展的历时性轨迹来看,我国于1993年通过专门修宪的方式确立实行市场经济体制,继而在1993、1994、1995三个年度通过集中制定市场规制法、财税法、金融法,初步构建了与市场经济体制相适应的基本经济法律制度;随后,面对1997年亚洲金融危机和2008年全球金融危机,国家通过制定和实施重要经济法律制度的举措使两次危机得以化解[44];自2013年全面深化改革和进一步扩大对外开放以来,国家推动了经济法制度的"立改废释",推进了财税立法的法定化,实现了金融立法和竞争立法的各自整合,加快了农村土地"三权分置"的制度创新[45],促进了人工智能领域的产业制度发展,等等。这些重要的经济立法例证表现出经济法律制度在市场化、全球化和国家治理现代化背景下历时性演进的轨迹。

另一方面,学界面对经济立法的发展也从市场规制和宏观调控两个领域作

---

[39] 参见 P. 诺内特、P. 塞尔兹尼克:《转变中的法律与社会:迈向回应型法》,张志铭译,中国政法大学出版社2004年版,第92—93页。

[40] 经济法治实践中制度创制的"目的性法律思维"特征在各国的"惩罚性赔偿制度"设计方面有着具体的体现。例如,"将多倍赔偿制度与罚款制度的联合作为中国模式的惩罚性赔偿制度",在实践中发挥着激励、惩罚、遏制的功能,体现了既区别于大陆法系又区别于英美法系的中国特色的制度创造。参见李友根:《惩罚性赔偿制度的中国模式研究》,载《法制与社会发展》2015年第6期。

[41] 同前注[35],第57页。

[42] 同前注[35],第59页。

[43] 同前注[36],第65—66页。

[44] 参见张守文:《中国经济法治的问题及其改进方向》,载《法制与社会发展》2018年第2期,第20—31页。

[45] 参见张守文:《改革开放与中国经济法的制度变迁》,载《法学》2018年第8期,第19—31页。

了立足于时空维度的相关研究。例如,在市场准入法领域,有学者就如何对"突破了时间、地域的限制",利用微信平台开展市场交易活动的"微商"确立市场准入标准给予了关注[46];在竞争法领域,有学者围绕科学界定"滥用行为案件的市场"这一议题,就"双边市场"以及"创新市场"开展研究[47];在金融法领域,有学者提出,通过完善互联网金融交易平台的市场准入、将"金融安全网制度"拓展适用于"互联网金融"等措施,来规范互联网金融的法律模式[48];在财税法领域,有学者立足于合理"配置中央与地方之间的立法权"这一问题,就设计"地方税立法"的纵向授权机制进行研究[49];在产业法领域,有学者就产业政策作为"地方宏观调控"的手段或工具进行研究,提出"除了国家和地方分权、分层,法治也具有地方性"[50]的思考;等等。上述研究表明,借助时空维度开展经济法学研究乃是探究经济法治实践中制度创制规律的重要研究方法,而从时空维度思考经济法问题一直是学者们进行经济法学研究的一种重要思维方式。

(三)经济法治实践中制度实施的"时空"之维

从"时空"维度来理解,经济法治实践中的制度实施其实就是人们依照特定时空中的经济法律制度,为调整经济场域中与全局性和社会公共性相关的经济利益所开展的执法、司法和守法活动。以下分别从执法、司法、守法三个方面来阐释经济法治实践中制度实施的"时空"之维。

其一,就执法环节所展现的"时空"之维而言,其主要包含四个方面的要素,即主体要素、目的要素、程序要素和效力要素。以反垄断执法的时空维度为例可以看到,其主体要素体现在各国和地区的反垄断执法机构,如我国的国家市场监督管理总局反垄断局、美国的联邦贸易委员会和司法部反托拉斯局、德国的联邦卡特尔局、日本的公正交易委员会、欧盟的欧盟委员会等,均是基于其自身的政治经济体制和法律传统形成的各具特色的执法机构设置格局,反映出鲜明的地方性或国别性;其目的要素体现在反垄断执法的要旨,即通过对反垄断执法目的的不同表述,如"促进创新,并增进消费者福利"[51]"促进公平的、自由

---

[46] 参见杨松、郭金良:《互联网创新发展中的经济法治研究》,载《江海学刊》2017年第4期,第128—134页。

[47] 参见王晓晔:《论相关市场界定在滥用行为案件中的地位和作用》,载《现代法学》2018年第3期,第57—69页。

[48] 参见邢会强:《相对安全理念下规范互联网金融的法律模式与路径》,载《法学》2017年第12期,第22—28页。

[49] 参见刘剑文:《地方税立法的纵向授权机制设计》,载《北京大学学报(哲学社会科学版)》2016年第5期,第113—120页。

[50] 参见史际春:《地方法治与地方宏观调控》,载《广东社会科学》2016年第5期,第221—229。

[51] 参见《美国知识产权许可反托拉斯指南》,载尚明主编:《主要国家(地区)反垄断法律汇编》,法律出版社2004年版,第252页。

的竞争"[52]"防止事业者滥用市场支配地位和经济力的过度集中"[53]等,来体现对特定国家或地区在一定时期内的市场公平竞争和社会公共利益的维护;其程序要素表明,反垄断执法程序一般需经过程序启动、反垄断调查、组织审议、作出决定、付诸执行等具有先后顺序的时间流程[54];其效力要素表明,反垄断执法机构对违法者施以责令停止违法行为、责令停止实施集中、没收违法所得、处以罚款、依法撤销登记等措施,均需借助一定的时间条件和空间条件,方能实现其预期的效果。

其二,就司法环节所展现的"时空"之维而言,其同样包含四个方面的要素,即主体要素、目的要素、程序要素和效力要素。以近年来我国反垄断审判和金融审判的时空维度为例可以看到,其主体要素体现在开展反垄断司法工作愈十年的人民法院反垄断案件合议庭与新近在金融案件相对集中地区的部分法院设立的金融审判庭,均致力在我国推进审判专业化建设;其目的要素表明,反垄断审判和金融审判分别旨在实现特定时空范围内维护公平竞争和防控金融风险、深化金融改革等"实质性结果"[55];其程序要素表明,在反垄断司法程序中,关于"垄断民事纠纷案件的地域管辖""因垄断行为产生的损害赔偿请求权诉讼时效期间""案件移送合并审理"等规定[56],以及在金融案件司法程序中,关于"加强涉地方交易场所案件的行政处置工作与司法审判工作的衔接""定期通报涉及金融风险防范与金融安全的重要案件情况""探索实行金融案件的集中管辖"[57]等规定,均包含重要的时间或空间条件;其效力要素则体现在反垄断审判和金融审判领域的相关法律制度既确保了相关法律适用的"连贯性"和司法判决的"统一性",也确保了具体案件通过在特定时间和空间条件下的执行来实现权利诉求和责任承担。

其三,就守法环节所展现的"时空"之维而言,其也包含四个要素,即主体要素、目的要素、行为要素和结果要素。以产品质量法领域销售者所应遵守的产品质量义务包含的时空维度为例可以看到,其主体要素体现为在我国境内从事产品销售活动的经营者;其目的要素体现在销售者无论在何时何地从事何种产品销售活动,在其守法的目的上,通常是源于遵守商业道德伦理、实现趋利避害

---

[52] 参见《日本禁止私人垄断及确保公正交易法》,载尚明主编:《主要国家(地区)反垄断法律汇编》,同前注[51],第426页。

[53] 参见《韩国规制垄断与公平交易法》,载尚明主编:《主要国家(地区)反垄断法律汇编》,同前注[47],第554页。

[54] 参见《经济法学》编写组:《经济法学》(第二版),高等教育出版社2018年版,第256—257页。

[55] 同前注[39],第92—93页。

[56] 参见《最高人民法院关于审理因垄断行为引发的民事纠纷案件应用法律若干问题的规定》(法释[2012]5号)。

[57] 参见《最高人民法院关于进一步加强金融审判工作的若干意见》(法发[2017]22号)。

的功利选择、避免违法受罚等心理动机[58];其行为要素体现为,销售者应在"进货时"履行验收义务,在"进货后"履行保持产品质量的义务,在"销售时"履行有关产品标识的义务,以及履行不违反"伪造产地"等禁止性规范的义务(我国《产品质量法》第 33—39 条);其结果要素体现为,确保销售的产品保持特定"(几何化)精确标准"等质量要求,以实现特定市场范围内的消费者合法权益和维护相应的社会经济秩序。

三、从当下反思到未来展望:经济法中"时空"演进的理想图景

(一)经济法中"时空"之维的当下反思

"在历史的时间和空间中去理解法律"有助于贯通法律的"昔然"(What has come to be)、"现然"(What is)与"应然"(What ought to be)。[59] 在中国厉行法治四十年的时间节点上,对中国经济法治四十年的成长轨迹加以回顾,对中国经济法学四十年的研究成果加以反思,将能够洞悉其间独具特色的时空内涵[60],进而有助于认识和把握中国经济法治和经济法学的过去、现在和未来。

就中国经济法治的成长轨迹而言,其在我国法治建设、法治改革和全面依法治国背景下形成、发展的过程本身就彰显和隐喻了丰富的时空意蕴。

其一,中国经济法治的发展成效显现于时空维度之中。首先,"以市场为基础的经济法制和法治之路"[61]启动于 1978 年"对外开放"这一重要的时空坐标。学界对于中国经济法治的回顾与总结均是以此为时空起点。其次,四十年来,在中国经济法治发展的进程中,无论是制度经验的"积累",还是制度探索的"试错",都体现在某一制度发展的时间轴线上,对其进行客观全面的总结需要把握具体的时间脉络。再次,时空维度是描述和凸显四十年来中国经济法发展成效的重要参照系。例如,我国反垄断法现已成为"全球"最具影响力的反垄断法之一[62],财税法也在确保财政成为国家治理的"基础"和重要"支柱"中发挥着重要作用[63],这表明经济法在全球经济治理和国家治国理政中具有十分突

---

[58] 参见李林:《建设法治社会应推进全民守法》,载《法学杂志》2017 年第 8 期,第 1—9 页。

[59] 李明:《概念、总体史与解读中国——〈法律、资源与时空建构〉学术研讨会综述》,载《清史研究》2013 年第 2 期,第 153 页。

[60] 对于经济法独具特色的时空内涵的回顾和梳理乃是整体的经济法学学术史研究的一个部分,对此展开的研究之于经济法学和经济法治的变革与发展都具有重要的现实意义和恒久的学术价值。参见肖江平:《经济法定义的中国学术史考察——侧重于经济法调整对象》,载《北京大学学报(哲学社会科学版)》2012 年第 5 期,第 115—123 页。

[61] 参见史际春:《改革开放 40 年:从懵懂到自觉的中国经济法》,载《东方法学》2018 年第 6 期,第 70—82 页。

[62] 参见王晓晔:《我国反垄断执法 10 年:成就与挑战》,载《政法论丛》2018 年第 5 期。

[63] 刘剑文:《学科突起与方法转型:中国财税法学变迁四十年》,载《清华法学》2018 年第 4 期。

出的制度功能。最后,当学界以注重维护"整体性""长远性"的"社会公共利益"来对经济法加以描述时,实质上仍然是借助时间和空间的隐喻来界定经济法的品格和价值。

其二,中国经济法治中的待决问题也显现于时空维度之中。[64] 首先,在立法层面,以金融法为例,当下存在的互联网金融领域立法仅停留在部门规章层面、立法"层级"不高、金融监管立法尚处于滞后状态[65]等问题,分别涉及空间维度和时间维度的完善;其次,在执法层面,以反垄断法为例,如何解决"把行政垄断行为交给违法机关的上级机关来处理"从而影响禁止行政垄断的有效性问题、如何改进反垄断执法程序问题[66]等,分别涉及空间维度和时间维度的完善;最后,在司法层面,如何在目前通过金融、知识产权、互联网等专门法庭或法院来解决"公私交织的纠纷"[67]基础上进一步改进经济法领域的司法制度,仍然涉及空间维度和时间维度的完善问题。

就中国经济法理论研究的发展脉络而言,对其取得的成就和现存问题的分析也蕴含和隐喻了深刻的时空意蕴。

其一,中国经济法学的研究成果蕴含了丰富的时空特质。例如,在经济法总论方面,学界通过在主体理论[68]、行为理论、权利理论、责任理论、法律实施理论、基本范畴理论、研究方法理论等众多"理论板块"开展研究而"构建经济法理论大厦"隐喻了深刻的空间逻辑[69];对于经济法理论研究四十年的回顾总结凸显了经济法学发展的时间轴线[70];对于《经济法通则》这一"顶层设计"的思考和探索展示了显著的空间意蕴[71];对于中国经济法司法环节的本土特色、运

---

[64] 以时空维度来看待中国经济法治中的待决问题,需要借助"经济法治的战略思维"。以此战略思维观之,通过实施完善经济立法的制度安排、推行培养经济执法和经济司法人员的长期计划,将有助于实现未来的经济发展目标。参见顾功耘:《经济法治的战略思维》,载《法制与社会发展》2014年第5期,第74—76页。

[65] 参见徐孟洲:《金融立法:保障金融服务实体经济——改革开放四十年中国金融立法的回顾与展望》,载《地方立法研究》2018年第6期,第62—73页。

[66] 同前注[62]。

[67] 同前注[61]。

[68] 学界对于经济法主体问题的"政府—社会中间层—市场"理论框架的探讨体现了经济法"理论板块"所隐喻的空间逻辑。这一富有空间思维特点的认知方式对于探索经济法主体制度的发展规律具有重要理论价值。参见王全兴、管斌:《经济法学研究框架初探》,载《中国法学》2001年第6期,第39—49页。

[69] 参见张守文:《中国经济法理论的新发展》,载《政治与法律》2016年第12期,第2—12页。

[70] 参见单飞跃:《中国经济法理论研究四十年:反思、转型与再认识》,载陈云良主编:《经济法论丛》2018年第2期,社会科学文献出版社2018年版,第3—16页。

[71] 参见程信和:《经济法通则原论》,载《地方立法研究》2019年第1期,第54—129页。

行实践、发展方向的研究反映出鲜明的时空内涵[72]。在经济法分论方面,从改革开放四十年来我国金融立法成就的回顾到推进新时代金融立法的设想[73],从借鉴域外税法和财政法到提出本国特色的完整意义上的"财税法一体化"概念[74],从参考借鉴域外反垄断法这一"舶来品"到关注我国反垄断法及其实施的"本土化"问题[75],均反映出研究成果方面的时空特色。

其二,中国经济法学研究中的现存问题也显示出相应的时空特质。例如,在经济法总论方面,如何将特定议题"内嵌于特定的时代背景"来"提炼出经济法领域的分配理论、发展理论、信息理论、风险理论"[76],如何总结"中国经济法学四十年的主要教训"并"完善中国经济法学的理论体系"[77],如何丰富经济法的司法理论以弥补在此问题上的研究短板等,均具有显著的时空特质。在经济法分论方面,金融法如何在新时代加强金融机构组织法、金融监管法、金融调控法和互联网金融法的研究[78],财税法如何通过开放研究、原创研究、领域研究实现"未来中国财税法学理论构建"[79],反垄断法如何通过回应执法机构的整合、执法与司法的协调、反垄断法的地方实施、新经济形态的制度需求等问题来丰富其理论[80],产业法如何通过回应"立足市场"的转向以及通过推动传统产业与新兴产业的协调发展来促进其理论增量[81],等等,均体现了分论研究中现存问题的时空特色。

(二)经济法中"时空"之维的未来展望

中国经济法四十余年成长与发展的历程是我国法治建设自1978年以来经由恢复重建、持续发展到形成中国特色发展路径这一"历史性飞跃"中的一个部分;接下来,在"全面推进依法治国、加快建设法治中国"的进程中[82],其仍然会

---

[72] 参见张守文:《经济法司法理论之拓补》,载《法学论坛》2017年第5期,第5—13页;陈乃新:《经济法的司法空白之弥补》,载《法学论坛》2017年第5期,第14—21页;薛克鹏:《经济法司法实施困境及体制创新》,载《法学论坛》2017年第5期,第22—29页。

[73] 同前注[65]。

[74] 同前注[63]。

[75] 参见王先林:《国家战略视角的反垄断问题初探——写在〈中华人民共和国反垄断法〉实施十周年之际》,载《安徽大学学报》(哲学社会科学版)2018年第5期,第126—135页。

[76] 同前注[69]。

[77] 同前注[70]。

[78] 同前注[65]。

[79] 同前注[63]。

[80] 时建中:《〈反垄断法〉实施十周年的回顾与展望》,载《中国价格监管与反垄断》2018年第8期,第28—30页。

[81] 同前注[61]。

[82] 参见张文显:《中国法治40年:历程、轨迹和经验》,载《吉林大学社会科学学报》2018年第5期,第5—24页。

以"时空压缩"(Time-space Compression)[83]的方式伴随经济场域持续的超常发展取得进一步的成就。在此过程中,包括经济法在内的整个部门法体系,将在"中国与世界"的时空格局中,承担起为全球治理和世界法学做出"中国贡献"的责任[84],而实现这一愿景须得有效借助"时空"之维来推进法治建设和法学研究。

就经济法治建设和经济法学研究如何更好地借助"时空"维度的作用而言,这有待明确"时空"思维的价值,并理清"时空"思维在经济法的实践与研究中发挥作用的基本方向。

其一,"时空"思维的价值在中国经济法未来的实践与研究中值得充分重视。如前文所述,"时空"维度是自然科学与哲学社会科学开展各自研究时可以相互融通与对话的公约数,人们借助"时空"维度能够有效地从事社会实践,并协调相互关系。以社会学为例,正因为认识到时空问题的重要性,当代社会学主张把时间和空间作为该学科的重要主题,并以大量著作支撑起"时空社会学"这一当代社会学的重要学科分支。[85] 以时空社会学的视角来看,时间和空间是社会发展的两个基本维度,正是时间的规制和空间的组合,形成了"有节律的社会秩序",而法律制度就是对这种社会秩序的一种专门化的"符号表达"。[86]当代社会学对时空维度的重视及其对时空问题的探索之于经济法的实践与研究富有积极的启示意义。在经济法领域,同样需要认真对待时空维度的实践意义和理论意义,并且在把握时空范式基本内涵的基础上,将其作为经济法实践与研究的重要指导。进言之,一方面,应认识到经济法作为特定时空背景下产生的现代法,其强调从宏观和总体的层面解决传统的近代法所不能解决的经济问题和社会问题;另一方面,应立足于空间维度的特定"地点",在经济法的实践与研究中协调好"与国际接轨"的趋同化和"从实际出发"的本土化的关系,从而提升经济法规范的"国产化"水平,确保经济法在各个维度上的效力。[87]

其二,关于"时空"思维在经济法的实践与研究中发挥作用的基本方向,总体而言,可从本体论、认识论、方法论、价值论、规范论、运行论等六个方面切入。[88] 在本体论方面,明确"时空"维度本质上乃是经济法实践与研究的"内生

---

[83] 参见王南湜:《解释"时空压缩"现象需要"空间转向"吗?——一种基于扩展马克思剩余价值论的透视》,载《学习与探索》2015年第1期,第1—11页。

[84] 喻中:《中国现代性法学话语的时空坐标》,载《政法论坛》2007年第4期,第3—15页。

[85] 目前引入国内的时空社会学著作包括《时间社会学》《社会时间的频谱》《时间与社会理论》《社会关系与空间结构》《社会思想中的空间观:一种地理学的视角》等10本,这对于包括法学在内的其他社会科学学科的研究具有借鉴意义。同前注[29],第3页。

[86] 同前注[29],第39页、第47页、第91页。

[87] 参见张守文:《经济法的时空维度描述》,载《法商研究》1998年第6期,第3—6页。

[88] 同前注[33]。

变量"而不是"外生变量","时空"维度内在于经济法运行的各个方面,进而,意识到经济法视域下"时空"维度的实践性特质和人性本质;在认识论方面,当人们在经济法治发展中遇到有待解决的现实问题时,或者在经济法学研究中遇到有待回答的理论问题时,知晓从"时空"维度的思辨性认知路径或者从其科学性认知路径来寻求问题的解析思路;在方法论方面,注重"时空"维度作为一种学术传统、一种思维习惯、一种理论工具、一种研究范式在经济法实践与研究中的方法论意义,避免相关实践与研究中的方法论遗忘或方法论缺陷;在价值论方面,体悟到"时空"维度在各国和地区依法实现经济治理目标中的实际作用,及其在助力学界探寻经济法治发展规律中的理论价值;在规范论方面,遵循时间规制和空间组合的规律,通过经济法律制度对权利、义务、职权、职责的合理安排,有效地实现经济场域中的合法利益调整和稀缺资源配置;在运行论方面,通过发挥时间维度在确定经济法运行中的时序问题的作用,以及发挥空间维度在明晰经济法运行中的地域问题的作用,实现经济法领域的立法环节、执法环节、司法环节、守法环节的有序运行,维系经济法治体系内部子系统之间的有机连接,促进经济法治体系在整个法治体系中的功能发挥。

(三)经济法中"时空"演进的路径探析

就未来中国经济法中"时空"演进的路径而言,其应立足于"本土时空""全球化时空""虚拟时空"以及"符号化时空"所提供的客观条件与现实基础,以现有中国经济法治发展与经济法学研究中的问题导向为指引,朝着理想的"时空"图景发展。

其中,中国经济法治发展方面的时空演进路径大致体现在以下几个方面:

其一,在立法环节,以时间维度为出发点,推进立法进程,如在竞争法领域完善反垄断法和反不正当竞争法的法律体系,在金融法领域解决互联网金融监管等方面的立法滞后问题,以适应互联网金融发展的需要,在财税法领域推动"税收法定"到"预算法定"再到"财政法定"的发展,在产业法领域推进人工智能产业法制的构建,以适应人工智能产业法治化发展的需要;以空间维度为出发点,优化立法体系,如处理好经济领域立法移植与内生的关系,协调好经济领域"硬法"规范与"软法"规范的关系,解决好经济领域全国立法与地方立法的关系。

其二,在执法环节,以时间维度为出发点,加强执法程序的完善,如在竞争法领域完善反垄断执法程序和法律责任制度,在产品质量法领域完善产品质量监管执法程序,在房地产法领域优化房地产市场监管执法程序,在金融法领域完善互联网金融风险防范程序,在财税法领域完善税收执法风险防控机制,在产业法领域完善选择性产业法制和功能性产业法制的产业支持程序;以空间维度为出发点,协调执法机构之间的执法权力行使,优化执法层级,完善政府执法监管与行业自律监管的协同共治机制,加强执法程序的国际合作。

其三,在司法环节,以时间维度为出发点,促进司法程序的完善,如在司法实践中不断完善解决市场规制法领域经济纷争以及宏观调控法领域经济纷争的诉讼程序,以促进司法权的有效行使[89];以空间维度为出发点,在经济法领域探索"纠纷解决型司法"和"政策实施型司法"的细分与统一,在确保司法权有效行使的前提下构建本国特色的经济法司法体系,同时,协调好经济法领域司法与立法的关系、程序法与实体法的关系、诉讼与非诉讼程序法的关系[90]、司法实施与执法或行政实施的关系、公益诉讼与私益诉讼的关系。[91]

其四,在守法环节,以时间维度为出发点,促进经济法治领域全面守法的实现,如不断完善市场主体的信用档案体系和失信惩戒体系,不断加强行业协会等社会组织通过行业规章等社会"软法"进行自律规范,在市场规制和宏观调控领域健全和完善"谁执法谁普法"的普法责任制,积极促进公民参与各个经济领域的经济治理;以空间维度为出发点,构建国家机关、社会组织、市场主体依法行使职权和权利的守法体系,通过经营者教育、消费者教育、纳税人教育等普法教育促进市场主体知法守法,促进市场主体在实体交易场所和网络交易平台诚信交易,推进科学立法、严格执法、公正司法来为普通民众提供守法环境。

同时,中国经济法学研究方面的时空演进路径大致体现在以下几个方面:

其一,在经济法总论方面,以时间维度为出发点,一方面,注重传承以经济法的本体论、价值论、发生论、规范论、运行论等为主要内容的"既有理论",另一方面,着力推进新时期以经济法领域的分配理论、发展理论、信息理论、风险理论等为主要内容的"新型理论"[92],特别是以总结和反思中国经济法学四十年的发展历程为契机,充分认识和把握新时期经济法律制度的规律与特点,形成更为科学的经济法理论体系[93];以空间维度为出发点,立足于"本土时空"挖掘经济法总论的本土资源,立足于"全球化时空"呈现不同法系中经济法现象所具有的共通性知识,立足于"虚拟时空"探寻经济法总论中的互联网因素,立足于"符号化时空"研究大数据、人工智能对经济法总论的挑战。

其二,在经济法分论方面,以时间维度为出发点,推进分论问题研究,如在反垄断法领域着力研究执法机构的整合、执法与司法的协调、反垄断法的地方实施、新经济形态的制度需求等问题,在反不正当竞争法领域着力研究一般条款的适用、互联网不正当竞争行为规制等问题,在金融法领域进一步加强对金

---

[89] 同前注[72]。
[90] 同前注[72]。
[91] 同前注[72]。
[92] 同前注[69]。
[93] 同前注[70],第3页。

融机构组织法、金融监管法、金融调控法和互联网金融法的研究,在财税法领域注重对"落实税收法定原则并推进税制改革""预算法治建设""政府间财政关系法治化"等问题[94]给予理论回应,在产业法领域加强对功能性产业法律制度运行规律、政府责任实现等问题的研究;以空间维度为出发点,注重加强企业法、竞争法、消费者保护法、产品质量法、广告法、财税法、金融法、产业法等各个"领域"的理论总结,注重促进市场规制法一般理论和宏观调控法一般理论的提炼和总结,促进经济法分论与经济法总论的融通与协调。

结语

经济法视域下的"时空"问题是一个历久弥新的议题。自经济法这一新兴法律现象产生以来,作为一种内生变量的时间维度和空间维度,就在市场规制领域和宏观调控领域以公共化了的时间和精准化了的空间的形式,成为法定的市场交易标准和法律运行依据。就如何把握经济法视域下的"时空"维度而言,首先,这需要通过回到其哲学源流、揭示其科学向度、体悟其价值意蕴,来展现经济法中"时空"范式的基本内涵;其次,通过分析经济场域的运行机理与经济法治的时空逻辑、梳理经济法治实践中制度创制和实施的"时空"维度,来反映经济法中的时间和空间如何在市场交易与经济治理的实践中得以展开;最后,通过反思中国经济法治与中国经济法学四十年来的发展历程,展望经济法中"时空"维度的发展方向与演进路径,来探寻经济法中"时空"发展的理想图景。由此,可以对经济法视域下的"时空"维度有一个基本的呈现。值得注意的是,在经济全球化和法律全球化的背景下,由于经济场域和经济法治的存在本身就表现为不同时代和不同地域下的差异性和共通性并存的样态,因此,对于经济法视域下"时空"问题的探讨也会反映出不同的研究路径、丰富的研究内容和多维的研究结论。进言之,经济法视域下的"时空"问题是经济法学研究中的一座尚待开发的"富矿",对此问题的探索必定"永远""在路上"。

(审稿编辑　邓　伟)

(校对编辑　侯婷婷)

---

[94] 同前注[63]。

论清代州县衙门诉讼文书的多样性与复杂性

——以《南部档案》中的"票"为中心

吴佩林*

The Diversity and Complexity of Litigation Documents in Counties of the Qing:

A Case Study of "Piao" in *the Archives of Nanbu County*

Wu Peilin

内容摘要：清代州县衙门档案中的诉讼文书是研究中国司法制度的重要文献。在《南部档案》里，"票"的形式多样，内涵丰富，名称繁杂，多样性与复杂性的特征显著。其并非只是传唤到庭的命令书，在庭审前的不同阶段，因案情的需要还呈现出不同的功能，如单一的调查、取证、差唤，及兼具多种功能的人证传唤等，是案件审理的基础环节。差票中的拘提、差缉一类的术语为我们辨析案情、判定案件性质提供了依据。衙门将多种功能合为一票的做法，不仅提高了机构的办事效率，还降低了当事人的人力、物力消耗，是爱惜民力、规范管理

---

* 曲阜师范大学特聘教授，博士生导师，主要研究方向为法律史。

本文写作受国家社科基金重大项目《清代南部县衙档案整理与研究》(11ZD&0093)、《历代孔府档案文献集成与研究及全文数据库建设》(13&ZD108)、《清代巴县衙门档案整理与研究》(16ZDA126)资助。

的体现。在清末的法制改革中,差票渐趋专业化,分类也更为明确。

关键词:票　复杂性　多样性　法律功能　司法文书

罗志田教授曾言:"档案特别是基层档案的运用在近代史研究中就极为不足,造成我们史学言说中乡、镇、县层次的论述迄今非常薄弱。"[1]笔者近年来一直致力于清代州县档案的整理与研究,对罗先生所言深有同感。就本文讨论的州县衙门的"票"而言,在文书学领域,研究已涉及定义、沿革、文稿与文本以及它与牌、签的区别。[2]至于其用途,也会予以说明或举出一二个实例,但由于篇幅短小,不注重自身的系统性和与它者的差异性,档案阅读者仍很难领会与把握。[3]在法史学界,对直接反映司法实践的档案中的"票"重视不够,或一笔带过,或只注意到庭审时的传唤票,甚至有只字不提的。[4]而"票"这一文书,在司法档案中名称多样[5],内涵丰富,多样性与复杂性特征非常明显,是文书研究的重要方面,也是研究司法实践的重要素材,尚有很大的挖掘空间。本文以四川《南部档案》为例,仅就"票"的种类与功用作一初步探讨,以飨同好。

一、单一的调查取证票

知县在审理案件时,为了核实或查验两造所递呈词的内容,在判决前往往会专门发出差票,派衙役持票前往事发地,协同相关人员进行查证或勘验。这类差票还没有到传唤当事人到衙门参加堂审的阶段,主要有差查票、查勘票、查

---

[1] 罗志田:《史料扩充仍值得进一步提倡》,载《北京日报》2018年9月3日,第16版。
[2] 参见戴炎辉:《清代台湾之乡治》,台湾联经出版事业公司1979年版,第659页;又见艾马克:《十九世纪的北部台湾——晚清中国法律与地方社会》,王兴安译,台湾播种者出版社2003年版,第195—196页;又见胡元德:《古代公文文体流变》,广陵书社2012年版,第130—132页;又见王铭:《清代青阳县档案中所见〈差票〉一则研究》,载《档案学通讯》2002年第6期,第72—74页,第51页;又见吴铮强:《信牌、差票制度研究》,载《文史》2014年第2期,第195—217页;又见阿风:《明清徽州诉讼文书研究》,上海古籍出版社2016年版,第70—97页;又见袁慧、金生杨:《差票与签、存查的对比分析——以〈清代南部县衙档案〉为例》,载《西华师范大学学报》2017年第5期,第14—20页。
[3] 参见中国人民大学档案系文书学教研室:《清代文书》(第一分册),1983年7月油印版,第40—51页;又见上海大学文献信息管理科学系:《清代文书》(下册),1985年2月油印版,第461—482页;又见雷荣广、姚乐野:《清代文书纲要》,四川大学出版社1990年版,第111—112页;又见张德泽等:《清代文书》,中国人民大学出版社1996年版,第226—230页;又见裴燕生主编:《历史文书》,中国人民大学出版社2009年版,第285—287页;又见秦国经主编:《清代文书档案图鉴》,岳麓书社2004年版,第169页。
[4] 参见郑秦:《清代法律制度研究》,中国政法大学出版社2000年版,第114页;又见那思陆:《清代州县衙门审判制度》,中国政法大学出版社2006年版,第86—96页;又见李艳君:《从冕宁县档案看清代民事诉讼制度》,云南大学出版社2009年版,第123—125页;又见张晓蓓:《冕宁清代司法档案研究》,中国政法大学出版社2010年版,第226—230页;又见陈光中:《中国古代司法制度》,北京大学出版社2017年版;又见张晋藩:《中国古代民事诉讼制度》,中国法制出版社2018年版。
[5] 遗憾的是,根据我们2005年至2009年对《南部档案》的整理,除了传知票外,文种皆命名为"票",没能展现出名称的多样性特征,参见西华师范大学、南充市档案局编:《清代南部县衙档案目录》(全三册),中华书局2009年版。

验票三种。

（一）差查票

"查"为检查、调查之意。在诉讼案件中，主要用于核实两造或一造所递呈词的情节、事件是否存在，是否属实。试举一例：

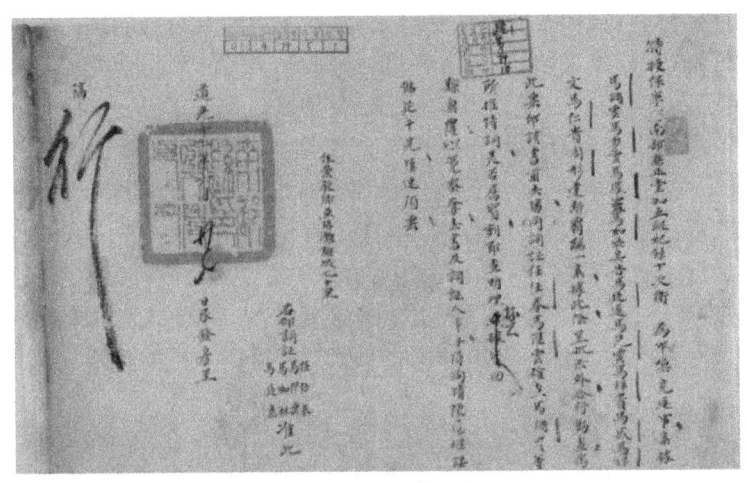

图1 差查票

特授保宁府南部县正堂加五级纪录十次卫[6]为叩唤究逐事。案据马调云、马步云、马凤灵、马如飞具告马廷选、马先云、马祥贵、马成、马祥文、马仁贵、周彤违断霸踞一案。据此，除呈批示外，合行饬查。为此，票仰该书前去，协同词证任仕春、马升云确查马调云等所控情词是否属实，刻即查明理楚，回县禀覆，以凭察夺。去书及词证人等毋得……

住崇教乡鱼栿滩，离城七十里

右仰词证任仕春、马升云、马如林、马廷志准此。

道光十二年六月廿七日承发房呈

稿 行[7]

在这起案件里，马调云、马步云等具控马廷选、马祥贵等蹧践祖茔、霸占公田[8]，并呈递多张状纸禀请知县处理。而档案中未见马廷选、马祥贵一方提交的

---

[6] 对署衔的研究，参见吴佩林、曹婷：《清代地方档案中的州县官官衔释读》，载《安徽史学》2017年第5期，第42—47页。

[7] 《南部档案》4-79-5-C5P447-G190，道光十二年六月二十七日，四川省南充市档案馆藏。对画行制度的研究，参见吴佩林、曹婷：《清代州县衙门的画行制度》，载《档案学研究》2017年第5期，第126—130页。

[8] 参见《南部档案》4-79-3-C5P443-G186，道光十一年十月二十六日，四川省南充市档案馆藏（因为南部档案的题名多有错误，目前以此方式注释是相对便于核查的，后文皆采用此方式，不按引证体例格式，特此说明）。

状词,无法判定事件是否属实,所以知县派遣书役协同词证对所控情节进行饬查。

又如:

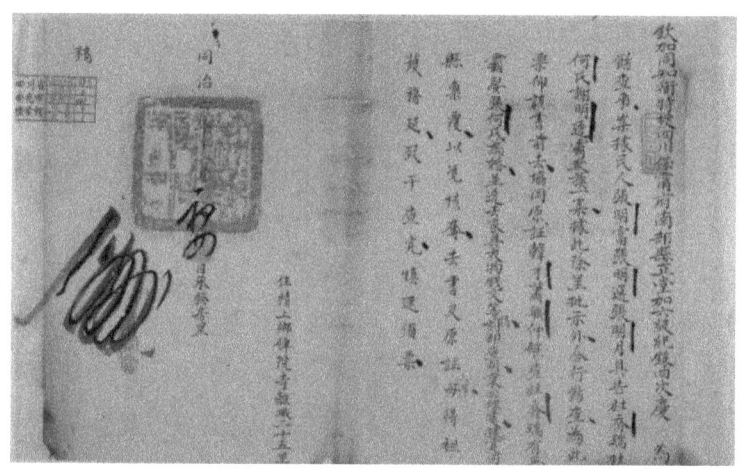

图 2 差查票

钦加同知衔特授四川保宁府南部县正堂加六级纪录四次庆为饬查事。案据民人张明富、张明选、张明月具告杜乔瑞、杜何氏、谢明透霸欺族一案。据此,除呈批示外,合行饬查。为此,票仰该书前去,<u>协同原证韩才、萧联仲确查杜乔瑞有无霸娶张何氏为婚,并透去家具衣物钱文等情,刻即查明</u>,秉公理处,据实回县禀覆,以凭核夺。去书及原证人等……

住积上乡碑院寺,离城二十五里
同治六年十一月初四日承发房呈
稿行[9]

此案件因张何氏丈夫亡故,后改嫁杜乔瑞之事引起,张明富、张明选等具告杜乔瑞、谢明等勾诱霸配、透拿钱物。因其所控事项关乎整个案件的审讯进展与性质的判定,故知县派书役持票前去,协同原证确查。

(二) 查勘票

"勘",在差票中为探测、实地查看之意。勘丈之事,汪辉祖认为大端有四,"曰风水,曰水利,曰山场,曰田界"。[10] 从档案来看,若遇有田界不清[11]、侵占

---

[9] 《南部档案》6-342-5-C23P377-N2046,同治六年十一月初四日,四川省南充市档案馆藏。

[10] (清)汪辉祖:《学治臆说》(卷下),《勘丈宜确》,载张廷骧编:《入幕须知五种》,台湾文海出版社 1968 年版,第 286 页。

[11] 参见《南部档案》4-345-1-C11P308,道光二十三年十一月二十三日,四川省南充市档案馆藏。

房屋[12]、祖坟被毁[13]、偷盗纠纷等情况，衙门则会派遣书役亲自去事发地进行勘合，呈禀上报。试举两例：

如：

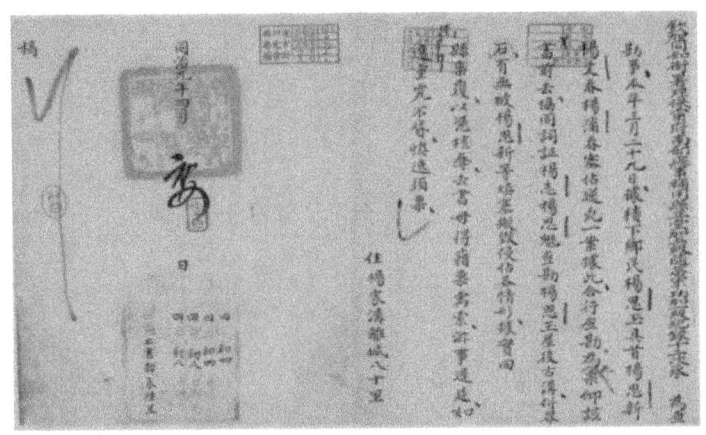

图 3　查勘票

钦加同知衔署理保宁府南部县事补用县正堂加五级随带军功加一级纪录十二次承为查勘事。本年三月二十九日，据积下乡民杨思玉具首杨思新、杨文春、杨蒲春塞占逆凶一案。据此，合行查勘。为此，票仰该书前去，<u>协同词证杨志、杨思魁查勘杨思玉屋后古沟并界石有无被杨思新等填塞、搬毁、侵占各情形</u>，据实回县禀覆，以凭核夺。去书毋得藉票需索，滋事迟延，如违重究不贷。慎速。须票。

住杨家沟，离城八十里

同治九年四月初四日

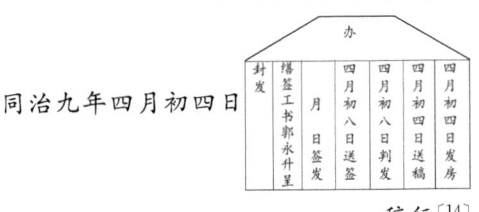

稿行[14]

---

[12]　参见《南部档案》6-77-2-C19P166，同治九年四月初四日，四川省南充市档案馆藏。

[13]　参见《南部档案》7-46-2-C28P423，光绪元年十月初六日，四川省南充市档案馆藏；又见《南部档案》7-63-2-C29P22，光绪元年十一月初八日，四川省南充市档案馆藏。

[14]　《南部档案》6-77-2-C19P166-G1281，同治九年四月初四日，四川省南充市档案馆藏。梯形红戳部分公文术语的内涵：发房日期，指衙门要求拟写差票的公文发送到某房的时间；送稿日期，指差票承办房呈送出草稿的时间；判发日期，指衙门审查认可差票草稿，再交付差票缮写者的时间；送签日期，指衙门在呈送差票正本上盖印的时间；签发日期，指衙门发出该差票的时间；缮签，指差票缮写者；封发，指对撰制好的公文进行登记、装封和发出的过程。

杨思玉提交的首状中称,杨思新仗有五子,刁恶横行,不仅占民界畔,还将民屋后古沟填塞,另开新沟冲其住房田垆,知县作出"候查勘饬理复"的批词。[15] 在被首未提交呈词的情况下,衙门出具查勘票派遣衙役实地勘查。

又如:

> 特用府正堂署理保宁府南部县事郎补军粮府加五级纪录五次记大功二次沈为查勘事。案据临江乡民陈炳元具告陈礼元等恶霸毁塚一案。据此,合行查勘。为此,票仰该书前往,协同词证李长太、陈步斗,查勘陈炳元祖坟有无被陈礼元、陈大坤、陈中万、陈中锐越界毁塚作地,现出尸骸情事,据实回县禀覆,以凭核夺。去书毋得……
>
> 　　　　　　　　　　　　住大堰坝,离城七十里
> 　　　　　　　光绪元年十月初六日工房张登云呈
> 　　　　　　　　　　　　　　　　　　稿行[16]

陈炳元控告,陈礼元仗财广大,纵工多人越界毁坟,摊平种粮,并现出骨骸,情形凄惨。因所述情节的真实性对此案件的审理至关重要,知县作出"候查勘察夺"的批词。[17] 十月初六日,衙门出具查勘票,派工书梅开先协同词证查勘是否有越界毁塚作地、现出尸骸等情事。

(三)查验票

"验",在差票中为检查、检验、察看之意,如验尸、验伤。若遇有呈状人申诉被对方打死或打伤,衙门受理后便会派书吏或衙役持票协同刑仵或词证一同前去检查伤者或死者的情状,并以禀文的形式汇报调查的结果。试举两例:

如:

> 钦加同知衔署理保宁府南部县事补用县正堂加五级随带军功加一级纪录十二次承为差验事。本年五月初七日,据孀妇刘温氏具首刘来喜等恶诬逆凶一案。据此,合行差验。为此,票仰刑仵前去,协同词证刘宗棠、王正位,查验刘温氏有无被殴伤痕。据实回县禀覆,以凭核夺。去书、仵毋得……
>
> 　　　　　　　　　　　　住崇教乡石河场,离城六十里

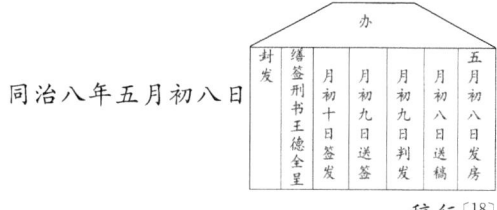

稿行[18]

---

[15] 参见《南部档案》6-77-1-C19P164-G1277,同治九年三月二十九日,四川省南充市档案馆藏。
[16] 《南部档案》7-46-2-C28P423-DG1132,光绪元年十月初六日,四川省南充市档案馆藏。
[17] 参见《南部档案》7-46-1-C28P419-DG1128,光绪元年九月三十日,四川省南充市档案馆藏。
[18] 《南部档案》6-178-2-C21P188-X238,同治八年五月初八日,四川省南充市档案馆藏。

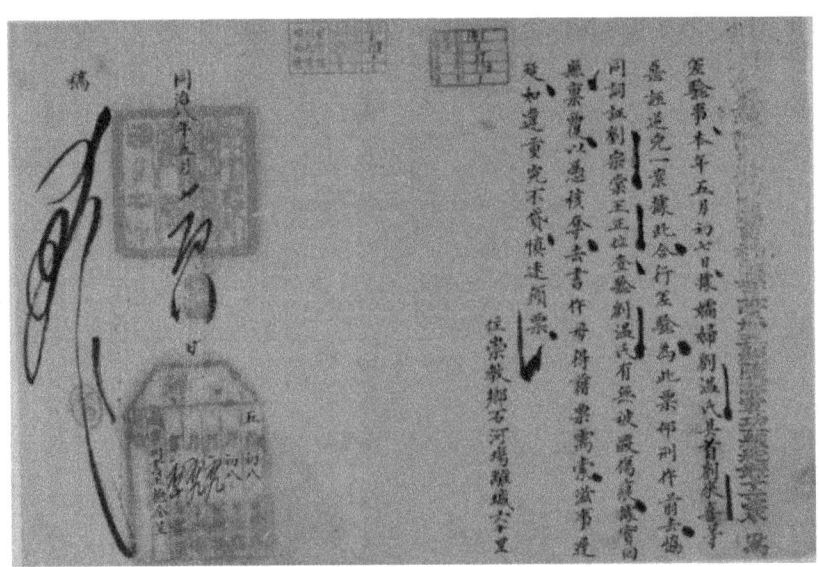

图 4　查验票

初七日,刘程氏告称刘开发纵工在她的地里放牛,糟践红苕。刘程氏理斥,被刘开发等人殴打,两肩胛、右肋、右手胂均有青伤,刘开元拖救,集约理处。但刘开发抗不拢场,反于初六以其母刘温氏之名抢控在先。[19] 两方各持一端,初八日知县发出查验票,派书吏、刑件协同词证查验刘温氏有无被殴打伤痕。

又如:

> 调署南部县正堂章全衔为查验事。案据永丰乡民范德恺等以纵逆堕胎等情具控范大生等一案。合行查验,为此,票仰刑件前去,协同词证王宗平等,查验范李氏有无被范大生殴跌堕胎情形,据实回县禀覆,以凭核夺。去书、刑件毋得……
>
> 　　　　　　　　　　　　　　住快河岭,离城三十五里
> 　　　　　　　　　　　光绪三十二年十一月廿一日刑房呈
> 　　　　　　　　　　　　　　　　　　　　　　稿行[20]

牌头范德恺告称,族妹范氏髫配何本福为妻,冬月初十,范氏拿钱一串逃外,被汛兵范德于继子诱拐,范德恺协同何本福找其理论,并斥责德于纵子范大生逆殴,致德恺孕妻李氏跌地。[21] 知县便派刑件前去检验所呈情况是否属实,

---

[19] 参见《南部档案》6-178-1-C21P185- X235,同治八年五月初七日,四川省南充市档案馆藏。
[20] 《南部档案》17-670-2-C222P484-DX124,光绪三十二年十一月二十一日,四川省南充市档案馆藏。
[21] 参见《南部档案》17-670-1-C222P482-DX120,光绪三十二年十一月十七日,四川省南充市档案馆藏。

然后再行核夺。

二、单一的差唤票

"唤"为传唤、呼叫之意,此差票的功能在于传唤当事人及证人等到衙门,即我们通常所言的传唤到衙门的命令书。在这类差票中,往往列有需传唤的原告、被告、干证、邻佑等人员名单。试举两例:

如:

特授四川保宁府南部县知府用候补直隶州正堂加五级随带加二级纪录十次罗为差唤事。案据积上乡民孙银春具告孙安等霸争废公一案。据此,兹值开期,合行差唤。<u>为此,票仰该役前去,即将后开有名人证,逐一唤齐,依限随票赴县,以凭讯究。</u>去役毋得……

计唤:

被告:孙安、孙大银、孙接贵

干证:马登云、向俊禧、何福如

原告:孙银春

住孙家坝,离城五里

同治十四年正月二十日工房呈

稿行[22]

孙银春具告孙安等独霸妄争渡船,孙安等反诉孙银春等独霸渡船、妄告混争等情,两造各执一词[23],知县便发差票传唤两造及干证到堂审讯,以便审断。

又如:

特授南部县正堂加五级纪录八次李为移关事。案准西充县正堂袁移关刘正春具禀罗士映等泣恩怜究一案。等由。准此,合行差唤。为此,票仰该役前去,<u>速将票内后开有名人证,逐一唤齐,依限随票赴县,以凭移解。</u>去役毋得……

计移关:罗士映、罗连城、罗连捷、罗天喜、罗天开……

道光二年十二月十二日礼房呈

稿行[24]

---

[22]《南部档案》7-13-1-C28P23-DG632,同治十四年正月二十日,四川省南充市档案馆藏。

[23]《南部档案》7-13-4-DG636,同治十四年正月二十日,四川省南充市档案馆藏。

[24]《南部档案》4-207-9-C8P318-N337,道光二年十二月十二日,四川省南充市档案馆藏。

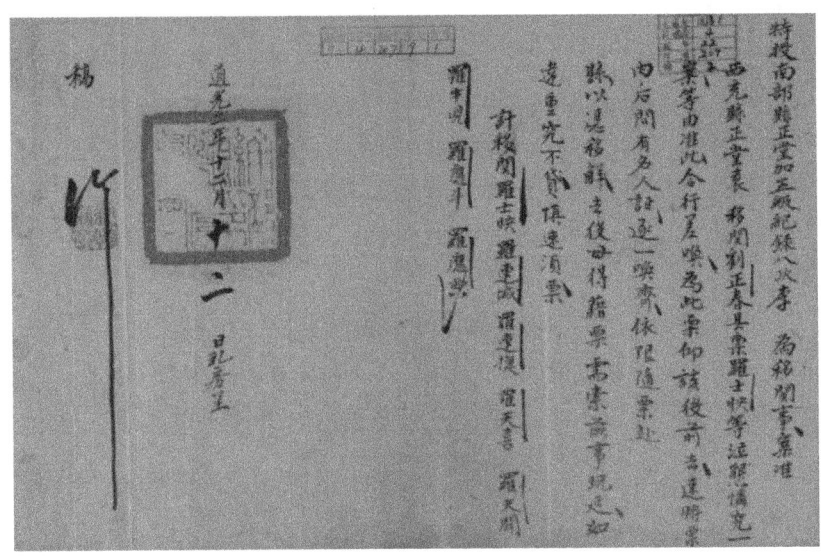

图 5 差唤票

西充县民刘正春具禀南部县民罗士映等强索钱财、凶殴伤人等情事,西充县正堂需差唤罗士映等人进行审理,但因其非辖内居民,无权差传,故移文南部知县代为差唤[25],并移解相关人员赴西充县候讯审理。

三、兼具多种功能的票

（一）验唤票

验唤,是验与唤的合称,兼具两个功能。衙役不仅要检验死亡人员的尸身或受伤人员的伤痕,还要传唤相关人员到指定地方(如尸所、衙门)进行下一步的案件审理。在差票中,列有原告、被告、干证、邻佑等人的名单。试举两例：

如：

> 钦加同知衔调署保宁府南部县事梓潼县正堂加五级军功随带加四级纪录十次徐为相验事。案据民人张国太具报伊母张何氏自缢身死一案。据此,合行相验。为此,票仰该役前去,即将后开原被、尸亲、邻佑、人证逐一唤齐尸所,预备棺木,搭盖棚厂,伺候本县亲临相验。去役毋得……

---

[25] 参见《南部档案》4-207-8-C8P317-N335,道光二年十二月初四日,四川省南充市档案馆藏。

计唤：

被报：张国柄、张应扬、张应文……

邻佑：张国均、张国银、张先发

干证：张国金

原报：张国太

住积上乡寨子山，离城三十五里

光绪三年五月二十四日刑房呈

稿行[26]

张国太具报其母自缢身死，而张国美则具禀张国太恶霸弟媳郭氏乱伦，并纵令郭氏逆殴其母何氏，反恨其母投鸣，威逼何氏自寻短见，并捏报人命，无辜牵连家族多人。[27] 张国朝也具诉，称张国太纵令郭氏逆殴其母，自觉理亏便诬报命案。[28] 因此知县便派差役唤齐两造、邻佑、干证等人，协助查验。

又如：

署理四川保宁府南部县事即用县正堂加五级随带加三级纪录十次黄为验唤事。案据民人周德志具告周德任等勒买逆凶一案。据此，合行验唤。为此，票仰刑件、役前去，<u>查验周德志有无被殴伤痕，据实禀覆。该役即将后开有名人证，逐一唤齐，依限随票赴县，以凭讯究。</u>去刑件、役毋得……

计唤：

被告：周德任、周宗耀、周宗诗

干证：周德书、周人翠、周宗炳

被告：周人喜

原告（受伤）：周德志

住积下乡白家沟，离城九十里

同治三年十二月初九日刑房呈

稿行[29]

---

[26]《南部档案》7-368-4-C34P221-DX303，光绪三年五月二十四日，四川省南充市档案馆藏。

[27] 参见《南部档案》7-368-1-C34P214-DX296，光绪三年五月二十四日，四川省南充市档案馆藏。

[28] 参见《南部档案》7-368-2-C34P217-DX299，光绪三年五月二十四日，四川省南充市档案馆藏。

[29]《南部档案》6-172-3-C21P154-X223，同治三年十二月初九日，四川省南充市档案馆藏。

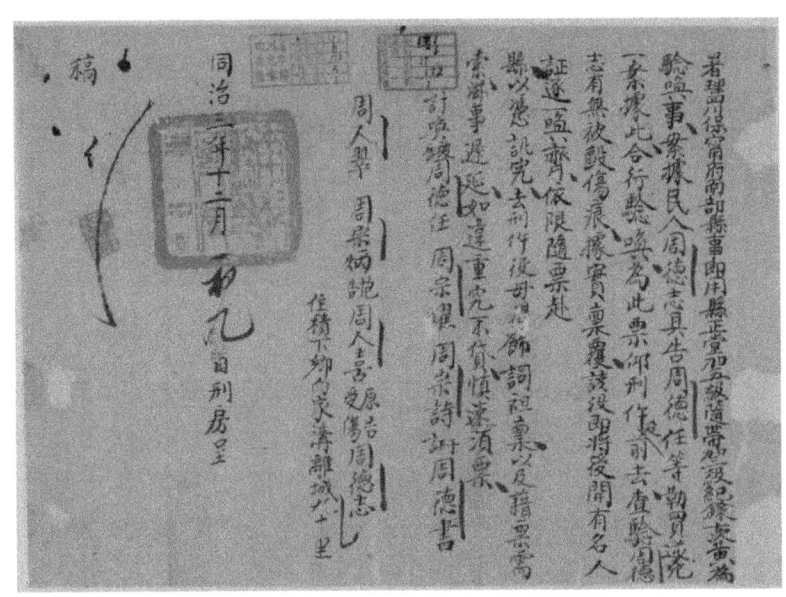

图 6 验唤票

周德志告称,自己年老子故,生活艰难,与堂弟周德任就租当田地发生争执,德任仗财欺贫,令子宗耀、宗诗掌打自己,致鼻口出血,被掀跌在地,伤及两肋。[30] 因此,知县派刑仵、役前去,查验周德志有无伤痕,并传唤相关人员赴县讯究。

(二) 勘唤票

勘唤,是勘与唤的合称,兼具两个功能,书役不仅要对两造所争事项进行实地验证、核对,还要传唤相关人员,以待下一步的审讯;同样,也须在差票中开列原告、被告、干证等人员。试举两例:

如:

> 署理南部县正堂张全衔为勘唤事。案据崇教乡七甲民张万盛等以恃抗凶霸等情具告张万修等一案,据此,合行勘唤。为此,票仰该书前去,协同词证查勘张万宇等当业内红苕有无被张万修等估挖情事,具实禀覆。<u>该役即将后开有名人证,逐一唤齐,依限随票赴县,以凭察讯。</u>去书、役……
>
> 计唤:
>
> 被告:张万修、张万厚、张永顺
>
> 干证:张星彦、张万禄

---

[30] 参见《南部档案》6-172-1-C21P152-X220,同治三年十二月初一日,四川省南充市档案馆藏。

原告:张万盛、张万蛟、张万宇、张万通

住石河场,离城五十里
光绪二十九年七月廿八日礼房呈
稿行[31]

光绪二十九年(1903年)七月二十日,张万盛具告张万修等刁谋霸撒事[32],二十三日又具禀状,称其望免讼取累,但张万修仗其势大,执械凶来业内,挖尽田内红苕。次日,知县批"既不遵理,姑候勘唤察讯"[33],即派发勘唤票。

又如:

署保宁府南部县事候补县正堂加三级记录五次徐为阻割妨农等事。案据民人郭武寿等具告孙德等一案。据此,合行勘唤。为此,票差书役前去,<u>查勘郭武寿等田垭有无被孙德等挑土崩占情事,逐细勘明,据实回票。该役即将票开有名人证,逐一唤齐,依限随票赴县,以凭讯究</u>。去役毋得……

计唤:
被告:孙德、孙狗老幺、郭文安……
干证:何久阶、余朝鳌、吴仕玉……
原告:郭武寿、郭武珍

住积上乡蒲福坝,离城五里
道光二十年八月初一日工房呈
稿行[34]

郭武寿、郭武珍等具控,其田垭被孙德等挑土崩占。孙德则具称,郭武寿、郭武珍以阻割妨农,反控伊等抢割其佃田。[35]因此,知县便派差役去田地进行勘察,并传唤被告、原告、干证赴县,以便讯究。

(三)勘验唤票

勘验唤是勘、验、唤的合称。因案情较为复杂,不仅须对两造所争事项进行实地验证、核对,还须对涉案人员进行验伤或验尸,与此同时,兼具传唤两造及相关人员赴县审讯的功能,往往一票多用。在档案里,这类票的数量极少。试举一例:

---

[31]《南部档案》16-381-4-C199P392-DN368,光绪二十九年七月二十八日,四川省南充市档案馆藏。

[32] 参见《南部档案》16-381-1-C199P384-DN360,光绪二十九年七月二十日,四川省南充市档案馆藏。

[33]《南部档案》16-381-2-C199P386-DN361,光绪二十九年七月二十三日,四川省南充市档案馆藏。

[34]《南部档案》4-94-1-C6P123-G332,道光二十年八月初一日,四川省南充市档案馆藏。

[35]《南部档案》4-94-4-G334,道光二十年八月二十七日,四川省南充市档案馆藏。

> 钦加同知衔特授南部县正堂王全衔为勘验差唤事。案据金兴乡民王六儿以率毁掳殴等情具告李兴山等一案。据此，合行勘、验、差唤。<u>为此，票仰刑件前去，查验王六儿有无被殴伤痕，并勘厂内盐锅曾否被李兴山掳毁各情形，据实禀覆。该役前去，即将后开有名人证，逐一唤齐，依限随票赴县，以凭讯究。</u>去役毋得……
>
> 　　计唤：
> 　　　　被告：李兴山、李建平、谢仕连……
> 　　　　干证：杨大伦
> 　　　　原告（受伤）：王六儿
>
> 住决合岭，离城五十里
光绪三十年八月十三日刑房呈
稿行[36]

王六儿告称，民农灶为业，有土棍李兴山贪谋其井广碱，勒买花盐，兴山以民孤朴可欺，串通滥皮李建平、谢仕连恶凶凶地来厂估要食盐，未允，便率弟兄毁其盐锅三口，掳去花盐八十余斤。王六儿讲理阻拦，可李兴山等竟持铁铲殴其头顶，左眉充血，两背膀、臀股青紫。知县批"候勘验唤讯"[37]，即派差役去查验王六儿有无伤痕，勘察盐锅曾否被毁，并传唤相关人员赴县听候审讯。

（四）勘验拘票

勘验拘票，同勘验唤票一样，兼具多项功能，因"拘"针对重情案件（见"差拘票"），差票中常带有"畏罪""脱逃""勘拘"等字眼。此类差票在现存州县衙门档案中的数量不多。试举一例：

> 特授南部县正堂王为勘验差拘事。案据临江乡民鲜金钊等以畏罪脱逃等情具告鲜洪川等一案，据此，合行勘、验、差拘。<u>为此，票仰刑件前去，查勘□□□房有无烧毁情事，并验陈天海曾否烧□，据实禀覆。该役即将后开有名人证，逐一唤齐，依限随票赴县，以凭讯究。</u>去刑件、役毋得……
>
> 　　计拘：
> 　　　　被告：鲜洪川
> 　　　　并唤：鲜赵氏
> 　　　　干证：宋长海、鲜金福
> 　　　　应讯：陈大海

---

[36]《南部档案》16-736-2-C205P215-DX1248，光绪三十年八月十三日，四川省南充市档案馆藏。

[37] 参见《南部档案》16-736-1-C205P213-DX1243，光绪三十年八月初九日，四川省南充市档案馆藏。

原告:鲜金钊、陈天义

住黄角店,离城六十里

光绪三十一年正月十六日刑房呈

稿行[38]

鲜金钊、陈天义言,鲜洪川屡不安分,出有戒约可凭,兼仗伴作势大,藉卖为由,迭搕其钱财,并放火烧毁陈天义住房七间,险将其父烧死,他们请凭保甲将鲜洪川押送到县,禀准提讯,洪川等自觉理亏脱逃,于是恳请知县讯究。知县受理了此案,"候勘验拘究"[39],并派发差票进行勘验并差拘相关人员到堂审讯。

(五)并票

并票是衙门基于不同申诉主体上报的同一案件采取合并处理的一种方式,其目的在于降低当事人的诉讼成本,避免衙门的矛盾裁判。遇有互控状时,衙门往往会并票处理。[40]"互控状"所告主体内容通常一致,状纸上所填时间或同一天,或临近几天。[41]

如光绪二十六年(1890年)六月二十三日陈仕品与何丕元互控各情一案中,陈仕品告称,其女陈氏发配何丕元之子何其伦为妻,不料其伦仗财作胆,意欲娶妾嫌离。今三月内,其女回娘家,身染寒疾。六月,女儿的病痊愈后,其亲身送回,可恶女婿其伦等见其行至伊近,胆敢拦途,将父女二人殴伤,殴后将父女二人捆吊,无据诬评,佔逼休离,复以条责,周身重伤。[42] 同日何丕元则告称,陈仕品纵女长刁,民知投鸣保正何其成、何应福不依伦理,仕品出有再不纵容约据,今正陈氏归宁拜年未归,民子往接六次不返,仕品诈病支吾,至六月二十二,仕品支弟王仕耀等将陈氏送来民家,民子戒斥追问,陈氏咬出周文喜恋奸实情,仕耀等不自省悟,反抓民子行凶辱骂。[43] 衙门接到双方的"告状",发现事为一系,遂在何丕元的告状中批道:"现于陈仕品控词批准,俟候并唤质讯究断。"[44]六月二十九日,衙门发出差票:

---

[38] 《南部档案》17-118-2-C213P357-X3728,光绪三十一年正月十六日,四川省南充市档案馆藏。

[39] 《南部档案》17-118-1-C213P354-X3724,光绪三十一年正月十二日,四川省南充市档案馆藏。

[40] 在《广西调查诉讼习惯报告书》中,就明确提出"并票"一词。对于两造同时起诉,"不分别原告、被告,听其互控,批准后列为一票遣差传提,谓之并票。"参见(清)石孟函辑:《广西调查诉讼习惯报告书》,清宣统二年广西官书局排印版,国家图书馆藏。

[41] 参见《南部档案》6-466-3-C25P13,同治十年八月二十七日,四川省南充市档案馆藏;又见《南部档案》6-192-4-C21P361,同治十三年四月十三日,四川省南充市档案馆藏;又见《南部档案》17-103-7-C213P244,光绪三十一年七月二十二日,四川省南充市档案馆藏。

[42] 参见《南部档案》15-115-2-X2659,光绪二十六年六月二十三日,四川省南充市档案馆藏。

[43] 参见《南部档案》15-115-1-X2655,光绪二十六年六月二十三日,四川省南充市档案馆藏。

[44] 《南部档案》15-115-1-X2655,光绪二十六年六月二十三日,四川省南充市档案馆藏。

赐进士出身赏戴花翎调署保宁府南部县事特授涪州正堂覃恩加三级恩诏加二级卓异加一级记大功十次张为并票差唤事。案据永丰乡民陈仕品与金兴乡民何丕元互控各情一案。除验明陈仕品、何陈氏伤痕单附卷外,合行并票差唤。为此,票仰该役前去,即将后开有名人证逐一唤齐,依限随票赴县,以凭讯究。去役毋得……

计唤:……

住外郎桥大坟坝,离城二十里
光绪二十六年六月二十九日刑房呈
稿行[45]

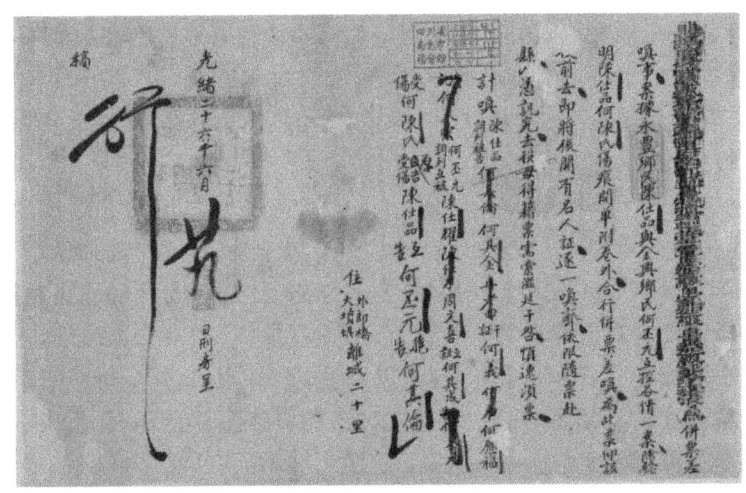

图 7 并票

除互控外,在两个不同案件中,如果两案当事人相同,或者两案案情有关联时,衙门也会"并票同讯"。[46]

四、重情案件的拘缉票

诉讼者出于诉讼策略的需要,所呈之状常常反映出"十状九谎"的特征,更有不少以"重情案件"方式进入衙门审理程序,而最后经过县官的审理,不过仍是"民间细故"而已。这些情况增加了我们识别一件案子案情轻重的难度,而差

---

[45] 《南部档案》15-115-4-X2664,光绪二十六年六月二十九日,四川省南充市档案馆藏。

[46] 对此,梁恭辰的《北东院笔录续编》也有记载:浙人姚廷清冒黔籍领乡荐,姚廷清想要求周石藩弟"印结",此案被告至督察院;此后,姚廷清又以周石藩弟受姚贿五百金再次上告。姚廷清冒籍案与周石藩弟受贿案本为两案,严格意义上来说不是严格意义上的"互控"。但由于这两案当事人相同,且案情相关,所以衙门在受理时同样"并票",同讯二人。参见梁恭辰:《北东院笔录续编》(卷4),《冒籍冤狱》,载周光培编:《清代笔记小说》(第 50 册),河北教育出版社 1996 年版,第 234 页。

票中的拘提、差缉一类的术语，为我们解决这一问题提供了捷径。

当发生偷税、抢盗、渎职、杀人、脱逃等性质严重，危害国家、集体或民众利益的行为，且相关人员负隅顽抗、逃脱或拒不认罪时，官府往往派发拘缉票将其提拿归案。拘缉票在约束人身自由、强制拘提这一方面，与其他性质的票有着严格的区分。

（一）差拘票

"情节较重的，才发拘票"。[47]"拘"有逮捕或扣押之意，一般针对重情案件，因其性质较为明确，便省去了传唤这一阶段，直接差拘，衙役向所列人员出示差票后，即把人带走。至于带人的方式，若传票中未明确标明"锁押"字样，则不能对当事人施以枷具等约束。试举两例。

如：

> 特授南部县正堂王全衔为差拘事。案据保正梁国清等押送窃贼范友元、刘秃子到案，讯据供认与窃贼李俸儿、李发春伙窃不讳，除将范有元等各予分别**枷责**候讯外，合行差拘。为此，票仰该役前去，将李俸儿等一并**拘获**，**锁押**带县，以凭究办。去役毋得……
>
> 计拘：窃贼：李俸儿、李发春
>
> 光绪三十一年十一月初七日刑房呈稿行[48]

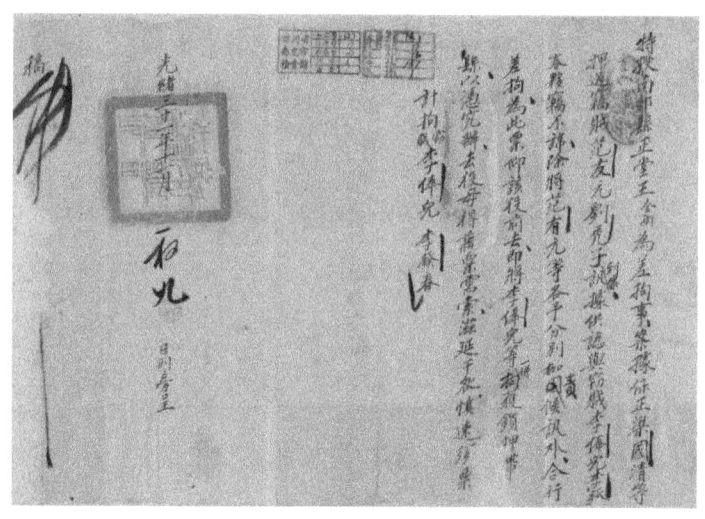

图8 差拘票

---

[47] 张伟仁：《清季地方司法》，载《食货月刊》1971年第1卷第6期，第41页。
[48] 《南部档案》17-137-6-C214P42-X3853，光绪三十一年十一月初七日，四川省南充市档案馆藏。

保正梁国清、王培元等具禀,范有元、刘秃子平日不农不贸,惯于偷窃团邻。十月,其所管花户民萧明顺家丢失黄牛两只、布衣三件、皮领架一件。后查访至阆中县得知,孙天顺正将两只黄牛出售,经讯查,系惯贼范友元、刘秃子所为,知县便派人提讯。[49] 范友元、刘秃子在供状中称,是李俸儿、李发春牵来两只黄牛,言说自家喂养,邀范友元、刘秃子赴阆中洪山场出卖。[50] 因此,知县便断定,黄牛为李俸儿、李发春所盗,便派发差拘票。

又如:

> 署四川保宁府南部县事候补县正堂加五级纪录十次柴为详请饬提,以免脱漏事。本年六月二十五日,奉湖北督粮道李札开,饬提运军朱子明、户首朱宏谋等具控朱明映等玩丁蔑公一案到县。<u>奉此,合行差拘。为此,票仰该役前去速拘票内后开有名人等,逐一拘齐,随票依限赴县,以凭具文批解,归伍当差。该去役毋得…</u>
>
> 　　计拘:玩丁:朱明映、朱明燕、朱明星……
>
> 　　　　　　　　　　　　　　　　道光十六年七月初三日兵房呈
> 稿行[51]

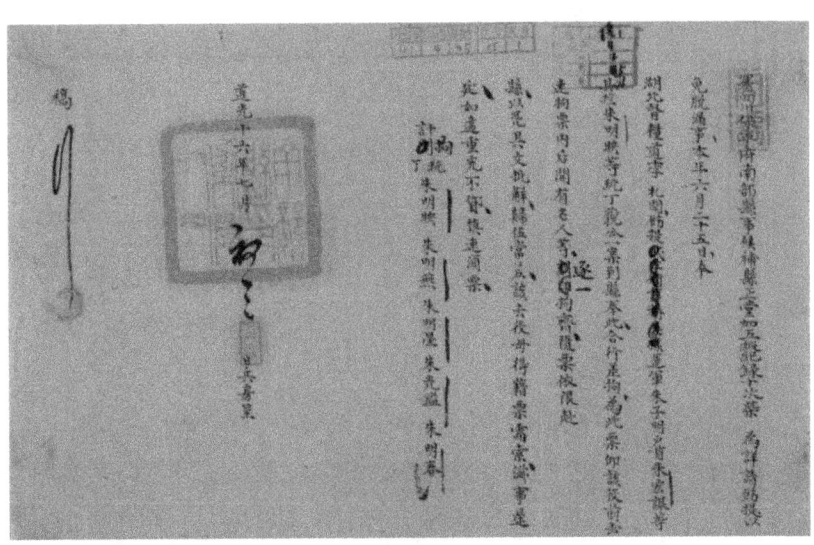

图 9　差拘票

---

[49] 参见《南部档案》17-137-5-C214P38-X3852,光绪三十一年十一月初五日,四川省南充市档案馆藏。

[50] 参见《南部档案》17-137-3-C214P35-X3851,光绪三十一年十一月初五日,四川省南充市档案馆藏。

[51] 《南部档案》4-45-15-C5P151-B704,道光十六年七月初三日,四川省南充市档案馆藏。

武昌督粮道衙门下发札文饬南部县,详称案据运军朱子明、户首朱宏谋等具控,迁居四川军丁朱明映、朱盛福等恃远抗帮,因急需差役帮办漕运,拒不回籍归伍当差,致刁风日渐。[52] 为此,南部县衙专门派发差票,拘解玩丁朱明映等归籍。

再如:

> 钦加同知衔特授保宁府南部县正堂王全衔为差拘事。案准□□汛厅吴移,称大河坝石匠黄克荣父子包修定水寺金龙桥,草率完工,现已倾倒,<u>屡传不到,移请拘究。等由。准此,合行拘唤。为此,票仰该役前去,即将后开有名人等,逐一拘齐,依限随票赴县,以凭讯究。</u>去役毋得……
>
> 计拘:石匠:黄克荣、黄世泽
>
> 光绪三十一年八月二十八日工房呈稿行[53]

南部县汛部厅称,其所属南路定水寺金龙桥一道,创自嘉庆初年,迄今风雨侵蠹,日久倾圮,木朽石蚀,后由大河坝石匠黄克荣父子估夺争包,但其草率完工,将工价用尽,而两边码头尚未新砌,黑夜逃走。今年四月相隔未久,竟致码头崩裂,屡传该匠黄克荣父子,匿藏不面,至七月桥已倾倒,来往行人多有不便,便备文移请南部县正堂饬差拘案。[54] 因屡传不到,南部知县便发票进行拘唤。

拘票在明代的《孔府档案》里也有实例,试举一例,借此也可知此票针对的是重情案件:

> 圣　　府
>
> 为灭伦抄害事。据陈大任告前事,票差本役前去,即拘后开犯证赴府听审,毋违。
>
> 计拘:
>
> 被告:陈大授
>
> 干证:曹一登、孔弘慎
>
> 崇祯三年八月初八日　差下文
票行　定限本月次日缴[55]

---

[52] 参见《南部档案》4-45-14-C5P149-B701,道光十六年五月初六日,四川省南充市档案馆藏。

[53] 《南部档案》17-117-2-C213P352-DG1274,光绪三十一年八月二十八日,四川省南充市档案馆藏。

[54] 参见《南部档案》17-117-1-C213P350-DG1272,光绪三十一年八月二十五日,四川省南充市档案馆藏。

[55] 《孔府档案》25-4,崇祯三年八月初八日,山东省曲阜市孔子博物馆藏。

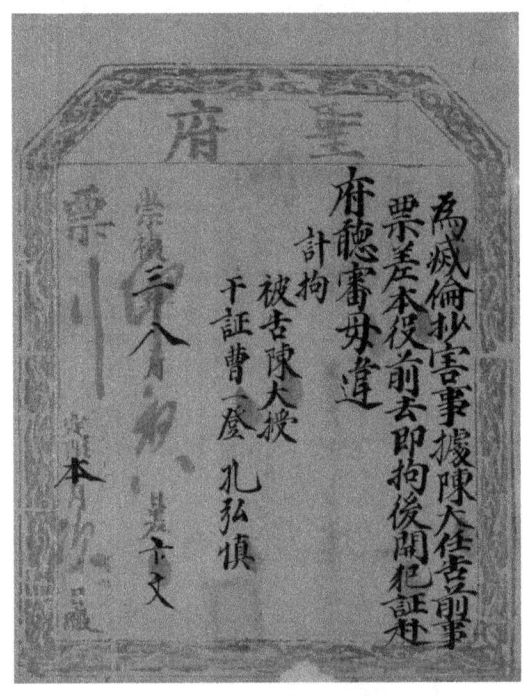

图 10 《孔府档案》中的拘票

崇祯三年(1630 年)八月初七日,孔府庙户陈大任状告陈大授,称陈大授叠淫惯盗,凶暴异常,为一方大害,本月初六恃酒无禁,平空将其妻女殴打,遍身重伤。陈大任还罗列陈大授污奸侄妇孔氏不遂、奸污侄女大姐盗嫁河南、漏报人丁等六大罪行,要求孔府裁决。[56] 孔府见事情严重,于次日发出差拘票,命令差役前去拘拿陈大授赴府听审。

(二)差缉票

"缉"有搜捕、捉拿之意,比"拘"性质更为严重,一般专指有明确犯罪性质,但拒不认罪,且脱逃、私逃一类的案件。对待此类人员,往往会突破区域的限制,呈报上级、通知平级、下发所属机关,以便协助尽快捉拿归案。差缉票中,一般带有"锁押""押解"字样,这意味着衙役不仅可以使用强制性手段,还可以对当事人施以物理性的约束。试举两例:

如:

> 钦加同知衔特授保宁府南部县正堂加五级纪录十次记大功八次王为差缉事。案奉保宁府正堂文札开,转奉各大宪批。据蒲江县具禀增生张肇

---

[56] 参见《孔府档案》25-2,崇祯三年八月初七日,山东省曲阜市孔子博物馆藏。

灼管理济积各仓并三费局亏款私逃一案。等因。奉此,合行差缉。为此,票仰该役前往县属内,严密查拿增生张肇灼,务获随票带县,以凭押解归案审办。去役毋得……

计缉:亏公私逃增生:张肇灼

光绪三十年正月初七日户房呈稿行[57]

保宁府衙为协唤差缉蒲江县增生张肇灼,其管理济积各仓并三费局事,致亏款私逃等情,下发札文给南部县,协助捉拿张肇灼。[58] 因此,知县便派遣差役在县属境内严密饬查,如发现立即捉拿归案。

又如:

特授四川保宁府南部县事尽先补用直隶州正堂加五级纪录十次罗为差缉事。案据民人姚学贤具告谢三钦等窝窃刁藏一案,当经审讯未结。因案内要被夏三等畏罪脱逃,除移知苍、广两县协缉外,合行差缉。为此,票仰该役前往县属境内严缉夏三等,<u>务获锁押带县</u>,以凭讯究。去役毋得……

计缉:逃犯:夏三、黄饱吃;逃妇:姚蒲氏

同治十二年闰六月十八日刑房呈稿行[59]

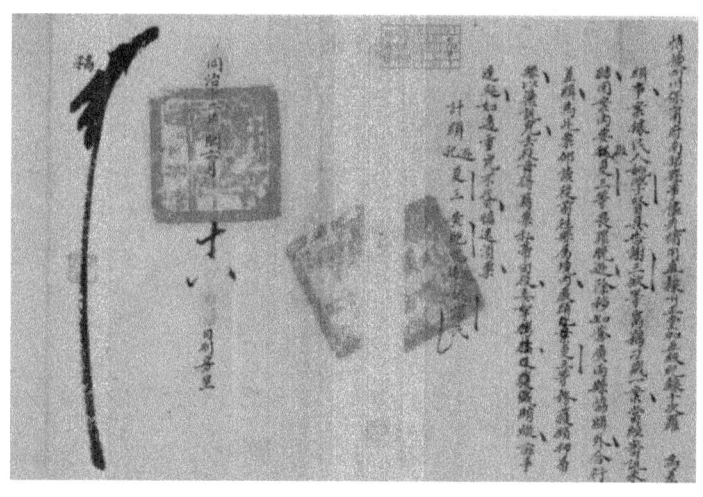

---

[57] 《南部档案》16-326-2-C198P493-DH1384,光绪三十年正月初七日,四川省南充市档案馆藏。
[58] 参见《南部档案》16-326-1-C198P491-DH1382,光绪二十九年十二月二十六日,四川省南充市档案馆藏。
[59] 《南部档案》6-170-9-C21P136-X212,同治十二年闰六月十八日,四川省南充市档案馆藏。

图 11　差缉票

　　四月二十一日,姚学贤具称,蒲氏未育有后,谢三钦、谢三连、黄饱吃、夏三等惯窃成性。黄饱吃、夏三等刁拐蒲氏至谢三钦等家中,奸宿不归,族邻将蒲氏叫回后,谢三钦、黄饱吃等撬开宅后,又将蒲氏引出藏匿。[60] 二十二日,保正张崇宽也禀称,谢三钦等行窃方境诱拐妇女,公恳除害。[61] 从其后的叙供得知,黄饱吃等行窃诱拐妇女情事基本属实。[62] 故知县移知苍、广两县合理差缉,逮捕逃犯归案。

五、清末法制改革后"票"的变化

　　前面讨论的都是法制改革前的情况。清末,新政兴起,法制领域开始实行一些改革。就南部县的差票而言,发生了较大的变化,表现主要有三:

　　一是票稿制度被附卷存查制度取代(如图 12 所示[63])。根据袁慧等人的统计,这种存查票出现在光绪三十四年(1908 年)六月初三日,一直持续到宣统三年(1911 年)九月初九日。期间虽还有以前的稿票,但集中在宣统三年,且数量极少。[64] 附卷存查票的出现是清末四川全省开展的吏治整顿与各省试办审判厅共同作用的结果,其核心是以法律的形式规定口食数额,以减轻民众负担。[65] 该票较之以前的票稿,至少有两处特别不同:一是按房半印编号,其管理更为规范;二是出现了西方外移法律词汇,如公诉、证据。

　　二是分类更明确。随"附卷存查票"连在一起的还有票的正本。正本系雕版印制,为差役执事所用,一般不存入档案。正本票包括三个部分(见图 13[66])之 A、B、C):最右边为形式事项部分(A),此部分又分三栏,最中间刻"传人用传召票,缉贼用缉捕票,查勘用勘验票,追款用饬追票,谕饬用饬遵票,关传用关协票"(A-2),这种分类法是将之前的做法格式化,较之以前更为明确;最上面须填写票的具体类型,如图 13A-1 部分填写的是"传召票",一票只能填一种;最下面,即 A-3 部分,是案件相关人员的情况,需开列原被、干证、保甲等相关人员的姓名、住址等信息。

---

[60] 参见《南部档案》6-170-1-C21P118-X191,同治十二年四月二十一日,四川省南充市档案馆藏。

[61] 参见《南部档案》6-170-2-C21P121-X195,同治十二年四月二十二日,四川省南充市档案馆藏。

[62] 参见《南部档案》6-170-8-C21P134-X208,同治十二年闰六月初十日,四川省南充市档案馆藏。

[63] 《南部档案》18-810-2-G8554,光绪三十四年九月二十日,四川省南充市档案馆藏。

[64] 同前注[2],袁慧、金生杨:《差票与签、存查的对比分析》,第 17—19 页。

[65] 参见《公牍:督宪通饬各属整顿吏治文》,载《四川官报》1908 年第 18 期,第 39—53 页。

[66] 参见《南部档案》18-1094-5-H1919,光绪三十四年六月十三日,四川省南充市档案馆藏。

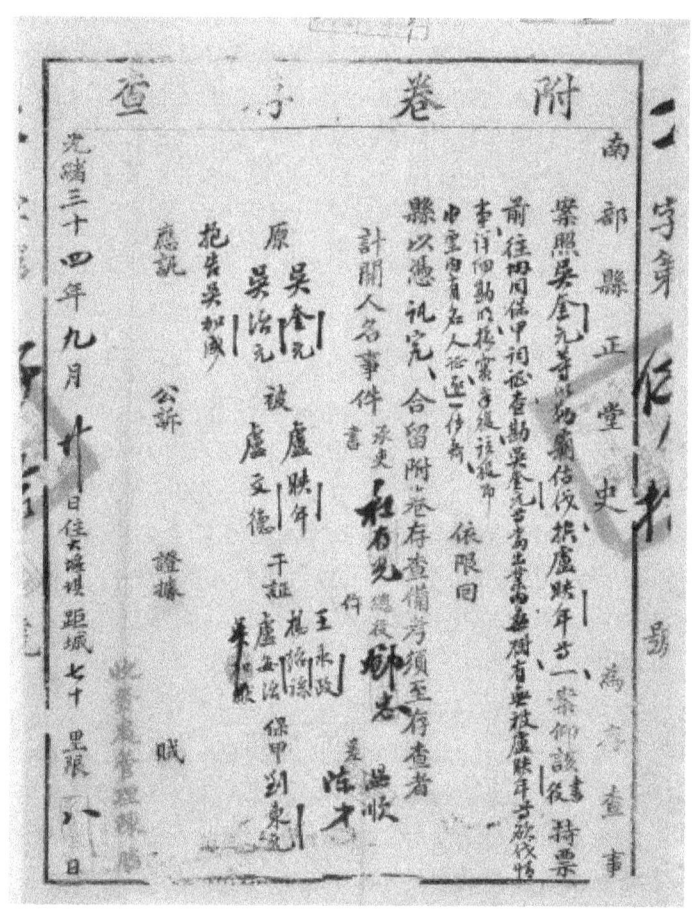

图 12 清末的"附卷存查票"

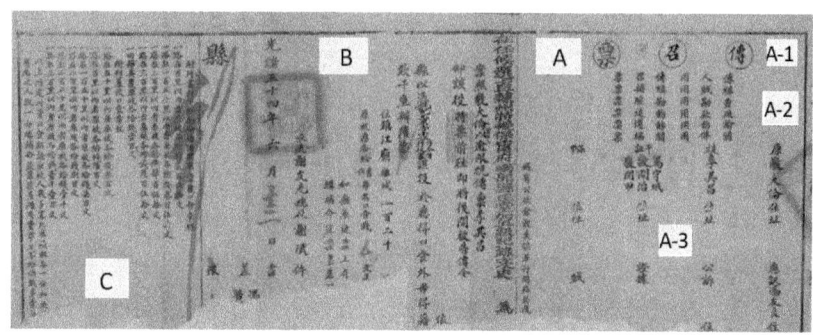

图 13 清末传召票正本

正本票第二部分为实质事项部分（B），主要包括前衔、事由、饬令、日期、画行等。兹选录一件内容完整的档案作一说明：

①在任候选直隶州特授保宁府南部县正堂加五级纪录十次史②为查勘事。③案照何现炳以越界蓄伐控何现富等一案,④仰该书持票前往,协同词证何多佑等查勘何现炳业内柏桑树株有无被何现富等越界砍伐若干情事,详细勘明,据实禀复,依限回县,以凭核夺。该书于应得口食外,毋得藉票滋扰,致干重办。须票。
⑤住庞家营,离城九十里。
⑥原被应各给书、仵每名口食钱二百五十文,差役每名口食钱█文。
⑦承吏： 总役： 仵： 书:何纯照 差：
⑧光绪三十四年九月初五日
⑨县 行 ⑩限四日销[67]

上列①为前衔,②为事由,③为案件名,④为饬令内容,⑤为当事人地址,⑥为两造应付口食费用,⑦为衙门承办者,⑧为发票日期,⑨为稿行,⑩为销票时限。比较法制改革前的同类票(图 3),特别之处在于⑥,它严格规定了书仵、差役的口食钱。口食费用的处理依据来自第三部分的规定。

第三部分为附加的口食章程(C),其核心是"计里给资",以防衙役无止境地勒索。原文如下:

附列书仵下乡勘验绘图开单禀覆口食章程
一、路在百里以内者,原被各给钱二百五十文;
一、路在一百五十里以内者,原被各给钱三百五十文;
一、路在二百里以内者,原被各给钱四百五十文;
一、路在三百里以内者,原被各给钱六百五十文;
一、回县具禀,原被各给钱一百文。
附列差役口食章程
一、路在五十里以内者,原被各给钱三百文;
一、路在百里以内者,原被各给钱六百文;
一、路在一百五十里以内者,原被各给钱七百文;
一、路在二百里以内者,原被各给钱八百文;
一、路在二百五十里以内者,原被各给钱一千文;
一、路在三百里以内者,原被各给钱一千一百文。
以上所定川资口食无论原被人数多寡,只准照取各一分,如无原被只准向票上有名之人取一分。缉捕命盗案,票差柜有费,事主不给,倘敢多索分文,准禀诉究办。[68]

---

[67]《南部档案》18-807-5-GB423,光绪三十四年九月初五日,四川省南充市档案馆藏。
[68]《南部档案》18-807-5-G1480,光绪三十四年九月初五日,四川省南充市档案馆藏。

宣统元年(1909年)八月,四川总督赵尔巽改革讼费,原文如下:

  第一条 词讼案件每案只票差二名,口食由原被两造分给。十里以上,每差一名,两造各给钱三百文,以上每十里加给钱一百文,路远照加,每名只准加至一千文为止。又无论原被人数多寡,每造只准各给一份,不得按人数索取。如无原被,由票上有名之人共给一份,应给若干,均由官于票上标明,至复讯案件,原被共给钱二百文。

  第二条 命盗案件厂费及书件差役口食等项,向由三费局支给,不准向事主需索分文。如有捏报假命案希图拖累者,审实除罚赔厂费外,仍照章加倍判缴讼费,以示惩儆。至民间禀送盗贼,每起由三费局支给刑房及值日人役纸笔等项钱八百文,不准使事主及押送人花费分文。

  第三条 有暂时押管人犯,一人只准一差,每差由被押人给口食钱八十文,多索严办。贫者不给。[69]

比较上列两种法规,宣统元年发生了较大变化。针对书差口食费用,严格区分重情与细故案件。其中命盗案件厂费及书件差役口食等项,因有三费局负责支出,再次强调不得向事主需索摊派。该法规要求"无论书役,所有按里应得口食均须于票后分款刊刻,给票时用朱笔标明,使人一目了然,以杜蒙索。"[70]此后,票的内容发生了一些变化,如出现了传唤票,而不是先前的传召票;上图的C部分全部被新规代替(见图14[71])。

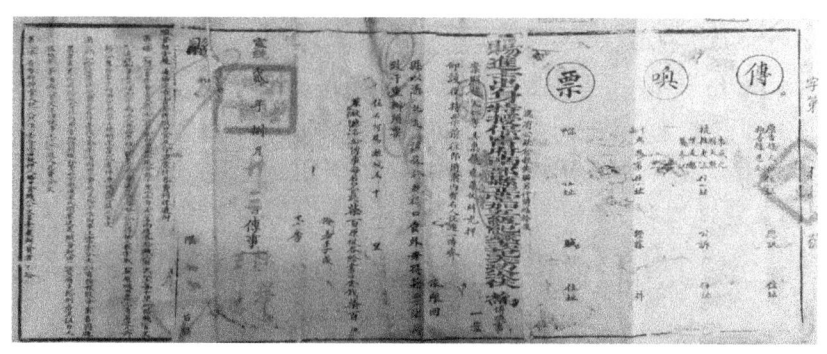

图14 清末传唤票正本

三是出现了专门针对细故案件的"传知票"(图15[72])。

---

[69]《公牍:为通饬遵办事》,载《四川官报》1909年第24期,第5—6页。
[70] 同前注[69],第6页。
[71]《南部档案》21-353-3-DG326,宣统二年八月,四川省南充市档案馆藏。
[72]《南部档案》18-1009-3-H1428,光绪三十四年五月二日,四川省南充市档案馆藏。

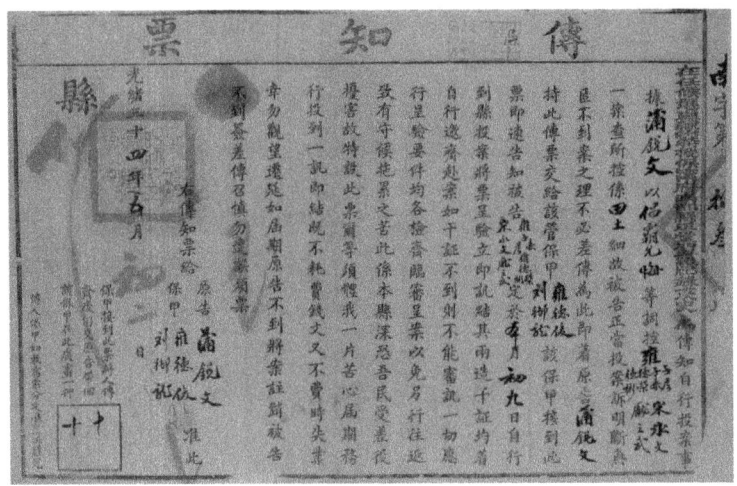

图 15　清末传知票

原文如下：

在任候选直隶州特授保宁府南部县正堂加五级纪录十次史为传知自行投案事。据×××以×××词控×××一案，查所控系×××细故。被告正当投案诉明，断无匿不到案之理，不必差传。为此，即着原告×××持此传票交给该管保甲×××，该保甲接到此票即速告知被告×××，定于×××月×××日自行到县投案，将票呈验，立即讯结。其两造、干证均着自行邀齐赴案，如干证不到则不能审讯，一切应行呈验要件，均各检齐，临审呈案，以免另行往返致有守候拖累之苦。此系本县深恐吾民受差役扰害，故特设此票。尔等须体我一片苦心，届期务行投到，一讯即结，既不耗费钱文，又不费时失业，幸勿观望迁延。如届期原告不到，将案注销；被告不到，签差传召。慎勿违误。须票。

右传知票给原告×××、×××，保甲×××、×××准此。

光绪三十×年×月×日

保甲接到此票，将人传齐后仍交原告带回，该保甲在此处划一押

传人保甲如敢需索分文，准禀诉严究[73]

---

[73]《南部档案》18-1003-5-DH547，光绪三十四年五月二日，四川省南充市档案馆藏。

衙门为避免差役扰民,针对钱债、田土、买卖等细故案件,专门设计了传知票。此票不需要差役,免去了差役传案的口食银。具体做法是:衙门受理原告告状后,把此票给原告,由原告交给所管保甲,保甲拿到传知票后通知被告到县投案的具体时间。两造在规定时间自行到案听候衙门审讯。若原告不到,注销案件;若被告不到,则派人签传。就笔者所看到的档案,有被告不到,再发传票的情况。但这类票自宣统元年八月四川总督赵尔巽改革讼费后,就没有再出现了。

六、结语

就诉讼而言,当县官对两造或其中一方的诉讼作出"准"或"候唤讯察究"之类的批词时,意味着诉讼进入下一个流程,衙门便会发票给差役,派其持票执事。这个"票"就是差票。人们习惯上认为它只是传唤相关人员到衙门审讯的凭证文书,如华夫主编的《中国古代名物大典》认为差票是"官吏遣派差役传人之凭证"[74]。事实上,通过本文的研究,我们可以清晰地认识到,在《南部档案》里看到的差票,其作用并非如此单一。它因案情的需要,在庭审前的不同阶段呈现出单一的调查取证、单一的差唤、兼具多种功能的人证传唤等不同的功能;而且可借"差缉""拘传"一类的术语判定案件性质(但这并不意味着没有这类术语的就是细故案件,比如查验票中,要求书役去核验的尸体案件有可能就是重情案件)。不仅包括南部县、巴县、冕宁县在内的四川如此,滋贺秀三通过对我国台湾地区淡新档案的研究,也发现在我国台湾淡水厅、新竹县地区,票承载着调查、取证、督责、调解、遏暴、查封、传讯、逮捕等功能,不能简单地把听讼程序等同于庭审程序。[75]

笔者与滋贺秀三先生对票的命名都是依据其所承载的功能而确定的,两者名称不尽一致的原因主要是因为:(1)票的表现形式存在地域性差异。比如遏暴票基本不见于《南部档案》;又如在广西,票主要分为传票、拘票、快票、并票、协传票、过界票六种[76],又明显不同于前两者;(2)笔者对票的命名注重"档案的原生性",即一般照录原始档案,而滋贺先生多根据其意而加以概括;(3)笔者注意到了票的多功能性,衙门往往将勘、验、唤或拘等的功能集中于一票,要求书役一并执行,而滋贺秀三的命名没有注意到这一点。

---

[74] 华夫主编:《中国古代名物大典》(下),济南出版社1993年版,第641页。
[75] 参见滋贺秀三:《清代州县衙门诉讼的若干研究心得——以淡新档案为史料》,姚荣涛译,载刘俊文主编:《日本学者研究中国史论著选译》(第8卷),中华书局1992年版,第528—534页。
[76] 同前注[40]。

从笔者所列差票图示,读者也可看到,在四川南部县,差票的制作者存在工房、户房、兵房、刑房等不同的房役,此种情况也出现在四川的巴县、冕宁县、会理州等地。之所以如此,是因为在四川,各房都有处理词讼案件的权利,如刑房主要负责命盗案件,工房则主要处理与营造有关的案件,他们各自依其职掌处理词讼事务。[77] 从保存下来的《南部档案》看,票的数量以户房、工房、礼房、刑房为多,分别为 2051、1565、1329、855 件,这也能说明衙门对词讼案件的处理并非如学界所想象的那样仅由刑房独办。不过,在其他省份也有不同的做法,如安徽南陵县,统一由承发房办理[78];又如在青海循化厅,则没有写明何房承办[79]。

"差役之票,即讹钱之券也"[80],既往的研究往往给我们一种差役借票需索、横行乡里、胡作非为,政府因为不给差役工资而无可奈何、任其搪诈的印象。而本文"兼具多种功能的票"则说明,政府已充分意识到一张差票对涉讼者所造成的经济负担,在实践层面采取了将可发若干次的差票合并为一票的做法,这不仅提高了衙门的办事效率,更降低了当事人的人力、物力资源消耗。不仅如此,已有的研究也说明在巴县、南部县、宝坻县、获鹿县等地的衙门有一套利用木戳印章管理差票签发的制度,要求在盖于差票的木戳印章上逐一填写到房、呈稿、送签、发稿、发签等具体的时间信息,这些信息也会随着时间的变化而有所修订。如在四川南部县,咸丰初年的信息为:典吏、X 日呈稿、X 日缮清、X 日磨对、X 日封发、X 日判行、X 月 X 日时申发等(图 16)[81],与同治年间的(图 3、4)不尽一致。这些内容大大丰富了我们先前获取的衙门对书役管理的认识。

---

[77] 参见吴佩林:《清代中后期州县衙门"叙供"的文书制作》,载《历史研究》2017 年第 5 期,第 68—88 页;又见吴佩林:《有序与无序之间:清代州县衙门的分房与串房》,载《四川大学学报(哲学社会科学版)》2018 年第 2 期,第 43—60 页。

[78] 例子可参见《安徽南陵县档案》434001-Q46-1-2127-1,光绪十年三月十三日,安徽省档案馆藏。

[79] 例子可参见《青海循化厅档案》463001-6-50,同治十二年闰六月初二日,青海省档案馆藏。

[80] 赵春晨编:《丁日昌集》(上册),上海古籍出版社 2010 年版,第 480 页。

[81] 《南部档案》5-34-4-G879,咸丰二年五月二十九日,四川省南充市档案馆藏。既有研究可参见张永海:《巴县衙门的文书档案工作》,载《档案学通讯》1983 年第 2、3 期,第 27 页;又见滋贺秀三:《诉讼案件所再现的文书类型——以"淡新档案"为中心》,林乾译,载《松辽学刊(人文社会科学版)》2001 年第 1 期,第 20 页;又见魏光奇:《有法与无法——清代的州县制度及其运作》,商务印书馆 2010 年版,第 157—158 页;又见蔡东洲等:《清代南部县衙档案研究》,中华书局 2012 年版,第 112 页;又见苟德仪:《清代州县工房研究的几个问题》,第三届地方档案与文献研究学术研讨会,四川南充,2014 年,第 84—90 页。

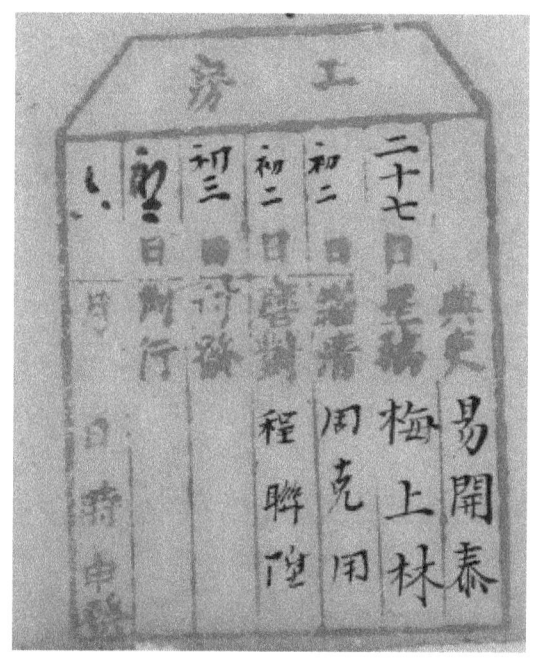

图 16　木戳印章

从南部县来看,差票的种类繁多、功能多样、样式简洁、程序严明,说明司法案件的审理发展到清朝已经十分完善。而经过清末的法制改革,差票的专业化趋势明显,分类也更加明确,这些制度化的规定是中西方合力的结果——对外移植西方近代法律,对内要求防范书役对民众的敲诈勒索。总体而言,清末的差票改革有助于防范廉政风险、提高司法效率,其积极意义不可忽略。

(审稿编辑　潘　程)

(校对编辑　谢可晟)

变革与承续：陕甘宁边区自首制度的表达与实践

蒋正阳[*]

Change and Continuity:
Representation and Practice of the System of "Turing Oneself In" in the Shan-Gan-Ning Border Region

Jiang Zhengyang

内容摘要：陕甘宁边区的自首制度，是在利用本土资源、适应时势需要的基础上生成的。尽管自首制度的法律表达在近代以来的历次变革中呈现出一幅断裂的图景，但实践层面却反映出实用考量上的延续性。尽管政权更替带来了法律表达的历时性差异，并且为自首制度添加了新的意义和要素，如社会责任论和教育刑论，其作用原理仍体现出对传统教化机制的路径依赖。由于特殊的实施环境，其在延续传统自首法律的实用道德主义特征的基础上，在控制犯罪、迅速破案的实用维度上得到了充分发展。

关键词：自首 陕甘宁边区法制 道德主义 实用主义 教育刑

---

[*] 中国人民大学法学院法学理论专业博士研究生。
感谢导师黄宗智教授和田宏杰教授的指导，感谢《北大法律评论》2018年学术专题研讨会"各位与会者的建设性意见，感谢匿名评阅人和编辑细致的修改意见，然文责自负。

一、引言

将视线投向陕甘宁边区时期,大量关于自首的法律文件和司法实践从这段历史中凸显出来。如国民党颁布的《共产党人自首法》[1],中共中央西北局发布的《西北局处理收复区自首分子问题的暂行规定》[2],以及报纸文献关于自首问题的讨论;又如《新中华报》登载的《土匪日渐觉悟,来县苏自首自新》[3],载于《共产党人》的《自首问题》[4]等;还有司法档案中多次出现的"坦白运动"[5]"抢救失足者大会"[6]"政策兑现大会"[7]等。由此可见,自首制度在这一阶段曾发挥过重要作用。

在法律史领域,学界已有较多关于自首制度的研究成果,主要集中于唐、宋及清的断代法律分析和古代自首法律的整体介绍。[8] 具体到陕甘宁边区时期,则仅有整体研究视野下的个别史料片段有所涉及[9],其中与自首主题最为贴近者是刘全娥教授对宽大刑事政策的梳理[10]。另外,部分党史研究中也谈及了自首制度实施过程中的若干细节[11]。总体上,针对陕甘宁边区时期自首文本和实践的系统研究,学界目前尚未有见。

值得注意的是美国学者李克(W. Allyn Rickett)的《中国法中的自首:延续性问题》一文。其在文中强调了自首制度研究的重要性:自首作为古代中国的

---

[1] 《共产党人自首法》,载《国民政府公报》1928年第2期,第1—3页。
[2] 《西北局关于处理收复区自首分子问题的暂行规定》,载《建设周刊》1948年第2期,第14页。
[3] 高峰:《土匪日渐觉悟,来县苏自首自新》,载《新中华报》1937年6月29日,第1版。
[4] 白邺:《自首问题》,载《共产党人》1939年第2期,第48—54页。
[5] "边府审委会、高等法院关于吴振明、张海鳌、朱来良、李保全、唐德亮、汪明山、方志成、严忠诚、杨生财、常更海、徐在强、王占林、王桂华、马维其、白志端、张纪明、白德功等死刑的审核意见书",全宗2—700,转引自刘全娥:《陕甘宁边区司法改革与"政法传统"的形成》,人民出版社2016年版,第167页。
[6] 王敬主编:《延安〈解放日报〉史》,新华出版社1998年版,第78页。
[7] 榆林市中级人民法院编:《榆林地区审判志》,陕西人民出版社1999年版,第54页,转引自刘全娥:《镇压与宽大相结合政策在陕甘宁边区的解释与适用——基于〈陕甘宁边区案例汇编〉的分析》,载《甘肃政法学院学报》2008年第4期,第104—109页。
[8] 参见李中和:《试析〈唐律疏议〉自首制度》,载《天中学刊》2008年第6期,第105—108页;又见赵晓柈:《自首原则在宋代的适用——阿云之狱》,载《中国审判》2010年第5期,第78—80页;又见李中和、金伟:《中国古代自首制度考析》,载《西部法学评论》2010年第6期,第18—22页。
[9] 参见肖周录:《陕甘宁边区判例汇编考略》,载《法学研究》2014年第1期,第190—207页;又见汪世荣:《新中国司法制度的基石——陕甘宁边区高等法院(1937—1949)》,商务印书馆2011年版。
[10] 参见刘全娥:《镇压与宽大相结合政策在陕甘宁边区的解释与适用——基于〈陕甘宁边区案例汇编〉的分析》,载《甘肃政法学院学报》2008年第4期,第104—109页。
[11] 参见王彬彬:《国共关系的一段往事》,载《同舟共进》2010年第12期,第48—51页。又见张学继、张雅蕙:《陈立夫大传》,团结出版社2008年版,第127页;又见范小芳:《蒋家天下陈家党》,台湾周知文化事业股份有限公司1994年版,第119页。

法律制度，至少在名义上保留至中华民国和中华人民共和国时代。因此，研究自首制度，一方面，可以查明其如何受到 20 世纪的法律西方化和共产革命的影响；另一方面，由于自首是共产主义政权在思想改造运动中使用的主要法律手段之一，对其研究也为观察传统法律政治化提供了视角。李克通过分析中华民国和共产革命时期（大致对应 20 世纪 20 年代至 50 年代的土地革命新民主主义革命、社会主义革命和建设时期。——编者注）的自首法律文件，提出自首制度虽然表面上从帝制时期延续到现代，但制度本质已发生深刻变化，即从根植于中国传统法理转向更加接近于西方诉辩交易制度，实质上是变革的而非延续的。[12] 不过，李克得出结论的依据主要是法典表达层面的，而从实践层面总结清代、中华民国以及共产革命时期的司法案例，恰恰体现出自首的延续性，这一点将在后文得到进一步说明。

本文借鉴黄宗智教授对清代法律的分析框架，通过研究法律表达与实践的背离与抱合关系以分析陕甘宁边区自首制度的变与不变。其中表达是指以法律条文和法理阐述为代表的官方话语，而实践则是指司法实际和参与者行动等方面。法律案件本身可以观察法律从表达到实践的全过程，法律表达和法律实践既抱合又背离的关系则是理解制度本质的关键。[13] 这一思路有利于探明陕甘宁边区自首制度的特性及其与清末及中华民国自首制度的关系。一方面，尽管自首制度的法律表达在近代以来的历次变革中呈现出一幅断裂的图景，但实践层面则反映了实用考量上的延续性；另一方面，尽管政治变革带来了法律表达的历时性差异，并且为自首制度添加了新的意义和要素，其作用原理仍体现出对传统教化机制的路径依赖。

此外，陕甘宁边区自首制度的实施环境很大程度上形塑了其独特性。"理解任何历史时期的关键，在于找出决定该时期形态的主要动力。"[14] 在陕甘宁边区所面临的国际、国内形势下，自首制度的普遍推广不仅具有理论正当性，而且符合当时的现实需要。在理论层面，自首内含的主动悔罪与苏联引入的社会责任论和教育刑论法理同一，自首制度的宽大之旨与边区塑造的宽松政治环境相契合；在现实层面，边区当时需要在日本侵略者和国民党双重压力下发展壮大，而自首制度的适用可以在战争条件下化敌为友、扩张势力，通过梳理战争时期围绕自首政策所展开的博弈历史，也可以明晰自首的本质从侧重道德主义的法律制度转为注重功利效果的斗争策略的具体经过。

---

[12] See W. Allyn Rickett, "Voluntary Surrender and Confession in Chinese Law: The Problem of Continuity", *The Journal of Asian Studies*, vol. 30, no. 4, 1971, pp. 797-814.

[13] 参见黄宗智：《清代的法律、社会与文化：民法的表达与实践》，法律出版社 2014 年版，第 2—3 页。

[14] 徐中约：《中国近代史（1600—2000）：中国的奋斗》，计秋枫、朱庆葆译，世界图书出版公司 2008 年版，第 4 页。

需要说明的是,虽然"自首"概念被包含于广义的"坦白"范畴之中,但比较"自首"与狭义的"坦白",二者仍有犯罪人的到案是主动还是被动的区别。[15] 本文基于以下两点原因,将狭义的"坦白"的相关材料也纳入讨论范围:首先,本文对于自首制度的考察,侧重于原理与实际作用层面,而自首与狭义的"坦白"概念均在理论上体现了犯罪者的主观悔过,并在实践层面发挥了迅速破案的作用,二者在道德主义和实用主义的分析框架下具有相近的意义,尽管坦白制度本身的实用主义色彩更加浓厚。其次,在表达层面,边区时期相关法律文本的名称大多采用"自首法""自首条例"等用法,在当时法律的具体条文中,"坦白"所对应的"自新"情形普遍并列位于自首项目之后,与《刑法修正案八》中关于自首的规定类似[16];在实践层面,虽然很多形式被称为"坦白大会""坦白运动"等,但若考察具体情形,大部分是犯罪者在特定场合下"主动投案,自动坦白","坦白"之名下,其行为实际上属于自首性质。因此,本文以自首为中心作概括性的考察,并在确为"坦白"的情形中作出特别说明。

二、自首制度道德主义原理之变革

尽管自首制度在文本层面延续了唐律以来已经比较稳定的传统自首法律,但形似之下作用原理已有所差异。自首制度作为传统法律中的重要构成,在清末与中华民国时期的诸次法律变革中保留下来,并成为边区刑法的组成部分,在法律表达层面,后来的自首制度正是传统法律的延伸。但也应看到,同样的规定背后,其原理是不同的。传统法理采用道德主义的解释[17],例如陈顾远认为,传统自首是儒家鼓励人改过自新,诛心为教的法律体现[18]。但清末以后,受西法东渐的影响,自首减轻的原理转变为刑事近代学派的教育刑论,其减免的依据也转为犯罪人刑事改造和回归社会的可能性。而这一点可谓是中西历史的机缘巧合之处。林廷柯曾说,自首制度"与近世刑事政策,实殊途而同归"[19]。究其原因,一方面,传统的自首制度由于符合现代法理而被保留下来,成为现代刑法中的重要成分;另一方面,刑事近代学派刑法体系中政府的主动性、对犯罪人改善和教育的重视等观念都与传统刑律和儒家思想暗合,这也许是其传入中国并被普遍接受的原因之一。就陕甘宁边区而言,通过借鉴近代刑

---

[15] 参见杨文革、邓子滨:《关于坦白从宽、抗拒从严的思考》,载《中国人民公安大学学报》2000年第1期,第43—45页。

[16] 为进一步落实坦白从宽的刑事政策,《刑法修正案(八)》后,坦白情节被列为《刑法》第67条第3款。

[17] 根据疏议的解释,自首免罪的原理来自于儒家思想:"过而不改,斯成过矣。今能改过,来首其罪,皆合原情。"参见刘俊文:《唐律疏议笺解》,中华书局1996年版,第376页。

[18] 参见陈顾远:《中国法制史概要》,商务印书馆2011年版,第205页。

[19] 林廷柯:《中华法系特有之自首制度》,载《法令周刊》1935年第250期,第2页。

法理论,结合边区初立的实际情况和现实需要,在边区形成了独特且有实效的自首制度。

(一)自首从宽的理论基础:教育刑论

德国刑法学家李斯特(Franz von Liszt)主张刑罚的目的在于法益的保护与社会的防卫,为实现防卫目的,需要根据犯罪人的特点给予适合的刑种和刑度,并对改善可能的犯人进行教育。这也就意味着政府打破中立色彩而主动介入个人与社会整体利益的平衡中。[20] 进一步,李斯特的学生利普曼(Moritz Liepmann)和意大利的兰札(Vincenzo Lanza)提倡教育刑论。[21] 总体而言,近代学派主张刑罚不是报应,而是教育,刑罚的目的在于教育、改善有社会危险性的人复归社会。在对犯罪的认识上,其认为人没有自由意思,犯罪是由行为人的性格和环境所致。[22]

在刑事理论方面,边区将犯罪原因归结为社会问题,因而在刑罚中注重对犯人的教育感化,并提出将尊重犯罪者人格作为感化的前提条件。林伯渠曾在工作总结中说道:"人民犯罪是社会不良所致,应由社会负责,对直接犯罪人的处分,是不得已的事。"[23] 基于这一认识,边区采取宽大的刑事政策,而自首制度则是宽大政策的重要内容。

首先,边区在理论上认为犯罪现象的产生是社会问题所致。"犯罪是由于当时社会恶劣的环境所致,防止犯罪的办法,不是严惩的问题,而是如何改造的问题,改善他的生活,改造社会,才是基本办法。"[24] 从上述社会责任的分析出发,尊重犯罪者的人格被作为预防犯罪和改造犯罪者的前提。谢觉哉提出:"犯人也是人,是社会上不幸的人……要尊重他的人格,改善他的环境,才能激发他的上进心、羞恶心。改善感化院的设备,从生活上、教育上给罪犯身心上以根本的改造。"[25]

其次,基于边区建设对人力的客观需求,犯罪者被视为潜在的社会力量的一分子。边区政府工作报告指出:"犯人之所以甘为犯人,主要是由于社会不把

---

[20] 参见沈玮玮等:《中国法制的早期实践:1927—1937》,世界图书出版广州有限公司2016年版,第153页。

[21] 参见马克昌、卢建平主编:《外国刑法总论(大陆法系)》,中国人民大学出版社2016年版,第19—20页。

[22] 同前注[21],第41页。

[23] 林伯渠:《陕甘宁边区政府工作总结》(1939年),转引自杨永华、方克勤:《陕甘宁边区法制史稿》,法律出版社1987年版,第260页。

[24] 《陕甘宁边区判例汇编》,转引自汪世荣、刘全娥:《陕甘宁边区高等法院编制判例的实践与经验》,载《法律科学》2007年第4期,第159—168页。

[25] 谢觉哉传编写组:《谢觉哉传》,人民出版社1984年版,第95页。

他当人。要恢复他的人格,必自尊顶他是一个人始。"[26]因此,法律对犯罪者处遇宽缓,这也适应了边区团结一切可以团结的力量的客观需要,正如谢觉哉所认为的那样,边区"少一个犯人,就多一份力量"[27]。

最后,刑罚的目的不在于报复,而在于教育感化。"在苏维埃国家初期,学界和政界已经对苏维埃刑罚目的形成了一致的观点,即刑罚是一种社会保卫方法,而非报复。"[28]1919年《苏俄刑法指导原则》否定了报复原则,此后的1922年《苏俄刑法典》、1924年《刑事立法纲要》和1926年《苏俄刑法典》都在此基础上规定刑罚不具有报复和惩治的任务。[29]边区也认为刑罚的意义"不是惩罚,而是教育"。[30]雷经天提出:"处刑的目的不在报复主义,使囚犯与政府对立,而在争取他们回到正确的人生途径上。边区的司法目的在于教育和争取犯人的转变。为了这个,我们对犯人进行教育、争取、感化、说服等韧性的、宽大的政策。"[31]由此可见,边区的工作重点是未来对于犯罪者的转化,而不是对已然发生的犯罪事件的追究,通过用刑罚教育改善犯罪人,使其融入边区的社会秩序。

因此,在立法思想和司法实践中,教育感化成为边区法律的重要特征之一。例如,1942年《刑法草案(初稿)》提出,刑事政策"以教育感化为主,不采威吓报复与毁损人格及痛苦身体诸手段……教育人犯转变恶习,不至再犯罪,训化为社会共同生活关系的善良分子"。[32]对于犯人,"不采报复与惩办主义而注意政治教育和感化"。[33]1938年8月,雷经天在《陕甘宁边区的司法制度》一文中提出:

> 倘若犯罪者的能力,还多少可以贡献于社会,社会对于他还抱有一点希望,法院则尽一切的力量挽救他,帮助他改正错误,给他指出一条自新的光明的道路,以便他将来仍有为社会努力的机会。边区司法对还有一点希望的犯罪者则尽力挽救,帮助其改正……边区对于犯人,完全采取教育感化的方法,争取犯人回转到我们的方面来,消灭犯人与法律的对抗。因此,我们坚决地禁止对犯人打骂虐待的行为,反对对犯人惩罚报复的手段。[34]

---

[26] 陕甘宁边区政府委员会编:《陕甘宁边区政府工作报告(二十八年—三十年)》,边区政府秘书处1948年版,第80页。
[27] 同前注[25],第95页。
[28] 王海军:《苏维埃政权下的俄罗斯司法》,法律出版社2016年版,第154页。
[29] 同前注[28],第156页。
[30] 舒湮:《边区实录》,国际书店1941年版,第45页。
[31] 《雷经天在陕甘宁边区司法工作会议上的报告(1941年)》,侯欣一整理,载韩延龙主编:《法律史论集》(第五卷),法律出版社2004年版,第379页。
[32] 王建明主编:《陕甘宁边区法律法规汇编》,三秦出版社2010年版,第477页。
[33] 同前注[26],第76页。
[34] 雷经天:《陕甘宁边区的司法制度》,载《解放》第50期,第16页。

综上,边区在犯罪原因的认识上采取社会责任论,在刑罚目的方面偏重教育刑论。在这样的理论背景下,面向过去的责任角度容许对犯罪者有更多宽容,面向未来的矫正角度留有更大的改善可能性。此二者正与自首之意义吻合,一方面重视犯罪者在犯罪后的改过迁善,另一方面基于其悔过态度和补救行为予以刑罚上的减免。因此,边区采取的刑罚观为自首制度的广泛适用提供了理论前提。

(二)边区自首制度的特点:中西合璧

从传统法时代以来,自首作为一项稳定沿袭的制度存在于历代法典之中。[35] 及至中华民国时期,其则体现于1928年《刑法》第38条:"对于未发觉之罪,自首于该管公务员受裁判者,得减所首罪之刑三分之一。"在边区诸多法律文本中,自首制度均有体现。例如,《陕甘宁边区刑事诉讼条例草案》规定:"犯罪人自向公安机关或司法机关陈明其犯罪事实者,为自首。"《破坏边区治罪条例草案(修正案)》也规定:"未经觉悟而自首者得减少其教育期间。"陕甘宁边区政府公布的《边区惩治贪污暂行条例》载:"犯本条例之罪,于发觉前自首者,除依第5条之规定令其缴出所得财物外,得减轻或免除其处罚。"[36]总的来说,边区的自首制度特征如下:

首先,自首制度虽然被各类法律文件普遍采纳,但其在纵向与横向脉络中缺乏延续性和统一性,出现了"自首""自新"等概念混用的情况。回溯革命根据地时期,"自首"与"自新"是明确区分的两种情形。留学于莫斯科东方大学的梁柏台先后参与制定了《中华苏维埃共和国惩治反革命条例》等法规,创办劳动感化院,并制定了《劳动感化院暂行章程》。[37] 其中,《中华苏维埃共和国惩治反革命条例》(1934年)第36条规定:"凡犯本条例所列各罪之一,未被发觉,而自己向苏维埃自首(自首分子),或既被发觉而悔过,忠实报告犯罪内容,帮助肃反机关破获其他同谋犯罪者(自新分子),得按照各该条文减轻处罚。"[38]此处规定的已发觉的情形,即自新分子,因其要求帮助破获同谋而更类似于今天的"立功"概念。但是,这一区分在此后的《陕甘宁边区抗战时期惩治汉奸条例(草案)》(1939年)、《陕甘宁边区抗战时期惩治盗匪条例(草案)》中并未得到延续,

---

[35] 自首制度的因袭损益过程参见蒋正阳:《清代与现代自首制度的比较研究——对法律现代主义的几点反思》,载黄宗智、尤陈俊主编:《历史社会法学:中国的实践法史与法理》,法律出版社2014年版,第265—288页。

[36] 同前注[32],第499—508页。

[37] 同前注[20],第29—30页。

[38] 蓝全普主编:《解放区法规概要》,群众出版社1982年版,第209页。

而是仅仅规定了"自首"。[39] 并且,在同时期其他边区的法律文本中,"自新"成为等同于"自首"的概念,如稍后的《苏皖边区惩治叛国罪犯(汉奸)暂行条例》(1945年)将"自新"单独列为第三章,规定:"犯本条例之罪,在未经检发前,具有痛改前非之决心,向我公安机关投案自首者,准予自新。但犯罪情节重大,须具有下列条件之一者,得免其刑……"该条下第6项情形的概括规定为"前列各款以外之自首,实施确有利于人民解放事业者"。[40]

其次,吸收传统法制,将自首单列为一项制度。自首单独规定于刑法总则的做法本身,即为对传统立法体例的沿袭,"我国旧律名例设犯罪自首条,名例即总则"。[41] 在绝大多数的边区法律文件中,自首制度都被作为独立完整的一个条文。相较而言,在西方各国的刑事立法中,自首只是减轻情节下的一项内容,并且对自首的原理和机制缺乏详细的阐释。当然,在当时频繁而缺乏系统性的立法之中,这一单列习惯也有例外,如《陕甘宁边区刑法总、分则草案》(1942年)采取了另一种立法例,在第8条作概括规定,在得按其情节减轻或免除其刑的多种情形下设置"将自己尚未发觉之犯罪行为自首者"一项。[42]

再次,自首减轻的原理由儒家理念转向教育刑论。我国传统法律中自首免刑的原理来源于儒家思想。《宋刑统》在解释自首制度原理时,认为"过而不改,斯成过已。今能改过,来首其罪,皆合得原"。[43] 这一解释对应《左传》中的"过而能改,善莫大焉"[44] 一语。虽然边区对主动供述罪行的处理结果与传统法相似,但此处自首行为获得刑罚减轻的原因却是基于其所采取的教育刑理论。林廷柯认为自首制度与近代刑事政策殊途同归[45],教育刑论强调刑罚善的一面,主张对犯罪人进行教育,使其重返社会[46],这一观点与传统自首的原理不谋而合。

最后,取消向被害人的自首,将自首对象限定为国家机关。1942年的《陕甘宁边区刑事诉讼条例草案》规定:"告诉告发自首均得用口头或书面向公安司法机关为之。"[47] 此前,国民政府颁布的1928年《刑法》第38条规定,"向被害、

---

[39] 《陕甘宁边区抗战时期惩治汉奸条例(草案)》(1939年)第8条规定:"犯第3条各款之罪,未经发觉而自首者,得减刑。自首条例令定之。"《陕甘宁边区抗战时期惩治盗匪条例(草案)》第7条规定:"犯第2条各款之罪,未经发觉而自首者,得减刑。"
[40] 赵秉志、陈志军编:《中国近代刑法立法文献汇编》,法律出版社2016年版,第875页。
[41] 华友根:《中国近代立法大家——董康的法制活动与思想》,上海书店出版社2011年版,第181页。
[42] 同前注[40],第807页。
[43] 《宋刑统》,薛梅卿点校,法律出版社1999年版,第82页。
[44] 赵生群:《春秋左传新注》,陕西人民出版社2008年版,第349页。
[45] 同前注[19],第2页。
[46] 参见西原春夫:《日本刑法的变革与特点》,载西原春夫主编:《日本刑事法的形成与特色》,李海东等译,法律出版社1997年版,第1—17页。
[47] 同前注[32],第470页。

告诉人或有请求之人自首而受该管公务员裁判者",与向司法机关自首的效果一样。[48] 对此,居正认为,"国家减刑之目的,首在感化犯罪,悔悟自新"[49],由于向被害人自首同样是悔过自新的表现,因而在自首的对象上不做区别。边区对自首对象的限制,事实上扩大了国家权力对于犯罪案件的掌握和对于犯罪者行为性质的决断。

三、自首制度实用主义实践之延续

纵观自首制度的司法实践历史,我们可以看到清代以降自首制度在实用主义实践方面的连续性。尽管传统自首在表达层面体现了法律与儒家道德主义的一致性,但若兼考实际司法运作,则亦有工具主义和实用主义的面向。陕甘宁边区的自首制度同样是教育刑论的道德化意涵和自首政策的实用化实践的结合,只是在战争背景下,自首制度的工具化和政策化愈演愈烈,而适用门槛的过分降低和适用范围的过度扩大导致了自首制度在道德和实用之间的失衡。

(一)区分背景下的自首制度

在陕甘宁边区与国统区并立的形势下,自首制度所蕴含的宽大之意,正显示了边区的法律体系较国统区更为宽缓和谦抑;同时,自首所具有的争取力量、瓦解敌人的功能,也与当时"争取多数,反对少数,各个击破"[50]的策略原则不谋而合。总体上,边区对比国统区建立了一套全新的法律体系,在政治上力图比国统区更加宽松和自由,在军事上优待俘虏,在法律上实行宽大政策。

1. 立法和司法的区分建构

边区的立法和司法工作在批判和对照国民党法律和国统区司法的基础上,形成了具有边区特色的制度体系。也就是说,在建立之初,边区法律就有一个对比和区分的对象,立法者有意识地克服国民党法律的既有问题,并将边区的政治优势和意识形态贯彻于新的司法工作当中。一定程度上,矫枉需要过正,加之边区本身的体量,使其有可能尝试建立比国民党统治区更加具体细致和理念先进的法律制度。总体而言,二者的主要差异体现在以下两个方面:

其一,边区法律强调阶级性、具体性和政治性。从阶级分析的角度出发,雷经天认为"国民党的法律是地主资产阶级的法律,对于工农劳动群众只有剥削

---

[48] 参见黄源盛:《晚清民国刑法史料辑注》(上下册),台湾元照出版有限公司2010年版,第888页。

[49] 居正:《关于减刑办法之研讨》,载范忠信等编:《为什么要重建中国法系——居正法政文选》,中国政法大学出版社2009年版,第159页。

[50] 毛泽东:《论政策》,人民出版社1952年版,第5页。

和束缚的作用,在边区是不适用的"。[51] 因此,边区立法"要从实际出发,即具体的实际情况和经验中,摸索出规律来"。关于法律与政治的关系,从马克思主义法律观出发,谢觉哉提出,法律是服从于政治的,没有离开政治而独立的法律,要从政治上来司法。[52] 对于司法工作,习仲勋提出:"我们的司法方针是和政治任务配合的,是要团结人民,教育人民,保护人民的正当利益。越是能使老百姓邻里和睦,守望相助,少打官司,不花钱,不误工,安心生产,这个司法工作就算越做得好。"[53] 在司法实际中,案件主要在边区终审。虽然理论上终审权应属国民政府最高法院,但实践中并无此类案件发生,客观原因是边区与中央尚未发生法律上的关系。[54] 对此,有批评者称,边区"对于中央法令名义上虽谓力求遵行,但所谓力求遵行者,亦只限于中央法令与边区特殊环境不相冲突之范围内,适用中央法令而已"。[55]

其二,边区的立法和司法工作重实质多于形式。政府要求"纠正资本主义国各阶级在法律面前虚伪的平等而代之以真正的实质的平等"。[56] 司法工作的完结也不止于形式上的终审判决,而关注实际问题的解决。"我们边区的司法工作作风,要以能替人民解决实际问题为主,不以判决形式为重。司法人员能多尽一份心力,社会即多蒙受一份福利,不可沿用旧时代一判完事的老办法。"[57] 即便是以专业知识形成的判决书,也不囿于形式意义,而要使普通民众能够理解。"我们判决书的形式应该不同于国民党的,写那些第几条第几款全是码字,写判决书就是为的使老百姓懂的。"[58]

2. 制度体系的整体宽容

在政治方面,边区要向全国证明,"孙中山的三民主义与国民政府的建国纲领,只有边区在彻底实行,共产党是唯一言行一致的党,讲到那里就做到那里"。[59] 延安亦是当时的进步青年向往的革命圣地,"延安两字,不知有多少青年人在脑海中回旋着,憧憬着?正与一九二五年大革命前,国内青年憧憬'黄

---

[51] 雷经天:《关于改造司法工作的意见》(1943年12月30日),卷号15—149,陕西省档案馆藏,转引自侯欣一:《陕甘宁边区司法制度、理念及技术的形成与确立》,载《法学家》2005年第4期,第40—51页。
[52] 参见谢觉哉:《在司法训练班的讲话》,载王定国等编:《谢觉哉论民主与法制》,法律出版社1996年版,第156—159页。
[53] 习仲勋:《贯彻司法工作的方向》,载《解放日报》1944年11月5日,第2版。
[54] 参见舒湄:《边区实录》,国际书店1941年版,第45页。
[55] 纳君:《司法在西北边区》,载《民意周刊》1937年第23期,第12—13页。
[56] 同前注[26],第76页。
[57] 张希坡:《马锡五与马锡五审判方式》,法律出版社2013年版,第150—151页。
[58] 王子宜:《边区推事审判员联席会议总结(手写件)》(1945年12月29日),卷宗号15—70,陕西省档案馆,转引自汪世荣、刘全娥:《陕甘宁边区高等法院编制判例的实践与经验》,载《法律科学》2007年第4期,第159—168页。
[59] 同前注[26],第94页。

埔'的情况差不多"。[60] 边区在政治生活的各个方面强调其与国民党政府的区别。"我们是人民民主专政,各级政府都要加上'人民'二字,各种政权机关都要加上'人民'二字,如法院叫人民法院,军队叫人民解放军,以示和蒋介石政权的不同。"[61]

在军事方面,解放军对起义部队实行"来则欢迎,去则欢送",将"优待俘虏,分化敌人"作为一贯政策。[62] 对俘虏所实行的宽大政策,比对犯人的政策更加宽松。毛泽东提出,"我们要效仿诸葛亮七擒孟获的办法。与对犯人的宽大政策相比,这里的宽大政策,虽然也是为了争取和感化俘虏和瓦解敌军,是不给俘虏以任何处罚的,不特如此,而且要给予优待"。[63] 这种政策对于孤立敌人非常有效,因此在实施范围和限度上都被特别强调。"其中被迫参加、多少带有革命性的分子,应大批地争取为我军服务,其他则一律释放;如其再来,则再捉再放;不加侮辱,不搜财物,不要自首,一律以诚恳和气的态度对待之。不论他们如何反动,均取这种政策。"[64] 总的来说,针对俘虏的宽大政策,不追究行为责任,不给予惩罚后果,不要求改变立场态度,而始终以诚恳的态度进行感化。相比法律中的自首制度和宽大刑事政策,军事领域的宽大政策在目标和实效上更加具有实用主义的色彩,但其在实现方法上则有道德主义的宽容。

在法律方面,自首制度所体现的镇压与宽大相结合的政策,是基于阶级理论进行的区分对待。这一刑事政策在边区经历了"侧重镇压(1937至1941年5月)、侧重宽大(1941年5月至1942年)和镇压与宽大相结合(1943年以后)三个发展阶段",[65] 分别对应了苏区重刑传统和现实需要、团结抗战、维护革命成果三种背景。其中,宽大政策"教育争取改造了大多数的犯罪分子,实现了在特殊形势和特定环境下对抗日力量的团结与不同阶层之间的合作"。[66] 1938年8月,在《陕甘宁边区的司法制度》一文中,雷经天提出边区司法对于为首的违法害民的汉奸、敌探、土匪等判处死刑,对还有一点希望的犯罪者则尽力挽救,帮助其改正。[67] 1940年12月,毛泽东在《论政策》中提出:"对于反动派中的

---

[60] 《延安进行曲》,载《新华日报》1938年1月20日,第4版。
[61] 毛泽东:《在中共中央政治局会议上的报告和结论》,载《毛泽东文集》(第5卷),人民出版社1996年版,第135—136页。
[62] 同前注[6],第204页。
[63] 《雷经天在陕甘宁边区司法工作会议上的报告》,侯欣一整理,载韩延龙主编:《法律史论集》(第五卷),法律出版社2004年版,第383—384页。
[64] 毛泽东:《论政策》,人民出版社1952年版,第9—10页。
[65] 同前注[9],汪世荣:《新中国司法制度的基石——陕甘宁边区高等法院(1937—1949)》,第152页。
[66] 同前注[10],第108页。
[67] 同前注[34],第16页。

动摇分子和胁从分子,应有宽大的处理。"[68] 1941年《陕甘宁边区施政纲领》规定:"对于汉奸分子,除绝对坚决不愿改悔者外,不问其过去行为如何,一律实行宽大政策,争取感化转变,给以政治上和生活上之出路,不得加以杀害、侮辱、强迫自首或强迫其写悔过书。"[69] 同时期晋察冀边区、晋冀鲁豫边区、晋西北和山东均规定了类似条款。1942年11月6日发布的《关于宽大政策的解释》,对有证据表明的真心悔改者,必须采取宽大政策。[70] 对人权的尊重、刑事政策的宽缓、教育感化的工作方法,形成了边区作为"民主政治实施地"的制度和理念优势。[71] 宽大政策适应了当时争取国内力量团结的形势需要,成为边区刑事政策的主要趋势。

(二)自首政策的工具化运用

国内局势的紧张使自首制度的工具性质强化。尽管自首制度的原理在一般状态下是对犯罪人从犯罪违法到悔过迁善的转变的法律认可,并通过减免刑罚的方式来鼓励这种转变,但从另一侧面来看,自首也是一种怀柔政策,可以通过最低的制度消耗,将对立面转化过来。正是基于这一认识,适用门槛更低的自首政策被发布,以促使俘虏投诚,改变形势对比。如此一来,自首制度的道德鼓励和善意引导色彩逐渐淡化,获取情报和削弱敌对力量的实用功能不断增强。

国民政府首先颁布了一系列特别刑法以实现自首瓦解分化的功能。1928年,国民政府颁布《共产党人自首法》,对自首者可以"受免除其刑或缓刑之宣告"。其中,对于未曾执行重要职务并无特定犯罪行为而自首的共产党人免除其刑,对于有特定罪行者,得减本刑三分之一或二分之一。1935年7月25日的《修正共产党人自首法》,更是将减免程度从本刑的三分之一或二分之一提高到统一的二分之一。[72] 国民党颁布自首特别法的目的,是采取政治"软"的手段,"引诱一些意志不坚定的共产党员叛变自首,从他们口中得到更多的共产党内部的机密"。[73] 与之配套的制度设计是反省院,1929年颁布的《反省院条例》,将根据《共产党人自首法》的规定应进行反省者,送入反省院,并给反省期

---

[68] 毛泽东:《论政策》,载《毛泽东选集》(第2卷),人民出版社1991年版,第767页。
[69] 《陕甘宁边区施政纲领》,载韩延龙、常兆儒编:《中国新民主主义革命时期根据地法制文献选编》(第一卷),中国社会科学出版社1981年版,第35页。
[70] 宽大政策的形成过程,参见前注[10],第104—106页。
[71] 参见陕西省档案馆、陕西省社会科学院编:《陕甘宁边区政府文件选编》(第八辑),档案出版社1988年版,第126—127页。
[72] 参见《国内要闻:修正共产党人自首法公布》,载《中华法学杂志》1935年第7期,第102页。
[73] 同前注[11],张学继、张雅蕙:《陈立夫大传》,第225页。

满出院者发放自新证书。[74]

以上法律的施行确实对共产党造成巨大打击。《共产党人自首法》实施次年，自首案件之多，高等法院应接不暇。[75] 1933年，在南京国民党中央党部办理自首手续者，已达600人以上[76]；1933年到1934年，共产党的很多机关被破获，被捕共产党员的"自首叛变率竟达到95%"[77]；1943年整风审干工作中，36名法院干部中，有17人被认为有政治问题，其中2人为自首叛变[78]；1948年，在国民党的自首政策下，边区党员自首近3000人[79]；1949年，仅在新正县一县范围内，前后投敌自首者达47名之多[80]。此外，国民党还通过公开宣传，让脱离共产党者在报纸发布启示，派70余人向边区发出《告陕北同学书》，利用同窗情谊劝说自首。

作为应对措施，边区一方面通过媒体宣传反对国民党的自首政策，共产党人基于结社自由对《共产党人自首法》提出强烈批评，"所讲《共产党人自首法》，自然是在各党派不能取得合法平等地位时的产物，和民主原则根本违背，当然应该废除"[81]；另一方面严惩自首者，将自首行为定性为叛变、变节、屈服投降，对于已经自首者，依程度不同严重处罚：

> 凡党员自首后，破坏了党的组织，与帮助敌人做了其他反革命活动（如帮助敌人挖取我物资、为敌做侦察情报、充当特务、捕杀我党员及群众等），或虽未向敌办理自首手续，但帮敌做了反革命活动者，皆属叛变份子，须一律开除党籍，并在党内外揭发其罪恶行为。其中个别罪大恶极者，还应交由政府或人民法庭审判处理，借以教育党内外群众。对于党员，不论在任何情况下（如自动的、被迫的、个别的、集体的、公开的、秘密的等），在敌人面前屈服投降，与办理了自首手续者，虽未做出其他反革命活动，均系自

---

[74] 参见中国人民大学国家与法的历史教研室编：《中国国家和法的历史参考资料》（第二次国内革命战争时期国民党反动政府），中国人民大学出版社1956年版，第135页。

[75] "无论各官署力有未胜，而以全省自首案件之多，仰一高等法院综核，事实上亦多窒碍。"参见《司法院院字第94号解释》（1929年5月23日），载司法院编：《司法院解释汇编》第2册，第80页。

[76] 参见林三：《山东共党大批自首》，载《社会新闻》1933年第3期，第36—37页。

[77] 王彬彬：《1933—1934年：共产党员自首叛变率为何高达95%》，http://history.people.com.cn/GB/205396/13650415.html，最后访问日期：2016年6月2日。

[78] 参见《高等法院雷经天院长关于边区司法工作检查情况和改造边区司法工作的意见》（1943年9月30日至1943年12月），全宗15—149，转引自刘全娥：《陕甘宁边区司法改革与"政法传统"的形成》，人民出版社2016年版，第75—76页。

[79] 参见《西北局关于处理收复区自首分子问题的暂行规定》，载《建设周刊》1948年第2期，第14页。

[80] 参见新正县委：《对投敌自首分子处理的错误》，载《党内通讯》1949年第26期，第13页。

[81] 黎群：《集会、结社自由的实现》，载《新华日报》1946年2月18日，第3版。

首、叛变、变节行为,原则上是一律开除党籍。[82]

当然,围绕自首制度展开的斗争也并不限于这一时期。国民党自首政策的批评者提出,该政策在大革命失败之后的十年国内战争中已经用得很陈旧了。[83] 抗日战争时期,日本特务机关为劝说中国人自首,采取的自首政策层出不穷,不仅用严刑威胁,用甜言蜜语,用金钱、美人、地位等来劝诱,而且"派遣旁的叛徒假意帮助被捕者与敌人作斗争,实则达到其所采取的自首政策的目的"[84]。此外,边区的工作报告中也提到,日本侵略者"在政治上强化保甲,厉行自首,加强特务活动,摧毁我下层组织,敌寇自第四次治安强化运动之后,更加强'思想战',企图消灭沦陷区同胞的民族意识"[85]。可见,自首政策以及促使自首的手段和措施已经在屡次战争中运用得十分频繁。

(三) 自首制度的扩大适用

针对政治犯、汉奸、盗匪、烟犯等犯罪的自首特别法被广泛适用,在这些情形中,对罪刑的减免超出了刑法规定的宽大程度,一般为免罪或免刑。与通常认为的"刑乱国用重典"的思路不同,由于这些犯罪具有危险性或广泛性,政府亟需掌握相关犯罪信息,故以免罪免刑引导犯罪者主动弃恶从善。尤其是在打击反革命和汉奸的情形中,自首制度的实用效果比缉捕惩罚有过之而无不及。自首制度使犯罪人悔过自新、去恶明非,国家能够以最低的投入和消耗纠正失范行为,恢复社会秩序。

在各类政治犯罪中,自首者可以减轻或免除刑罚。如1928年3月9日颁布的《暂行反革命治罪法》规定:"犯前项之罪未至暴动而自首者,得减轻或免除其刑。"[86] 1931年《闽西苏维埃政府布告第九号——反动政治犯自首条例》规定:"凡属反动党不论党魁党羽,一律准其自首免罪;自布告标贴之日起半个月为自首期间,在自首期间内,按照本条例自首概行免罪。"[87] 1931年《危害民国紧急治罪法》规定:"犯前项之罪而自首者减轻或免除其刑。"[88] 同时,对于诚意改悔的破坏抗战分子实行宽大政策,对贪污后自首者减免处罚,对自首之盗匪减刑。[89]

---

[82] 《西北局关于处理收复区自首分子问题的暂行规定》,载《建设周刊》1948年第2期,第14页。
[83] 同前注[4],第48—54页。
[84] 冯铉:《日本特务机关劝说自首的新方法》,载《共产党人》1940年第9期,第47—48页。
[85] 宋劭文:《晋察冀边区行政委员会工作报告 民国二十七年—三十一年》,晋察冀边区行政委员会1943年,第16页。
[86] 同前注[74],第122页。
[87] 同前注[74],第122—124页。
[88] 同前注[74],第124页。
[89] 同前注[32],第499—510页。

对汉奸所采取的自首政策，参照了过去招抚匪盗的做法。在工作方法上，"肃清汉奸除了加紧我们特务工作实地侦察缉捕之外，同时要注意到汉奸的自首，给他们一个自新的机会，并可照从前招抚强盗的办法，由自首的戴罪图功，引领队伍设法破案，那是消灭汉奸的方法，也是破坏敌人间谍网的捷径。"[90] 1939年的战时法规《汉奸自首条例》第1条规定了汉奸免刑的几种情形：

> 汉奸于发觉前自首，合于下列各款之一者，得免除其刑之执行：一、检举其他汉奸案件，经判决确定，或查获重要证据，确有价值者。二、揭发汉奸或间谍之阴谋策略，确实可信者。三、密查敌方机密，确有利于本国者。四、携带军器来献者。[91]

对于匪徒、烟犯，或以保证人为前提，或以促进改过迁善为目的，允许自新，免处刑罚。例如允许从犯自新，1931年江苏省规定："前次受诱惑附和盲从者，如能缴械自首，并经有职业之民众三人以上保证，当准予自新，不究既往。"[92] 又如对烟犯从宽，1935年2月1日《江苏省烟犯自首条例》规定："依法自首烟犯，得由该管县禁烟委员会发交戒烟所施戒，并得从宽免予科刑。"[93]《令知办理盗匪自首投诚适用之法规》解释了实施自首制度的目的："凡有悛悔之诚，无不乐与为善，予以自新，策其后效。果能洗心革面，去恶明非，则是国家多一良民，亦即人类少一残害。"[94] 自首制度在实践中也卓有成效。1937年，甘泉县的土匪肃清工作，除了以军事力量积极进攻外，还在群众中进行广泛的解释，结果"过去被胁迫入匪的土匪下层群众觉悟了，自觉地跑到苏维埃政府来自首、自新的已有四五人"。[95]

以上诸种关于自首的特别刑法，在宽免程度上远高于普通刑法对自首后果的规定，普通刑法一般为减轻本刑的三分之一或二分之一，而特别刑法的规定则均为免罪或免刑，意在引诱叛降、获取机密、瓦解敌人。基于如此目的，后来的立法对其规制对象适用自首制度的条件愈加宽松，奖励愈加丰厚，以至于自首逐渐脱离了法律和道德的范畴。

（四）自首实践轨迹的偏离

为充分发挥自首政策的效果，短期的、运动式的自首屡见不鲜。不仅有针对性的、附较短期限的自首条例，也有普遍开展的"坦白运动"，甚至出现强迫自

---

[90] 自在：《招致自首汉奸》，载《宇宙风·逸经·西风》1937年第6期，第118页。
[91] 《汉奸自首条例》，载《决胜旬刊》1939年第6期，第26页。
[92] 《民政：盐城匪徒自首暂行章程备案》，载《江苏省政府公报》1930年第589期，第12页。
[93] 《法规：江苏省烟犯自首条例》，载《江苏月报》1935年第3期，第2页。
[94] 《令知办理盗匪自首投诚适用之法规》，载《广东省政府公报》1932年第181期，第160页。
[95] 高峰：《土匪日渐觉悟 来县苏自首自新》，载《新中华报》1937年6月29日，第1版。

首的极端现象。在强迫自首的情形中，认定自首所必要的主动性标准被完全忽视而只剩下如实供述案情的要素，极易导致为获取口供不择手段的刑讯逼供。"坦白运动"中坦白者对自己的罪行夸大其词，政策执行者为强调宽大而致有罪无罚，为获取口供刑讯逼供，这些都是自首制度在实践中偏离轨迹带来的问题。

关于边区自首案例的研究，值得注意的是沈玮玮等学者对于司法案件的总结，其中多有与本文相互印证之处。例如，其将当时进行宽大处理的情形总结为两类：一类属于传统法中可矜的范围，如上有高堂老母需要赡养、不知边区禁令等；另一类则为意识形态指导下的标准，即犯罪人的悔改程度、偶然犯罪等。[96]

1. 运动式的坦白与自首

自首行为出现在大规模的运动式实践中，包括"坦白大会""抢救失足者大会""政策兑现大会""反奸细斗争大会"等多种形式。尽管法律对自首的时间规定限于案发之前，这类运动对时间的要求则比较宽松，囊括了坦白的情形，不仅可以在犯罪调查过程中展开，也可以在执行刑罚期间进行。[97] 这一形式的效率和效果确实不容小觑，如1943年的绥西政策兑现大会，对犯有一定罪行但能够坦白认罪者当场释放，在此政策感召下，多达"541人主动投案，自动坦白了破坏边区工作的罪行"[98]。但由于涉及面较广，对政策的误解导致了个别错判的问题。

其中主要的问题来自犯罪者对于政策的无知或误解，部分可能由于审判者对于定案、结案效率的追逐。例如，某犯罪人虽只抢劫过一次，但为了积极参与坦白运动，且误以为坦白得越多越好，承认米脂一带的所有抢劫案都是自己所为。审判员又出于义愤，在判决书中记载该犯抢劫次数多，罪行累累，米脂县一带群众对其莫不恨之入骨，并判决其死刑。所幸后来此案被谢觉哉注意到，认为这个年轻犯人可以教育挽救，不至于判死刑，并调查发现了案情真相。[99] 尽管现在看来案件令人啼笑皆非，但处在那样的运动中却也有其不可避免的一面，毕竟，运动式执法的数量规模使得案件的精细处理缺乏现实可能性。

无独有偶，在另一案件中，子州县的张海鳌因做土匪被捕受审，子州县在审理案件时采取了逼供手段，加之时值坦白运动，张海鳌误以为坦白得越多越好，就将自己实际抢劫的几次虚报为三十余次，经高等法院审核并批示执行死刑。幸运的是，负责执行的绥德高等分院认为仅口供不足以定案，于是派推事史文

---

[96] 同前注[20]，第170—173页。
[97] 例如清涧县在犯人中召开坦白会，如坦白得好，可以减轻徒刑期，参见刘全娥：《陕甘宁边区司法改革与"政法传统"的形成》，人民出版社2016年版，第268页。
[98] 同前注[7]。
[99] 参见赵崑坡、俞建平编：《中国革命根据地案例选》，四川人民出版社1984年版，第26页。

秀复审案件,在了解实情后,考虑到其不是主犯,最终将死刑改判为有期徒刑五年。[100]

张海鳌案件中所提到的刑讯逼供,也曾出现在西北公学抢救失足者大会上。尽管《陕甘宁边区施政纲领》已有规定,不得"强迫自首或强迫其写悔过书"[101],《边区政府保障人权财权条例》也规定逮捕人犯不准施以强迫自首[102],但此次抢救大会上当场拘捕了一个证据确凿却不肯认罪的特务,接下来有几人上台坦白交待,之后外单位的参加者开始敦促可疑的失足者上台主动交待,最终抓出十几个特务。此后部分单位内部开始捕风捉影,大搞逼供信。1944年1月开始,这一趋势得到遏制,边区开始"提倡对坦白分子进行甄别,纠正过左及逼供信,防止扩大化……要保护好人,不要将所有或多数新知识分子都认为是特务分子或嫌疑分子"。[103]

在大会的场合下,波及的不只是交代罪行的人,在场者也会因此受到教育,其效果接近于公审。公审原型则可以诉诸苏联的经验,20世纪20年代,在俄共的直接领导下,司法工作的一个重要方向是赋予法院教育功能,通过公审,即公开审理,实现法院作为"国家宣传系统"的作用。刑事案件的"公审"几乎存在于整个苏维埃历史时期,法院通过"表演式的诉讼"完成教育目标。[104] 边区法院同样注重教育对于犯罪者本人和社会全体的作用,1945年,马锡五通过教育释放匪犯实现教育广大群众的目的,"对该犯等教育释放,不但争取到该犯等彻底改变,同时可影响到该县回民普遍向善之心"。[105]

2. 宽大的极端化

自首政策和坦白运动的优势在于打击面广、收效快,但也伴随着另一面,即规定较轻的法律后果以诱导犯罪者悔悟。这一突破常规和惯例的宽缓,一方面引起了学者对于刑罚的报应功能和威吓作用的担忧[106],另一方面也与老百姓的朴素正义观有所冲突。

在当时的案件中,坦白认错者被分配的刑罚普遍较为轻缓。1944年7月13日延安《解放日报》的一则报道中,苟登偷窃后承认错误,岳村长认为他交出赃物并有悔改,又是初到边区不懂边区的规矩,就根据其改悔表现予以宽恕,不

---

[100] 同前注[5]。
[101] 韩延龙、常兆儒编:《中国新民主主义革命时期根据地法制文献选编》(第一卷),中国社会科学出版社1981年版,第35页。
[102] 甘肃省社会科学院历史研究室编:《陕甘宁革命根据地史料选辑》(第二辑),甘肃人民出版社1983年版,第358页。
[103] 同前注[6],第78—79页。
[104] 同前注[28],第267页。
[105] 同前注[71],第100页。
[106] "残害过多少生命的分子,也这样的仅须自首之后,便可了事,这未免太便宜,不足以警后来。"参见高寒梅:《自首脱党谈》,载《千秋》1933年第8期,第3页。

再交政府处理。[107] 1946年,孙光弟受贿案中,行贿者窦光五承认错误并揭发受贿人,获得无罪宣判。[108] 1948年,王明焕刺伤民兵案的公审大会上,从犯王庚辰当场坦白认错,获得从轻处理。[109] 但宽大政策在实践中仍产生了一些问题,边区高等法院的报告曾提到老百姓认为宽大政策过于宽容[110],其中说道:"防奸大会上把杀人犯李庚娃根据宽大政策当场释放;张树信杀妻没被判刑;关中景多多因奸杀害本夫案,女人未处死刑。"[111] 在宽大成为有倾向性的处理原则后,它可能成为其他目的的附庸,例如凸显权力的宽容、示范政策的有效、标榜价值的平等。

当然,自首者并非完全不付出代价,在许多情况下,犯罪人虽然可以获得减刑,但需要接受感化教育或被剥夺选举权。例如,1947年《戡乱时期危害国家紧急治罪条例》第4条规定:"依前二条之规定自首而免除其刑者,得入感化教育处所,施以感化教育。"[112] 1932年"'剿匪'区内各县编查保甲户口条例"也规定:"曾为'赤匪'胁从虽邀准悔过自新而尚在察看管束期间者",不得当保长或甲长。[113] 司法判例亦有"汉奸虽因自首受免刑之判决,仍系背叛'中华民国'……自不得为公职候选人。"[114]

综上,在战争背景下,自首的概念与其原本实质已然分道,其在实践中的性质更加接近诱降、策反等政治策略。时势所迫,获取情报与化敌为友成为自首制度的第一要务,其作为战争与政治手段的工具主义性质被不断强化。自首的构成条件屡次降低,而惩治后果越发轻微,不追究罪状甚至还获得优待。自首实践以运动的形式大规模展开,以致在一些案件中造成有罪者逃脱法律惩罚、无罪者因无知或刑讯逼供最后无辜受刑的惨剧,皆不得不引以为戒。另外,在谈到自首制度的实用层面时,不可忽略的是传统法以来对于口供的制度性需求或习惯性依赖,这种依赖可能构成其得以延续的隐秘因素。"自愿"与刑讯,宽

---

[107] 同前注[99],第137页。
[108] 同前注[99],第10页。
[109] 同前注[99],第10—15页。
[110] 即便在中华人民共和国成立后的镇压反革命阶段,"过分宽大的偏向"仍然是亟待解决的问题。彭真在1951年2月20日在中央人民政府委员会第十一次会议上的报告指出:"人民责备我们'宽大无边','有法无天'"。表明对于反革命分子过于宽大引起了人民对政府的不满。
[111] 同前注[9];汪世荣:《新中国司法制度的基石——陕甘宁边区高等法院(1937—1949)》,第156页。
[112] 同前注[74],第181页。
[113] 同前注[74],第112页。
[114] 《司法院院解字第3043号解释》(1945年12月20日),载司法院:《司法院解释汇编》第4册,第2660页。

大与诱导,教育与制服,其中的模糊与微妙形成自首异化的危险地带。[115]

四、实用道德主义:自首相关因素之扬弃

无论是基于传统法律实践的路径依赖,还是考虑到边区政权所面临的现实挑战,"实用道德主义"对于认识边区法律的实际情况都是有解释力的概念。在法律表达高度道德化的同时,法律实践则需要根据实际作出一定的调整。在道德理想与实际需要的相互影响下,形成了注重道德化与讲求实用两种观点的矛盾结合,即"实用道德主义"。一方面,它强调了崇高道德理想的至高无上地位,因此是"道德主义"的;另一方面,它在实际问题的处理中采取了实用主义的做法,两者之间充满紧张又合为一体。[116]

虽然传统自首"原系予人悔悟自新之路"[117],处断宽免的法理亦在于"取其悔心之萌,其人能改,则止不治矣"[118],但在道德理念之外,通过亲属代为自首、向被害人自首等情形设置,其在实践效果上确实发挥了提高破案率、及时恢复社会秩序的实用功能。此外,乾隆三十八年(1773年)例文将基于畏惧刑罚而非悔过自新的"闻拿投首"纳入减免刑罚的范围[119],更进一步扩大了自首制度在提高司法效率方面的实用功能。因此,传统自首制度实际上兼具道德理念和实用价值,体现了传统法律的实用道德主义特征。就陕甘宁边区的自首制度而言,虽然法律道德主义的意涵已经区分于传统法理,即以教育刑论取代儒家的改过迁善理论,但其实践形态同样兼顾正当化的刑事理论和实用导向的法律适用的平衡。

就采取实用主义的客观需要而言,黄宗智教授认为,实用道德主义的思维方式的部分特征可见于毛泽东时代,在大革命失败的具体历史条件下,革命根据地转向大部分党员所不太熟悉的农村,客观上构成重新认识理论与实际关系的契机。[120] 在时局形势方面,当时的中国共产党面对的是来自国民政府以及日本的双重威胁,为此,所有的法律规则都需要不断地为实现这个目的而进行选择或者妥协;同时,要实现政权在农村地区的推进和渗透,也需要打破原有的

---

[115] 直到今天,刑法学者对坦白实践的副作用仍有担忧——"有的工作作风不好的人可能利用它作为诱供、套供的手段,违反刑事诉讼中'重证据不轻信口供'的实事求是原则。"参见高铭暄:《中华人民共和国刑法的孕育诞生和发展完善》,北京大学出版社 2012 年版,第 63 页。毋庸置疑的是,脱离道德规制和原理约束的自首制度,将与事实分道,成为实行者主观恣意的遮羞布。

[116] 同前注〔13〕,第 160—165 页。

[117] (清)全士潮等:《驳案汇编》,法律出版社 2009 年版,第 30 页。

[118] (明)雷梦麟:《读律琐言》,怀效锋、李俊点校,法律出版社 2000 年版,第 41 页。

[119] 参见(清)祝庆祺等编:《〈刑案汇览〉全编》,尤韶华等点校,法律出版社 2007 年版,第 328 页。

[120] 参见黄宗智:《过去和现在:中国民事法律实践的探索》,法律出版社 2014 年版,第 9 页。

阶级分布力量。[121]

(一)传统资源的实用选择:亲属相隐与矜老恤幼

尽管在话语层面以阶级区分技术划分了新旧法律和秩序,但在建立新秩序的过程中,边区对传统法律和习惯等资源以灵活实用为原则进行了选择性吸收。在新统治与旧结构相冲突的部分,边区的裁判形成与传统法律完全不同的做法,而对于有利于社会和谐与团结并无碍统治力量的基层渗透的事项,如"矜老恤幼"的慎刑原则,边区法律便将民俗惯例采纳进来。

传统法律规定"亲亲得相首匿",即犯罪者的亲属可以帮助其隐瞒犯罪而不受惩罚,以维护家族秩序,仅在个别危害国家的罪名中规定例外。及至民国,基层治理主要依靠保甲制度,民国初年警察局有扣押犯罪者亲属来帮助抓捕犯罪者的做法。一方面,可以说民国在处理基层案件时仍承认原有社会结构的正当性,另一方面,其逮捕犯罪者亲属以迫使犯罪者本人自首的做法又与亲属相隐之义截然相反。边区在处理政治犯时,同样采取亲属相隐的例外。例如,1937年《汉奸自首条例》第1条规定:"汉奸于发觉前自首……得免除其刑,或免其刑之执行。其配偶直系血亲及同居家属并据保人均以帮助论罪,但事先检举,或年在八十岁以上十八岁以下者不论。"[122]可见,在严重的政治犯罪中,法律没有赋予犯罪人的同居家属"相隐"的权利,没有检举便视为帮助犯,以使严重威胁统治秩序的危险可以得到及时暴露和解决。

但是,对于"矜老恤幼"的原则,边区又承继了传统,予以弱势人群刑罚方面的优待,体现了政府的慎刑思想和政治宽容。在1941年的李锁子遗弃案中,犯罪者李锁子不供养母亲,甚至打骂母亲,并反抗自卫军的劝解,但由于他被捕后承认错误,自我悔悟,判决中没有对其从重处罚[123],最终他被判处苦役半年从轻具保假释。在传统法律框架中,殴父母属于十恶重罪中的"不孝",但本案对犯罪人"供养有阙"、殴打尊亲属的行为处断畸轻,而强调犯罪人认错悔悟的情节并予以轻罚。推其原因,可能是本案有存留养亲的必要,或边区建设对于劳动力的需求,以及对宽大政策本身的强调。

在1941年的吴占福杀人抢劫案中,其先后抢劫、诱拐、奸淫妇女,杀害合伙经商者并抢劫其财物,论罪应处死刑。但月边高等法院考虑到死者家属未追诉,犯罪者有老母在堂,需要抚恤赡养,并考虑到抗战期间需要珍惜人力,仅判处有期徒刑5年,教育感化使其转变。[124]

---

[121] 同前注[20],第143页。

[122] 《解释检查表 汉奸自首条例》,载《法令汇刊》1947年第5期,第11页。

[123] 同前注[99],第171页。

[124] 同前注[9],汪世荣:《新中国司法制度的基石——陕甘宁边区高等法院(1937—1949)》,第161页。

一方面，边区在司法过程中将传统乡土社会中的价值观念纳入犯罪人个别化的处分，有利于政权的意识形态与当地当时的风土民情融为一体[125]；另一方面，就实际情况来看，由于未成年人与老年人本身羽翼未丰或机能衰退，其实施犯罪的现实可能性不如其他人群，而且未成年人因心智未成熟具有可塑性，老年人则不具备长期监禁矫正的客观条件，采取这一原则整体上对于犯罪控制的影响不大。

（二）中西法理的机制同一：悔过迁善与教育复归

李克分析了帝制时代、民国和共和国的自首制度的历时演变，认为自首制度仅在表面上延续，而新政权建立的新的体系主要体现出变革与断裂，因此，他认为只谈延续性会让问题变得更模糊而不是更明朗。[126] 但是，通过对自首制度的实践的考察可以发现，自首制度本身道德和实用考量的权重并非由于政权更迭而发生显著变化，而是由于不同政权所面临的政治和社会形势。李克所描述的断裂的关键表现是自首制度的政治化和工具化，并认为这是共产党革命对这一制度的重大影响。而通过对特别法律和司法实践的回顾可知，政治化的趋势从国民党颁布针对共产党人的自首法时起就已发端，其具体实践可以追溯到土地革命时期，而自首制度的工具化运用则更早，至少在清代中后期的案例中已经出现。从这一视角观之，则延续多于断裂。

而自首制度得以承续的原因，除了它的实用功效本身的生命力之外，还有中西古今法理机制的一致性。上文在讨论自首制度幸存于清末变法时，提到了儒家悔过迁善思想与西方教育刑论之殊途同归。二者的相似之处在于以犯罪人而非犯罪行为为中心，注重面向未来的预防效果而非面向过去的报应实现，且都将教育和改善犯罪人作为关键。《周易》主张见善则迁，有过则改。王阳明认为"身之主宰便是心"，之所以有恶行，是因为心失去了它本身，恢复的方法在于悔悟，并在此基础上改掉过错。[127] 近代学派也主张将教育作为刑罚的目的，改善有社会危险性的人以使其复归社会。传统自首减轻以犯罪人改过为中心的刑罚设置，也与李斯特将惩罚对象从犯罪行为转移到犯罪者的视角类似。近代学派教育犯罪人所要实现的复归社会，也与传统的出礼入刑和经由刑罚而回归道德的思路异曲同工。此外，教育刑论所注重的教育感化与中国传统法律对主观因素的一贯重视不谋而合，亦体现出传统思想在甄别、借鉴西方法律资源中的隐性影响。

虽然对自首减免的原理认识不同，从作用机制来看，边区刑事理论对教育、

---

[125] 同前注［20］，第170—173页。
[126] See *supra* note［12］, p.814.
[127] 参见（明）王阳明：《传习录》，邓艾民注，上海古籍出版社2012年版，第13页，第34页，第70页。

教化的规训作用之重视,与传统法具有一定的同质性。外国学者更倾向从特殊性和政治实效角度来看待该问题,如李克认为自首制度是共产党进行思想改造的主要法律手段[128],周锡瑞也提出对叛徒的严惩和对自首者的宽大政策为新政权很好地训练了边区人民[129]。但回顾传统自首制度的作用机制,这一攻心为上和教化向善的方法在根本原理上实现了传统和现代自首制度的连接。

此外,边区教育犯罪者回归正途的目的是将其改造为共同生活的善良分子,以多一份力量贡献社会。清末修订刑律的辩论中,杨度曾批评家族主义之害而主张国家主义[130];民国立法的价值选择中,立法者跨过西方国家"个人本位"的法治阶段而直接采取"社会本位"思想;在边区对教育犯罪人的意义的论述中,我们也可以看到清末以来被广泛讨论的社会本位价值的影响。[131]

五、结语

陕甘宁边区的自首制度,在利用本土资源、引入近代刑事理论的基础上生成。其在文本形式上采取了传统法对自首的基本规定,并将制度背后的原理更新为教育刑论,随后应客观需要而产生了灵活多样的实践样态。

然而,由于战争情势,自首制度的道德性与法理根据未能在实践中充分实现。当时诸多关于自首的特别法律大都失于考虑悔过程度,而是以覆盖打击对象为目的,以尤为宽大的刑罚后果诱导犯罪者自首,以致重罪轻罚或不罚,又或无罪却被屈打成招。究其原因,皆在于将自首作为获得口供之手段,尤其在反革命、汉奸、危害国家等政治犯罪中,不以惩罚特定人为已足,而以获取其掌握的组织机密、情报信息为目标。因此,在对瓦解敌人和争取敌对分子转向的追求中,忽视了犯罪者是否真正为悔过迁善。而这一以交换为本质的工具性自首,只能作为战争时期的权宜之计,不能视为日常治理的长久之策,否则,将难以避免价值沦丧之后的制度异化和效力失灵。

传统自首有效运行的经验是,以悔悟自新的道德理念为基础,以投案时间、悔罪表现、罪名范围的严格限制为标准,对真正有悔过之心者从宽免罪。至于提高破案效率和恢复社会秩序的现实功能,则是前项标准贯彻的客观效果,而不应将其作为唯一或最终目的。自首制度之所以在唐以后的各代法典中相沿

---

[128] See *supra* note [12].
[129] See Joseph W. Esherick, "Revolution in a Feudal Fortress: Yangjiagou, Mizhi County, Shaanxi, 1937-1948", *Modern China*, vol. 24, no. 4, 1998, p.370.
[130] 参见李启成点校:《资政院议场会议速记录 晚清预备国会论辩实录》,上海三联出版社2011年版,第306页。
[131] 边区对刑罚的认识大体采取了刑事社会学派的观点,而刑事社会学派又以社会本位为基础。其具体体现可见前文关于教育刑论的论述,即把犯罪原因归结于社会问题,将解决纠纷背后的社会冲突作为司法的治本之策,将回归社会作为刑罚的考量标准和执行目的。

不改,正是因为其道德性与实用性兼备。自首制度在实践中出现的问题,可引起我们对过度强调自首制度功利效用而忽视其道德理念的警觉,以接续实用道德主义的法律传统,不仅仅将自首作为降低司法成本、获得犯罪信息的实用工具,更重视其引导犯罪者真心悔过、教育不幸者转变改善的道德维度。

(审稿编辑　邵博文)

(校对编辑　谢可晟)

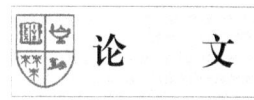

作为行动理由的服务性权威

李 腾[*]

Service Authority as Reason for Action

Li Teng

内容摘要：当今颇具影响力的约瑟夫·拉兹的服务性权威观自提出以来便争议不断，但在这些讨论中，关于通常证成命题在理解上可能存在歧义这一问题似乎并未引起足够重视。本文尝试厘清该命题在理解上的歧义。为此，本文将对该命题提出事后证成及事前证成两种解读，并分别讨论两种解读如何影响我们对服务性权威观的整体理解。在作出澄清之后，本文尝试论证拉兹的服务性权威观可能并未有效回应罗伯特·沃尔夫所提出的关于权威与自主之间存在不可调和矛盾的主张。要有效回应沃尔夫的主张，服务性权威的证成必须原则上能为行动者所认知并以此规范自己的行为。但在厘清通常证成命题后，本文认为这种对认知的要求在操作上存在很大的困难，这一结论可能会使我们对服务性权威的解读退回到一种解释性而非实践性的理解。通过在更具体的层面解读通常证成命题的适用，以检视权威性服务观是否真的能如拉兹所设想般解决沃尔夫所提出的问题，以及分析当遇到理论与实践上的困难时可以在解读

---

[*] 纽约大学法学院 JSD 候选人。感谢《北大法律评论》编委对本文内容的修改建议和细致的编辑校对工作。本文的修改亦得益于赵英男博士和一位匿名审稿人对本文早期稿件的意见和建议，在此一并致谢。

上选取什么替代进路,替代进路又面临什么潜在后果——本文的尝试更着重于引发读者思考这一系列的问题,而非在于证明权威性服务观的对错。

关键词: 服务性权威观　通常证成命题　权威证成　行动理由

一、学说背景及问题提出

(一) 权威与自主的矛盾

罗伯特·沃尔夫(Robert Wolff)在其 1970 年首次出版、颇具影响力的小册子《为无政府主义申辩》[1](In Defense of Anarchism)中宣称,在实践理性(practical reasoning)层面,权威(authority)与自主(autonomy)存在不可调和的矛盾。[2] 人类的行为,无论理性与否,都与理由密不可分。构成人类行为的理由,称为行动理由(reason for action)。一方面,作为一名康德主义者,沃尔夫认为自主的核心是自由(freedom)及责任(responsibility)的统一[3]:一个自主的人(autonomous person)具备理性思辨能力,并视运用该能力规范自身行为——遵循正确的行动理由/做正确之事——为己任;自主要求一个人独立地判断什么是正确之事并以此为基础行动,但其并不意味着永远做正确之事(因存在误判的可能)。另一方面,根据通说的理解,具备权威者拥有为从属权威者作决定的权利,即权威者通过其权威性指令(authoritative directive)在从属权威者的诸行动理由(reason for action)中产生一种内容独立理由(content-independent reason),并以此要求从属权威者遵从该权威性指令。[4] 换言之,权威关系的核心在于从属权威者因应权威者的要求而做某事,而不仅仅是(出于各种各样的原因)恰好做了符合权威者要求的某事。这意味着——正如沃尔夫所指出的——如果某人之所以选择做某事是出于其对某事本身价值的判断,而不仅仅是因为权威性指令的要求,那么我们不能说该人乃出于遵从权威而做该事。[5] 例如,大部分人出于其朴素的道德观都同意偷窃是错误的行为

---

[1] 罗伯特·沃尔夫:《为无政府主义申辩》,毛兴贵译,江苏人民出版社 2006 年版。本文引用的内容及页码,均指原版著作的内容及页码。原版见 Robert P. Wolff, *In Defense of Anarchism*, University of California Press, 1998.

[2] *Id.*, pp. 3-19.

[3] *Id.*, pp. 13-14.

[4] 例如 H. L. A. Hart, "Commands and Authoritative Legal Reasons", in Joseph Raz (ed.), *Authority*, New York University Press, 1990, pp. 92-102; Joseph Raz, *The Morality of Freedom*, Oxford University Press, 1986, pp. 35-37; Leslie Green, *The Authority of The State*, Oxford University Press, 1990, pp. 36-51; Scott Shapiro, "Authority", in Jules Coleman et al. (ed.), *The Oxford Handbook of Jurisprudence and Philosophy of Law*, Oxford University Press, 2004, pp. 389-390.

[5] *Supra* note [2], p. 9.

而拒绝偷窃,根据上述理解,我们不能说这些人不偷窃是因为遵从了某些禁止偷窃的权威性指令(在这里可能是刑法的相关条文)。与此相反,某人可以全然因应权威者的要求而行事,即其完全从属于权威性指令而不依照自己的独立判断行事。但在这种情况下,沃尔夫认为该人已抛弃(forfeit)其自主的责任。[6]简言之,权威与自主的矛盾可以表述为,自主要求一个人为自己的行动立法,但权威意味着一个人接受他人为自己的行动立法;一个自主的人必然不从属于权威,一个从属权威者必然不自主。

这种对权威和自主的理解,在某些人看来会使从属权威者处于一种理性悖论(rationality paradox)的困境中。[7] 假使某权威性指令要求某从属权威者 X 做某事 P,又假使 P 本身是 X(综合考量其所处情境的行动理由可得)所应做的,那么该权威性指令对 X 而言似乎是多余的,因 X 原则上可通过自己对行动理由的考量(deliberation)得出其应该做 P 的结论;而假使 P 本身是 X 依据其所处情境的行动理由综合考量所不应当做的,那么 X 遵循该权威性指令去做其不应该做的事情则有违实践理性。[8]

为了避免置身于这种理性悖论,对一个人而言最好的策略似乎是对任何权威性指令的要求保持一种审慎警惕的态度:我们应时刻思考权威性指令的内容背后的正当性,不应仅仅因应权威者的要求而行动。换言之,对理性悖论的思考要求我们在权威与自主之间优先选择满足自主的要求。但这并不意味着每当权威性指令要求我们做那些经过我们的独立判断后认为不应当做的事时,我们都要违抗那些指令——在通常情况下,人们可能出于各种原因(例如害怕被惩罚、自利、避免与他人不一致等)而在行动时选择不违背权威者的要求——但时刻保持头脑清醒、不盲从权威至少可以让行动者知道,当权威性指令的正当性确实可商榷时,他是因为不得已的原因而遵从指令,而非因为指令的要求正

---

[6] *Id.*, p.15.

[7] 该命名出自 Scott Shapiro, "Authority", in Jules Coleman et al. (ed.), *The Oxford Handbook of Jurisprudence and Philosophy of Law*, supra note[4], pp.391-393. 值得注意的是,Shapiro 认为沃尔夫提出的关于自主与权威的矛盾与"理性悖论"并不完全等同,他认为自主与权威的矛盾主要针对权威性指令的内容独立特征,而理性悖论主要针对行动者依照未被取代的理由(undefeated reason)行事。拉兹本人似乎是从消除理性悖论的角度论证遵从权威的合理性的,但他并未用理性悖论的字眼,而是称其为 paradoxes of authority, See Joseph Raz, "Lagitimate Authority", in *The Authority of Law: Essays on Law and Morality*, Oxford University Press, 2009, pp.3-5. 所以本文按照拉兹的理解,特别从理性悖论的角度解读沃尔夫的自主与权威的矛盾。

[8] 须澄清的是,在本文中,理性的(rational)和合理的(reasonable)两词将会作为同义词使用。但在一般道德哲学讨论中,构成理性的条件和构成合理的条件不尽相同。理性更多指向所谓"目的—手段"理性,而在语境中的目的通常被理解为促进个人利益的自利目的;合理则指向某种将他人的目的同时给予一定考虑的道德要求,这意味着有时候理性的行为与合理的行为可能会相冲突。就本文的讨论而言,合乎实践理性的要求主要是指合理的行为,而不是单纯自利的行为。有关讨论 See John Rawls, *Political Liberalism*, Columbia University Press, 2005, pp.48-54.

当。自主优先至少可以让我们在面临两个或多个冲突的行动理由(例如,究竟是为了某些自身利益的价值而不违背权威者还是遵循正确的行动理由而违背权威要求?)时清楚地意识到选择的代价所在。这种考量本身对人类作为一种有思辨能力的存在而言有其无可替代的价值,在此不赘述。

念及上述种种,为权威的正当性辩护便成为一项迫切的任务。无论权威证成(justified)与否,不容置疑的是权威关系是人类社会中普遍存在的现象。作为一种描述性的事实,人们确实承认某些人或某些机构具有权威并会因应这些人或机构的要求而行动,学说上称此为事实权威(de facto authority)。[9] 正因为权威的普遍事实存在,我们更必须找到正当权威(de jure authority)的证成条件,否则人们对权威的遵从仅能被视为是一种未经反思和规范的盲目行为,我们也无法提出专门针对那些掌控权威者的规范性主张以约束他们对权威的行使。但倘若我们确实无法证成权威,那么从前述的理性悖论可引申,人们应该改变他们过去从属于权威的行为并选择时刻以自主优先,批判性地审视每一个来自权威者的指令。

(二) 消解矛盾的策略

约瑟夫·拉兹提供了迄今最具影响力的一套权威证成方案。他称之为服务性权威观(service conception of authority)的理论由三个命题构成:通常证成命题(normal justification thesis)、依赖命题(dependence thesis)、优先性命题(pre-emption thesis)[10],其中以通常证成命题为权威得以在实践理性层面

---

[9] 拉兹认为符合以下两条件之一即表明存在事实权威:其一是权威者声称其指令构成正当权威,其二是行动者视某权威指令为正当权威指令(从而因应指令行事)。在此意义上,拉兹认为所有事实权威都预设(presuppose)了正当权威的概念。See Joseph Raz, "Authority, Law, and Morality", in *Ethics in the Public Domain:Essays in the Morality of Law and Politics*, Oxford University Press, 1995, p. 215; Raz, "Lagitimate Authority", *supra* note [7], p. 9. 但本文认为,权威作为一种涉及行动者的事实现象,不能仅仅由权威者的单方面声称构成,必须事实上存在行动者以某种特殊的态度看待权威者的指令时,我们才能够判断是否存在权威关系这一现象。因此,本文认为拉兹提出的两个表明存在事实权威的条件,只有第二个能作为我们的判断基础,即只有行动者确实(尽管可能错误地)视权威性指令为正当权威指令时,我们才认为存在事实权威。

[10] Raz, *The Morality of Freedom*, *supra* note [4], pp. 38-69; Raz, "Authority, Law, and Morality", *supra* note [9], p. 214. 值得注意的是,在拉兹最近期的对其服务性权威观的重述中,他似乎对依赖命题提出修改,或者说他摒弃前者而加入了一个新的、称之为"独立性条件"(independent condition)的命题。该命题指出正当权威的边界,或者说适用通常证成命题的事务,应该是那些行动者本来就应该遵从正确理由行动的事务,而不是那些让行动者行使自主选择权比遵从正确理由行动更为重要的事务。See Joseph Raz, "The Problem of Authority:Revisiting the Service Conception", in *Between Authority and Interpretation:On the Theory of Law and Practical Reason*, Oxford University Press, 2009, pp.136-137. 拉兹并未清楚地说明新加的这一命题是针对什么批评的回应,但本文认为该独立性条件很可能是拉兹特别就"沃尔夫的自主与权威的矛盾与理性悖论并非等同"(见前注[7])这一理解的回应。但这一回应与以理性悖论解读权威与自主的矛盾并不相关,因此本文讨论时仍旧采取对服务性权威观主流的理解,即以消除理性悖论为主。

证成的核心。在下一节展开叙述三个命题的意涵之前,有必要先简介拉兹有关规范性效力(normative power)的论述,因其对理解拉兹如何化解前述的理性悖论至关重要。[11] 拉兹认为,拥有权威在概念上意味着权威者发出的指令拥有某种规范性效力,所谓遵从权威会导致理性悖论的主张误解了权威性指令的规范性效力如何作用于行动者的行动考量。他指出,只有当我们把通过权威性指令所产生的理由视作与行动者所处情境的诸行动理由并列时,理性悖论的困境才会发生;在这种(错误的)理解下,如果行动者在充分衡量其诸行动理由后得出应该做某事 P 的结论而权威性指令要求做 ¬P 或 P,则由于指令的要求与其他行动理由的要求要么冲突、要么一致,遵从权威对行动者而言要么违背理性、要么多余。

为纠正这种误解,拉兹引入一阶理由(first order reason)和二阶理由(secondary order reason)的概念区分:一阶理由是那些指向具体行动的理由,二阶理由则是作用于一阶理由的理由。例如,口渴是驱使我们去喝水的一阶理由,在地铁车厢里的某人自觉介乎于口渴与不口渴之间,正考虑是否喝水,但车厢内有不可饮食的规定,该规定本身除了构成一个指向"不应喝水"的一阶理由外,同时作为一个二阶理由排除了"口渴喝水"这个一阶理由在该人行动考量中的意义。简言之,无论他口渴与否,该理由都因车厢的规定而不再相关。

拉兹认为权威性指令提供的正是上述这种结合了一阶和二阶理由的理由,而在实践理性层面研究权威的一个重要任务,正在于清楚阐释权威性指令作为二阶理由的排除性角色。须留意的是,拉兹指出权威性指令可排除部分而非全部的一阶理由,这意味着,对那些未被排除的一阶理由而言,(作为一阶理由的)权威性指令将被视作与它们并列。[12] 因此,权威性指令依然有可能在特定情况下被与其冲突、未被排除又权重更高的一阶理由所取代。换言之,权威性指令并不构成绝对(absolute)的行动理由[13];遵从权威并不表示在任何情况下行动者都不能违背权威性指令。再回到前述例子,假设某权威性指令要求 P,而某人身处情境的部分行动理由 R_e 亦指向 P,那么当 R_e 恰好是被该指令所排除的一阶理由时,对该人有行动考量意义的便只剩下该指令,因此该指令的存在不会是多余的。同理,当 R_e 指向 ¬P 时,由于其已被排除,该人遵从指令要求 P 则不能被视作违反理性的要求。只有当该人在权衡未被排除的行动理由和该指令后得出应该 ¬P 的结论(并假设该结论客观为真)时,该人仍然选择因应指

---

[11] 就拉兹关于规范的一般论述,See Joseph Raz, *Practical Reason and Norms*, Oxford University Press, 1999, pp. 49-84;就其化解理性悖论的论述,See Raz, "Legitimate Authority", *supra* note [7], pp. 16-27.

[12] Raz, "The Problem of Authority: Revisiting the Service Conception", *supra* note [10], pp. 145-146; Raz, *The Morality of Freedom*, *supra* note [4], pp. 46-47.

[13] Raz, "Legitmate Authority", *supra* note [7], pp. 22-23.

令的要求 P 才会等同于违反理性。但正如前述,从属权威并不意味着视权威性指令为必须遵循的绝对理由。由此可见,遵从权威似乎理论上并不会导致理性悖论。

拉兹对二阶理由的剖析似乎确实开凿出一条从实践理性层面理解遵从权威的合理性的路径。但随之而来的问题是,为什么权威性指令可以被视作二阶理由?为何在权威性指令存在的前提下,某些一阶理由——例如上述的 R_e——会失去其在行动考量中的意义?换言之,为何以下选择对行动者而言是合理的:在权威性指令已就某问题作出规定的前提下,我的行动将不以我对与该问题相关的一阶理由的判断为基础?前述的"合理"指的是合乎实践理性,而不是简单地指"自利"或"审慎"(prudence)等对行动者而言属宽泛意义上的"好处"(benefit)的理解。[14]

对以上问题作出回答将带领我们进入权威证成的话题。本文将重点讨论拉兹证成权威的方案,特别是处于其核心的通常证成命题。目前学界对服务性权威观的批评大致可分为围绕概念问题的批判与围绕规范性问题的批判。概念批判主要针对以拉兹的规范性效力论述为基础的优先性命题:部分批评者指出拉兹对二阶理由的概念化不足取,认为就权威性指令作用于行动考量的方式而言存在多种可能,指令既可能使得原来的某些一阶理由更可信[15],也可能是改变了某些一阶理由的权重[16];我们不一定要通过排除性的二阶理由这种概念才能避免视权威性指令为绝对行动理由。也有批评者认为在日常生活中人们不单难以区分某些一阶理由究竟是被二阶理由排除了抑或仅仅是被权重更高的一阶理由盖过,更指出视权威性指令为二阶排除性理由这一主张本身即不可取。[17]斯蒂文·达沃尔(Stephen Darwall)则就服务性权威观提供了目前而言似乎最有力的规范性批评,指出在行动者并不与权威者存在责任关系的前提下,拉兹所主张的条件并不足以得出合法的权威性指令能给予行动者充分的遵循理由的结论。[18]

---

[14] 当然,合乎实践理性也包括合乎道德规范,但就本文讨论而言,我们不需要对实践理性中的规范种类进行区分。例如,当我们说行动者的行动合乎实践理性的要求,该要求既可能是依据道德理由作出的,也可以是以非道德性的规范理由为基础的。

[15] Heidi Hurd, "Challenging Authority", *Yale Law Journal*, vol. 100, no. 6, 1991, p. 1611.

[16] Stephen Perry, "Second Order Reason, Uncertainty and Legal Theory", *Southern California Law Review*, vol. 62, issues 3&4, 1989, p. 913.

[17] Lewis Kornhauser, "Doing without the Concept of Law", *New York University Public Law and Legal Theory Working Papers*, paper 527, 2015; Michael Moore, "Authority, Law, and Razian Reasons", *Southern California Law Review*, vol. 62, issues 3&4, 1989, p. 827.

[18] Stephen Darwall, "Authority and Reasons: Exclusionary and Second-Personal", *Ethics*, vol. 120, no. 2, 2010, p. 257; "Authority, Accountability, and Preemption", *Jurisprudence*, vol. 2, no. 1, 2011, p. 103.

可见,无论是对服务性权威观的概念还是规范性批评,通常证成命题的意涵似乎都不是讨论的焦点,这似乎反映了学界普遍认为对该命题的解读不存在争议。下文将指出,实质上通常证成命题是一个有歧义的命题,这直接影响拉兹证成方案的融贯性。从致力于撇清关乎通常证成命题的歧义而言,本文属于围绕服务性权威观规范性问题的讨论。尽管概念问题非本文讨论的重点,但本文对通常证成命题的厘清尝试却最终指向拉兹就消除理性悖论所作出的概念贡献。在下一节中我将对服务性权威观展开介绍,并就如何看待拉兹的证成方案提供两种可能视角——观察者视角与参与者视角。我将论证参与者视角下的理解可能更接近拉兹原意,该视角要求从属权威者对证成的认知应构成权威证成条件的一部分。第三节是在参与者视角下讨论通常证成命题中存在歧义的部分。我提出两种对该命题的解读——事前证成及事后证成——并分别分析两种解读在实践操作中可能面对的困难,以及这些困难将如何影响优先性命题的可操作性。在第四节的余论中,我指出无论采取哪种解读,服务性权威观的实践可行性都可能因行动者需要克服大量的认知障碍而被削弱。这样的结果可能会迫使我们在理解服务性权威观时回到观察者的视角,但在这种视角下优先性命题在消除理性悖论方面的价值将会大打折扣。

二、服务性权威观

(一) 中心命题

一言以蔽之,服务性权威观的证成要点在于揭示权威在实践理性层面的工具价值(instrumental value),因此这种证成方式亦有时被称为工具性证成(instrumental justification)。在宽泛的"好处"层面,权威的工具价值显而易见。正如拉兹和其他学者所经常提及的,权威存在的一大好处是节省人们行动所需的审议时间及协调人们的行动,让一个群体能及时对变更的形势作出回应,这一点在群体内部个体的行动考量能力参差不齐时尤为重要。[19] 此外,在信息爆炸的时代,造成人们行动障碍的常常并非是信息稀缺而是信息的不对称分布,因此即使个体具备审议事项的相关专业技能,把各方信息汇总到一个专门为决策而设立的单位并由后者权威地作出决定,能有效减少信息传递和协调的成本。[20] 再者,普遍存在的个体惰性和意志软弱也常常需要外力的鞭策予以克服,权威在这一点上经常比单纯的强制更有用处。在这些例子中,权威并不具备自证合理性的内在价值(intrinsic value),其证成必首先依赖于证成行动者希冀利用权威所达致的目标。若行动者的目标本身并不正当,那么权威本身

---

[19] Raz, *The Morality of Freedom*, supra note [4], p.75. See also John Finnis, *Natural Law and Natural Rights*, Oxford University Press, 2011, p.231.

[20] See Kenneth Arrow, *The Limits of Organization*, W. W. Norton & Company, 1974.

作为一种手段亦不能被正当化。

拉兹主张,可证成的权威所服务于行动者的,是改善后者对行动理由的遵循,这是权威在实践理性层面的工具价值。该证成方案的简洁和洞见在于直接把证成与实践理性的要求衔接,从而避免了仅在宽泛的"好处"层面讨论证成所带来的局限。因一种能带来"好处"或"便利"的事实状态并不意味着该状态得以证成,我们还须进一步讨论什么样的"好处"或"便利"能够因其符合实践理性的要求而构成具有规范性效力的行动理由。由此可见,拉兹就"权威服务于行动者为何"的主张使他避免了不必要的中间讨论,直达权威证成问题的核心。在此基础上,拉兹提出证成的(或曰正当的)权威必须符合以下条件:

第一,权威性指令的要求必须以权衡原本适用于行动者的诸行动理由为基础,此所谓依赖命题(下文简称 DT);及

第二,当行动者通过遵从权威性指令,而非通过自身对诸行动理由的考量来行动时,他所做的事更有可能符合正确权衡诸行动理由后的要求,此所谓通常证成命题(下文简称 NJT);及

第三,证成的(或曰合法的、正当的)权威性指令将取代原本适用于行动者的诸行动理由,独立地构成行动者的行动理由,此所谓优先性命题(下文简称 PT)。[21]

三命题在拉兹的证成方案中各自有其扮演的角色和要解决的问题,紧密相连,缺一不可。严格而言,只有 NJT 及 DT 才是权威证成的条件,PT 仅是其证成的结果。换言之,只有满足 NJT 及 DT 的权威性指令才(应)在行动者的行动考量中取代原先适用于行动者的理由。一方面,从 DT 可见,证成的权威性指令已经反映了(权威者)对诸行动理由权衡的结果。因此,若行动者在行动考量时仅仅视该指令为与已被反映的行动理由并列的一阶理由,则其相当于分配给了那些已被反映的行动理由重复的权重,这种重复考虑有违"权衡时应给予每一个理由其应得的权重"的理性思考法则。[22] 由此可见,DT 与 PT 共同解答了为何证成的权威性指令可构成二阶理由的问题,以及哪些一阶理由将会被(作为二阶理由的)权威性指令排除,从而失去其在行动者考量中的意义。

另一方面,NJT 则与 DT 一同解释了为何遵从权威对行动者来说是合理的,因为行动者通过一种间接的方式,即因应权威的要求行事,更容易地或更可能做到他本应做的事。须特别注意的是,并不是说如果一个行动者的权衡能力越差,其越难把握何为正确权衡行动理由所指向的合理之事,其越有理由认为遵从权威能够改善他的理由遵循,NJT 的要求就满足了,因为这意味着人们可

---

[21] Raz, *The Morality of Freedom*, *supra* note [4], pp. 38-69; Raz, "Authority, Law, and Morality", *supra* note [9], p. 214.

[22] *Id.*, p. 215. 更多讨论见 Scott Shapiro, "Authority", *supra* note [4], pp. 414-415.

以仅仅通过一个消极条件(行动者相对较差的权衡能力)来证成权威,而这显然是荒谬的。证成本身必须符合某些积极条件的要求,所以我们不能把 NJT 仅解读成一个权威相对于行动者的权衡能力优势的命题,而要注意到 NJT 暗含了一个门槛性质的命题:权威须确实能正确权衡理由(至于如何理解这个门槛命题,第三节将展开叙述)。

(二)证成的两个视角

当我们说"遵从权威对行动者而言是合理的"时,这一陈述至少包含两种可能的视角。第一种是观察者的视角:只要观察者能通过对观察对象的客观评价得出权威者满足 NJT 和 DT 的结论,那么我们就可以说本段开头的陈述为真。这种视角下的证成是解释性(explanatory)的,解释了遵从权威为什么在客观上符合了实践理性的要求。所谓客观上证成,是指从属权威者主观上对证成的认知对权威证成与否并无影响;证成权威所需的条件并不包括行动者认知这一项。换言之,行动者可以出于任何动因遵从权威而不影响旁观者对该状态的客观评价。[23] 例如,某人可能因(错误地)认为遵从权威符合某种神谕而选择遵从,但因为该权威确实满足 NJT 和 DT 的描述,所以该权威在客观评价上是正当的,该人遵从权威的行为在客观评价上恰好符合了实践理性的要求。

与第三人称、处于行动外部的观察者视角形成对比的,是一种第一人称、从行动内部看待权威的参与者视角。在这种视角下,"遵从权威对行动者而言是合理的"这一陈述的真值,除取决于 NJT 和 DT 在客观评价上的满足外,还取决于这两个条件是否为行动者所知悉。之所以称这种视角下的证成具有实践性意义(practical significance),是因为只有当行动者能从主观认知上确认权威确实为正当时,权威者所发出的权威性指令对行动者而言才构成合乎实践理性要求的行动理由,才能驱动行动者去遵从这些指令。当然,若某权威虽然未被客观证成,但其正当性被某些行动者(错误地)信纳,此无法构成参与者视角下的证成。拉兹明确表示 NJT 和 DT 乃构成正当权威的道德条件(moral criterion)[24],这意味着他的证成方案必须是规范性而非描述性的。[25]

---

[23] 例如,拉兹在向读者解释如何理解"法律规范必然宣示正当权威"这一命题时说道:"法律主张的是法律规则的存在是合规行为的一个原因。这一主张不应与以下错误的主张混淆:法律要求合规行为的动机来自对法律约束力或有效性的承认。"See Joseph Raz, "The Claims of Law", in *The Authority of Law: Essays on Law and Morality*, Oxford University Press, 2009, p. 30. 在这里,拉兹似乎表示,一个行动者仅仅需要视权威性指令(例如法律)的存在作为行动理由便足以让我们认为该行动者从属于权威,他不需要以权威性指令的(主观)证成作为其行动理由——这里反映的似乎是一种解释性的证成视角,即权威证成与行动者认知无关。

[24] Raz, "Authority, Law, and Morality", *supra* note [9], p. 218.

[25] 描述性的证成是指,只要权威在行动者的主观认识上得到证成,权威即可被视为证成,而不论权威是否真的在客观上被证成。描述性意义上的证成可能基于行动者错误的判断或信念,这与前述的事实权威和正当权威的概念区分类似。

究竟在解读服务性权威观时应采纳何种视角,拉兹似乎并未特别作出澄清。我们似乎有理由相信他采纳的是参与者视角。首先,拉兹认为任何事实上遵从权威的行为都意味着从属权威者逻辑上预设了(presuppose)正当权威的概念,因为只有行动者承认指令的正当性他们才会视这些指令具有规范性效力。说行动者预设了正当权威这一概念不等同于说他们知道甚至能阐明正当权威的证成条件,而阐明什么是正当权威及其条件正是哲学研究的任务,但这项工作必须把行动者的认知条件作为研究对象的一部分纳入考量。这是研究方法上要求我们采纳参与者视角。

其次,如果拉兹要坚持 PT,他的证成视角似乎必然是实践性的参与者视角。PT 并非只是在描述权威性指令作为行动理由和一般的行动理由有什么不同,而是对行动者就如何把权威性指令纳入行动考量作出指引。作为 NJT 和 DT 的证成结果,PT 一旦成立则意味着,即使一个行动者实际上并未承认权威的正当性,我们仍可以向他主张,他应当视(经客观证成的)权威性指令为具有规范性效力的指令。又,若行动者正确对待证成指令的规范性效力意味着他需要视后者为取代某些行动理由的理由,那么他还必须原则上能知道哪些行动理由被排除,哪些未被排除;他不能仅笼统地表示他将给予遵从权威性指令以一定的优先性,因为这模糊了二阶理由与绝对理由之间的边界。[26]

最后,面对他人对服务性权威观的批评,拉兹在最近期的回应中提及"(若权威)要能发挥其作用,权威的合法性必须能够为(行动者)所知悉","遵从权威唯一可靠的方法,是(行动者)信纳(某人或某机构)是一个权威者,并因此应被遵从。"[27]虽然拉兹未直接肯定行动者的认知条件是证成的一部分,但他似乎认为行动者主观认知上认同权威的正当性与行动者对权威的遵从这两个问题不是割裂的。

三、通常证成命题:两种解读

从前节的讨论可见行动者的认知在拉兹证成方案中的重要性。作为证成条件,NJT 和 DT 不能仅仅是旁观者用来评价行动者遵从权威合理与否的工具,而要能作为行动者遵从权威的基础。所谓"基础"是指,当行动者面对某人或某机构发出的要求遵从的指令时,他必须先信纳该人或该机构已经满足 NJT 和 DT,并以此为视这些指令正当并予以遵从的依据,否则,即使他未曾公然违背这些指令,也不足以表明他承认指令的规范性效力。鉴于 NJT 在表述

---

[26] 这也容易使得拉兹受到文献综述中提到的关于权威性指令究竟是二阶理由抑或仅仅是具备特别权重的一阶理由的批评。见前注[15]和[16]。

[27] Raz, "The Problem of Authority: Revisiting the Service Conception", *supra* note [10], p. 147.

上的抽象留下了歧义的可能,本节的重点在于厘清 NJT 的要旨。这并不表示围绕 DT 的争议更少。恰恰相反,生活经验表明,仅就权威性指令应反映哪些适用于行动者的行动理由一项,人们便可能争持不下。但这些争议并不触及我们对 DT 的理解而仅仅发生在适用的范畴,本文且不详述。为划定讨论范围,我将假设每当行动者需要行动时,原则上他都能识别哪些是和该行动有关的、需被纳入考量的行动理由;我还将假设就权衡理由而言,存在一个或多个合理答案,并且这些答案总能从对行动的事前或事后评价中获得。

如前所述,在参与者视角下的权威证成要求行动者在决定放弃仰赖自身的独立判断进而遵从权威前,信纳遵从权威可以改善他对理由的遵循。这涉及两种状态——遵从权威的状态和遵从自身判断的状态——的对比并评估在哪种状态下"更有可能"(more likely)做合理的事。"更有可能"意味着做合理的事的概率超过了做错误的事的概率。但针对什么样的对比可用来计算概率这一问题,我们可以有不同的见解。最简单直接的理解是做合理的事在数量上多于做错误的事。第二种可能的理解是,就单个行动而言,做合理的事的结果比做错误的事的结果更可能发生。第一种理解下的概率是对已发生的事态的归纳评价,而第二种则是对将发生的事态的预测。下面对这两种理解分别以"事后证成"(ex post justification)和"事前证成"(ex ante justification)作讨论。(当然,理论上还存在第三种可能:行动者可以先对每一行动情境进行预测,然后将所有单个预测结果汇合成集,若预测做合理之事的个案在数量上多于预测做错误之事的个案,那么该概率结果也可以视作一种对"更有可能"的解读。但这种解读应被排除,因为这一设想违反了一个理性行动者的设定。如果行动者能以单个行动为单位对结果进行预测,那么最符合理性的做法是——在其他条件守恒的情况下——他只会在那些预测能达致合理结果的情境中遵从权威,对那些他已经预测到遵从权威可能导致错误结果的情境,他应选择不遵从权威;他不会不加甄别地把所有个案预测汇集再根据整体计算结果决定权威是否被证成。)

(一)事后证成

顾名思义,把 NJT 解读为事后证成意味着行动者先选择遵从权威者发出的指令,然后再通过事后对结果的评估判定是否在这个过程中他在更多情境中做了合理之事,若是,那么该权威者便有正当性。表面上看,这样的要求似乎会产生一个无解循环:一方面,除非行动者能先确信权威满足 NJT,否则其不应该遵从;另一方面,除非行动者先遵从权威,否则他无法通过事后评估判定权威是否满足了 NJT。为何拉兹一方面主张遵从权威意味着行动者放弃仰赖自己对权威性指令是否值得遵从的评价,而另一方面又以 NJT 这一明显要求行动者评价遵从权威性指令的绩效的条件作为证成(及其后的遵从)的基础?

实际上，当我们动态地看待遵从权威这一行为时，将发现对该问题可作另一种理解。显然，人们在理解 NJT 时想当然地认为行动者所遵从的权威性指令即是其事后评价的指令。但也许更接近现实的是，人们在行动时，会把对前一阶段行动的评价作为决定后一阶段行动的基础，人们通过重复的"行动—评价—行动"调整自己的行为，从而做到因应形势而变。由于行动者所评估的指令合集不一定是其遵从的指令合集，我们可以重述 NJT 作为遵从权威的基础如下：

事后证成：给定任何时间 T_n 所存在的权威性指令合集 D_n，如果行动者通过遵从前一时刻 T_{n-1} 的权威性指令合集 D_{n-1}，而非通过自身在 T_{n-1} 对诸行动理由的考量来行动，其（经事后评价发现）在 T_{n-1} 的行动合集中因遵从 D_{n-1} 做了更多合理之事，那么权威在 T_{n-1} 的正当性得以证成，并构成行动者在 T_n 遵从 D_n 的基础（假设 D_{n-1} 和 D_n 都来自同一权威）；相反，假如行动者在 T_{n-1} 的行动合集中做了更多错误之事，权威的正当性无法证立，该行动者不应在 T_n 遵从 D_n。

经重述后可见，把 NJT 理解为事后证成所真正产生的问题并不是无解循环，而似乎是无限递归。如果每一时刻遵从权威的基础都要从上一刻的遵从中获得，那么总有一个理论上的原点时刻 T_0，由于 T_0 不存在过往对遵从权威的评价可供参考，行动者必须从 NJT 外的理由中觅得遵从 D_0 的基础（例如前述例子中行动者因应神谕而遵从权威）。但考虑到除这一理论上的原点时刻外，事后证成都能为行动者在之后的时刻点提供遵从权威的基础，这实际上并不构成无限递归，而是需要行动者在原点时刻的信心之跃（leap of faith）。

但对于事后证成解读更棘手的，似乎是行动者如何理解"更有可能做合理之事"这一问题。为了更易于阐述，我们尝试对上述解读作公式化处理。这种处理的优点在于，当我们把简洁的公式套用到现实情况的思考中时，其预见的偏差可以揭示一些文字叙述中可能被掩藏的问题。设给定在任何行动情境 C_i，行动者 X 遵从权威的事后评估函数为 $F_x(C_i)$。假设当 X 通过遵从权威而做了合理之事时，函数值为 1；当 X 遵从权威但做了错误之事时，函数值为 -1[28]，那么，对 X 遵从权威的总体绩效的事后评价（设其为 E）可表示为对所有 $F_x(C_i)$ 的累加 $E = \sum_{i=0}^{n} F_x(C_i) = F_x(C_1) + F_x(C_2) + F_x(C_3) + \cdots + F_x(C_n)$。此外，我们可对同情境下 X 遵从自身考量行事的事后评估作类似假设，并假设其遵从自身判断的总体绩效为 G。就如何理解拉兹所说的"更有可能"而言，最直接的解读似乎是，只要 $E > G$，那么 NJT 则得到满足。但在事后证成的解读下，因绩效评价对象是已经发生的事件，而在 T_{n-1} 行动者不能同时选择遵从 D_{n-1} 及遵从自身判断，所以 T_n 的绩效评价对象只能为 E 或 G 而不能同时为两者。

---

[28] 值得注意的是，$F_x(C_n) = -1$ 不代表行动者更有可能做正确之事，这里只是被定义为行动者未有通过遵从权威做了正确之事。

又,因倘若行动者选择遵从权威则不存在可评价的 G 值,E 事实上不但代表了遵从权威的总体绩效评估,还代表了遵从权威相对于不遵从权威/遵从自身判断的总体绩效差(E－G,代表行动者遵从权威的同时意味着放弃独立判断)。由于拉兹并未就"更有可能"是指多大可能作出解释,我们可设想 E 值应至少大于 0,即做了合理之事的个案过半数,行动者才有理由遵从权威,即代入前述可得 E 相当于 E－G>0,即 E 须大于零。可见,这一设想也符合"当 E>G 时,NJT 得以满足"的意涵。

同时值得注意的是,限定条件 E>0 实质上是上文提及的"门槛性命题"在事后证成中的公式化表达。这意味着权威的证成不能由一个极低的 G 值决定,即不能仅因为行动者在绝大多数情境下都无法通过自身对行动理由的考量作出正确之事,便反证得出遵从权威性指令的正当性,而不论权威是否有效地通过正确权衡理由改善行动者的理由遵循(例如当 G 值为负且足够小时,我们能轻易得出 G<E<0 而看似符合了 NJT 的要求)。通过对事后证成的展开,我们得知该门槛存在的原因在于,当存在 E 值时,不会同时存在一个可供对比的 G 值,使得 E 可以在为负数的情况下满足 NJT 所指的"更有可能做合理之事"的要求。换言之,在行动者选择遵从权威(舍弃遵从独立判断)行事的前提下,"更有可能做合理之事"必然指的是该选择产生了事实上让行动者做了更多合理之事的结果,而不仅仅是该选择相比起独立判断可能会让行动者做更多合理之事的预测。

不难发现,上述公式中的简单叠加预设了每一个行动情境在行动者的评估中占据相等的权重。但这一预设在很大程度上违背了日常经验:人们一般会在考量时对涉及重大或根本利益的问题给予更高的权重,人们更关心遵从权威能否在一些重要的事情中做合理之事,而不大在意一些鸡毛蒜皮之事的对错。换言之,简单公式化地计算 E 可能会扭曲人们真正想要的结果(可预见,若权威仅仅让行动者在大量不大重要的事情上采取了合理行动,而在少数最根本的事情上犯下严重错误,我们依然会得到一个大于 0 的 E 值,权威得到证成的结论)。而且,即使我们注意到权重的重要性,这也并不意味着我们能径直分配权重给每一个个案[可假设为 $w_i \cdot F_x(C_i)$,其中 w_i 代表权重]从而使叠加[即 $w_1 \cdot F_x(C_1) + w_2 \cdot F_x(C_2) + w_3 \cdot F_x(C_3) + \cdots + w_n \cdot F_x(C_n)$]更接近实际情况。撇开权重分配的困难不论,权重这一概念本身包含了一个可信性存疑的预设,即个案在我们的行动考量中具有可以互相通约的价值。但很多时候,人们对不同个案的重要性评估只有序数偏好(ordinal preference)而没有基数偏好(cardinal preference)。例如,人们或许能够就在 C_1,C_2,C_3 三个情境中分别做合理之事的重要性给出 $C_1>C_2>C_3$ 的排序,但不能够说出 C_1 的重要性就是 C_2 的两倍,C_2 的重要性是 C_3 的三倍这样的事关重要程度的排序。这意味着我们不总是能通过分配权重来解决个案重要性的难题。

须注意的是,以上的困难还是在我们预设了在事后评估中一个或多个合理答案能够获得的理想情况下。当考虑到行动者的信息不完整、汲取成本及普遍存在的合理分歧(关乎个案权重、重要性、何为合理答案)等一系列给评价带来偏差的因素,我们发现以事后证成作为个体遵从权威的基础简直是不可能之事。最基本的问题是,事后证成相当于要求行动者以权威的绩效作为遵从权威的前提,此间涉及大量富争议性的、对实质性问题的评价,而这恰恰是人们希望通过设立并遵从权威来避免的。或许,一种合理设想是,在一个充分分工的社会中,会有专门的机构负责对人们遵从权威进行事后评价(例如某种立法或监察机构),而一般行动者只需从这些专门机构的评价中判断他们应否继续遵从权威,从而得以避免实质性评价的困难。但这种情况下,我们与其说这些行动者的遵从是以 NJT 为基础,不如说他们是出于对评估机构的信任。

(二) 事前证成

在事前证成解读中,行动者在任何时刻对权威的遵从都不建基于对权威过往绩效的评价,唯评估的问题不可避免,只是以另一种方式呈现。在事前证成中,行动者需要就每一个行动是否应遵从权威作预测,而不是像事后证成那样,可以先遵从一定数量的权威性指令,然后对此作阶段性评估。或许可以形象地说,事后证成要求行动者对遵从权威一事进行批发性的评价,而事前证成需要的是零售性的评估。两种评价方式在行动者的行动考量中有着完全不同的侧重,试用以下例子说明事前证成的特点:

设想我们的主角 X 是一个刚刚被某投资银行合规部门雇佣的本科毕业生。在他职业生涯的第一天,他在自己的工作台上找到了一本公司要求其熟读的由证监会发出的有关证券交易内部风险控制的指引(下称"证监会指引"或"指引")。在细读该指引后,X 注意到一个规管漏洞,如果公司的合规部门完全按照指引的要求制定风控守则,公司的投资经理依然可以有办法挪用客户资金而不被及时发现。但作为一个行业新手,即使不出于从职业角度而言的自我保护考虑,他对自己的判断也不甚自信。特别地,他考虑到:(1) 证监会是一个成立多年的监管机构,对规管与证券交易相关的活动及执法拥有丰富的经验;(2) 证监会拥有需特别授权及技术支持才能收集的数据及市场信息,而一般主体在作决定时并不具备如此全面的数据及信息支持;(3) 证监会有专门的机构设置用以增强集体及标准化的决策流程,减少决策中的偏见及误判;(4) 自己的判断缺乏经验、技巧及程序保障。这些考虑让 X 有足够的理由相信,相比之下,证监会是一个更有能力的决策机构,其决策更能够在包括但不限于以下各种与证券交易中内部风险控制相关的因素和考量中取得合理平衡:(A) 为投资者的利益提供足够的保障;(B)把合规成本控制在合理范围;(C)一旦违规行为发生,其必须易于核实及追踪。在综合考虑下,X确切地认为相比依照自己的判断行事,跟随证监会的指引更有可能让他做合理之事,他当然地选择遵从指引的要求办事。事不凑巧,后来发生的一起某客户资金被挪用的事件表明X之前的判断正确,公司随即被证监会警告及罚款。但根据事前证成的理解,遵从权威后的错误结果并不足以推翻先前证成的结论,在X的案例中,即使再面临类似的问题,在其他条件不变的情况下,他依然有理由选择遵从指引。

上述例子有几点值得我们留意。首先,理由(A)至(C)显然属于DT描述的、原本适用于行动者的一阶理由,这些理由适用于X的公司(及X本人作为构成公司行为的一部分);权威者(例子中的证监会)在权衡这些理由后对参与证券市场的主体作出指引,要求其遵守。与此相比,理由(1)至(4)则并非被指引所反映(以及在行动者行动考量中应被取代/排除)的理由,它们对起草和决定指引的具体内容没有直接意义,但它们对于X信纳证监会在风控问题上是比他本人更有能力的决策者而言至关重要,它们是让X在与指引的判断存在分歧时选择遵从指引的理由。我将称(1)至(4)及与之类似的、不直接决定具体行动内容但关乎决策能力的理由为"能力理由",以区别于(A)至(C)这些直接决定具体行动内容的理由。可见,事前证成的基础正是由上述这些能力理由所提供,它们构成行动者在个案中作出"更有可能做合理之事"的预测的依据。

其次,在前述的能力理由中,(1)至(3)是附着于证监会机构特点的理由,而(4)则属于因X的个人情况产生的理由。这些理由的有效性并不容易随参考系即行动者的改变而改变。即使我们把X设定为一个具备丰富从业经验者,附着于证监会机构特点的理由仍然基本适用。[29] 这一点使事前证成明显有别于事后证成,对于后者,不同的行动者可能对同样的权威性指令有着迥异的评价,因为他们对不同情境的个案有着迥异的(但或许在可接受范围内的)权重分配。与此相关的是,人们基于权威者的机构特点得出的对其决策能力的预测,可能比径直评价其实际绩效(改善行动者对理由的遵循)更容易达成一致。这并非如有的人所说的,是实质性问题和程序性问题的区别。实际上,什么样的决策程序、机构设置、人员选拔方式等更有可能带来合理的决策,也属于实质性

---

[29] 但某些情况下,拉兹表示若某人确实是某事项世上现存的最高权威,则关于该事项的权威性指令将不可能改善该人就该事项范围内的理由遵循,即此人不可能就此事项从属于权威。这表明拉兹认为是否从属权威可能在特定情境下因人而异。见他的药剂师例子,Joseph Raz, "The Obligation to Obey: Revision and Tradition", in *Ethics in the Public Domain: Essays in the Morality of Law and Politics*, Oxford University Press, 1995, pp. 348-349.

问题,也不难想象人们在权威者是否具备或具备什么样的能力理由上存在合理分歧,但正如经验表明,相比起要立什么样的法,人们在应采取什么样的立法程序以解决分歧上更易于取得一致。例如,比起事实真相和法律适用,仲裁争议方更可能在任命仲裁者和选择仲裁程序上达成协议。当证成的着重点从对遵从权威的实际绩效的评价转移到判断权威者是否具备充分的能力理由,这在操作上相对减轻了行动者的考量负担,因权衡的焦点将集中在权威者相对于行动者就一定范畴内的事项的决策能力优势。

最后,须注意的是,要求权威者具备能力理由是事前证成对门槛性命题的表达。虽然事前证成的着重点在于权威的决策能力优势,但对这种优势的判断必须建基于权威者的能力理由,即权威者确实具备那些能够让其合理衡量行动理由的机构特征,而不是行动者权衡理由的能力的欠奉。换言之,倘若权威者并不具备能产生能力理由的机构特征,那么不论行动者个人的决策能力为何,在事前证成理解下的 NJT 均无法被满足。

在事前证成中行动者的考量负担更轻,并不意味着判断权威者的能力理由是件容易的事。在现代社会中,各种决策机构内部运作流程之复杂,即使是经过多年训练的专门人士也难以全面把握,更不用说一般的行动者。对后者而言,大部分时候他们对机构的决策能力可能只有笼统的观感,而不清楚其具体流程、标准、指引、人员选拔等与决策合理性的关联,亦无从得知——哪怕在知晓机构细节和决策合理性的关联的前提下——实际操作中是否有腐败、偏见、不法动机等使决策产生偏差的因素。可见,即使评价对象是决策能力,社会仍然需要专门团体和机构去完成这一项工作,在这一点上事前证成的解读并不比事后证成更具吸引力。

(三) 正确解读?

既然存在两种针对"更有可能遵循理由"的理解,是否有额外的理由让我们偏好其中一种? 上文提及,拉兹在谈及设立权威的各种好处时,其中一个理由是遵从权威能节省人们行动时的审议时间;若人们最终仍然需要考察具体权威性指令对于改善理由遵循的价值,那么他们将无法享受到遵从权威所带来的便利。这似乎是一个让人们倾向于采纳事前证成解读的理由,毕竟,在事后证成中,行动者依然需要在遵从权威后回过头来评估权威是否确实改善了他们对理由的遵循。

虽然如此,我认为节省审议时间并不足以让我们摒弃事后证成的解读。当拉兹用"服务"这种字眼来命名他的权威观时,人们很容易想当然(但错误)地认为节省审议时间是权威提供给行动者的服务。但正如本文第二节所介绍的,拉兹所言的证成权威所系的"服务"有且仅有改善理由遵循一项。而通过遵从权威来改善理由遵循的要点,是为行动者服从(权威的)判断,而非摒弃判断。[30]在遵从权威前是否考察权威的决策能力或过往绩效,这当然是行动者的自由。但若其选择不加判断,他对权威的盲从——即使客观上碰巧改善了他对理由的遵循——将(从行动者的角度而言)违反实践理性的要求。鉴于此,虽然节省审议时间是权威所能为行动者带来的便利,但其与权威的证成无关,因此也不能被用以判断在两种关于证成的可能解读之间,究竟何者为更优的、应被视为正确的解读。

一种基于结果主义(consequentialism)的意见或许会主张事前证成的解读与 NJT 的意涵并不相符。具体而言,这种意见认为,事前证成所立足的是一种对结果的预测,而 NJT 这一证成条件指向的是行动者遵从权威后的结果,因此只有当事前对结果的预测与最终的结果一致时,才能表明 NJT 在客观上得到满足。这样一来,真正决定权威证立与否的始终是遵从这些指令的结果,而不是事前对这些结果的预测;只有事后证成的解读才能真正和 NJT 的意涵兼容。

本文同意 NJT 是一种结果导向原则的判断,亦同意服务性权威观的证成方式在学说分类上属结果主义范畴,但本文对 NJT 的解读——特别是关于事前证成的部分——有别于这种反对意见的地方在于,本文并没有把"事件发生过后的状态"作为对"结果"的唯一正确理解。尽管无法在此赘述,本文想简要指出的是,在结果主义的范畴内部存在对"什么样的状态能构成与证成相关的结果"的不同理解,其中既包括过去时的、把确实已发生的事态视作结果的理论,也包括将来时的、以预测或企图达致的事态作为结果的理论;不同的结果主义理论的共同点仅在于,都通过某种状态("结果")来正当化那些能促使这些状态发生的行为,不论这些状态是否已经发生。[31]在事前证成的解读下,改善行动者的理由遵循被理解为是一个企图达致的结果(*intended* consequence)而不是一个事实结果(*actual* consequence),而通过企图达致的结果正当化对权威的遵从同样符合结果主义的论证规范。又,当与证成相关的是企图达致的结果时,即使后来预想的结果并未事实上发生,也不会否定证成(参见之前的证监会的例子)——这完全符合拉兹有关"权威的证成并不意味着每一个遵从指令的

---

[30] 拉兹的用词"摒弃判断"(surrender of judgment)有两种可能的理解。一种是哈特所持有的,认为从属权威的行动者摒弃了对权威性指令的内容价值的思考(deliberation),拉兹认为这种观点是对从属权威这一现象的误解。对此他特别提出第二种、更可信的理解,即从属权威实质上切断了行动者对权威性指令的内容价值进行独立判断与依照该判断行事之间的关系。在这种理解下,行动者可以自由地臧否权威性指令的内容价值,但他们将不依照自己的思考结论决定是否遵从权威。有关讨论,See Raz, *The Morality of Freedom*, *supra* note [4], p.39.

[31] Walter Sinnott-Armstrong, "Consequentialism", in Edward Zalta (ed.), *The Stanford Encyclopedia of Philosophy* (*Summer 2019 Edition*), at https://plato.stanford.edu/entries/consequentialism/ (last visited July. 20, 2019).

行为都能产生正确的结果"的论断。[32]由此可见,以与结果主义不合为由拒绝事前证成的解读,其实暗中预设了事后证成的立场,认为只有已经发生的事态才能构成与证成相关的结果。但本节论述的意图正在于指出对NJT的解读存在两种可能,我们不能以预设其中一种解读立场为由来拒绝另一种解读。

四、余论:参与者视角的困难

本文的中心论题是,若服务性权威观可被视为对理性悖论及权威与自主的矛盾的解决方案,其证成必须在一种参与者视角下完成。该视角要求从属权威者原则上能够认识到他们对权威的遵从乃基于权威能够改善他们对理由的遵循,使他们更易于做到(根据原本适用于他们的一阶理由可得的)他们本应做之事。当行动者——或基于对过往遵从权威的绩效的评价,或基于对权威者决策能力的评估——信纳权威能够改善理由遵循时,权威的正当性得以证成,行动者应视其指令构成内容独立理由及排除性的二阶理由,取代部分原本适用于他们但已被权威性指令所反映的一阶理由。

上节亦提及,无论我们采取哪种对NJT的解读,行动者对权威的评价都不可避免。这要求他们具备大量未必每个人都能获取的信息、专业知识、思辨技巧、生活经验等,因此在现实情况中这种评价不大可能由行动者个人完成,但在充分社会分工下,可能存在众多具备相关专业能力的组织、团体、机构等能够自发地完成这些评价,而对这些评价的信赖将成为行动者遵从权威的基础。

值得澄清的是,虽然在本文对NJT的解读下,对权威的绩效或对权威的决策能力的评估将直接决定行动者应否遵从权威,但这并不违背拉兹所说的从属权威意味着行动者切断了评估与行动之间的关联。原因在于,拉兹所关注的是切断对具体权威性指令的实质价值的评估和遵从行为之间的关联,这与事后证成和事前证成的解读都兼容。在事后证成中,行动者的评价的对象是过往遵从权威性指令的实质价值,而不是他将遵从(或不遵从)的、未来的权威性指令的实质价值。换言之,实质价值评估中涉及的权威性指令集合并非行动者所要遵从的权威性指令集合。在事前证成中,正如上文证监会例子所示,行动者的评估对象并不是具体权威性指令的实质价值,而是权威者的决策能力(所谓能力理由)。由此看来,虽然本文在对NJT的解读中揭示了对权威的评价与遵从行为之间的必然联系,但这种联系不会从根本上否定遵从权威在理论上的可

---

[32] 唯须注意的是,以企图达致的结果作为证成考虑并不意味着任何主观性。什么样的行为能够带来什么样的结果的预测完全可以是一种客观评价,我们不能因为与证成相关的状态并未(客观)发生,就把事前证成与主观结果主义(subjective consequentialism)混淆。

能性。

现设想我们确实为行动者解决了根据 NJT 来评价权威的问题,但这才仅仅解决了认知问题的一半。须记得,DT 也是证成的一部分。虽然 DT 描述的是针对权威者的要求,似乎与行动者的认知条件无关,但行动者若要让自己的行为符合 PT 的要求,他们必须原则上能知晓哪些一阶理由因已被权威者在制定指令时权衡过而被排除,哪些理由因未被排除所以可能在特殊情况下盖过权威性指令的要求。退一步而言,即使行动者并不能总是预先知晓所有原本适用于他的理由——因为特定的理由只有在特定情境下才会被触发[33],他也必须先知道哪些原本适用的理由已被权威性指令排除,从而得以在那些之前未被触发的理由被触发时识别它们。这当然不意味着行动者要知道权威者是怎样权衡理由以及同意后者的权衡结果,他仅须知道哪些理由被权衡了即可。[34] 在我们的日常生活中,某些能提供所谓"权威评估"的组织、团体、机构确实会向公众公开其权衡的理由及方法,但这些权威在性质上大多属于提供参考意见性质的"理论权威"(theoretical authority),而不是本文所讨论的、能够向行动者发出具有约束力指令的"实践权威"(practical authority)。[35] 而在我们的政治和社会实践中,最接近向行动者公开其权衡理由的权威是如法院、裁判所、仲裁院等司法或半司法性质的机构。这些机构在作裁决时有专门的程序供争议方陈述与其主张相关的理由,权威者在权衡这些的理由并作出对争议方有约束力的裁决后,争议方不得再诉诸原本的理由行事,因一经裁决那些理由将被裁决的效力所取代。[36]

但在这些机构外,我们很难找到向行动者提供被权衡理由的权威机构。虽然在某些实行代议制国家的立法机关,议员通常会在法律草案进行表决前就草案内容进行公开辩论,公众或可从中得知立法过程中立法者权衡了哪些理由,但这些辩论并不总能反映在决定法案内容的过程中所权衡的理由:有时候出于

---

[33] David Enoch, "Reason-Giving and the Law", in Leslie Green and Brian Leiter (ed.), *Oxford Studies in Philosophy of Law: Volume 1*, Oxford University Press, 2011, pp. 1-37.

[34] Shapiro 富有洞见地指出当行动者无法确定哪些一阶理由被权威性指令排除、哪些未被排除,及不确定排除与否是否恰当时,逻辑上他们只能诉诸自己对一阶理由的再判断来作为行事依据,因而无法真正遵从权威性指令。See Shapiro, "Authority", *supra* note [4], pp. 414-415. 但本文认为这一反对意见只有一半(关于行动者须知道哪些理由被权衡、哪些未被权衡)正确,因为遵从权威的要旨正在于行动者不需要同意权威者对一阶理由的权衡而选择遵从权威性指令。所以,遵从权威只需行动者能知道权威性指令反映了哪些理由,而不需要他们信纳相关理由被恰当地反映在指令内容中。

[35] 关于理论权威和实践权威的区分,See Raz, *The Morality of Freedom*, *supra* note [4], pp. 53-54; Raz, "Authority, Law, and Morality", *supra* note [9], pp. 211-212.

[36] Raz, *The Morality of Freedom*, *supra* note [4], pp. 41-42.

策略考虑议员可能会选择不公开法案背后的某些考量,又或者有的议员仅仅跟从政党内部决定的路线方针投票。在行政决定中,能让行动者知晓哪些理由被权衡了的做法则更为罕见。虽然行政机关可能会对其工作人员就某类型的行政决定作出时所应考虑的理由给予指引,但一方面这些指引通常只以内部参考形式存在,另一方面自由裁量依然在这些决定中扮演重要的角色。可见,在大量事关人们生活方方面面的权威性指令中,行动者无从得知指令反映了哪些行动理由。因此,即使他们信纳权威性指令确能改善他们对理由的遵循并因此尝试遵从,他们也将无法以符合 PT 描述的方式规范自己的行为。

上一段的讨论指出,就算假设权威者对理由的权衡客观上是合理的,我们依然面临着被权衡的理由如何进入行动者认知这一难题。这一困难削弱了服务性权威观作为解决理性悖论方案的可操作性,因为倘若从属权威者无法得知权威性指令作为理由的强度和限度,他们相当于只能把权威性指令笼统地当作绝对理由或普通一阶理由来遵从,而这后一种正是理性悖论所描述的情况。当然,服务性权威观于实践中可操作性的强弱并不必然影响其作为规范性理论的可信性及价值。很多时候,正是现行的制度安排未能达到规范性主张的要求,才恰恰体现了该主张的批判或指导价值所在。但同时须注意的是,在理论构建的应然与可达致制度安排的实然之间,不应存在难以逾越的鸿沟,尤其是当研究的现象属政治及法律实践之范畴时。遵从权威是一种渗透到人们生活日常方方面面的实践行为,若对正当权威概念化和理论构建后所提出的是一个难以企及或在实践中面临巨大操作困难的规范性目标,那么意识到这些困难的存在至少应被视为一个能促使我们再思考这样的概念化和理论构建是否恰当的契机。

讨论至此,本文的论证思路可被简述如下:拉兹为了解决理性悖论创造性地提出了一种对权威的规范性效力的概念化方案(权威性指令构成一种综合一阶和二阶理由的理由)。一种概念化方案的可信性,除了取决于其是否切合人们的生活经验,还取决于其能否被一套相应的规范性叙事支持。NJT 和 DT 正是拉兹用以支撑其概念化方案的规范性理论构建。本文指出这套规范性理论构建所提出的目标在实践上可能面临诸多难题,但并非以此推论出该规范性理论的不可取,而是希望以此引发学界进一步思考是否应对拉兹理论中的概念及规范性部分作出调整。毕竟,对权威问题的哲学化是一个在实然与应然之间取得反思平衡(reflective equilibrium)的过程。

上文亦提到,一种能搁置行动者认知给证成带来的难题的解析进路是撤退回观察者的解释性视角来看待服务性权威观。在这种视角下,行动者对权威的遵从将被视作给定,哲学家的任务是解释在什么样的(客观)条件下这种现象可被视为符合实践理性的要求。如第二节所述，NJT 和 DT 都可以被视为这样的客观条件；从属权威者可以对这些条件是否被满足一无所知，而其遵从权威的行为恰好在观察者看来是合理的。但他们不可能在一无所知的情况下恰好按照 PT 所描述的以二阶理由看待权威性指令。因此，观察者视角最大的问题是，我们似乎难以对 PT 在证成方案中的角色作出合理解读，但 PT 恰恰是解释遵从权威不会导致理性悖论的关键。拉兹曾写道："法哲学的一个主要任务，是通过帮助我们理解人们如何理解自己来推进我们对社会的理解。"[37] 或许就 PT 而言最可取的解释性解读是，虽然我们大部分时候并不清楚自己为何及如何遵从权威，但由于在某些时候权威性指令的确在进入我们的行动考量时显露出类似排除性的特征，所以 PT 可被视为勾勒在理想条件下这种思维结构的形态及其与权威证成条件的关系的尝试。换言之，哪怕在实践中没有任何一位从属权威者能够按照 PT 所描述的方式遵从权威性指令，这并不妨碍我们作出如下判断：当从属权威者能正确理解正当权威与行动理由的内部联结且拥有足够的信息以克服认知困难时（理想条件得以满足），他们将可以按照 PT 所描述的方式遵从权威性指令。这种解读虽然在一定程度上调和了观察者视角下的权威证成与 PT 的关系，但不变的是，由于在非理想条件下行动者的从属权威行为与权威证成之间缺乏直接联系，他们遵从了正当权威这一事实仍然无助于解决理性悖论。可见，无论行动者认知是否被理解成证成权威的条件之一，就解决理性悖论而言它都是无法绕开的。

退守观察者视角不但可能削弱拉兹对理性悖论的回应，甚至会影响服务性权威观在法哲学领域的贡献。本文目前的讨论并未触及法律实证主义与非法律实证主义的经典辩论，这是由于该辩论的核心议题——在确定法律规范具体内容时是否可诉诸包括道德原则在内的非事实性资源——与本文的议题尚无交集。本文的讨论建立在假设行动者能够知悉权威性指令的具体内容并予以遵从的基础之上，对他们在确定这些指令的内容时是否诉诸非事实性资源本文并未预设立场。在这一点上，本文的讨论既可与法律实证主义，也可与非法律实证主义的立场耦合。但假如上文列举的认知难题将迫使我们在理解服务性权威观时退守观察者视角，则 PT 并非必要（因 PT 并非遵从权威的构成要件，而是遵从权威但不会导致理性悖论或与自主矛盾的要件）。若 PT 与 NJT 和 DT 之间的联系无法证立，那么以服务性权威观作为支撑的排他性法律实证主义的立场也将难以维系，这是由于来源命题（source thesis）的有效性建基于拉兹所宣称的"法律在其性质上必须能以正当权威的形式存在"的主张，而这里对

---

[37] Raz, "Authority, Law, and Morality", *supra* note [9], p.237.

正当权威的理解(因需要消解理性悖论)必须是实践性的而不能仅仅是解释性的。当然,这是延伸本文讨论的一种可能,但对此我们需要更严格地论证退守观察者视角是解读服务性权威观的必然结果。本文暂且满足于仅仅指出若要坚持参与者视角下的实践性理解我们需要面临的难题,以及采纳观察者视角下的解释性理解可能需要面对的代价;对于解决这些难题或论证放弃解决它们的必要,则有待将来的探索。

(审稿编辑　谢可晟)

(校对编辑　包康赟)

连续性思考的"神话"
——侵权法经济分析模型之反思

艾佳慧[*]

The Myth of the Thought of Continuity:
Rethinking the Economic Analysis Model in Tort Law

Ai Jiahui

内容摘要： 最小化社会成本的侵权法经济分析模型是一种基于完全理性和连续性假设的边际化最优模型，而最优预防法定标准的确定隐含着个体最优和社会最优的统一。但是，由于加害人实现个体最优的理性和信息前提不满足，侵权立法的目标不仅是内化外部成本且事后的侵权司法也不能完全实现外部成本的内化，加害人的预防水平并不具有连续性，加害人的个体最优也并不能无缝转换为社会最优的立法规则和司法标准，因此，这种基于连续性思考的边际最优模型，即使在立法和司法领域有其适用空间但却相当有限。进一步，主流法经济学家们认定为侵权法经济分析基础的科斯定理其实只是科斯致力批判的零交易成本的新古典经济学理论，我们应该反思这种误用了科斯定理的边

---

[*] 南京大学法学院副教授，法学博士，经济学博士后。

本文初稿曾提交我国台湾地区"中研院""2018两岸四地法律发展学术研讨会'民法典与方法论'学术研讨会"，感谢简资修、张永健、戴昕、由然、蒋侃学等师友给本文初稿提供的建设性意见，但一如既往，文章中的一切错误和疏漏仍然是文责自负。

际化最优模型。

关键词: 侵权法经济分析　连续变量　最优模型　科斯定理

在精神世界和物质世界中,我们对大自然的观察与总的数量的关系没有与数量增加的关系那样大;特别是对一物的需求是一个连续的函数,而此物的"边际"增量在稳定的平衡下,又被它的生产费用的相应增加抵消了的情况下,如果没有数学符号或图表的帮助,就不容易完全明白这方面的连续性。

——阿弗里德·马歇尔[1]

支配侵权责任的规则最好被解释为最小化社会成本的努力……能最小化社会成本的最优注意水平应落在注意的边际成本等于边际预期损失之处。

——威廉·M. 兰德斯、理查德·A. 波斯纳[2]

一、问题的提出

在法律经济学发展史上,科斯的《社会成本问题》毫无疑问是奠基之作。[3] 正是因为这篇文章,法学家们才发现原来经济学的理论可以适用于传统的侵权法研究,不仅能因此揭示普通法的效率性,更能给沉闷的法学研究带来方法论上的革新。比如,库特就指出该文汇聚了两股强大的智识潮流,即有关外部性的经济学理论以及有关侵权和侵扰(nuisance)的普通法传统,因此外部性和侵权法的一个根本定理因科斯而得名[4];兰德斯和波斯纳也认为经由该文提炼的科斯定理在侵权法的经济分析中起着基础性的作用[5];不仅如此,波斯纳更是以美国历史上的 1500 多个侵权法案例为证据,论证普通法的发展符合经济学意义上的效率。[6] 可以这样说,正是在法经济学领域最富生产力和影响力的两位学者(波斯纳法官和库特教授)的努力下,以社会成本最小化为目标的侵权法的经济分析初见雏形。

---

[1] 阿弗里德·马歇尔:《经济学原理》,廉运杰译,华夏出版社 2005 年版,第 5 页。

[2] See William M. Landes and Richard A. Posner, *The Economic Structure of Tort Law*, Harvard University Press, 1987, pp. 58-60. 中文版参见威廉·M. 兰德斯、理查德·A. 波斯纳:《侵权法的经济结构》,王强、杨媛译,北京大学出版社 2005 年版,第 65—67 页。

[3] See Ronald. H. Coase, "The Problem of Social Cost", *Journal of Law and Economics*, Vol. 3, 1960, pp. 1-44.

[4] See Robert D. Cooter, "The Cost of Coase", *Journal of Legal Studies*, vol. 11, 1982, pp. 1-29. 中文版参见罗伯特·库特:"科斯的费用",载威特曼(主编):《法律经济学文献精选》,苏力等译,法律出版社 2006 年版,第 22 页。

[5] *Supra* note [2], p. 29

[6] See Richard. A. Posner, "A Theory of Negligence", *Journal of Legal Studies*, vol. 1, no. 29, 1972.

大约与科斯发表论文同时,卡拉布雷西的论文《关于风险分配与侵权法的一些思考》首次尝试从经济学视角研究侵权法。[7] 不同于推崇效率至上的芝加哥学派,卡拉布雷西就侵权法展开的经济学思考之结论是:简单的经济原则能够使法律产生整体合理化的力量并为社会意外事故的损失分配提供合理标准。作为法经济学纽黑文学派的创始人,卡拉布雷西认为侵权法的目标是综合的(既有效率,也有正义和公平),因此需要综合方法。但即便这样,卡拉布雷西也认为从社会成本的角度考虑,"事故法的首要功能就是减少事故成本与避免事故的成本的总和"。[8] 另外,萨维尔也认为事故法的社会目标是总事故成本最小化,也即最优注意水平必须落在边际注意成本和边际预期事故损失相等之处。[9]

不管是从科斯定理出发,还是从风险分配进入,侵权法的经济分析经由两本最具影响力的法律经济学教材[10]、三本侵权法经济分析的专著[11]和若干重要论文[12]的建构,已然蔚然大观,自成体系。可以说,除了注重综合方法和经济后果的卡拉布雷西,侵权法的经济分析有着非常明显的微观经济学特征,不仅确信侵权法的经济本质就是通过责任的运用将那些由于高交易成本造成的外部性内部化,而且认为侵权法的目标就是通过最小化事故的预期社会总成本以寻求法律上的最优预防水平。[13]

在国内,虽然主流的以法教义学方法论见长的侵权法研究未受多大冲击,

---

[7] See Guido Calabresi, "Some Thoughts on Risk Distribution and the Law of Torts", *Yale Law Journal*, vol.70, 1961, pp.449-553.

[8] See Guido Calabresi, *The Costs of Accidents: A Legal and Economic Analysis*, Yale University Press, 1970, pp.26.

[9] 斯蒂文·萨维尔:《事故法的经济分析》,翟继光译,北京大学出版社2004年版,第41—42页。

[10] See, Richard A. Posner, *Economic Analysis of Law*, Little, Brown and Company, 1992; Robert. Cooter & Thomas. Ulen, *Law and Economics*, 5th, Pearson Education, Inc., 2008. 中文版参见理查德·A. 波斯纳:《法律的经济分析》,蒋兆康译,林毅夫校,中国大百科全书出版社1997版;罗伯特·库特、托马斯·尤伦:《法和经济学》(第5版),史晋川、董雪兵等译,史晋川审校,格致出版社、上海三联书店、上海人民出版社2010年版。

[11] *Supra* note [8]; *supra* note [2]; Steven Shavell, *Economic Analysis of Accident Law*, Harvard University Press, 1987. 中文版参见吉多·卡拉布雷西:《事故的成本》,毕竞悦译,北京大学出版社2008年版;威廉·M.兰德斯、理查德·A.波斯纳:《侵权法的经济结构》,王强、杨媛译,北京大学出版社2005年版;同前注[9]。

[12] *Supra* note [7], pp.449-553; *supra* note [3], pp.1-44; *supra* note [6]; Guido Calabresi & Douglas. A. Melamed, "Property Rules, a Liability Rules, and Inalienability: One View of the Cathedral", *Harvard Law Review*, vol.85, 1972, pp.1089-1128; Robert. Cooter, "Unity in Tort, Contract, and Property: The Model of Precaution", *California Law Review*, vol.73, 1985, pp.1-45; *supra* note [11], Steven Shavell, "Liability for Harm Versus Regulation of Safety", pp.357-374.

[13] 罗伯特·库特、托马斯·尤伦:《法和经济学》(第5版),同前注[10],第301、313页。

但来自异域的这一波法律经济学运动还是以其科学性、统一性的理论模型影响了众多法律研究者。比如,张维迎教授就认为侵权法的目标之一就是通过最小化社会成本确定法定最优标准以实现社会效率[14];邓峰教授也认为最有效率的预防水平应当位于边际预防成本与边际预期损失相等之处,而法律规则制定的关键就在于寻找这个最优点[15];李婧也以这一套边际化的成本—收益分析全面解说了侵权法的方方面面[16];虽然融入了博弈论的分析方法,但在确定医疗机构最佳预防水平时,杨静毅还是套用了边际化的汉德公式以利分析[17]。虽然以上梳理并不全面,但管中窥豹,我们发现国内学界的相关研究很大程度上是国外侵权法经济分析的中国应用。

至此,无论中外,侵权法看上去是一个法律经济学发展运动中最成功(应用最广)也最少争议(甚少批评)的应用领域。但是,一个模型精致、应用甚广的经济分析是不是意味着没有任何问题呢?答案当然是否定的。已有学者发现了该理论的内在缺陷:最小化社会成本的侵权法经济分析究其实质是一种管制的投入—产出模型,由于无视交易成本和冲突活动之间的价值抵换,这种漠视法律定性的经济分析其实是一种制度空心的理论。[18] 接续简资修对侵权法经济分析模型的批判,本文尝试概括侵权法经济分析模型的三大特点并从中提炼出连续性思考的方法论特征,再从微观经济学的边际收益、边际成本概念切入,指出侵权法研究中边际分析的诸多局限。更进一步,既然法律研究中的连续性思考是一个美丽的"神话",为何以波斯纳法官、库特教授和萨维尔教授为首的主流法律经济学界会前仆后继地沉迷其中?本文的初步解释有二。其一,受微观经济学边际分析理论的影响,波斯纳法官和库特教授误读了科斯定理,认为科斯第一定理(虽然该定理仅仅是科斯理论的分析起点)隐含着边际收益等于边际成本的最优预防(帕累托效率)并将之视为侵权立法和司法的目标;其二,身在普通法传统之中,不满于复杂、零散、无逻辑的传统案例研究,法经济学家们倾心于具有科学性和统一性并可以通过数学建模导出最优标准的侵权法模型也就不难理解。最后是一点余论。

二、侵权法经济分析模型:基于连续性的边际分析

不管是兰德斯和波斯纳的《侵权法的经济结构》,还是库特和尤伦的《法和

---

[14] 张维迎:《信息、信任与法律》,生活·读书·新知三联书店2003年版,第93页。
[15] 邓峰:《到底是哪儿不对劲——对〈道路交通安全法〉第76条的法律经济学分析》,载冯玉军(主编):《中国法经济学应用研究》,法律出版社2006年版,第405—406页。
[16] 李婧:《侵权法的经济学分析》,知识产权出版社2016年版。
[17] 杨静毅:《医疗侵权的经济分析》,法律出版社2013年版,第125—130页。
[18] 简资修:《法律定性与经济分析——评兰德斯与波斯纳的〈侵权法的经济结构〉》,载《法制与社会发展》2007年第4期,第123—128页。

经济学》,均认为侵权责任的经济学目的就是希望侵害人和受害人能将那些由于他们未能有效防范而造成的外部成本内部化,当法律能促使潜在犯错者内部化了他们所造成的伤害的外部成本时,他们就有动力在有效率的水平上进行安全的投资。[19] 但如何才能寻求到最优预防的法定标准?这就需要构建一个侵权法经济分析模型以便通过数理推导确定法定的最优预防标准。

虽然目标均在确定最优预防标准,但兰德斯、波斯纳和库特、尤伦的侵权法理论模型却略有差异。本节以单边预防(Unilateral Care)[20]为例简要概括两种理论模型,然后总结其中的差异和理论共性。

首先看兰德斯、波斯纳关于单边预防的侵权法经济分析模型。

该模型假设有四:(1)假设侵权人(或加害人)A是风险中立型,因而有线性效用函数,即 $U=a+bI$,其中,U 表示效用,I 表示收入,$a \geqq 0,b>0$。又假定其对注意(care)的支出对任何 a、b 值都一样,故为方便,令 $a=0,b=1$,因而 $U=I$。在该假设下,收入之和可以用来衡量社会福利,意味着效用最大化等同于财富最大化。(2)假设侵权人的注意投入为 x,发生事故的概率 p 是 x 的减函数,即 $p=p(x)$;又假定注意的边际产品为负且递减,这意味着侵权人注意的投入量的微量增长将使 p 下降,但是以递减的速率下降。(3)假设事故发生后对受害人造成的损失为 D,预期事故损失为 $p(x)D$,在该假设下,侵权人注意投入的预期边际收益递减。(4)假设 $A(x)$ 表示注意投入给 A 带来的预期成本,这是一个递增函数,意味着注意投入越高,侵权人的边际注意成本越高。

由于在风险中立假设下,侵权人的预期效用等于预期收入,因此侵权人的预期效用函数就是预期收入函数,表示为

$$L(x)=p(x)D+A(x)$$

要求得社会成本最小处(社会财富最大化或效用最大化)的预防水平,需先用 L 对 x 求一阶微分,再让结果等于 0 求出,即 $A'(x)=-p'(x)D$。该公式的寓意很清楚,即侵权人 A 应当持续增加对注意的投入,直到最后一单位注意带来的预期损失减少量(边际收益)正好等于最后一单位的注意成本(边际成本),该点 x^* 即为社会福利最大化或社会成本最小化时的最优预防量。[21]

---

[19] 威廉·M.兰德斯、理查德·A.波斯纳:《侵权法的经济结构》,王强、杨媛译,北京大学出版社 2005 年版,具体分析参见第二章、第三章和第四章;罗伯特·库特、托马斯·尤伦:《法和经济学》(第 5 版),同前注[10],具体讨论参见第 8 章"侵权法的经济理论"。

[20] 根据张维迎教授的界定,所谓的单边预防,又称单边行为,是指事故发生的概率和带来的损失仅与侵权人的预防行为有关,而与受害人的行为无关。同前注[14],第 94 页。

[21] 更详尽的分析,supra note[2],pp.59-60.中文版同前注[2],第 65—67 页。

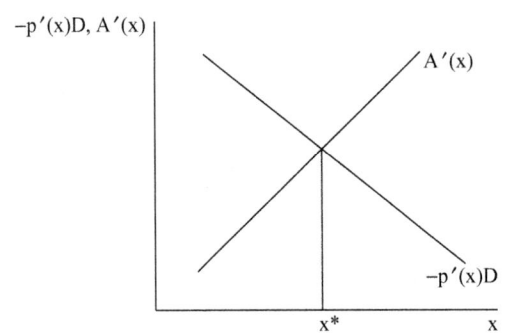

图 1　边际收益等于边际成本的最优预防模型[22]

注：图中的横轴 x 代表加害人的注意投入，纵轴代表成本（包括边际注意成本和边际预期损失），图中的 $A'(x)$ 代表注意的边际注意成本曲线，而 $-p'(x)D$ 代表注意的边际收益曲线，x^* 是最优注意投入点，位于注意的边际成本曲线和边际收益曲线相交之处。

再看库特和尤伦的单边预防模型。

要构建此模型，需要如下假设：(1) 侵权人的预防水平（或预防量）x 是一个连续变量，x 值较高意味着侵权人的预防水平较高，x 值较低意味着侵权人的预防水平较低。(2) 事故发生的概率用 p 表示，也是一个连续变量，随着预防水平 x 的提高，p 值会下降，这样 $p=p(x)$ 即是 x 的减函数。(3) 事故一旦发生，就会产生一个确定的侵害损失 A，而 $p(x)A$ 表示侵害损失的预期值，由于 $p(x)$ 是 x 的减函数，$p(x)A$ 当然也是 x 的减函数，一个随 x 的变化而变化的连续变量。(4) 采取预防措施意味着投入金钱和时间，假设预防成本为每单位 w 元，又假设其是一个常数，xw 等于花费在预防措施上的成本，该变量是预防水平 x 的递增函数。(5) 假设事故的预期总成本 SC 等于预防成本加上预期损失之和，也即 $SC=wx+p(x)A$。由于 wx 是 x 的递增函数，而 $p(x)A$ 是 x 的递减函数，因此，此两函数相加导致社会预期总成本曲线必然呈现先下降后上升的 U 型结构。

由于侵权法的目标是寻求社会成本最小化的最优预防水平，而 U 型的预期社会总成本曲线的底部必有一个 x 值存在，在该点处，预期社会总成本最小。因此，该点 x^* 即为社会总体有效率的预防水平或者最优预防水平。在数学上描述 x^* 的性质，意味着更多一点预防带来的成本（边际成本）w 正好等于更多一点预防减少的损害的预期成本（边际收益）$p'(x)A$，也即 $w=-p'(x)A$。也因此，在该点处，预防的边际社会成本等于边际社会收益，这就是能够最小化社会成本以避免事故发生的最优预防水平。[23]

---

[22] 该图原版，*supra* note [2], p.60.

[23] 更详尽的分析参见，罗伯特·库特、托马斯·尤伦：《法和经济学》（第 5 版），同前注 [10]，第 312—313 页。

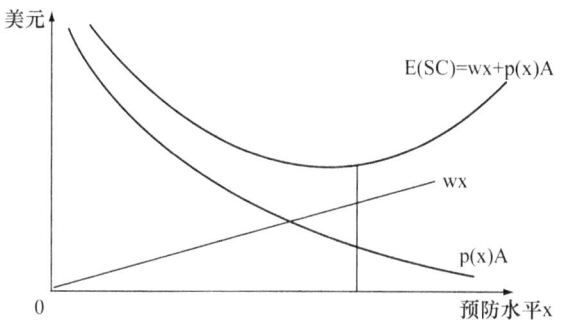

图 2　社会成本最小化的最优预防模型[24]

注：图中横轴 x 代表加害人的预防水平，纵轴是以美元计算的成本，wx 是预防成本曲线，p(x)A 是预期损失曲线，E(SC)是加害人预防的总成本曲线，预防总成本最小处即是最优预防水平 x^*。

两大模型的共性很明显，但也存在一些差异。[25] 我们先讨论差异，再总结侵权法经济分析模型的理论共性。

很明显的差异有二。其一，兰德斯和波斯纳的模型建立在理性人效用最大化的假设基础之上，因此，要实现社会成本最小化，需要经过效用最大化等价于收入最大化，然后收入最大化（或财富最大化）再等价于成本最小化的转化；而库特和尤伦的模型直接建立在侵权人的理性选择一定是预期成本最小化的假设基础之上。其二，虽然都是边际分析的路子，但兰德斯和波斯纳的模型是一个注意的供求均衡模型，即注意的需求曲线（注意水平的边际收益曲线，其斜率为负，意味着边际预期损失递减）和供给曲线（注意水平的边际成本曲线，其斜率为正，意味着边际预期成本递增）相交之处即为最优预防水平；而库特和尤伦的模型是一个社会成本（注意的预期损失加上预期成本）最小化模型，仅仅在社会成本最小处，预防水平的边际成本才等于边际收益。之所以呈现如此差异，主要原因在于波斯纳的法律经济学假设是理性的效用最大化[26]且受微观经济学中厂商理论的最优产量模型影响更大，而库特和尤伦的假设仅仅是预期成本最小化，最优预防当然只能落在总成本最小处。

虽然存在差异，但这两大侵权法经济分析模型的理论共性其实更具根本性。在笔者看来，这两大模型的根本共同点有三。

---

[24] 该图原版参见，罗伯特·库特、托马斯·尤伦：《法和经济学》（第 5 版），同前注[10]，第 312 页。

[25] 如果加上萨维尔的侵权法经济分析模型，就不止两个模型，而是三大模型。但鉴于萨维尔的理论模型和库特、尤伦的模型差异不大，本文不讨论萨维尔的侵权模型。有兴趣的读者可以参考同前注[9]，第 41—44 页。

[26] 科斯对"理性的效用最大化"假设的批判以及波斯纳的回应参见理查德·A.波斯纳：《超越法律》，苏力译，中国政法大学出版社 1999 年版，第 505—507 页。

其一,侵权人具备完全理性和完全信息,不仅完全了解自己每增加一个预防量可能导致的预期成本的变化,也了解每单位预防量的增加带来多少事故概率的降低以及一旦发生事故后受害人的实际损害为多少,并因此理性安排自己的最优预防水平以实现预期成本最小化。不仅如此,侵权法的经济分析模型还要求立法者和法官也如侵权人一样具备完全理性和完全信息,这样立法者才能事前制定一个能实现最优预防的法律规则,法官也才能在侵权案件发生后通过判断侵权人是否实现最优预防来确定侵权人的行为是否构成过失。

其二,在这两大模型中,侵权人的预防水平(或注意水平)、预防成本、边际预防成本、预期损失(也即投入预防量的预期收益)和边际预防收益都具有连续性的特点。该特点意味着,相对于数值表现不连续(比如只有"0""1"或"有""无"选择)的离散变量而言,侵权模型中的所有相关变量均为连续不断的、相邻两值之间可以无限分割的连续变量。也只有将上述变量定义为连续变量并将侵权人预防水平设定为因变量,才有后续的预防成本曲线、边际预防成本曲线、预期损失曲线、边际预期损失曲线和预期总成本曲线,也才能对这些隐含着因果关系的连续函数求解微分以便确定最优预防水平。

其三,这两大模型均隐含着个体最优等于社会最优的假设。不管是兰德斯、波斯纳的模型还是库特、尤伦的模型,均以侵权人的理性预期为基础,根据边际收益等于边际成本的最小成本考量推算出个体的最优预防水平 x^*。但是,(1) 实现个体最优均不是两大模型的目标。在兰德斯和波斯纳那里,侵权人个体最优的最终表述是社会福利最大化函数的微分表达(也即社会最优);而在库特和尤伦那里,侵权法的目标是获得社会成本最小化(边际社会成本等于边际社会收益)的社会最优预防水平。(2) 在两大模型中,均可发现对侵权人个体最优的分析没有任何障碍地就转化成了如何实现社会最优或社会总体有效率的预防水平。由此可见,在主流的侵权法的经济分析模型中,个体最优是等价于社会最优的。

综上可见,虽然两大侵权法经济分析模型有少许差异,但究其实质均为一种基于完全理性和连续性假设的边际分析。毋庸置疑,这种可以模型化并进行数理推导的理论分析看上去极具科学性和一般性,但问题在于,这种基于连续性思考的边际分析是对侵权法目标及其基本规则的有效解释吗?

三、连续性思考的"神话":侵权法边际分析的局限

综合了成本—收益分析和内化外部成本的法律威慑理论,侵权法经济分析的这种基于连续性思考的边际分析方法(通过最小化社会成本寻找最优预防水平)不仅最有技术含量,也最具理论诱惑力。说它最有技术含量,是因为可以基于假设进行数学建模并导出最优标准;说它最具理论诱惑力,是因为通过该理

论的应用,侵权法和其他部门法(比如合同法、刑法甚至证据法)之间似乎可以由此架起一座互通有无的理论桥梁。[27]

这种基于连续性假设的经济分析模型看起来很美,但在笔者看来,将之应用于侵权法研究却有很大的局限性。本节逐一以单边预防、双边预防和故意侵权模型为例来论证这种分析模型背后潜藏的问题。

(一)单边预防模型

不同于加害人和受害人都能采取预防措施的双边预防,在单边预防的情况下,事故的预防成本和预期损失均取决于侵权人(或加害人)的预防水平 x。因此,根据兰德斯—波斯纳模型,社会成本最小化的最优预防水平位于加害人注意水平的边际收益曲线和边际成本曲线相交之处,也即 $A'(x)=-p'(x)D$;根据库特—尤伦模型,在最优预防水平处,多增加一个预防量的预期成本正好等于因此减少的预期损失,也即 $C'(x)=-D'(x)$。这就意味着,在单边预防模型中,最有效率的预防水平 x^*,应当位于加害人的边际预防成本正好等于受害人所获得的边际赔偿数额处。因此,在单边预防中,如果适用严格责任模式,理性加害人应能根据成本最小化原则找寻自己的最优预防水平并据此行动;如果适用过失责任模式,不仅要求加害人能寻找自己的最优预防点,还要求立法者能根据最优预防水平确定规则或标准,以及法官能在具体侵权个案中通过判断加害人的行为是否实现了最优预防水平来确定其是否构成过失。[28]

以上是一个标准的基于连续性思考的边际分析框架,但仔细思考这一数理模型,我们发现其中隐藏着以下四个未言明的理论前提和假设。由于现实世界无法满足该模型得以成立的基本前提和假设,笔者的初步结论是这种单边预防

---

[27] 比如波斯纳法官曾在《证据法的经济分析》一文中套用此模型分析过如何寻找最优证据搜寻点:证据搜寻应该进行到边际成本和边际收益相等的那一点(搜寻模型),或者证据搜寻应该进行到某一点,在这一点处,最后一些证据的获取所导致的错误成本的降低,恰恰等于获取有关证据之成本(成本最小化模型)。See Richard. A. Posner, "An Economic Approach to the Law and Evidence", *Stanford Law Review*, vol.51, 1999, pp. 1477-1546. 受波斯纳法官的理论影响,桑本谦也认为疑案判决在技术层面的经济学目标就是最小化预期错判损失和证明成本之和,这与事故责任分配的经济学目标(最小化预期事故损失和预防成本之和)恰好吻合。参见桑本谦:《疑案判决的经济学原则分析》,载《中国社会科学》2008 年第 4 期,第 115 页。

[28] 在单边预防模型中,不管是兰德斯和波斯纳,还是库特和尤伦,均认为"无责任"也是一种责任模式,因为它影响了当事双方的激励,且在潜在的受害人是更有效的事故避免者时,该责任模式是一种最优原则。笔者不同意这一观点,因为一方面,当事故的发生和损失完全不取决于加害人而仅仅取决于受害人是否谨慎或其预防水平是否达到最优时,这里根本就不存在侵权问题;另一方面,如果事故的发生和概率仅取决于加害人,立法者若确定"无责任"模式,加害人必然会恣意施害,因为无须承担法律责任,而这必然会导致社会无序和混乱。因此,不管是大陆法系还是普通法系,侵权法的归责体系中根本不可能存在"无责任"这一规则选项。即使在事后司法中法官会根据受害人故意、正当防卫和紧急避险等情形免除加害人的责任,但这只是事后个案判断的例外。对兰德斯、波斯纳混淆事前无责任和事后无须负责的批评,还可参见简资修:《法律定性与经济分析》,同前注[18],第 125—126 页。

模型的实际适用相当有限。

1. 基于个体最优的成本—收益分析:最优模型的局限性

不管是兰德斯—波斯纳模型还是库特—尤伦模型,讨论的均是一个理性侵权人(或加害人)在权衡成本—收益或活动轨迹相反的两类成本后作出的最优选择,换句话说,加害人的目标是实现成本最小化或收益最大化的个体最优,方式是选择一个能够实现成本最小化的最优预防量。但正如前文所言,该模型的成立建立在两个基本假设之上:其一,具备完全理性的加害人对"预防量"引致的预期成本曲线和预期收益(或者预期损失)曲线拥有完全信息;其二,加害人的"预防量"(或者注意水平)分别和预防成本(或边际预防成本)、预期损失(或边际预期损失)呈现递增和递减关系,只有这样,理性加害人才能综合考量这两类成本以确定自己的最优预防量。[29] 但问题在于,这只是一个基于"上帝视角"的思想实验,并不符合现实。在加害人理性有限的现实世界,暂不讨论加害人的注意水平是否具有连续性这个前提性的问题,以一种常理,我们发现,首先,加害人预防量的增加并不一定会导致边际预防成本的逐渐上升和边际预期损失的逐渐下降;其次,加害人并没有足够的能力和信息去知晓自己的预防量大小对应多少的预防成本、多大的事故概率和预期损失,也不可能基于此认知事先确定一个能实现成本最小化的最优预防,因此,这种个体最优很难实现;最后,如果连有信息优势的当事人都很难基于自己的预防成本曲线和预期损失曲线确定最优预防量,作为信息劣势方,立法者其实更不可能根据该模型确定一个能实现最优预防的侵权法规则,法官也很难根据最优预防是否实现来判断侵权个案中的加害人是否存在过失。

2. 内化外部成本的假设:侵权法经济分析模型的成立前提

退一万步说,即使我们承认个体最优在理论上能够实现,侵权法经济分析模型要能成立,也还需要一个非常重要的基本假设:侵权法是一个能够内化外部成本的管制法。根据加害人的个体最优模型,加害人在"预防量"上的理性选择是最小化自己的成本(预防成本和预期损失)之和,但加害人之所以将受害人的预期损失纳入自身的成本—收益考量,是因为该模型假定:(1)事前立法上,侵权法规定加害人必须内化其不法行为给受害人带来的预期损失;(2)事后司法也能百分之百地实现立法确定的内化外部成本目标。正是基于这样的假定,加害人才有动机将预防水平提高至最优水平,否则,受害人的预期损失不在其成本考量之中,不预防才是其最优选择。但问题在于,侵权法并不仅仅是一个内化外部成本的管制法,而事后司法也不能够在每一个侵权个案中完美实现这一

---

[29] 需要注意的是,在库特—尤伦模型中,理性侵权人仅需了解预期成本和预期损失曲线,但兰德斯—波斯纳模型对理性侵权人的要求更高,不仅需要了解自己预防量的预期成本和预期收益曲线,更要了解其边际成本曲线和边际收益曲线。

内化外部成本的立法目标。对于简资修曾批评过这种视侵权法为内化外部成本之管制法的理论观点,认为侵权法其实是一种基于私法自治原则的合约安排,因此以管制的投入—产出模型去分析具有自治本质的侵权法必然是失败的。[30] 笔者也认为不能将侵权法仅视为一种管制法。对于单边故意侵权和单边过失侵权,侵权法需要内化外部成本以实现补偿或威慑,但对于双边预防和双边故意(既包括正当防卫,也包括受害人在先的故意侵权),侵权法却不是一个内化外部成本的管制法,而是一种通过法律强制促成人们合作的外部机制。[31] 对于后者,由于法官的理性和信息有限,在事后司法中也不可能在具体个案中完全准确地判断加害人是否构成过失、过失多大并因此赔偿受害人以实现内化外部成本的立法目标。综上,该假设的成立是有限定条件的。

3. 连续性假设:边际分析的基础

在新古典经济学的集大成者马歇尔看来,由于市场机制的运行背后蕴含着一般的连续性原理,而"没有数学符号或图表的帮助,就不容易完全明白这方面的连续性"[32]。正是因为价格、成本、利润、收益、产量、销售量等核心的经济学研究对象具有连续性的特征,以微积分为工具的边际分析才能成功地占据经济学的核心领地且至今不衰。虽然科斯已经从忽视交易成本的角度批判了这一基于假设和数理推导的理论模型[33],但在微观经济学的各种教材中,边际原则仍然是最基本的经济学原则,而根据该原则,在生产中存在边际成本递增和边际收益递减的条件下,厂商只有在边际成本等于边际收益处确定产量才能够实现成本最小化和资源最优配置。[34]

回到侵权法的经济分析模型,我们发现,虽然都属于一种基于连续性的边际分析,但两大模型并不一致。对于库特—尤伦模型,除完全理性假设之外,该模型成立的基本前提是加害人的预防水平具有连续性,由于假定每单位预防量成本和事故一旦发生后的损失额是一个常数,加害人预防量的变动不仅能影响预防成本大小,也能通过影响事故发生概率的大小间接影响预期损失。但该模型最大的问题在于,加害人的预防水平是否是一个连续变量?如果事故法中的

---

[30] 相关观点,参见简资修:《经济推理与法律》,台湾元照出版公司2017年版,第31页、第225—289页。

[31] 笔者在另一篇文章中探讨过此问题,未刊稿:《双边行为的法律规制:霍布斯定理的提出及其应用》。

[32] 阿弗里德·马歇尔:《经济学原理》(原著第1版序言),廉运杰译,华夏出版社2005年版,第4页。

[33] 对新古典经济学和福利经济学忽视交易成本和法律界权的批判,see Ronald. H. Coase, "The Nature of the Firm", *Economical*, vol. 4, no. 16, 1937, pp. 386-405; Supra note [3], pp. 1-44.

[34] 对该经济学原则的更多分析,参见哈尔·R.范里安:《微观经济学:现代观点》,费方域等译,上海三联书店、上海人民出版社2003年版,第500—502页。

加害人只有"谨慎"和"不谨慎"(在交通事故的发生语境中,还可再具体为"遵守交通规则"和"不遵守交通规则"或者"闯红灯"和"不闯红灯")两种选择,这个模型就没有了适用的前提。对于兰德斯—波斯纳模型,该模型隐含的经济逻辑和呈现出来的模型结构与经济学的最优产量模型其实毫无二致,因此才被简资修准确地概括为一种管制的投入产出模型。在该模型中,首先,边际预防成本随着注意投入的增长而递增,边际预防收益(等价于增加一个单位的预防水平可减少的预期损失)则随着注意投入的增长而递减;其次,最优注意水平一定位于边际预防成本曲线和边际预防收益曲线相交之处,即在该点处,边际收益(marginal revenue)=边际成本(marginal cost),即 MR=MC。

不考虑完全理性假设的不现实,我们发现只要侵权法有内化外部成本之功能以及加害人(或任何理性个体)的预防水平具有连续性,库特—尤伦模型其实具备一定的理论解释力和适用性。但是,建立在注意水平的边际收益等于边际成本基础上的兰德斯—波斯纳模型本质上是一个注意水平的供求均衡模型,其模型成立的假设前提更多更复杂。除完全理性、内化外部成本和注意水平具有连续性之外,还需要假设:(1)加害人注意水平引致的边际预防成本递增以及边际预期损失递减;(2)隐含着加害人的注意水平处于规模报酬递减阶段;(3)隐含着注意水平存在一条向下的需求曲线。之所以多出这三个假设,是因为根据微观经济学的厂商理论,最优产量模型(MR=MC)成立的前提是边际收益曲线递减和边际成本曲线递增。更进一步,为什么随着产量的增加,边际成本曲线会上升而边际收益曲线会下降呢?原因在于:

第一,企业的成本包括不变成本和可变成本,随着产量的增长,平均成本会先下降然后再上升;而平均成本之所以会先下降然后上升,是因为生产的规模效应发生了变化。如果技术显示出规模报酬递增,那么当产量增加时,生产的平均成本将趋于下降;如果生产的规模报酬递减,那么平均成本将随产量增加而上升。由于边际成本是一种变化率,即成本变动量与产出变动量之比,因此,不管是下降还是上升,边际成本均比平均成本变动得更快更早。结论是,边际成本和产量之间并不是绝对的递增关系,只有在技术引发的规模报酬递减阶段,产量增加才导致边际成本曲线呈现递增状态。[35]

第二,企业的收益就是一种商品的价格乘以它的销售量之积。由于收益变动方向与需求曲线和需求弹性有关,且需求曲线向下,而边际收益($\triangle P/\triangle Q$)总是小于价格(多销售一个单位商品的边际收益小于所销售商品的价格),因此边际收益曲线是一条比需求曲线还要陡峭的递减曲线。[36] 综上,企业的最优

---

[35] 就规模报酬和平均成本、边际成本曲线之间的关系,同前注[34],第 425、436 页。
[36] 就需求曲线和边际收益的关系,同前注[34],第 337、344 页。

产量模型建立在需求曲线向下和生产的规模报酬递减的基础上。[37] 但回到侵权法领域,两相对照,我们可以发现:(1)即使加害人的注意水平具有连续性,由于没有注意的不变成本和可变成本之分,因此并不存在注意生产的规模报酬递减,预防的边际成本曲线也就不可能呈现递增状态;(2)即使将法律对侵权行为施加的赔偿或惩罚(内化侵权的外部成本)视为注意水平的影子价格,对加害人的注意水平而言,也不存在一条向下的需求曲线,当然也就不存在一条位于需求曲线之下的边际收益曲线。由此可见,在侵权法的经济分析领域,根本不存在注意水平的边际收益递减和边际成本递增,也不存在能实现边际收益等于边际成本的最优注意水平的供求平衡。在很大程度上,兰德斯—波斯纳模型其实是微观经济学的厂商理论在侵权法领域的误用。

4. 自由市场假设:个体最优等于社会最优

基于个体最优考量,加害人按照自我成本最小化或边际成本等于边际收益的标准确定最优预防水平,仅是实现了个体在目标和手段之间的均衡,但在侵权法的经济分析模型中,这种基于个体的最优选择为何能"摇身一变"成为法律和公共政策认定的最优行为标准呢?原因可能有二。其一,以经济学为师,侵权法的经济分析模型将这种个体视为一种代表社会普遍选择的代表性个体。正如范里安所言,虽然需求是个体行为,但把总需求看作某个收入恰好等于所有个人收入总和的"代表性消费者"的需求,会给经济学研究带来便利,虽然要使这一点成立的条件非常严格。[38] 但在笔者看来,就侵权法的经济分析,这种理由不太成立。原因在于,不同于可以将某个商品的各不相同的个体需求汇总为总需求的经济学供求模型,在侵权法领域,侵权行为各不相同,不同加害人的注意水平和预防成本、预期损失之间的关系更是千差万别。在这种情况下,由于不存在"代表性个体",个体最优和社会最优很难实现统一。其二,笔者认为侵权法经济分析模型之所以视个体最优为社会最优,更重要的是由于侵权法的经济分析其实只是一种新古典经济学的法学应用,而新古典经济学隐含的自由市场假设认定作为行为调校标准的市场能实现一种能兼容个体最优与社会最优的帕累托效率,因此,能够通过完全内化外部成本以"模拟"市场的侵权法自

---

[37] 微观经济学的这一最优产量模型看起来极具科学性,但由于隐含着两个现实世界完全无法实现的假设,即企业的组织管理零成本(厂商的生产投入能无成本地生产出相应产品)以及市场出清(产品生产多少市场就一定能销售多少),才被科斯猛烈批判。在科斯和更多制度经济学家的努力下,除了还存在于各版经济学教科书中,这个最优产量模型已经被建立在交易成本基础上的产业组织理论和公司治理理论所替代。科斯的批评, see Ronald. H. Coase, "The Nature of the Firm", Economical, vol. 4, no. 16, 1937, pp. 386-405; Ronald. H. Coase, "The Institutional Structure of Production", in Coase, Essays on Economics and Economists 3, The University of Chicago Press, 1994, pp. 3-14.

[38] 同前注[34],第 329 页。

然也能兼容个体最优和社会最优。正是以此逻辑,个体最优的预防水平就这样毫无障碍地成为社会最优的法律标准。但问题在于,侵权法的目标和功能并不仅仅在于内化外部成本,侵权法的司法实践也不是在"模拟"市场,自由市场至上的意识形态更不能成为侵权立法和侵权司法应该遵循的思想路线。

综上,由于加害人实现个体最优的理性和信息前提不满足,侵权立法的目标不仅是内化外部成本,且事后的侵权司法也并不能完全实现内化外部成本之立法目标,加害人的预防水平并不具有连续性以及加害人的个体最优并不能无缝转换为社会最优的立法规则和司法标准,笔者认定这种具有连续性思考之边际分析特征的单边预防模型,即使在立法和司法领域有适用空间也相当有限。

更进一步,明了单边预防模型隐藏着诸多无法实现的假设前提,我们就能由此理解波斯纳法官基于该模型改造的边际化汉德公式的内在缺陷。就卡罗尔拖船案,汉德法官提出汉德公式(B<PL)的原意是在"风险的大小(事故发生的盖然性及预计后果的严重性)与采取特定措施的难度、花费以及其他困难之间进行权衡"[39],其并未让法官去认定驳船留守人的预防能力是否符合一个抽象的最优标准,而是事后反问不留船员在船上的行为是否是一个"趋利避害"的理性选择以及是否过度危险[40]。因此,笔者同意冯珏的观点,由于法官的判断容纳了矫正正义和分配正义要求的利益衡量,汉德公式中蕴含的过失认定标准才能在侵权法上具有极高的地位。[41] 不仅如此,虽然普通法系和大陆法系存在诸多差异,但在笔者看来,这样理解的汉德公式其实与大陆法系私法中的"理性人"标准殊途同归。[42] 但波斯纳法官却认为这种没有边际分析的汉德公式不够科学和精准,并以边际化的社会成本最小化模型改造了汉德公式,其结论是最优预防的过失标准应定在边际预防成本等于边际预期损失之处。[43] 只要依据边际化的汉德公式施加法律责任规则,就会激励潜在加害人采取在自愿交易可行的条件下潜在受害人愿意支付他去采取的措施,侵权法就会克服交易费用的障碍,实现交易的财富最大化。在他看来,这就是责任规则的一个经常性功能。[44]

---

[39] 冯珏:《汉德公式的解读与反思》,载《中外法学》2008年第4期,第512页。
[40] 简资修:《华文的法律经济学道路》,载《中国法律评论》2017年第3期,第94页。
[41] 冯珏指出汉德公式的正确性在于其是一种容纳了矫正正义和分配正义要求的利益衡量,而不是波斯纳法官拓展的边际分析和经济理性。同前注[39],第532页。
[42] 关于大陆法系中私法的理性人标准,参见叶金强:《私法中理性人标准的构建》,载《法学研究》2015年第1期。
[43] 相关分析参见,理查德·A.波斯纳:《法律的经济分析》(上),同前注[10],第312—314页。
[44] 理查德·A.波斯纳:《法理学问题》,苏力译,中国政法大学出版社2002年版,第447页。

这样,经由波斯纳法官的"改造",以事后个案中的利益衡量并推定过去的特定行为是否危险的汉德公式成为设定侵权法中最优行为标准的工具,法官的工作因此转换成在个案中判断行为人的能力是否达到最优标准。但是,根据侵权法经济分析模型的隐藏前提,被边际化的汉德公式要能有效适用,首先,加害人的预防水平必须是连续变量;其次,法律要能保障侵权带来的外部成本必须被完全内化;最后,立法者和法官要具备关于加害人不同预防水平以及相应预防成本和预期损失的完备信息,并能准确计算出最优预防量。一旦无法实现这些条件,边际化的汉德公式所带来的就不是科学和准确,而是完全可以预料的错误和失败。[45]

(二)双边预防模型

不同于仅有加害人能采取预防措施的单边预防,在双边预防的情况下,(1)假设 A 是受害人(原告),B 是加害人(被告);(2)定义 x 为 A 的注意水平,y 为 B 的注意水平,将 A 与 B 之间发生事故的概率 p 表示为 x 和 y 的函数,即 $p=p(x,y)$;(3)假定注意的边际产品均为负且递减;(4)用 D 表示事故发生对 A 造成的损失,A(x) 和 B(y) 分别表示注意给 A 和 B 带来的成本。因此,此时的社会成本函数(或社会福利函数)为:

$$L(x,y)=p(x,y)D+A(x)+B(y)$$

要求得社会成本最小处(社会财富最大化或效用最大化)的预防水平,需分别用 L 对 x 和 y 求一阶微分,再让结果等于 0 求出,即 $A'(x)=-p'(x)D$;$B'(y)=-p'(y)D$。要实现社会成本最小化目标,不仅侵权人(或加害人)的预防水平要达到最优预防水平 x^*,而且受害人的预防水平也要达到最优预防水平 y^*。因此,根据兰德斯—波斯纳模型,加害人和受害人的最优预防水平要分别位于加害人注意水平的边际收益曲线和边际成本曲线相交之处 $[A'(x)=-p'(x)D]$ 以及受害人注意水平的边际收益和边际成本相交之处 $[B'(y)=-p'(y)D]$;根据库特—尤伦模型,加害人和受害人的最优预防水平均位于各自多增加一个预防量的预期成本正好等于因此减少的预期损失。

和单边预防模型相比,虽然都基于最优预防原则,双边预防模型还是存在一定差异。首先在立法方面,在单边预防模型下,能够内化外部成本的严格责任规则和过失责任规则是等价的,均可确保加害人选择帕累托最优的预防措施,只不过在现实世界,这种等价性有其条件,即信息成本偏向于严格责任而风

---

[45] 简资修批评现代侵权法的经济分析是错误的,因为其往往是根据行为人的预防能力去计算汉德公式。在笔者看来,这种错误正是汉德公式被边际化后的必然结果。简资修的相关批评,同前注[30],第 8—11 页。

险成本和财产约束偏向于过失责任[46];而在双边预防模型下,要想确保加害人和受害人均能选择最优预防,侵权立法只能选择过失责任规则。其次在司法方面,在单边预防模型下,如果适用严格责任,加害人会基于自身成本最小化选择一个最优预防水平;如果适用过失责任,法官的工作是根据加害人是否达到最优预防水平判断其是否构成过失。而在双边预防模型中,司法的关键在于分别寻找加害人和受害人的最优预防水平 x^* 点和 y^* 点以判断加害人和受害人的行为是否构成过失[47];如果判断的结果是一方构成过失,另一方没有过失,那么由过失方承担侵权责任;如果双方均未构成过失,则双方均不承担侵权责任(比如出现不可抗力等免责事由);如果双方均有过失,则根据过失大小分配过失责任(比较过失责任规则)。

因此,和单边预防模型的问题相似,双边预防模型同样是一种基于连续性思考的边际分析,只不过法官需要同时了解加害人和受害人各自的预防成本曲线和预期损失曲线并分别判断其行为是否实现最优预防,然后以此认定双方行为是否有过失。以此观之,单边预防模型的潜在问题在双边预防模型中同样存在,只不过在适用过失责任的背景下,双边预防模型中的加害人和受害人的成本最小化模型有所区别:加害人之所以将受害人的预期损失内化为自己的成本是因为存在以内化外部成本为目标的侵权法,而受害人只需要基于自身的预防成本和预期损失最小化来选择自己的预防水平即可。根据前文的分析,如果加害人和受害人的完全理性和完全信息条件均不具备,其各自的预防水平并不具有连续性,有限理性的法官并不能计算出他们各自的最优预防水平,这种基于最优预防的双边预防模型不仅不能有效刻画现实世界中呈现出的具有策略性互动特征的双边行为,更不能有效解释为什么侵权立法会在双边预防的事故法中选择过失责任模式。

在笔者看来,如果说单边预防模型中侵权法的目标在于内化不谨慎的外部

---

[46] 这是张维迎教授基于信息经济学的道德风险理论得出的结论,此结论完全不同于兰德斯和波斯纳关于严格责任和过失责任模式的预测:如果被告而非原告的活动水平变化是规避事故的有效途径,严格责任便更有吸引力并将被选择;如果更多注意而非更低活动水平是潜在侵害人规避事故的最优方法,过失责任便呈现出优势。在笔者看来,兰德斯和波斯纳的结论并不符合实际(因为在实践中,侵权立法并不是根据加害人的活动水平或注意水平哪个更能规避事故来制定侵权规则的),而张维迎教授的结论不仅符合实际也更具有理论解释力。相关的分析,同前注[14],第 95—97 页;同前注[2],第 77—78 页。

[47] 根据库特的分析,在双边预防中,如果法律制定的过失标准与预防的最优标准相一致,就会激励双方进行有效率的预防。在他看来,如果每个当事人都能承担由于自己减少预防而造成的损失所增加的全部成本,就能实现一种边际上的双重责任。See Robert Cooter, "Unity in Tort, Contract, and Property: The Model of Precaution", *California Law Review*, vol. 73, no. 1, 1985, pp. 1-45.

成本以实现校正正义和制度效率,那么侵权法的双边预防模型必须要能有效描述在不同侵权法制度下加害人和受害人之间策略性互动的行动决策以及这些行动选择最终导致何种社会结果,并反过来选择一个能够实现双方均能选择有效预防的侵权规则。在博弈论的理论视野下,一个有效的责任规则必须调动双方的积极性。因此,要想确保行为互动的加害人和受害人均能选择谨慎和有效预防(法律制度下的合作),侵权立法只能选择能有效激励双方谨慎的过失责任规则。不同于加害人和受害人均要在连续性的前提下找寻各自最优预防水平的边际模型,这一理论模型是一个静态的同时决策博弈模型,通过利用不同类型的加害人和受害人的博弈来比较不同的侵权法制度,从而选择一个能在事前有效调动双方积极性的侵权规则(过失责任规则)。[48] 虽然该模型也有完全信息的假设,但是立基于加害人和受害人更具现实性的"适当谨慎"和"不谨慎"的行动选择,侵权法的博弈分析模型可以刻画不同的侵权法制度能够实现的行为模式,从而得出侵权法是否能实现加害人和受害人携手合作以减少事故发生的目标。[49] 因此,对于存在策略性互动的双边预防情形,主流的侵权法经济分析模型(基于连续性思考的边际分析模型)其实并没有多少解释力。

(三)故意侵权模型

即使不考虑前面指出的边际化的侵权法经济分析模型的各种局限性,我们也清楚不管是单边预防还是双边预防,该模型适用的前提是加害人(或者加害人和受害人)预防与否以及预防多少能够影响个人成本最小化甚至社会成本最小化目标能否实现。"预防水平"这一自变量的存在是整个基于连续性思考的边际模型之所以存在的基础。正是基于此认知,库特和尤伦才指出"故意侵权"的本质是加害人对受害人故意造成伤害(不管是财产上的还是人身上的),因此,在故意侵权之下,加害人的预防水平和预防成本均为零。正是鉴于不存在预防水平的故意侵权行为和故意犯罪非常相似,他们才决定将故意侵权行为和犯罪问题合并分析,而不在基于过失的侵权法的经济分析部分讨论之。[50]

但兰德斯和波斯纳却不这样认为。套用侵权法的双边预防模型,他们假设:(1) A 为受害人(原告),故意侵权人 B 为加害人(被告);(2) 定义 x 为 A 的注意水平,y 为 B 的注意水平,将 A 与 B 之间发生事故的概率 p 表示为 x 和 y

---

[48] 具体分析,参见道格拉斯·G.拜尔、罗伯特·H.格特纳、兰德尔·C.皮克:《法律的博弈分析》,严旭阳译,法律出版社 2006 年版,第 9—14 页。
[49] 丁利详细讨论过博弈论的分析模式如何能够有效解释法律运行的内在逻辑和机理。参见丁利:《制度激励、博弈均衡与社会正义》,载《中国社会科学》2016 年第 4 期,第 138—145 页。
[50] 罗伯特·库特、托马斯·尤伦:《法和经济学》(第 5 版),同前注[10],第 300 页。

的函数,即 p=p(x, y);(3)假定注意的边际产品均为负且递减,用 D 表示事故发生对 A 造成的预期损失,用 G 表示故意侵权人因侵权而获得的收益;(4) A(x)和 B(y)分别表示注意给 A 和 B 带来的成本。因此,此时的社会福利函数为:

$$L(x,y)=p(x, y)(D-G)+A(x)+B(y)$$

求解上述模型,当受害人的受害额度大于故意侵权人的获益,即 $D-G \geqslant 0$ 时,最优解是 x=0 和 y=0,也就是说只要故意侵权人不投入资源去侵害,受害人不投入资源去防范侵害,此时的社会成本最小或社会福利最大;当受害人的受害额度小于故意侵权人的获益,即 $D-G \leqslant 0$,此时隐含着在社会整体层面上,补偿了受害人的损失之后的故意侵权还有正的收益,所以在理论上应鼓励而非禁止。[51]

此模型看起来彰显了侵权法经济分析模型的一致性或统一性,因为不管是单边预防、双边预防还是故意侵权,均为一种基于连续性思考的边际分析模型,其目标均在寻求能实现社会成本最小化的最优预防水平。但问题在于,这个故意侵权模型从基本设定、逻辑推导到基本结论统存在问题。

首先,双边预防模型要能适用,必须保证事故发生的概率和损失多少不仅与加害人的预防水平和预防行为有关,也与受害人的预防水平和预防行为有关。但在兰德斯和波斯纳建构的这一模型中,我们发现故意侵权人和受害人的关系仅仅是一种单边故意侵权,即侵害结果的发生仅与故意侵权人是否实施侵权行为有关(与受害人的预防完全无关),且一旦侵害行为发生,事故发生的概率为 1。由于不存在"预防水平"这一基础性变量,双边预防模型完全不能套用于故意侵权模型。

区别于兰德斯和波斯纳的故意侵权模型,在现实世界中,真实的故意侵权模型只包括以下两类:(1)如果侵害结果的发生仅与故意侵权人是否实施侵害行为有关而与受害人的预防无关,那么这就是一个简单的法律威慑模型,即法律不仅需要基于补偿原则内化故意侵权人的外部成本,还应该根据其危害程度通过事后的法律威慑(对故意侵权人实施惩罚性赔偿或刑事惩罚)以实现事前预防;(2)如果侵害结果的发生与双方当事人均实施故意侵权行为有关,这就是一个双边故意侵权的博弈分析模型(不仅包括同时决策的双边故意,也包括行动顺序有先后的双边故意)。该博弈模型的核心在于,在博弈参与人面对"故意侵权"和"自我克制"的行动选项时,我们有没有一种

---

[51] 对故意侵权模型的相关讨论,*supra* note [2], pp. 153-159. 中文版同前注[2],第 167—174 页。

侵权法制度使得博弈环境下的双方当事人会理性选择"自我克制"而不是"故意侵权"。

其次,笔者同意简资修的观点,在 D−G≥0 时,上述模型即使成立也仅仅是一个预谋模型而不是故意侵权模型,因为很多故意侵权情形,侵权人并不需要投入资源去侵害,而受害人也不可能投入资源去预防,比如临时起意的故意侵权。[52] 更不用说根据前文的论述,我们发现该模型并不满足如下假设:(1)故意侵权人和受害人具备完全理性和完全信息理性;(2)故意侵权人和受害人的预防水平具有连续性;(3)能实现社会成本最小化的预防水平是最优预防;(4)故意加害人和受害人的个体最优等价于社会最优。因此,即使 D−G≥0(受害人所失大于故意侵权人获益)时,也不可能根据一个并不成立的理论模型去推导出社会成本最小化的最优解是 x=0 和 y=0。由于故意侵权行为的发生与受害人投不投入资源以及投入多少资源无关,我们应直接利用侵权法和刑法背后的国家强制力内化故意侵权的外部成本(不仅是填平补偿,还有惩罚性赔偿甚至刑事惩罚),以事后威慑实现事前预防以便在根本上消灭故意侵权行为的诱因。

最后,在单边故意侵权模型中,故意侵权人的获益是法律、社会规范和道德均不容许的不法行为之所得,如果将之纳入社会福利函数并保护之,必将破坏现代社会赖以存在的稳定预期,并进而导致社会的基本秩序和安全受损。基于此,我们发现兰德斯—波斯纳的故意侵权模型的另一个重大问题在于其结论相当危险,也即如果 D−G≤0(当故意侵权人的获益大于受害人所失时),一方面,应该鼓励那些 D−G≤0 的故意侵权行为(因为此时隐含着在社会整体层面上,补偿了受害人的损失之后的故意侵权还有正的收益);另一方面,为了防止潜在的受害人从自卫的立场过度投资,因此必须由受害人承受损失而不是惩罚故意侵权人。[53] 说该结论危险,是因为一旦接受了该理论,基于一种波斯纳法官认可的卡尔多—希克斯效率标准,我们往常在法理和情理上完全不能接受的故意违约、故意侵权(蓄意侵犯他人财产和人身)和故意犯罪(比如强奸)只要能补偿受害人的损失,居然就有了一种基于经济学的正当化解释。[54] 这也太挑战人们的常识和神经了。

正如简资修所言,以普通人的眼光,故意侵权和故意犯罪就应该受到法律

---

[52] 同前注[18],第 124 页。
[53] *Supra* note [2], p.155. 中文版,同前注[2],第 169 页。
[54] 这里隐含了波斯纳法官强调并提倡的财富最大化。更极端的,波斯纳法官曾说过这样一句极为挑战人们道德直觉的一句话,即"如果财富最大化隐含了可以通过奴役社会中最少生产力的公民而推进繁荣,那么牺牲他们的自由就是值得的。"同前注[44],第 471 页。

惩罚,而与(D-G)是否大于零,也即侵权人的获益是否大于受害人所失完全不相关,因为行为人居然舍弃低成本的市场交易而径行单方强制转移财产或强迫他人就范! 因此,交易成本高低才是此模型是否适用的关键。[55] 其实在《侵权法的经济结构》第二章,兰德斯和波斯纳不仅明确指出财产权用于处理低成本交易而责任规则用于处理高成本交易,更以科斯定理为依据论证自愿交易的财产规则适用在低交易成本处,而法院强制交易的责任规则适用于高交易成本处。换言之,高交易成本(或者存在预防水平)应是侵权法经济分析模型的前提。[56] 这也是卡拉布雷西和萨维尔只讨论高交易成本之事故法的原因。但到了讨论故意侵权模型的第六章,兰德斯和波斯纳却无视交易成本高低的前提性,直接将高交易成本处才能适用的经济分析模型适用于对低交易成本的故意侵权行为的分析。在很大程度上,为了实现一以贯之的连续性思考,他们其实是自相矛盾了。

四、连续性研究的缘由:误读科斯与科学追求

分别以单边预防模型、双边预防模型和故意侵权模型为例,上一节深入探讨了以连续性存在为前提的边际分析模型应用于侵权法研究的诸多局限性。本节进一步讨论法经济学家们是在何种理论的指导和影响下构建了这一存在诸多理论缺陷的边际分析模型,以及这种理论模型为何能够成功占领侵权法经济分析甚至整个法经济学研究理论阵地。

仔细研读库特以及兰德斯和波斯纳的相关侵权法著作和论文,笔者发现科斯定理正是他们认定的侵权法经济分析的基础理论。正如本文开篇所言,在他们眼中,正是因为科斯发表了《社会成本问题》,他们才发现原来经济学的理论可以适用于传统的侵权法研究,不仅能因此揭示普通法的效率性,更能给沉闷的法学研究带来方法论上的革新。但问题在于,包括库特和波斯纳在内的法经济学家们不仅误读更是误用了科斯定理,这个被他们认定为法经济学基础理论的科斯定理其实只是科斯致力于批判的零交易成本的新古典经济学理论。如此认定的论据有三,接下来分别讨论之。

首先,科斯对经济学和法律经济学的理论贡献不在于重复了新古典经济学隐含的零交易成本的法律无关论(科斯第一定理),而在于其正确指出了在正交易成本的现实世界,法律如何界权定则会有助于市场经济体制的运行效率(也即科斯第二定理,笔者更愿意称之为科斯定律)。

---

[55] 同前注[18],第125页。
[56] Supra note [2], pp. 31, 36. 中文版同前注[2],第35、41页。

笔者通过比照科斯本人的论述和相关文献,发现"零交易成本"虽是科斯首创,但却不是科斯的发明,因为这正是以一般均衡的价格理论雄霸天下的新古典经济学隐含的理论假设。科斯自始至终都在批评这种建立在不真实假设基础上的新古典经济学,不仅不无调侃地指出"科斯定理所运用的零交易成本的世界,正是现代经济学所分析的世界"[57],更辛辣讽刺那些不研究真实世界的新古典经济学家——"当经济学家发现他们不能分析现实中真正出现的现象时,就会创造一个它们能够把握的世界"[58]。科斯学术生涯中最具分量的两篇论文(《企业的性质》和《社会成本问题》),其理论贡献均是建立在对假设不现实(零交易成本)的新古典经济学理论的批判基础之上。正如科斯所言:"我在《企业的性质》中表明,如果没有交易成本,企业就没有存在的经济基础。我在《社会成本问题》中表明,如果没有交易成本,法律就无关紧要,因为人们可以无成本地进行有关获得、分割和联合权利的谈判,从而提高生产的价值。在这样的世界中,构成经济体系的制度既没有实质意义也没有什么目的。"[59]对于经济学界对他的理论误读,科斯无奈地指出:"零交易费用的世界常常被说成是科斯世界。真理多走半步往往会变成谬误。科斯世界正是我竭力说服经济学家离开的现代经济学理论的世界。"[60]因此,在科斯看来,零交易成本的科斯定理"仅仅是建立一个分析体系以解决正交易成本的真实世界所提出问题的开端……我的观点是,我们需要把正交易成本直接引入经济学分析,从而使我们能够研究现实中的世界。"[61]

　　但吊诡的是,除了科斯一手创建并潜心耕耘的新制度经济学界,科斯反复声明的这些观点既不被经济学界所理解,也不被法经济学界所接受,并别提根据正交易成本的科斯定律进行深入的理论应用。[62] 比如,在法经济学界,不管是库特、尤伦还是兰德斯和波斯纳,甚至还有萨维尔,均认为零交易成本的科斯

---

[57] See R. H. Coase, *The Firm, the Market and the Law*, The University of Chicago Press, 1988, p.15. 中文版参见罗纳德·H.科斯:《企业、市场与法律》,盛洪、陈郁译校,格致出版社、上海三联出版社、上海人民出版社2009年版,第15页。

[58] 罗纳德·H.科斯:《企业的性质:意义》,载奥利弗·E.威廉姆森、西德尼·G.温特(编):《企业的性质:起源、演变与发展》,商务印书馆2007年版,第65页。

[59] See *supra* note [57], p.14. 中文版同前注[57],第14页。

[60] *Supra* note [57], p.174. 中文版同前注[57],第169页。

[61] *Supra* note [57], p.15.

[62] 明显的证据体现在,不管是经济学大辞典还是法律经济学大辞典,"科斯定理"词条的内容均为零交易成本的科斯定理。参见罗伯特·库特:《科斯定理》,载约翰·伊特韦尔(主编):《新帕尔格雷夫经济学大辞典》第1卷,经济科学出版社1992年版,第499、500页;大卫·D.麦扎:《科斯定理》,邓瑞平译,许明月校,载皮特.纽曼(主编):《新帕尔格雷夫法经济学大辞典》,法律出版社2003年版,第303页。

定理(究其实质就是新古典经济学的边际分析理论)是侵权法经济分析的基础理论和根本定理。在很大程度上,这是科斯的悲哀,也是经济学研究和法经济学研究的悲哀。

其次,如果将科斯定理视为一个定理组,那么零交易成本的科斯第一定理是一个法律无关理论,正交易成本的科斯第二定理(或者科斯定律)是一个法律界权理论。不管从哪个角度看,科斯定理不是,也不可能是侵权法经济分析的理论基础。

先看科斯第一定理能否成为侵权法研究的经济学基础。笔者在另一篇文章中指出,科斯第一定理其实只是对完全竞争市场(一种并不存在的想象世界)的一种抽象描摹。在这个想象的乌托邦,只要有法律的初始界权(更进一步,这个界权者甚至不必一定是法律),随后建立在无成本合作和交易基础上的资源配置机制就能自动实现资源的最优配置和帕累托效率。在零交易成本的条件下,个体理性和集体理性没有冲突,在个体最优等于社会最优的情况下,不会有纠纷也不会有诉讼,当然更不可能存在侵权行为和规制此行为的侵权法和侵权规则。[63] 由于"瞬间即是永恒"(科斯语),企业无须存在,法律无关紧要,新古典经济学才能集中讨论价格机制这只"看不见的手"(斯密语)如何实现资源的最优配置。

正因为新古典经济学的基本假设不真实(零交易成本的乌托邦世界),研究对象具有连续性特点以便求导(极大或极小)实现最优的微积分才能应用于经济学研究,以数理化的边际分析见长的最优模型和一般均衡模型才能成为现代经济学(价格理论)的核心理论。然而,问题在于,把最大化的概念从普通语言转换成数学语言,看似增加了这个概念的逻辑精准性并扩大了其应用范围[64],但"在一堆自命不凡和无用的数学符号中",这种数理经济学却往往"成功地使作者看不见现实世界的复杂性和相依性"[65]。所以科斯才无情讽刺这种最优化的边际分析模型,"在我年轻时,听说,傻得难以启齿的话可以唱。在现代经济学中,这样的话可以放在数学之中"。[66] 而在经济学发展史上,科斯的理论贡献正在于从现实的交易成本角度发现了新古典经济学的这一缺陷,不仅成功

---

[63] 相关分析参见艾佳慧:《科斯定理还是波斯纳定理:法律经济学基础理论的混乱与澄清》,载《法制与社会发展》2019 年第 1 期,第 133—134 页。

[64] Bruno Leoni & Eugenio Frola, "On Mathematical Thinking in Economics" (unpublished manuscript privately distributed), pp. 23-24. 转引自埃德温·多兰、伊斯雷尔·科茨纳等:《现代奥地利学派经济学的基础》,王文玉译,浙江大学出版社 2008 年版,第 21 页。

[65] John. M. Keynes, *The General Theory of Employment, Interest, and Money*, Harcourt, Brace & Co., 1936, pp. 297-298.

[66] *Supra* note [57], p. 185. 中文版同前注[57],第 179 页。

找到了这种最优化理论的"阿喀琉斯之踵"——不现实的零交易成本假设——并批判甚至颠覆了该理论的正当性和有效性,更提炼出了基于比较制度分析的法律界权论,或者,一种"定分"经济学。

基于以上分析,我们发现,一则,零交易成本的科斯定理是一个法律无关论。既然制定何种法律,甚至有没有法律,完全不影响资源最优配置的实现,其因此不可能成为侵权法经济分析的理论基础;二则,无视现实世界的复杂性和相依性,新古典经济学建立在零交易成本基础上的边际化最优模型缺乏现实性,不仅无法有效解释现实的企业行为和市场运行,更没有理由成为侵权法设定最优标准的理论资源。但问题在于,沉迷于新古典经济学的价格理论,再加上对完全竞争市场下帕累托效率的向往,不管是库特和尤伦,还是兰德斯和波斯纳,均将零交易成本的科斯第一定理隐含的资源最优配置和帕累托效率视为现实的侵权法设定责任规则和最优预防标准的规范基础。这一理论和规范的双重跳跃无论在理论上还是逻辑上都是说不通的。

再看正交易成本的科斯第二定理能否成为侵权法经济分析的理论基础。正是基于零交易成本假设很不现实,一个没有法律的乌托邦世界也不是真实世界,因此,在科斯心目中,专注于研究正交易成本之现实世界的科斯定律(或者科斯第二定理)才是其理论的重点和核心。不同于零交易成本的法律无关论,科斯定律认为法律如何界权和定则对市场经济运行的效率至关重要,因此,科斯第二定理其实是一个法律界权理论,即在交易成本和制度成本大于零的现实世界,法律应如何界权定则(既包括立法的初始界权,也包括司法的重新界权)才能促进经济的发展(或者产值最大化)。基于此认知,我们发现科斯第二定理的适用领域不在如何内化外部成本的侵权法,而在如何界定产权以促进社会产值最大化的财产法。[67] 退一步讲,即使在"定则"(规则制定)的意义上适用科斯第二定理,那也是在一种比较的、总体的、替代的意义上权衡在不同时代、不同情形下哪种责任规则更有效率。这是科斯一以贯之的比较制度分析进路,而不是新古典经济学的最优模型进路。

因此,科斯和库特、波斯纳等主流法经济学的区别在于:科斯并不关心作为分析起点的第一定理,而是重点考察法律在真实世界如何界权定则才能增进经济绩效的第二定理;库特和波斯纳却完全无视科斯经济学的精髓,即基于总体社会效果进行比较制度分析的第二定理,而集中关注能实现社会财富最大化和最优化资源配置的第一定理,并以此为标准要求法律模拟市场。虽然库特和尤伦、兰德斯和波斯纳都声称科斯定理是侵权法经济分析的基础理论,但对于这

---

[67] 在新制度经济学界,科斯定理的应用被称为产权经济学就是一个证明。

种无视交易成本一般化的比较制度分析（科斯第二定理，或科斯定律），却反将其视为分析起点的科斯第一定理转化成数理经济学的最优化模型并大加应用的做法，科斯应是完全不赞同甚至会抨击批判的。

最后，基于对新古典经济学最优模型的盲目崇拜，法经济学家们，包括库特，但主要是兰德斯和波斯纳，都错误理解了科斯在《社会成本问题》中例举的"车麦之争"个案[68]中隐含的经济学思想，并由此推导出侵权法经济分析的最优模型，即不管是适用严格责任规则、无责任规则还是过失责任规则，侵权法的关键在于寻找到能实现帕累托效率的边际收益等于边际成本的最优预防水平。但问题在于，兰德斯和波斯纳对该个案的理解和衍生应用不仅完全歪曲了科斯的原有观点，更是对科斯定理彻头彻尾的误读和误用。

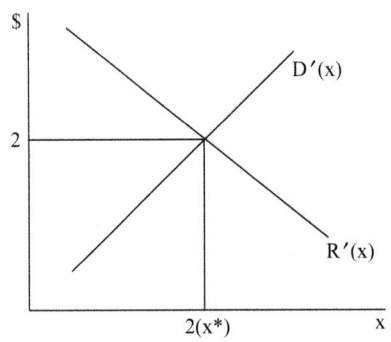

图 3　"车麦之争"案的最优火车量图示

注：上图的横轴 x 代表铁路部门可以开动的火车数量，纵轴代表以美元计算的成本和收益，D′(x)曲线是农民的边际预期损失曲线（在内化外部成本的侵权法背景下，即为铁路部门的边际预期成本曲线），R′(x)是铁路部门的边际预期收益曲线。根据兰德斯和波斯纳分析时为铁路部门和农民设定的相关数值，能实现资源最优配置的火车开动量是上图两条曲线相交之处的 2 辆。

在《社会成本问题》一文中，科斯是在批判庇古的福利经济学时讨论了这一"车麦之争"（普通法上的一个案例，争议点在于铁路公司要不要对火车运行带来的火花导致附近麦田受损负责）。在使用了一些简单的算术后，科斯指出了庇古理论的错误：不是因为私人产品和社会产品不一致就一定要求铁路公司赔偿，问题的关键在于是否要建立一套制度规定铁路公司应赔偿哪些因其引起的火损。因此，当经济学家在比较互替的社会安排时，适当的做法是比较这些不

---

[68]　这个案例其实不是科斯首创。在《社会成本问题》一文中，为批判庇古理论，科斯援用了庇古在《福利经济学》一书中为例证私人产品和社会产品之间存在差异而提出的这个案例，也即铁路公司是否需要赔偿因机车火星引起的农作物损失一例。See A. C. Pigou, *The Economics of Welfare* (4th. ed), Macmillan & Co., 1932, p.134.

同的制度安排产生的总社会产品并从中选择社会产值更大的方案,而私人产品和社会产品之间的比较则是题外话。[69] 这是一种基于总体社会效果的比较制度考察,完全没有边际化的最优模型的丝毫影子。但是对该案例,兰德斯和波斯纳却不这样理解。根据他们自己对零交易成本的科斯定理(新古典经济学的价格理论,一套建立在连续性基础上的边际化的最优模型)的理解,就科斯提及的这一"车麦之争"案例,兰德斯和波斯纳不仅为之人为设定了随着火车开动数量的增加,铁路部门的边际收益在递减而农民的边际损失在递增,并由此构建了一个边际化的最优模型。

根据此模型,要实现资源最优配置和帕累托效率,办法有三个:(1)让铁路部门和农民属于同一所有者,那么该所有者自然想要将这两种活动的共同收益最大化,此时,没有外部性和外部成本,该共有人将尽量在边际收益和边际成本相等之处确定最优火车开动数量,此时其能实现成本最小化和收益最大化。(2)在交易成本为零时,不管法律规定铁路有抛洒火花的权利还是农民有排除损害的权利,由于预防的边际收益递减而边际成本递增,所以铁路部门和农民都可以通过无成本的市场交易达成一个能实现帕累托最优和最优资源配置的火车开动数量。由于现实世界的交易成本不为零,该结论的法律寓意是:在低交易成本时,或交易成本低于交易之获利时,财产权制度比责任规则更可取。(3)在交易成本很高以至于市场调节方案不可行的时候,则适用责任规则。由于侵权法有内化外部成本的功能,那么不管是责任规则、无责任规则还是过失责任规则,侵权法的关键在于根据边际预防成本等于边际预期损失确定一个最优预防数量,并以此判断当事人是否承担侵权责任。[70] 前面已经分析过,这是一个基于连续性前提的边际化的最优模型,同时也是波斯纳法官的事故经济学:"我们必须要对预期事故成本和事故损失进行边际比较,即通过衡量安全的细微增长的成本和收益,从而在再花1美元只能得到1美元或更少的安全增长时停止安全投资。"[71]在波斯纳法官看来,如果法官能够以这种边际化的最优标准施加法律责任,就会激励潜在加害人采取在自愿交易可行的条件下,潜在受害人愿意支付他去采取的措施,侵权法就会克服交易费用的障碍,实现交易的财富最大化。[72]

正是因为兰德斯和波斯纳将科斯基于总体社会产品大小进行比较的"车麦之争"案例篡改成了一种基于预防水平(在该案中是火车开动数量),具有连续性,预防的边际收益递减且边际预防成本递增,因此最优预防水平(在该案中,指能实

---

[69] *Supra* note [3], p.34.
[70] *Supra* note [2], pp.33—38.中文版同前注[2],第35—43页。
[71] 理查德·A.波斯纳:《法律的经济分析》(上),同前注[10],第212—213页。
[72] 笔者长期无法理解波斯纳法官的这一观点,直到发现波斯纳法官的法律理论不过是要法律尽量去靠拢自由市场才能实现的最优资源配置和帕累托效率,因此,此观点不过是其"法律应模拟市场"理论的侵权法版本而已。

现最优资源配置的最佳火车开动数量)一定位于边际收益曲线和边际成本曲线相交之处的最优模型,我们才发现兰德斯和波斯纳在分析该案时勾画的资源最优配置图(第 37 页)和后面他们讨论侵权责任规则时最优注意水平图(第 67 页)完全一致。[73] 还不只是兰德斯和波斯纳,库特和尤伦以同样的最优化数理模型论证了,在侵权法中,能实现社会成本最小化的最优预防水平位于增加一单位的预防水平带来的边际预防成本等于边际预期收益(减少的预期事故损失)之处。[74]

正是基于零交易成本的新古典经济学最优模型,兰德斯和波斯纳强行将科斯文中讨论"车麦之争"的算术式分析转化为边际收益等于边际成本(MR=MC)的最优化模型。[75] 但问题在于这种强行转换完全歪曲了科斯的本意。由于错认为科斯就零交易成本世界的法律讨论隐含了边际成本等于边际收益的最优化解决方案,他们进一步对其理解的这种科斯定理的运作进行了最优化的数理推导和图解式描述。但是,对比科斯在文中展示的基于比较制度分析的总体思路,这显然是一种彻头彻尾的误读。

综上,我们论证了对科斯定理的误读和误用可能是主流法经济学家之所以沉迷于侵权法最优分析模型的根本原因。

除此之外,笔者认为之所以法学界折服于极具理论统合力和一般性的边际化最优模型,还有一个原因在于,普通法"遵循先例"的逐案判决(case by case)传统使得原有的侵权法研究完全没有系统性和科学性可言,虽然已有汉德公式,但法官适用该公式仍然是零散和个案化的。[76] 正是在此背景下,一些法学家开始不满于复杂、零散、无逻辑的侵权法司法实践以及拘泥于语义并坚持"遵循先例"的兰德尔式的形式主义法理学,而正在此时,科斯的《社会成本问题》发表了。由于科斯论文中有对大量普通法侵扰案例的讨论,又由于法学家们误认为科斯所用的经济学理论正是历经二百余年的发展已经科学化和体系化的新古典经济学(其逻辑之严密、形式之精致堪与物理学媲美,被称为社会科学皇冠上的"明珠"),因此,以波斯纳法官为首的法律经济学家力图以微观经济学的边际化最优模型重塑传统的侵权法研究。基于一种事后的同情式理解,我们赞赏也支持法经济学家们想要统合侵权法理论研究的科学追求,但问题在于,他们不仅误解了科斯,也选错了工具。在前者,科斯的《社会成本问题》讨论的是法律界权问题,而不是界权之后的侵权法问题;在后者,不管是侵权立法还是侵权司法,由于不存在连续性前提,新古典经济学的边际化最优模型没有适用的空

---

[73] *Supra* note [2], p.37、p.67.

[74] 罗伯特·库特、托马斯·尤伦:《法和经济学》(第 5 版),同前注[10],第 312—313 页。

[75] 理查德·A.波斯纳:《法律的经济分析》,同前注[10],第 63—64 页。

[76] 汉德法官在"卡罗尔拖船案"中提炼了判断侵权人行为是否构成过失的一个标准,即考虑加害人的预防成本 B 是否小于事故发生概率与事故损失的乘积(PL)。*United States v. Carroll Towing Co.*, 159 F. 2d 169 (2d Cir. 1947).

间。在很大程度上,法经济学家们的科学追求似乎是落空了。

五、余论

根据目前通行的侵权法经济分析模型,本文不仅区分了注意之供求均衡的兰德斯—波斯纳模型以及社会成本最小化的库特—尤伦模型,更从完全理性和完全信息、连续性假设、个体最优等于社会最优三个方面总结了侵权法经济分析模型的特征——一种基于连续性前提的边际化最优模型,并以侵权法的单边预防模型、双边预防模型和故意侵权模型为例深入探讨了这种边际化最优模型应用于侵权法实践的诸多局限性。虽然法经济学家们追求侵权法研究的科学体系没有错,但由于误读并误用了科斯定理,将新古典经济学零交易成本时的边际化最优模型应用于并不存在连续性前提的侵权立法和侵权司法,追求科学的最终结果很可能并不科学,甚至是一种错误。

文章写到最后,需要声明两点。首先,对于致力研究零交易成本世界之市场运行机制的新古典经济学,笔者并不完全持异议。正如弗里德曼所言,实证经济学如果能在纷繁复杂的现实中抽象出一些假设,并由此提出一种能够对尚未观察到的现象作出合理预测的"理论"或"假说",即使其假设看起来并不现实也无损于该理论的重要性。[77]自斯密提出"看不见的手"理论以来,吸纳了数学中的微积分工具并成功进行了一场"边际革命"的现代经济学虽然其假设越来越不现实,但是只要这种边际化最优理论的连续性前提存在,新古典经济学其实还是具有理论预测能力和解释力的。但是,虽然波斯纳法官坚持法经济学"作为经济学中的一个运动,独特于一般经济学的是它的研究对象;只是作为法律中的一个运动来看,它在方法论上才是激进的。"[78]但笔者却认为将这套基于连续性前提的边际化最优模型应用于并不存在连续性前提的侵权法研究,其实际效果并不佳。不仅如此,更不能基于此模型,将以实现校正正义和社会整体效率为目标的侵权法视为一种实现卡尔斯—希克斯效率的定价机制和"模拟市场"的工具(在市场交易费用太高因此用市场进行资源配置不可行的情况下,像实际市场可能的那样来设定最优标准以配置资源)。[79]

其次,笔者并不完全反对社会成本最小化的最优标准模型(本文中的库特—尤伦模型)。现代社会是一个风险社会,不管是污染问题、医疗问题还是产品责任问题,均体现了科斯所称的那种现代社会无所不在的交互性的外部效应。由于污染量、医院投入的防范措施和产品质量标准均存在连续性,而行政

---

[77] See Milton Friedman, "The Methodology of Positive Economics", in Milton Friedmar, *Essays in Positive Economics*, The University of Chicago Press, 1966, p.6.
[78] 这是波斯纳法官的观点,同前注[26],第502页。
[79] 理查德·A.波斯纳:《法律的经济分析》(下),同前注[10],第909页。

管理机构又能在既往的历史数据以及对整体社会的风险认知上比私人主体更具信息优势,不仅如此,由于行政管理机构将视社会整体的预期成本和预期损失进行权衡和选择,因此,可以将之视为经济学中足以代表整体的"代表性个体"。根据社会成本最小化的最优模型,由于该模型适用的完全理性和完全信息假设、连续性假设和个体最优等于社会最优的假设基本能满足,因此从理论上我们可以据此论证如何在成本—收益分析框架下获得最优污染标准、最优医疗防护标准和最优产品质量标准。只不过由于不管是侵权立法(在大陆法系,基本上只是规定适用过错责任、无过错责任和举证责任倒置的不同情形而已)还是侵权司法(还是以大陆法系为例,面对侵权个案,法官在法律上主要是判断加害人是否有过错以及行为和结果之间是否存在法律上的因果关系)连续性前提均不具备,因此,这种基于连续性思考的最优化模型很难适用。

(审稿编辑　洪国盛　王泓之)
(校对编辑　潘　程)

论过失犯中结果避免可能性理论之演变

蔡 仙[*]

On the Development of the Theory of Possibility of Avoiding the Result in Negligent Crimes

Cai Xian

内容摘要：将结果避免可能性（"行为人实施合义务行为时，结果能够避免"）作为过失犯要素的思想在过失犯成为一种独立犯罪类型后逐渐出现。但是，在德国刑法理论界，直到规范罪责理论诞生，规范上的结果避免可能性才代替心理上的结果预见可能性成为过失犯的核心要素。在犯罪论体系不断变迁的历史背景下，结果避免可能性的体系性地位也发生了从量刑因素到定罪要素，从罪责要素到不法要素，从因果关系到结果归责，从结果不法到行为不法的变化和争论。如今，作为通说的结果避免可能性理论面临着基于法益保护和一般预防目的而构建的风险升高理论的挑战。但是，基于对刑法中的罪责主义，即"逾越能力则无义务"原则的考量，应当否定为片面追求法益的保护而不当扩大处罚范围的风险升高理论。本文尝试循着过失论体系发展这条线对过失犯中的结果避免可能性理论变迁轨迹进行勾勒，以期为我国刑法理论对结果避免

---

[*] 法学博士，苏州大学王健法学院讲师。

本文系教育部人文社科青年基金项目（项目批准号：19YJC820001）的阶段性成果。

可能性的进一步研究以及司法实务界通过考察结果避免可能性要素克服实践中结果责任倾向提供一个理论背景上的支撑。

关键词: 规范罪责论　结果避免可能性　结果预见可能性　风险升高　结果责任

一、问题的提出

根据结果避免可能性理论[1],对于过失犯的成立而言,即便行为人违反了谨慎义务,其行为造成了法益损害后果,仍然不足够,还要求谨慎义务的违反与结果之间存在特殊的关联,即"当行为人遵守谨慎义务时,结果近乎确定可以避免"。在考察结果避免可能性的必要性上,德日刑法理论界和司法实务界已经基本上达成共识。近十年来,我国刑法理论界也有越来越多的学者对该理论进行了讨论。[2] 所谓,只有把握住了历史,才可认知现在。[3] 与国内其他学者从结果避免可能性理论的具体问题,如结果避免可能性与假想因果关系和规范保护目的等范畴的关系、结果避免可能性理论与风险升高理论的争论、结果避免可能性的认定方法和证明标准等问题的讨论不同,为了全面、动态地理解结果避免可能性理论,本文试图以过失犯理论的发展史为大的背景,对结果避免可能性理论的早期思想渊源、产生、(体系地位)变化以及面临挑战的轨迹加以勾勒。曾有学者指出,过失犯,就理论发展而言,可谓整部刑法发展史的缩影。[4] 相应的,结果避免可能性理论的变迁恰好也是过失犯理论发展史的缩影。由于本文将对该理论进行一个历史概览性的梳理,因此,本文的笔墨只着重于对该理论在德国刑法理论中演进的主要脉络和趋势进行考察和分析,并不对特定历史时期的具体争论和问题展开细致的研究和讨论。这种历史脉络的

---

[1] 刑法理论上,通常与"结果避免可能性"指代同一问题的表述还有"谨慎(注意)义务违反性与结果间的关联""合义务的替代行为"。

[2] 参见陈兴良:《过失犯论的法理展开》,载《华东政法大学学报》2012年第4期,第30—47页。周光权:《结果回避义务研究——兼论过失犯的客观归责问题》,载《中外法学》2010年第6期,第871—884页。周光权:《结果假定发生与过失犯——履行注意义务损害仍可能发生时的归责》,载《法学研究》2005年第2期,第57—65页。刘艳红:《交通过失犯认定应以结果回避义务为基准》,载《法学》2010年第6期,第141—153页。陈璇:《论过失犯的注意义务违反与结果之间的规范关联》,载《中外法学》2012年第4期,第683—705页。车浩:《假定因果关系、结果避免可能性与客观归责》,载《法学研究》2009年第5期。张明楷:《刑法学》(上),法律出版社2016年版,第294页。孙运梁:《过失犯的客观归责:以结果避免可能性为中心》,载《比较法研究》2017年第5期,第103—119页。

[3] 蔡桂生:《德国刑法学中构成要件论的演变》,载《刑事法评论》第31卷第2辑,北京大学出版社2012年版,第1页。

[4] 林钰雄:《过失犯构成要件的若干实务问题》,载刘明祥等主编:《过失犯研究——以交通过失和医疗过失为中心》,北京大学出版社2010年版,第36页。

展现,对于从苏俄刑法学向德日刑法学转型的我国刑法理论而言,在全面了解过失犯中结果避免可能性理论的来龙去脉、发展规律以及对相关理论学说进行选择方面,具有重要的现实意义和理论价值。

在历史梳理之前,必须先将本文探讨的结果避免可能性即合义务行为时的结果避免可能性,与广义的、同刑法中结果避免义务相对应的结果避免可能性作区分。如果将行为人最终成立犯罪而承担的刑事责任相对应的违反的刑事义务看作结果避免义务的话,那么,该义务也是以行为人能够避免结果为前提的。但是,这种广义上的结果避免可能性还包含行为的避免(例如排除意志被控制的情形)、正当化前提事由认识错误的可避免、违法性认识错误的可避免以及期待可能性等。[5]

二、前犯罪论体系时期:结果避免可能性理论的雏形

过失与故意、意外事件的区分不是天然就有的,而是随着人类生产力水平提升、理性思想不断解放而逐渐出现的。关于过失犯的诞生史,可简单概括为:从远古以客观结果为处罚依据的结果责任时代,到区分故意和非故意并且只处罚故意犯罪的时期,再到过失从非故意情形中分离出来的时期。正如德国刑法学家冯·巴尔指出的:"那些在法律理论中永恒的新观点,不过是此前理论的发展,并不是绝对新颖的、震撼的。"[6]结果避免可能性理论虽然是在犯罪论体系成熟后,先是作为德国司法实务界的通说,后来在规范罪责理论出现后又主导刑法理论界,但是,其思想火花在更早的古罗马法时期已经开始迸溅。

（一）结果责任时代

在远古的结果责任时代,判断犯罪的主要依据是结果,即根据行为人行为所引起的损害结果来评价,而不问行为人的意图及作用状况。[7] 因此,故意、过失、意外事件是不加以区分的。这是因为远古的人们既不能理性地解释自然,更不能掌控自然,对于他们而言,没有一个事件是孤立的,亦没有所谓的"意外事件"。在这个系统中个人意志基本上没有能动的空间,所以不受重视。[8] 按照许迺曼(Schünemann)的说法,"只要人类的控制大部分与其体力的直接作

---

[5] 对于这个理解,类似的,例如德国学者汉斯-约阿希姆·贝伦特(Hans-Joachim Behrendt)就认为,刑法中的基本问题是"不避免一个可避免的危险",作为刑法教义学基石的三个要素是"危险""危险的可避免性"以及"危险的不避免"。Vgl. Hans-Joachim Behrendt, Das Prinzip der Vermeidbarkeit im Strafrecht, FS- Jescheck, 1985, S. 303ff.

[6] 冯·巴尔:《大陆刑法史:从古罗马到十九世纪》,周振杰译,法律出版社2016年版,第3页。

[7] Duttge, in: Münchener Kommentar zum StGB, 3. Aufl., 2017, § 15 Rn. 43.

[8] 参见王钰:《罪责观念中自由和预防维度——以相对意志自由为前提的经验功能责任论之提倡》,载《比较法研究》2015年第2期,第105页。

用范围是相同的,则我们其实并不需要探究他的意识内容,即他的动机、认识及目的,因为他身体上的举止,在一定程度上,是他意识的完整表现。……于是,在人们不了解行为人,因为人类还没有学到如何超越自我个别性的界限以及进入他人的意识世界中,'远古的客观主义'即提供一个看起来很高贵的解决归责问题的方案。"[9]

在法律上,早期罗马法如《十二铜表法》(公元前452—450年)中仍然有结果责任、同态复仇的遗迹。[10] 不过,在《十二铜表法》制定之前的王政时代(公元前753—510年),罪责理论经历了第一个发展,即杀人罪区分为故意(dolus)和偶然(casus)。自此之后,犯罪行为仅仅是"意志作品"(Willenswerk),故意(dolus)是唯一的罪责形式,对结果非故意的引起作为偶然(casus),一般被理解为不值得处罚的行为而归咎于命运。[11] 这也是责任主义的发源。[12]不过,在思想理论上,古希腊哲学家亚里士多德(Aristotle)在其《尼各马可伦理学》中提到,除了处罚作恶的行为外,当一个人对其无知负责时,我们还要因这种无知本身而惩罚他。对此,除了醉酒和不知法律者以外,亚里士多德认为,我们也惩罚其无知是出于疏忽的犯罪者。我们认为他们本不应当无知,因为他们有能力运用必要的谨慎。[13] 亚里士多德的理论中区分了两种处罚情形:有认识和无认识。由于疏忽导致无知而应予以处罚的情形是刑事上处罚过失犯思想的滥觞。[14] 另外,对于伦理上的归责,亚里士多德也提出:"在身体的恶之中,受到谴责的是由我们自己的原因造成的恶,而不是我们不能对之负责任的那些恶。如若这样,我们所谴责的其他的恶也是在我们能力之内的。"[15]这也是"逾越能力则无义务"这一归责原理可追溯的最早表述。只不过这种能力是"运用必要谨慎的能力",而非本文主题所探究的"运用必要谨慎之后避免结果的能力"。

---

[9] 许逎曼:《不移不惑献身法与正义——许逎曼教授刑事法论文选辑(贺许逎曼教授六秩寿辰)》,许玉秀等汇编,台湾新学林出版股份有限公司2006年版,第478页。

[10] 该法进步的地方在于,一方面,采取同态复仇进行处罚的犯罪范围已经大大减少;另一方面,以协议赎罪作为报复的替代产物,如第八表第2条规定"毁伤他人肢体而未和解的,他人亦得以同态复仇而毁伤其形体。"参见刘海鸥:《论大陆法系侵权法的古代基础——以古罗马〈阿奎利亚法〉为视角》,载《湖南大学学报(社会科学版)》2007年第5期,第139页。

[11] Vgl. Duttge (Fn. 7), Rn. 44.

[12] Vgl. Löffler, Die Schuldformen des Strafrechts, 1895, S. 68-70.

[13] 参见亚里士多德:《尼各马可伦理学》,廖申白译,商务印书馆2003年版,第72—73页。

[14] Vgl. Arthur Kaufmann, Das Schuldprinzip, 1976, S. 161. 有学者认为由于此处缺乏义务观念,对此主张持保留意见。参见徐育安:《亚里士多德于刑法主观归责之影响与启发》,载《东吴法律学报》2009年第2期,第50页。不过Duttge认为亚里士多德所言的"必要谨慎"就是过失犯中义务的起源。Vgl. Duttge, Zur Bestimmtheit des Handlungsunwerts von Fahrlassigkeitsdelikten, 2001, S. 41.

[15] 同前注[13],第74页。

（二）罗马法时代

在罗马法时代，虽然在公犯中只处罚故意，不处罚偶然事件（包括过失和意外），但是对于私犯来说，非故意的举止也可能属于违法行为。这些在现代被作为刑事犯罪的私犯在当时是由被害人以对违法者提起民事诉讼的方式获得赔偿的。[16] 对此，不得不提的是被我国学者冠之以"奠定了近现代私法领域中侵权行为法及其过失责任原则基础"的《阿奎利亚法》（公元前286/287）。[17] 其突出的地方在于，从偶然事件（casus）中分离出了一个非故意犯，即一个新的术语"过失"（culpa）。在罗马法百家争鸣的"古典时期"（公元前27世纪—公元3世纪），罗马法学家们对《阿奎利亚法》进行了解释，从《学说汇纂》第9卷第2章的记录可以看出，该法典规定了许多过失情形：医生在治疗处理时懈怠；骡夫由于没有经验而不能驾驭骡子，造成骡子踏死他人的奴隶；某人骑马但由于不谙骑术或体力不济而不能勒住马[18]；一个剪枝工人在扔下树枝时或一个脚手架工人没有事先警告以避免事故而将一路过的奴隶砸死等[19]。同样的，该法典也对过失内涵进行了界定：一个谨慎的人能够预见和预防却没有预见和避免，或只是在危险已不可避免时才作出警告。[20] 这里的过失概念提到了"未避免"的问题，但是，避免的前提依旧延续亚里士多德的思想而被视为"预见"问题。另外，如果将结果避免可能性看作谨慎义务违反性与结果之间的关联，即要求"结果的发生是由于行为人的不谨慎造成"，而非仅仅"由行为人的自然行为造成"的话，那么，乌尔比安《告示评论》第18篇的以下论述与之有异曲同工之处：如果你将一个杯子交付加工，而工匠由于不熟练将其弄碎，那么他因不法损害负责。但是如果这不是由于他的不熟练，而是由于杯子本身有裂缝所造成，那么他可以被原谅。[21] 该评论中提及了工匠的不熟练与不法损害之间的"因果关联"。

（三）中世纪时期

随着西罗马的灭亡及中世纪的到来，教会法作为这个时期的三大法律支柱之一[22]，有一个与"不合规则"（Irregularität）相关的法律规定[23]，即只要行为

---

[16] 劳森：《罗马法对西方文明的贡献（上）》，黄炎译，贺卫方校，载《比较法研究》1988年第1期，第55页。

[17] 为了对《十二铜表法》加以补充，古罗马共和国时期的《阿奎利亚法》针对财产损害（私犯）进行了专门立法。

[18] 参见《论阿奎利亚法——〈学说汇纂〉第9卷第2章》，米健译，载《政法论坛（中国政法大学学报）》1991年第4期，第77页。

[19] 参见同前注[18]，第73页。

[20] 参见同前注[18]，第73页。

[21] 参见同前注[18]，第71页。

[22] 另外两个是罗马法和日耳曼法。参见苏彦新：《罗马法在中世纪西欧大陆的影响》，载《外国法译评》1997年第4期，第35页。

[23] Vgl. Löffler (Fn. 12), S.138.

人实施了不符合规则的行为,就必须对其结果负责,这也就是所谓的"自陷禁区原则"(Versanti in re illicita)。对此,勒夫勒(Löffler)描述了这一原则,即不仅仅在故意、过失的场合存在罪责,而且行为人实施了不被允许的行为而意外地致人死亡的,也是有责的。[24] 这样一来,过失犯的成立仅要求行为人违反了注意义务,不需要行为人对结果有预见可能性,更不用提要考虑结果避免可能性。

另外,在中世纪,意大利后注释法学派重新发现和复兴了罗马法,超越教会法中的"自陷禁区原则",并结合罗马私法尤其是《阿奎利亚法》对违反义务时出现意外结果的情形进行了处理。当时可以达成一致意见的是,每一个罪责是意志罪责;罪责是有意识或者无意识的违反义务或违法的举止。[25] 根据后注释法学派及其追随者提出的过失概念:(1)过失作为意志的法律上因果关系,是一种没有意识到因果关系实现的违法性的有责意志,即未认识到违法性的意志。因此,违法性错误之可避免性为过失奠定了基础。(2)过失作为意志的事实上因果关系,是一种在不可免责的认识错误情况下实施行为的意志。这种认识错误是对行为的因果关系范围的认识错误,并且在合义务举止时,这种错误是可以避免的。[26] 如果错误、无知通过合义务的谨慎不可避免的话,那么,该错误排除罪责。[27] 在区分过失和意外事件时,根据当时的评注和通说,当事件发生前没有过错时,就是偶然事件;当过错发生在事件之前时,就是过失。[28] 但是,德国刑法学家恩格尔曼(Engelmann)对此表述解释道:这并不意味着,当行为人实施了一个可谴责的行为并造成结果的发生时,结果就应当归属于过失(这是宗教法上的观点);而是说,当行为人实施了作为结果的原因的行为(无论是有责的还是无责的),且该结果通过谨慎(Vorsicht)本来可以并且应当避免时,该事件便可归责于行为人的过失。[29] 在这里,违反谨慎义务与结果之间的关系,即"遵守谨慎时结果能够避免"被看作过失犯的判断要素之一。由于当时仍然将过失理解为一种心理意义上的内容,如无知、错误的意志等,因此,通过谨慎可以避免结果中的"谨慎"仍然只是心理意义上的认识或预见义务,即之后恩吉施(Engisch)提及的"内在谨慎"(心理上的观察、注意),而不包括"外在谨慎"(外在预防措施的采取)。但是,将结果避免可能性看作过失犯成立要素的

---

[24] Vgl. Löffler (Fn. 12), 1895, S. 139.

[25] Vgl. Engelmann, Die Schuldlehre der Postglossatoren und ihre Fortentwicklung, 1895, Nachdruck 1965, S. 17.

[26] Vgl. Engelmann (Fn. 25), S. 197.

[27] Vgl. Engelmann (Fn. 25), S. 26.

[28] 原文:Also liegt Casus fortuitus vor, wenn dem Casus „nulla culpa praecessit", dagegen Culpa, wenn dem Casus „culpa praecessit".

[29] Vgl. Engelmann (Fn. 25), S. 208-209.

思想已经逐渐形成。

（四）日耳曼法

日耳曼法域内罪责主义的发展趋势也与罗马法类似,经历了"远古的客观主义"时期,再到区分故意犯和所谓的"无故意之行为"(Ungefährwerken)(没有违法意图的犯罪,由不幸引起的犯罪)[30],而后者不处罚。之后,在那些受到罗马法影响的日耳曼部落法中,意志作品和意外之外的第三种类型的基础(过失)已经存在。[31] 另外,值得注意的是,教会法时期的"自陷禁区原则"也一直影响到了德国 19 世纪许多地区的刑法,如《卡洛林那法典》。[32] 之后在《普鲁士普通邦法》第 28 条的过失犯定义中,以"遵守必要注意和考虑时能够预见结果"作为过失成立的要素;第 29 条提供了"预见可能性"的证明规则:违法结果越自然以及越通常地产生于行为,那么,行为人越容易能够预见这种关联,该行为本身也就越危险并且越不被允许;即便结果违反行为人意志而产生,也越是必须处罚过失。[33] 这时,仍然是将心理上的对结果预见的可能性作为判断过失的基础。与意大利后注释学派将过失犯可罚性依据看作"意志错误"不同,启蒙时代的思想家克里斯蒂安·沃尔夫(Christian Wolff)(1679—1754)将该依据看作"认识错误",即一个可避免的错误。J. S. F. v.伯默尔(J. S. F. v. Böhmer)(1704—1772)则要求一个被禁止的**先举止**或者在一个情形中(根据地点、时间、种类和方式)没有运用必要谨慎的行为。[34] 启蒙时代的另一代表人物塞缪尔·普芬多夫(Samuel Pufendorf)(1632—1694)主张回到亚里士多德的思想,将过失看作那些虽然对重要的犯罪构成缺乏"理智的认识",但是有责地陷入无认识中的情形,即前罪责的情形。普芬多夫和亚里士多德一样将**前罪责**的正当性通过醉酒者明显地解释为"原因自由行为"的法律形象。一般来说,行为人不知道自己在做什么根本不足以成为归责的根据,按照普芬多夫所言,亦即,"一般的规则是,不存在做不可能之事的义务。然而,它必须附加一个条件:一个人没有因自己的过错而削弱或破坏自己的行为能力"。[35] 上述学者通

---

[30] Vgl. Binding, Die Normen und ihre Übertretung, IV, 1919, S. 9.

[31] Vgl. Duttge (Fn. 7), Rn. 45. 不过有的规定仅要求支付被杀赔偿金等,而身体和生命刑罚仅出现在故意犯罪中。Vgl. Löffler (Fn. 12), 1895, S. 119.

[32] 例如《卡洛林那法典》第 36 条规定,纯粹的意外仅仅是指那些"损害结果由于允许的行为而纯粹由于意外产生"的情形;根据第 37、38 条的规定,似乎意外的结果是由不允许的行为引起的刑罚的加重事由;或者举止的不被允许性是过失的加重事由。Vgl. Löffler (Fn. 12), S. 147-148.另外,该法典也是德国刑法从中世纪的习惯法过渡到当代刑法典的重要法规范。参见陈惠馨:《1532 年〈卡洛林那法典〉与德国近代刑法史——比较法制史观点》,载《比较法研究》2010 年第 4 期,第 17 页。

[33] Vgl. Duttge (Fn. 7), Rn. 54.

[34] Vgl. Duttge (Fn. 7), Rn. 51.

[35] 普芬多夫:《人和公民的自然法义务》,鞠成伟译,商务印书馆 2010 年版,第 70 页。

过先行为或者原因自由行为理论来解释过失的思想也影响了现今一些德国学者们,如金德霍伊泽尔(Kindhäuser)等对过失犯构造的看法,并将结果避免可能性看作行为人避免结果的能力。

(五)评析和小结

在德国古典犯罪论体系形成之前,过失犯经历了一个从无到有的诞生过程,虽然对过失犯本质的认识也在意志罪责和认识罪责之间摇摆,但是,过失犯仍旧被当做一个心理上的缺乏善的意志或者正确认识的问题。建立在心理罪责论基础上的过失论中,结果预见可能性一直是过失犯判断的重要标准。在这个阶段,结果避免可能性概念虽然出现,但是,它并非作为独立于结果预见可能性之外的要素,而是与结果预见可能性密切相关,甚至在当时的历史背景下二者可以相互代替:因为当行为人没有预见到结果时,结果当然不能避免。另外,"逾越能力则无义务"的法理自亚里士多德开始,一直是作为过失犯判断的一个基本的指导原则,例如结果预见可能性标准以及之后的结果避免可能性标准。再者,普芬多夫对"原因自由行为"的解释理论影响了赫鲁施卡(Hruschka)的归责理论[36],后者将故意和过失区分为"一般归责"和"特殊归责"的做法又影响了主观归责理论的代表人物金德霍伊泽尔[37]及特佩尔(Toepel)[38]的过失犯思想。根据他们的过失犯理论,过失犯的成立以行为人具有避免结果的行为能力为前提,虽然在实施行为时,行为人缺乏结果避免能力,但是,如果他们遵守了谨慎规范的话,是能够获得避免结果能力的。简而言之,谨慎义务在刑法上的任务是为行为人提供避免结果的能力,但是,如果即便遵守了谨慎义务,仍然没有能力避免结果的话,那么,再根据逾越能力则无义务原则认定行为人无罪。这种从行为人主观能力入手的解释路径结合了过失犯的构造对结果避免可能性理论的正当性加以分析,在本文看来,与表述含糊或者忽略刑法罪责主义的其他解释路径如"风险实现"或客观归责理论中的"风险升高"相

---

[36] 作为归责标准的行为人能力在一般归责和特殊归责的区分下处于一种事实上(aktuell)存在或者可能(potentiell)存在的状态。在故意犯中,是否引起规范违反直接由行为人支配;在过失犯中,在违反规范的时刻没有避免的可能性,但是,这是由于行为人没有采取谨慎措施,如果采取了该谨慎措施,那么,在具体情形下,本来可以避免规范违反。在第一种情形下,行为人的行为自由体现在行为本身;在第二种情形下,行为自由体现在辅助行为(Hilfshandlung),通过(未实施)该行为,行为人有责地放弃了规范违反时操控整个过程的可能性。赫鲁施卡将"原因自由行为"看作特殊归责的基础,"本身自由行为"视为一般归责的情形,它们不仅出现在构成要件阶层,还出现在罪责阶层。而当今,原因自由行为问题仅仅出现在罪责阶层。Vgl. Hruschka, Ordentliche und außerordentliche Zurechnung bei Pufendorf, Zur Geschichte und zur Bedeutung der Differenz von actio libera in se und actio libera in sua causa, ZStW96 (1984), 661ff.

[37] Vgl. Kindhäuser, Gefährdung als Straftat. Rechtstheoretische Untersuchungen zur Dogmatik der abstrakten und konkreten Gefährdungsdelikte, 1989, S. 121.

[38] Vgl. Friedrich Toepel, Kausalität und Pflichtwidrigkeitszusammenhang beim fahrlässigen Erfolgsdelikt, 1992. S. 23.

比,它不仅在理论体系上具有内在自洽性,而且遵循了刑法中罪责主义这一价值取向。

三、犯罪论体系下:结果避免可能性理论之嬗变

自李斯特、贝林创建三阶层犯罪论体系这一百多年以来,结果避免可能性理论经历了从古典犯罪论体系下被法院作为刑法上因果关系问题,到新古典犯罪论体系时引起理论学界激烈讨论,到目的行为论时逐渐成为理论学界通说,直至目前不断地受到风险升高理论挑战的过程。同样的,理论学界对结果避免可能性的不同态度,也是在对过失犯本质不断探索、甄别的过程中形成的。

(一) 古典犯罪论体系中:作为实务通说的结果避免可能性理论

古典犯罪论体系时期,贝林(Beling)等学者确立了犯罪成立的三个要件:构成要件该当性、违法性和有责性。[39] 由于该犯罪论体系建立在经验主义[40]和自然主义[41]的基础上,"违法是客观的、责任是主观的"这一命题被奉为金科玉律。[42] 因此,该体系中,在构成要件阶层,只接受经验上可以掌握的事实,因果关系只接受条件说(经验上可以捕捉的相续条件),即纯粹的因果律;在罪责阶层,故意过失作为纯自然主义的经验问题,采取心理责任理论,即罪责只存在于行为人与客观意义上的行为之间的心理联系中,是现实在心理上的反映。[43] 当一个行为从心理上来看是错误的,即行为人的行为意愿受到谴责时,那么,该行为就是有责的。[44] 主张类似观点的还有费尔巴哈(Feuerbach)。[45] 在当时,过失犯被认为包含三个要素:违反谨慎义务、行为与结果之间的因果关系以及

---

[39] Vgl. Beling, Die Lehre vom Verbrechen, 1906, §2, S. 7.

[40] 根据经验主义,知识来自感官经验,凡不来自经验的知识,都是无效的;凡不能验证的知识,都是无用的知识。参见林东茂:《刑法综览》,中国人民大学出版社2009年版,第36页。

[41] 根据自然主义,自然界存在一个客观因果律,可以决定结果发生的现象,也因此对法益破坏的客观状态而言,是一种不涉及行为人主观认识的物理性检验。Vgl. v. Liszt, Deutsche Reichsstrafrecht, 1881, S.117f. 转引自李圣杰:《交通事故中过失行为的刑法处遇思考》,载刘明祥等主编:《过失犯研究——以交通过失和医疗过失为中心》,北京大学出版社2010年版,第289页。

[42] 参见陈兴良:《期待可能性的体系性地位——以罪责构造的变动为线索的考察》,载《中国法学》2008年第5期,第88页。

[43] Vgl. Beling (Fn. 39), S. 10.

[44] 根据贝林的见解,将责任定义为"错误的心理过程"可以解决过失犯心理状态缺乏一个积极的犯罪想象的问题。Vgl. Beling (Fn. 39), S. 6, 11.

[45] 费尔巴哈指出,过失的主观方面在于,有违法的意思决定,但不以发生犯罪为其意思的目的。参见冯·费尔巴哈:《德国刑法教科书》,徐久生译,中国方正出版社2010年版,第58—59页。

行为人对结果的预见可能性。[46] 易言之,根据当时的心理罪责理论,过失犯的核心是一种应当预见、能够预见而没有预见结果的心理。

从刑法理论体系内部逻辑的自洽性来看,结果避免可能性要素在主张纯粹客观不法的古典犯罪论体系中应当很难找到其一席之地。这一点体现在古典犯罪论体系大势已去但仍坚持客观不法论的学者施彭德尔(Spendel)的思想中。[47] 根据其观点,只有预见可能性才是过失犯的核心要素,至于当行为人遵守注意义务时结果能否避免,对于过失的成立与否根本没有任何意义,只是在量刑上面或许有一定的影响。例如,在经典的卡车司机案[48]中,他认为,行为人创设了危险并造成了结果,当然成立不法。该案中的特殊情况,即"当司机保持合法距离时,结果仍然会发生"并没有为危险超车行为的合法性提供根据,恰好它也说明了,通常情况下保持1—1.5米的做法在本案中也是具有违法性的。[49] 可见,他已经将法益损害结果的引起作为证立不法的唯一因素。在罪责阶段,他也通过结果预见可能性对过失犯的成立进行了限制,只是在该案中,因为这种违规行为客观上可能引发致人死亡的事故,所以,行为人对于结果是具有预见可能性的。[50]

在司法实务界,在过失犯问题上,当时德国帝国法院的看法与古典犯罪体系所主张的一样,将结果预见可能性看作过失判断的核心标准[51]。但是,帝国法院在判决中经常通过"刑法上的因果关系"范畴对结果避免可能性进行判断。

---

[46] 例如,根据费尔巴哈的过失犯论,过失犯成立的主观方面包括:有违法的意思决定,但不以发生犯罪为其意思的目的,且其一,违反其知晓的避免即使没有犯罪意图也同样成为犯罪原因的义务(努力义务、谨慎义务);其二,不管任意地为或者不为一定的与违法行为的产生具有因果关系的行为;其三,行为人要么已经知道这种因果关系,要么在适度谨慎情况下应当知晓这种因果关系。参见同前注[45],第59—60页。根据李斯特的过失犯论,违背义务,未预见其行为的事实或法律意义的,属于过失犯罪。参见李斯特等:《德国刑法教科书》,徐久生译,法律出版社2006年版,第302页。

[47] 值得注意的是,施彭德尔对结果避免可能性理论的相关论述是在20世纪50年代左右,当时,目的行为论也已经盛兴。但是,由于他的客观不法理论仍源于古典犯罪论体系,因此,此处将其作为古典犯罪论体系的一个代表加以讨论。Vgl. Spendel, Zur Notwendigkeit des Objektivismus im Strafrecht, ZStW65 (1953), S. 519.

[48] BGHSt.11,1."卡车司机案":行为人在笔直开阔、约6米宽的道路上驾驶一辆载货卡车。在同一驾驶方向的右侧,被害人骑着一辆自行车。行为人以26—27km/h的速度超过骑自行车的人。拖车车厢的边缘距离骑车人左上胳膊肘大约75cm。按照规定,要求的合法距离是1—1.5m。在超车过程中,骑车人的头部被卷进拖车右边的后轮轮胎,接着被压过去,当场死亡。之后,从死者体内抽取血样,发现其血液内酒精含量为千分之1.96。事后查明,鉴于被害人当时的醉酒状态,即便卡车司机在超车时保持合法的距离,事故也很有可能仍然会发生。

[49] Vgl. Spendel, Conditio-sine-qua-non-Gedanke und Fahrlässigkeitsdelikt- BGHSt 11, 1, Jus 1964, S. 16.

[50] Vgl. Spendel, a. a. O. , S.19.

[51] Vgl. Goldschmidt, Der Notstand, ein Schuldproblem, 1913, S. 21.

例如在药剂师案（1886年）[52]、奴夫卡因案（1926年）[53]、山羊毛案（1929年）[54]等案件中，帝国法院都考察了"当行为人实施合义务行为时，结果是否能够避免"的问题。这种在因果关系框架下处理结果避免可能性的做法一直延续至今。不过，在个别案件如烟花案中，帝国法院又认为店主让其儿子看守商店的行为与被害人被烟花烧伤的结果之间存在因果关系，因为如果店主没有让他的儿子卖烟花的话，那么，不幸就不会发生了；但是，这个不幸不能归责于父亲不谨慎的举止，因为即便是他遵守义务地向儿子做了说明，他的儿子也会作出和事实上同样的行为，损害也会以同样的方式发生。[55] 后来，帝国法院区分自然意义上的因果关系和刑法意义上的因果关系的做法尤其受到了主张区分归因和归责的刑法学者的批判。

（二）新古典犯罪论体系：从结果预见可能性到结果避免可能性

虽然古典犯罪论体系所主张的客观不法理论对于实践法治国有重大的意义，但是，古典犯罪论体系存在致命的缺陷：一方面，在不法上，具体类型化的不法的成立以及正当化事由的判断都离不开行为人的主观心理要素[56]；另一方面，在罪责上，心理责任理论未考虑影响责任大小的各种附随情况、归责能力，并且无责任存在时，也可能有故意和过失。[57] 对此，在保留古典犯罪论体系基本构架的基础上，以新康德的价值哲学为依归的新古典犯罪论体系兴起。在构成要件要素上，一方面承认了具有价值判断的规范构成要件要素，另一方面承

---

[52] Vgl. RGSt. 15, 151-155. "药剂师案"：某一药剂师一开始根据医生的处方向病人出售了某种含磷的药物。但此后，应病童母亲的恳求，药剂师在未按要求向医生咨询的情况下又多次出售了该药。结果病童服药后因磷中毒而死亡。但是即便药剂师当时向医生提出咨询，医生也会同意他继续出售该药物。

[53] Vgl. RG, Urt. v. 15.10.1926-I D 555/26. "奴夫卡因案"：某一医生在对病人实施麻醉时，未按规定使用奴夫卡因，而是为其注射了可卡因，由此导致病人死亡。但事后的专家鉴定表明，鉴于该病人的特殊体质，即便遵守规定使用了奴夫卡因，病人可能仍然难逃一死。

[54] RGSt 63, 211. "山羊毛案"：某一画笔制造厂的厂主购进一批中国的山羊毛，并且在未按要求对山羊毛进行事先消毒的情况下将之交给工人加工。结果四名女工因感染山羊毛中的炭疽菌而死亡。事后查明，由于当时允许使用的消毒剂并不足以完全杀灭羊毛中的病菌，故即使厂主事先对羊毛实施消毒，被害人也还是可能染病身亡。

[55] RG. III D 497/29. "烟花案"：被害人由于放烟花的方式不正确而受伤。烟花的销售商因为过失致人伤害而被控诉；他在离开商店之前让他的儿子销售烟花，并且没有告诉他儿子在销售的时候应当告知买者正确使用烟花的方式。事实上，被告人的儿子已经告知了买者正确的使用方法。帝国法院认为父亲无罪，因为被告人的儿子的行为是符合规定的，并且在那天也保持了通常的谨慎，因此，被告人自己不应当对事故承担责任。Vgl. Exner, Fahrlässiges Zusammenwirken, in: August Hegler (Hrsg.), Beiträge zur Strafrechtswissenschaft, Bd. I, 1930, S. 584.

[56] 参见陈璇：《德国刑法学中结果无价值与行为无价值的流变、现状与趋势》，载《中外法学》2011年第2期，第372页。

[57] 参见弗朗克：《论责任概念的构造》，冯军译，载冯军主编：《比较刑法研究》，中国人民大学出版社2007年版，第129—150页。

认了特殊的主观要素,如犯罪意图、倾向等;在违法性上,承认了超法规的阻却违法事由;在罪责上,从法规范出发,提出了"可非难性"的价值标准,承认期待可能性,因而采取了"规范罪责理论"。

具体到过失犯理论上,对过失犯的理解也超越了从过失犯诞生之始将其作为纯粹心理上的问题的传统观念,摆脱了纯粹自然主义的桎梏,从而转向从法律及规范的视角出发。有学者认为心理罪责论过度沉迷于探求心理上的问题,将故意作为核心的、首要的,甚至是唯一的责任形式,缺乏对外在事件内涵的理解,也不可能将无认识的过失和所谓的不履行职责犯评价为有责等。[58] 心理罪责理论这种主观主义的标准与法律和生活相割裂,而责任问题是一个法律上的问题,责任概念应当从法律概念演绎出来。[59] 不同于故意犯更接近于一种道德评价,即正义性的视角,对过失犯的处罚更接近于利益的实质评价,即纯粹目的性的视角[60]。值得注意的是那些对规范过失概念的形成发挥了重要推动作用的学者们。戈尔德施密特(Goldschmidt)从法规范义务的视角对过失犯进行重构,认为在过失犯中,法规范要求行为人有能力和特殊义务时,应当避免死亡结果[61],亦即强调了过失犯中"避免结果"的义务,不过这种结果避免可能性仍然是仅以结果预见可能性为前提。埃克斯纳(Exner)则明确将结果避免可能性与预见可能性相分割,认为预见可能性是过失犯的一个标准,但只是其中一个,而非唯一的过失标准[62],亦即可能即便行为人预见了结果也难以避免结果。另外,他还认为,当行为人引起了一个可能并且应当避免的权利损害时,就是过失。"应当避免"和"可能避免"涉及过失犯的界限问题。[63] 对此,宾丁(Binding)和恩吉施也表示同意。宾丁强调"不可避免的法益损害"或者说"未经证明避免可能性的事故"必须被划入意外事件的范畴。[64] 恩吉施认为,虽然故意和过失的成立在具备结果避免可能性上是共通的,但过失犯独特的地方在于,行为人没有采用必要的谨慎义务避免构成要件的实现。谨慎义务包括内在谨慎和外在谨慎,结果预见只是内在谨慎所要实现的。[65]

虽然从法规范视角来看,结果避免可能性成为过失犯的本质,但是,上述学

---

[58] Vgl. Exner, Das Wesen der Fahrlässigkeit, 1910, S. 6.

[59] Vgl. Hold von Ferneck, Die Idee der Schuld, 1911, S. 3.

[60] Vgl. Hold von Ferneck, a. a. O, S. 17.

[61] 具体论述为:法规范要求(1)你不应当引起他人的死亡。(2)你应当避免死亡结果,当你有能力和特殊义务时。因此,相应的谨慎义务不仅在于通过认识到你的意志行为在因果上可能引起结果来避免结果,而且在于只要有能力并且具有特殊义务,就应该通过这样的认识来避免结果。Vgl. Goldschmidt (Fn. 51), S. 27.

[62] Vgl. Exner (Fn. 58), S. 192.

[63] Vgl. Exner (Fn. 58), S. 179.

[64] Vgl. Binding (Fn. 30), S. 449-450.

[65] Vgl. Engisch, Untersuchung über Vorsatz und Fahrlässigkeit, 1930, S. 280.

者最初讨论结果避免可能性时并没有将其界定为本文要研究的"合义务行为时,结果能否避免"的问题,而更可能是一种广义上的结果避免可能性。直到埃克斯纳在1930年的《过失的共同作用》一文中明确提出"**罪责关联中断**",即合义务行为时结果不能避免的情形是多种过失共同作用问题中的一种情形:损害结果虽然是由行为人违反义务造成的,但是,也是由行为人与另一个人共同作用而造成,这使得行为人即便遵守了义务,结果仍然会发生。[66] 在他看来,这里欠缺的是答责。因为在过失犯意义上,只有在合义务举止会避免结果时,结果才能说是可避免的。"[67]

与埃克斯纳将过失以及结果避免可能性定位于罪责阶层不同的是,恩吉施已经将过失看成不同于故意的构成要件上的内容了[68],且将"合义务行为时,结果能否避免"的判断纳入构成要件中与因果关系相并列的"**风险实现**"要素中。在奴夫卡因案中,他认为,如果使用正确的麻醉剂,结果仍然会发生的话,那么"使用可卡因中蕴含的风险的实现"不能施加于被告人较"使用奴夫卡因中蕴含的风险的实现"更多的不利。证立该结论的正确视角在于独立于因果关系的风险实现的构成要件。[69]

（三）目的行为论体系:从罪责要素到不法要素

从20世纪30年代起,作为古典和新古典犯罪论体系基础的客观不法理论受到了韦尔策尔(Welzel)所创设的目的行为论的挑战。[70] 根据他的观点,法规范能够要求或禁止的,并不是单纯的因果进程,而只能是受到目的性操控的行动或该动作的不作为。在以"行为目的性"作为整个犯罪论体系基础的情形下,他将不法的重点由结果转移到行为上来,以道德违反为基础的行为无价值是独立于以法益侵害为基础的结果无价值的不法的核心组成部分。[71] 在韦尔策尔看来,刑法最根本和直接的任务是保护社会道德,只有通过对社会道德的维护才能更有效地实现法益保护。[72] 在不法的构造上,故意和过失已经相互

---

[66] Vgl. Exner (Fn. 55), S. 583.

[67] Vgl. Exner (Fn. 55), S. 577, 583.

[68] Vgl. Engisch (Fn. 65), S. 266.

[69] Vgl. Engisch, der Arzt im Strafrecht, Monatsschrift f. Kriminalbiologie u. Strafrechtsreform, 1939, S. 428.

[70] 根据他的目的行为论,由于目的性的基础是意志能力,即在一定范围内对因果介入事实产生的后果加以预见,进而有计划地操控该因果介入事实朝实现目标的方向发展的能力,故具有目标意识的、引导因果事件发展的意志就构成目的行为的支柱。目的性的意志属于行为的一个组成部分。汉斯·韦尔策尔:《目的行为论导论——刑法理论的新图景》,陈璇译,中国人民大学出版社2015年版,前言,第2页。

[71] 同前注[56],第376页。

[72] 同前注[56],第376页。

区分开来,故意中存在一种现实的目的性,过失是潜在的目的性[73],因为"规范只能对一个目的性的举动加以要求或禁止"[74]。在故意犯和过失犯中,规范的具体类型以及具体要求也不同:故意犯中,规范针对的是行为人意图通过其行为实现什么东西,该类规范是要禁止人们去实施一种行为;过失犯中,规范涉及的是对行为手段的选择和运用,而不论行为人通过该手段意图实现的目标是什么(目标应当是合法的,否则就是故意犯罪了)。规范要求行为人选择和运用行为手段时,其目的性操控必须符合某种最低程度的要求,即必须给予"在交往中必要的注意"。[75] 正如他的学生尼泽(Niese)所指出的,韦尔策尔对过失犯的解释其实已经悖离他所谓的目的行为论这一"物本逻辑"结构,因为过失犯中的"潜在的目的性"其本质包含规范的评价成分。[76]

对于结果无价值,在目的行为论者看来,由于结果的发生或不发生大多依赖于偶然,因此,结果无价值被驱逐出不法领域,被视为与不法无关的客观处罚条件[77]。按照杰林斯基(Zielinski)的说法:"不法仅仅是义务违反的目的性行为,结果或结果无价值在不法中不具有任何机能。"[78] 按照目的行为论的一贯逻辑,既然结果是一种客观的处罚条件,那么,谨慎义务违反性与结果之间的主观联系,即结果避免可能性的判断便是多余的,但事实上并非如此。韦尔策尔及他的多数弟子们都没有否认结果避免可能性是过失成立的要素。施特拉腾韦特(Stratenwerth)认为,"事件流程的可支配性(可预见性和可避免性)是首要责任领域的边界"。[79] 尼泽指出,一个通过违反义务的行为造成的损害结果只有在下列情况下才是违法的,即行为人"在保持谨慎时可以避免结果的引起"。[80] 雅各布斯(Jakobs)早期也主张,在这种情形中,条件引起了结果,在没有该条件时,该结果也可能由其他替代条件引起。如果希望法能够实现结果的避免,那么在这些情况下,法律规定就是无用的。[81]

由于所谓的"因果流程的操控和支配可能性"以及结果避免可能性都是过于抽象的标准,以至于在细化为具体规则后,目的行为论者们的最终结论也不

---

[73] 潜在的目的,是指某人本来能够通过目的活动避免一个结果。Vgl. Niese, Finalität, Vorsatz Fahrlässigkeit, 1951, S. 43.

[74] 参见同前注[70],第2页。

[75] 参见同前注[70],第6页。

[76] Vgl. Niese (Fn. 73), S. 43.

[77] Vgl. Zielinski, Handlungsunwert und Erfolgsunwert im Unrechtsbegriff, 1973, S. 205.

[78] Vgl. Zielinski (Fn. 77), S. 5.

[79] Vgl. Stratenwerth, Arbeitsteilung und ärztliche Sorgfaltspflicht, FS Eb. Schmidt, 1961, S. 391.

[80] Vgl. Niese, Die moderne Strafrechtsdogmatik und das Zivilrecht, JZ 1956, S. 460.

[81] Vgl. Jakobs, Studien zum fahrlässigen Erfolgsdelikt, 1972, S. 24.

同。(1)在韦尔策尔那里,结果避免可能性问题涉及的是"结果的出现必须完全是对注意义务违反的实现"。如果尽管结果是由违反注意义务的行为所引起的,但即便行为人在实施行为时符合了注意义务,该结果还是会发生,那么,根据他的观点,就不能认为结果的出现是对注意义务违反的实现。在埃克斯纳举出的奴夫卡因等案件中,他认为,排除的不是因果关系,而是构成要件所要求的结果发生与注意义务违反之间的关联。[82] 这种观点也被之后许多德国学者所采纳。另外,在判断结果避免时,他采取通说所主张的"近乎确定可以避免"标准。(2)尼泽借助"社会相当性"概念对结果避免可能性问题加以说明,认为只有在履行谨慎义务时可避免的结果引起才是社会不相当的,并且因此符合构成要件且违法;那些即便运用了必要谨慎仍然不可避免的结果引起因有社会相当性而不重要。[83] 但是,他对于如何具体认定结果避免可能性没有进一步展开。(3)施特拉腾韦特坚持结果无价值对不法成立是无意义的,因为事前不确定这样的结果会发生,具有法益损害倾向的行为才能被禁止。[84] 因此,在他看来,对结果承担的责任,是通过对产生结果的**危险**承担责任而得以体现。符合构成要件的结果基本上只能归责于制造或增加了可能导致结果发生的不被允许的危险的行为人。[85] 并且,根据他在认识论上的主张,"当行为人遵守谨慎规范时,结果能否避免"的判断是一个假设的因果流程,其在认定中十分复杂,因此,属于原则上不可查明的事实,不适用"存疑有利于被告原则"。只有真实的事实才属于原则上可查明的。[86] 因此,他的主张是一种风险升高理论,这也影响了之后普珀(Puppe)从概率因果关系的视角分析谨慎义务违反性关联的看法。[87] 普珀将谨慎义务违反性看作结果发生的一个原因,即依自然法则为结果发生的充分条件中的必要组成部分。[88] 因此,根据普珀的过失犯因果关系认定方法,一个完整的因果关系包含两个步骤:第一个步骤,行为人自然物理上的行为与结果之间的因果关系;第二个步骤,行为的性质即"谨慎义务违反性"与结果之

---

[82] 参见同前注[70],第48—49页。

[83] Vgl. Niese (Fn. 73), S. 61.

[84] Vgl. Stratenwerth, Handlungs- und Erfolgsunwert im Strafrecht, SchwZStrR 79 (1963), 238f., 242ff.

[85] 参见施特拉腾韦特:《刑法总论 I——犯罪论》,杨萌译,法律出版社2006年版,第100、404页。

[86] Vgl. Stratenwerth, Bemerkungen zum Prinzip der Risikoerhöhung, in: Festschrift für Wilhelm Gallas, 1973, S. 227ff.

[87] Vgl. Puppe, Die Beziehung zwischen Sorgfaltswidrigkeit und Erfolg bei den Fahrlässigkeitsdelikten, ZStW99(1987), S. 595ff.

[88] Vgl. Puppe, Kausalität der Sorgfaltspflichtverletzung- BGH, NJW 1982, 292, Jus 1982, S. 660ff.

间的因果关系,即想象"谨慎义务违反性"不存在时,结果是否会发生。[89] 但是,这种判断谨慎义务违反性关联的情形仅适用于涉及自然事件的案件。如果在具体案件中出现了第三人的话,例如卡车司机案,她会将该情形看做多重因果关系问题。[90] 对于谨慎义务违反性与结果发生的因果关系的证明上,她提出在那些缺乏精确的因果法则(如人的行为以及心理)以及难以查明因果关系的领域(如医学领域),也不能因此放弃对结果的归责,而是认为"对于结果的解释,概然性解释已足",[91] 即谨慎义务的违反提高了法益损害发生的概率即可。这就是所谓的建立在概然性因果关系理论基础上的风险升高理论。

(四)新古典暨目的论综合体系:双重标准下的结果避免可能性

由于以目的行为论为基础的一元行为无价值论存在种种弊端,一方面,仅仅依据人的主观意志来认定不法,违反了行为刑法原则,并有引向思想刑法和过分限制公民自由的危险;另一方面,结果并不是客观处罚条件,而是不法的必要组成部分,且结果的出现并不完全取决于偶然的因素,而是人的行为的作品。[92] 逐渐地,在不法领域,学界走向了结果与行为无价值二元不法论。在犯罪论体系上,当前德国刑法理论界的通说,是由新古典体系和目的论体系所确定的框架,即目的行为论对原来的新古典体系的构造进行了局部改造,将原先定位为罪责要素的故意和过失转移到构成要件阶层。[93] 在过失论中,恩吉施和韦尔策尔的过失见解,即将过失中的客观谨慎义务违反定位为不法构成要件的做法也成为通说。不法阶层的过失还包含客观的结果预见可能性和客观的结果避免可能性的判断。在罪责阶层,除了原有的判断要素——责任能力之外,还要判断行为人是否具有注意能力(主观的预见能力和避免能力)或者期待可能性。例如,耶塞克/魏根特(Jescheck/Weigend)指出,当过失行为的客观方面可能被认定时(不法构成要件),然后才能够探讨,根据行为人的智力、教育、灵活性、能力、生活经验、社会地位等,一般的注意要求和预见要求能够满足。[94]

---

[89] Vgl. Puppe, Die Lehre von der objektiven Zurechnung und ihre Anwendung—Teil 2, ZJS 6/2008, S. 492f.

[90] 具体来说,不仅要考察司机未保持合法超车距离的行为是否为结果发生的合乎法则的原因,还要考察骑车人醉酒的行为是否是结果发生的合乎法则的原因。只要骑车人在清醒状态下,根据自然法则,司机违反谨慎义务的行为仍然会确定造成结果,那么,司机未保持合法超车距离的行为就是结果发生的合法则的原因。

[91] Puppe (Fn. 87), S. 603.

[92] 参见同前注[56],第384—386页。

[93] Vgl. Roxin, Strafrecht Allgemeinenteil I, 2006, §7, Rn. 23.

[94] 根据该教科书的观点,不法构成要件由三个要素决定:实现构成要件危险的认识可能性、基于该危险认识而客观要求的注意的行为和因违反注意而发生该当构成要件的结果。参见耶塞克等:《德国刑法教科书》,徐久生译,中国法制出版社2009年版,第677—678页。

在对结果避免可能性问题的讨论上,同时处在新古典暨目的论综合体系框架下的学者耶塞克/魏根特和韦塞尔斯(Wessels)都主张过失须经过客观的结果避免可能性的判断和主观的避免能力的判断。根据韦塞尔斯的观点,过失犯在性质上就是以构成要件实现的可以避免行为为前提条件:过失行为人受罚,是因为他未避免被违反的结果,虽然他在客观上有义务且在主观上有此能力。[95] 易言之,结果避免可能性是过失犯成立的条件。而这个结果避免可能性在韦塞尔斯看来,分为主观上的可避免性和客观上的可避免性。如果主观上——个人情况方面的不可避免性成立,就将只是消除责任谴责;如果客观上的不可避免性成立,则在构成要件的层面上就已经排除义务违反性关联,由此排除对结果的归责。[96] 当然,如果即便行为人遵守了谨慎义务,结果仍然会发生的话,只能单独对违反特殊规定承担相应的法律后果。但是,耶塞克/魏根特和韦塞尔斯在结果避免可能性理论和风险升高理论的抉择的态度上,仍有所差异。耶塞克/魏根特虽然同样认为过失犯中违法性联系是以"在符合注意义务情况下行为的,结果能够被避免"为前提,但是,在具体认定时,如果不确定在不违反谨慎义务的情况,结果是否近乎能被避免,他认为仍然应当遵从一个折中理论。"根据该理论,如果违反注意义务能够得到证实,已经对行为客体带来了较之通常的危险明显较高的危险时,就应当肯定结果的客观归责,因为,为了避免结果的发生,如果遵守注意义务能否导致该结果不能肯定的,可能的注意义务仍然必须予以重视。如果对违反注意义务的行为是否导致危险显著增加仍有疑问的,始可适用'无罪推定'原则。"[97] 相反,韦塞尔斯认为,通说对风险升高理论提出的其违反存疑有利于被告原则、违反法律将结果犯转化为具体的危险犯是难以反驳的[98],因此主张通说。

(五)目的理性指导下的客观归责体系:通说面临的挑战

尽管之前的"因果主义"和"目的主义"在具体内容方面有很多不同,但是,二者一致的是,它们都是从实在的现实情况(造成或者对行为的操纵)出发的,并且由这些实在的现实情况引导出体系构造。[99] 易言之,二者都建立在"物本逻辑"基础上。相反,罗克辛(Roxin)发展出来的犯罪原理体系选择的是另一条道路,即目的理性犯罪论体系,它追问的是社会的目的、刑法和刑罚的功能(任务),并且,根据位于这些目的之后的刑事政策的价值决定来建造这个体

---

[95] 参见韦塞尔斯:《德国刑法总论》,李昌珂译,法律出版社2008年版,第402页。
[96] 参见同前注[95],第402页。
[97] 参见同前注[94],第703页。
[98] 参见同前注[95],第110页。
[99] 参见罗克辛:《德国犯罪原理的发展与现代趋势》,王世洲译,载《法学家》2007年第1期,第154页。

系。[100] 与目的行为论主张截然相反的是,行为的客观面而不是主观面决定行为的不法。这是因为不法的结构能够从刑法的任务即法益保护中发展出来,根据罗克辛的说法,法益保护只有通过如下的方式才是可能的:禁止为法益创造不被容许的风险,并将实现这种风险作为一种不法行为而归属给行为人。[101] 相较于以往的刑法理论,目的理性指导下的客观归责理论的两个不同点在于:第一,不法是从行为人行为的客观方面来判断的,通常与行为人的主观认识、能力无关。不过,行为人具有"特殊认识"被看作是例外。相应的,允许的风险的判断标准是依照一般人天生所具有的能力而定的。[102] 第二,客观归责视角下的行为人不是基于个案中真实的、具体的行为人,而是基于虚拟出来的"客观理智第三人"。具体来说,对于结果归责而言,行为人必须创造出一个按照客观理智第三人之判断确实存在的非容许风险,并且此风险也必须以客观理智第三人得以理解的方式实现为侵害结果,而与行为人的主观认知或态度无关。[103] 在过失犯理论中,罗克辛摒弃了传统的通过谨慎义务违反、结果预见可能性和结果避免可能性等标准判断过失的做法,提出了通过可容许的风险或者信赖原则等方式在过失构成要件中创设出确定的构造。[104] 他认为,"制造不容许的风险"可以取代传统上对过失行为的定义,而且可以更精确地描述过失行为。这样一来,无论是故意还是过失都可以通过"创设并实现法所不允许的风险"这一客观归责理论来判断。

在客观归责理论的基础上,罗克辛专门撰文对通说结果避免可能性理论进行了批判,认为该理论难以对法益进行有力的保护,而应当采取风险升高理论。[105] 根据他的风险升高理论,在类似卡车司机案中,问题的关键在于区分奠定构成要件基础的谨慎义务违反和构成要件上不重要的谨慎义务违反。[106] 区分的方式在于,根据具体事实判断,结果出现的机会是否由于行为人错误的行为而被提高了。从他的主张来看,允许的风险是那些确定不会升高法律容许风险的行为。因此,在不确定合义务举止会保持风险还是降低风险时,都认定违反谨慎义务时存在风险升高。[107] 易言之,只要没有证明违反谨慎义务的行为

---

[100] 参见同前注[99],第 154 页。
[101] 参见罗克辛:《刑事政策与刑法体系》,蔡桂生译,中国人民大学出版社 2011 年版,第 72 页。
[102] 参见同前注[9],第 518 页。
[103] 参见周漾沂:《从客观转向主观:对于刑法上结果归责理论的反省与重构》,载《台大法学论丛》2014 年第 4 期,第 1471—1472 页。
[104] 同前注[101],第 29 页。
[105] Vgl. Roxin, Pflichtwidrigkeit und Erfolg bei fahrlässigen Delikten, 74ZStW (1962), S. 411 ff.
[106] Roxin (Fn. 105), S. 431.
[107] Vgl. Roxin, Grundlagenprobleme, 1973, S. 131.

没有提高风险,就应当认定存在风险升高。并且,根据他的见解,风险升高的证明不是一个经验事实问题,也不需要采用"存疑有利于被告"原则。由于该风险升高理论不仅会造成即便是微不足道的风险升高,也会导致归责,而且是将"不具备风险升高"这一事实的证明责任转移给被告人,因此,目前没有学者主张这种意义上的风险升高理论。

为了克服罗克辛的风险升高理论存在的问题,同样主张客观归责并从一般预防刑事政策出发的许迺曼(Schünemann)将罗克辛所主张的风险升高看作是一个事实和假设的举止之间自然主义也即统计上的比较(naturalistisch-statistische Vergleich),而把自己的风险升高理论界定为一个"与评价有关的比较"[108]。具体来说,这种规范上的风险升高理论是指只要从事后来看规范仍然对于降低不被允许的结果是合适的(仍然有利于降低结果出现的风险),纯粹可能的替代举止的因果关系就不能阻止结果归责。换言之,法官需要判断,基于事后的认知,事前的规范是否继续是一个有效的降低结果发生风险的规范,还是说已经不合适了。[109] 两种风险升高理论在卡车司机案中的不同分析路径在于,根据自然意义的风险升高,即便遵守注意义务(保持1 m的距离)相对于违反义务(保持0.5 m的距离)仅有1/1000的救助可能性,也可归责。但是,在许迺曼看来,根据规范意义上的风险升高理论,从事后视角来看,事前可认知的规范仅仅在如下情形下是有意义的,即遵守该规范会明显地降低危险。[110] 不过值得注意的是,许迺曼在分析奴夫卡因案中大量地考察了"禁止使用可卡因"这一谨慎规范的目的,是降低肺栓塞的危险,降低心跳停止的危险,还是降低麻醉手术中的一般死亡危险。这种分析思路与一些学者主张仅从"规范保护目的"视角解决类似案件的做法趋同。根据规范保护目的理论[111],在此类案件中,应当在具体个案中考察,行为人因违反谨慎义务造成的法益侵害结果是否落在谨慎规范保护范围。因此,许迺曼所谓的规范的风险升高理论其实是跨越了罗克辛提出的传统的以概率变化衡量风险的风险升高理论与规范保护目的理论这两种理论。

值得注意的是,并非主张客观归责理论的学者都会在此问题上主张风险升

---

[108] Vgl. Schünemann, Moderne Tendenzen in der Dogmatik der Fahrlässigkeitsdelikt und Gefährdungsdelikt. JA 1975, StR S. 172.

[109] 类似的观点,Vgl. Dehne-Niemann, Sorgfaltswidrigkeit und Risikoerhöhung: Zur normtheoretischen Reformulierung der „Risikoerhöhungstheorie", GA 2012, S. 89 ff.

[110] Vgl. Schünemann (Fn. 108), S. 173.

[111] Vgl. Ranft, Berücksichtigung hypothetischer Bedingungen beim fahrlässigen Erfolgsdelikt? Zugleich eine Kritik der Formel vom „rechtmäßigen Alternativverhalten", NJW 1984, S. 1425 ff. Vgl. Krümpelmann, Die normative Korrespondenz zwischen Verhalten und Erfolg bei den fahrlässigen Verletzungsdelikten, FS-Jescheck, 1985, S. 313ff.

高理论。例如,弗里希(Frisch)则明确反对风险升高理论,并认为,为了达成风险升高理论在刑事政策上所追求的——绝对是有意义的——目标,我们需要过失实害结果犯以外的其他犯罪,也就是那些专门处罚这类重大错误行为或是通过重大错误行为明显提高危险的犯罪。但只要处罚仍存有一个实害结果(作为不法结果)为要件的犯罪,那么一旦发生的结果不可能被定性成不法时,处罚的可能性便被排除。[112] 而得出两种不同结论的关键在于,罗克辛和许迺曼过于强调刑法的法益保护和一般预防功能,以至于通过风险升高理论扩大了过失犯的处罚范围。

(六)主观归责理论体系:作为主观能力的结果避免可能性

罗克辛系统性地发展出客观归责理论之后,其理论也开始受到诟病,例如它忽略主观要件对不法成立的作用;公式中运用的危险概念以及如何理解"风险实现"都未能解释清楚,以至于这种形式的危险实现并不能起到限制结果归责的作用[113];创造风险只不过是设定一个在行为当时可能成为引起结果发生之原因的条件的另一个说法[114]。尤其是在客观归责理论中,不法上的人被设定为不是具体的行为人,而是脱离了行为人主观认识和能力的社会一般人。在这一点上,客观归责理论受到了主张主观归责理论学者的反对。如金德霍伊泽尔(Kindhäuser)认为,不法和罪责所涉及的都是法益侵害可否归责于具体行为人的问题,结果归属的判断根本不能脱离具体行为人的主观认识和能力。另外,作为罗克辛客观归责理论构建基础的法益保护和一般预防刑事政策也受到了批判,因为如果犯罪论体系将以预防为导向的基本观念作为其基础的话,刑法甚至将会和警察法相似,完全服务于对危险的预防,而忽略了刑法罪责之非难必须是与过去的行为相联系的。[115]

反对客观归责理论的金德霍伊泽尔放弃了传统的客观构成要件和主观构成要件二分法,认为在审查行为人是否犯罪时,需要先后考虑两个内容,即归属对象和归属理由。[116] 归属对象是指结果不法,是通过举止规范的目标即法益保护来确定的;归属理由是指行为不法,考察的是规范接收者在多大程度上必须运用实现合规范举止的能力,即用以确定法益侵害之可避免性的行为能力

---

[112] 参见弗里希:《客观之结果归责》,蔡圣伟译,载《刑事法评论》第30卷第1辑,北京出版社2012年版,第248页。

[113] Vgl. Struensee, Objektive Zurechnung und Fahrlässigkeit, GA 1987, S. 101f.

[114] 金德霍伊泽尔:《客观归责——可能性与界限》,2013年3月13日中国人民大学法学院名家法学讲坛演讲,第11页(未刊稿)。

[115] 参见帕夫利克:《最近几代人所取得的最为重要的教义学进步?——评刑法中不法与罪责的区分》,陈璇译,载《刑事法评论》,北京大学出版社2014年版,第308页。

[116] 参见金德霍伊泽尔:《犯罪构造中的主观构成要件——及对客观归属学说的批判》,蔡桂生译,载《刑事法评论》第30卷第1辑,法律出版社2012年,第183页。

(不法阶层)和动机能力(罪责阶层)的标准,它考察的是刑罚的目标,即刑法上举止规范效力的维护(积极一般预防标准)。考察行为人的行为能力和动机能力的原因在于,遵守规范的前提是规范接收者在现实中能够将应为之事转化为其意为的能力。行为人在身体上和智力上能够实现应为之事,即行为能力的问题;行为人必须能够认识到其应为之事并且具有实施应为之事的动机,即动机能力的问题。"虽然行为能力并未对结果不法作出限制,但它却为避免结果不法的义务,及刑法上结果不法的可归责性划定了成立的范围。"[117]在金德霍伊泽尔看来,过失犯中的这种对行为能力的期待被称为注意规则(谨慎规则)。"从注意规则中可以推导出一个普遍适用的归责原则,即如果某人一旦给予达到了可期待程度的注意,就能具备行为能力,那他就不能以自己欠缺遵守规范的行为能力为由免责。"[118]但是,缺乏行为能力的并非一概可以免于责任,"只有当行为人本人对他自己无行为能力的状态不负责任时,他才能免责"。[119] 这一理念也延续了普芬多夫和赫鲁施卡将过失犯归责视为一种特殊归责的理念,即在违反规范的那一刻,行为人是缺乏行为能力的。但是,这种行为能力的缺乏是可归责于行为人的,尤其当他能够通过遵守谨慎义务获得时。不过,法律对行为人的结果避免能力的要求不是漫无边界的。例如,在卡车司机案中,虽然行为人能够通过不作为的方式避免结果的发生,但是,法律并没有提出这样的要求,而是为了社会公众的利益,仅要求行为人遵守超车时的规定,以此来避免结果的发生即可。但是,如果行为人即便遵守了法规范所期待的谨慎和注意仍然不具备结果避免的能力,那么,根据"逾越能力则无义务"原则,结果也不可归属于行为人。可见,在金德霍伊泽尔的主观归责体系下,结果避免可能性是作为行为人主观上的结果避免能力即行为能力的一种而出现的。

特佩尔(Toepel)对过失犯的分析延续了金德霍伊泽尔的模式,区分了归责对象和归责标准,并指出过失犯的归责标准在于:未实施的预防措施必须是一个在具体情形下能够为行为人创造避免违反举止规范(结果发生)这一能力的充分条件。不过,相对于金德霍伊泽尔提出的行为能力这一较为笼统的标准,特佩尔提出了一个"理性的可计划性"(rationale Planbarkeit)的具体标准。根据该标准,当行为人能够通过遵守必要的谨慎而理性、有计划地支配整个流程时,行为人便处于能够创造必要行为能力的地位。"理性的可计划性"包括避免结果的理性可计划性以及引起结果的理性可计划性。前者是排除归责的标准,后者是实现归责的标准。但是,对于前者而言,这种"可计划性"仍然在于:在实

---

[117] 参见金德霍伊泽尔:《论所谓"不被容许的"风险》,陈璇译,载陈兴良主编:《刑事法评论》第34卷第1辑,北京大学出版社2014年,第224页。
[118] 参见同前注[117],第225页。
[119] 参见同前注[117],第224页。

施行为之前,行为人作为一个理性的人必须能够认识到,通过其完全合义务的举止,在已有的事实情形下,不会引起与同一被害人有关的构成要件该当结果。易言之,行为人要对"他实施合义务行为时,能够避免结果"有所认识。根据他的观点,规范保护目的的问题其本质也是一个"理性的可计划性"问题。例如,在讨论遵守限速规定时,规范保护目的学说会主张,限速规定的目的不在于"推迟肇事车辆出现在事故现场的时间",但是,在特佩尔看来,问题的关键在于,行为人在决定超速行驶的那一时刻,难以预见到未来的某一时刻、某一地点会突然出现一个违反交通规则的行人。因此,事故不能够通过在特定时间和地点理性地加以计划来避免。[120] 由于根据"理性的可计划性"理论,过失犯判断的标准是行为人能够理智地认识到"通过谨慎义务能够避免结果的发生",因此,该理论也涉及行为人的认识,与传统的结果预见可能性理论易混淆。对此,特佩尔不仅批判了结果预见可能性理论在划定过失犯归责上的固有缺陷(标准不明确、仅仅是一个数据上的概率),还提出了"理性的可计划性"理论不同于结果预见可能性理论的地方在于:在对预见可能性进行判断时,行为人被当作一个事件发生的旁观者。旁观者只能拥有理论上的认知。如果他认识到了事态发生的所有可能性,那么,该认知就会存在。理性的可计划性判断取决于一个事实上的认知[121],尤其在于"通过遵守谨慎义务能否避免结果"这一内容上的认识。不过在本文看来,由于预见判断时所处立场和视角不同,预见的内容必然有所差别。所以,特佩尔的"理性的可计划性"理论与预见可能性依旧有着千丝万缕、不可切断的联系。

(七)术语分析

从上述对结果避免可能性理论发展史的梳理来看,单是结果避免可能性的术语表达就存在多种,如德国法院的"刑法意义上的因果关系",恩吉施的"风险实现",韦尔策尔的"谨慎义务违反性在结果中的实现"以及特佩尔的"理性的可计划性"等。在本文看来,这些表述都未能真正地说明结果避免可能性理论背后的法理。首先,由于"风险实现"这一概念的内涵模糊不清,以至于结果避免可能性理论受到了一些学者的指责,认为该理论的本质就是对一种诉诸"公平衡量"的法感情的修饰。[122] 另外,"风险实现"的具体内涵到底是什么?它与事实上的因果关系之间到底存在什么样的区别?行为人违反注意义务的行为不就是创造了风险,该风险引发结果的发生,不正是"风险实现"吗?其次,"谨慎义务违反性在结果中实现"这个表述的内涵也亟须解释。谨慎义务违反性只是

---

[120] Vgl. Toepel (Fn. 38), S. 199.

[121] Vgl. Toepel (Fn. 38), S. 207.

[122] Vgl. Ulsenheimer, Das Verhältnis zwischen Pflichtwidrigkeit und Erfolg bei den Fahrlässigkeitsdelikten, 1965, S. 119. Roxin, (Fn. 105), S. 421. Puppe (Fn. 89), S. 142.

存在论意义上的行为的一种属性，它如何能够转化并实现成为一种自然意义上的结果？从语义学上来看，这种说法过于抽象，模棱两可。最后，至于"理性的可计划性"概念，如果将预见可能性的范围扩大到"结果发生的具体方式"，以至于包含了"行为人遵守谨慎义务，结果能否避免"的话，那么，特佩尔的理论与结果预见可能性理论没有差别。但是，考虑到实际生活中，行为人在具体行为时，通常不会对如此细致、具体的因果流程加以假设和认识，因此，没有必要一定将该内容看作行为人认识的对象，而应当承认认识能力（对应"内在谨慎"）之外的外在谨慎措施对避免结果的能力的独立影响。换言之，在那些场合，不是行为人预见能力上有缺陷，而是因为外在的预防措施真的难以避免结果。相较于其他学说，在本文看来，结果避免可能性理论的本质就是金德霍伊泽尔所提及的行为人采取谨慎措施时避免结果的能力问题，它与刑法中的罪责原则密切相关。至于将结果避免可能性问题看作因果关系来处理的方案，本文会在后文对结果避免可能性进行体系性定位时加以分析。

四、结果避免可能性理论变迁之嬗变规律

以上梳理了自过失犯诞生以来结果避免可能性理论变迁的过程。从这个过程中，我们有必要提炼、总结出结果避免可能性理论变迁的规律，而这一规律的总结涉及结果避免可能性理论存在的正当性、犯罪论体系中的定位及其判断标准等重要问题。

（一）结果避免可能性取代结果预见可能性成为过失犯的核心要素

随着规范罪责理论的兴起，心理罪责理论衰落，过失犯的本质不再被认为是行为人心理上"对事件真实危险认识错误"（认识责任理论）或者"缺乏一个善良的意愿"（意志责任理论），而在于行为人违反了刑法所关心的"任何人不得侵害他人"的禁令。从这个禁令中产生了一个要求行为人"采取充分的避免（侵害）活动"的义务。并且，对于行为人而言，避免侵害是可能的，且可以期待。按照杜特格（Duttge）的说法，这就是所谓的"价值评价上的亏损、缺陷"（Mangoan Wertschätzung）。[123] 在心理罪责理论框架下，无论是采认识责任论，还是意志责任论，结果预见可能性都是认定过失犯的主要标准。结果预见可能性作为唯一标准的问题在于，随着工业社会的到来以及社会分工的细化，在很多场合，例如医疗、道路交通领域，即便行为人对于结果具有预见可能性，但仍然不能以此作为判断过失犯的唯一依据。况且，从规范罪责理论的视角来看，过失犯也是违反了刑法上的结果避免义务，对于结果的完全避免而言，结果预见只是实现结果避免的内在谨慎义务，还需要外在谨慎义务的履行，即通过预防措施来

---

[123] Vgl. Duttge (Fn. 7), Rn. 85.

履行。由此,只有结果避免可能性标准才能更完整地证立过失犯的本质。不过,值得说明的是,结果预见可能性仍然在判断过失犯的过程中扮演着重要的角色。即在那些反常规、非典型的因果经过中,亦即,对于行为人而言根本难以预见的危险,即便转化为法益损害结果,行为人也不应当对结果负责,因为当行为人对于结果的发生缺乏预见可能性时,必然欠缺避免结果的能力。

(二) 结果避免可能性的体系地位之争

在我国,由于罗克辛的客观归责理论率先引入,我国刑法学者将客观归责理论作为结果避免可能性必然的理论背景[124],这一点是不恰当的。从本文来看,在犯罪论体系不断变迁以及不同学者见解殊异的背景下,结果避免可能性是否被纳入犯罪论体系内,以及纳入犯罪论体系之后又被定位为犯罪论体系中的哪个阶层以及某个阶层的哪个要素,这些问题的答案都是不同的。而不同的回答将直接影响到过失犯中的定罪量刑[125]。另外,体系问题研究也有利于以后相关案件的适用以及得出同样的结论。[126]

第一,从量刑要素到定罪要素的变化。古典犯罪论体系时期的罪责理论属于心理罪责理论,结果预见可能性成为过失犯判断的核心标准甚至是唯一标准。此时,从法理上来说,通过合义务行为判断结果能否避免的观点在纯粹不法理论体系中没有一席之地,例如施彭德尔所主张的结果预见可能性理论[127],甚至在他看来,结果避免可能性对于法官量刑有多大意义,以及在多大程度上可以作为一个正当的刑罚减轻事由,仍然需要进行特别的检验和论证。[128] 即结果避免可能性可能只是一个量刑时考虑的情节。随着埃克斯纳、戈登施密特等学者赋予过失犯以规范性色彩之后,过失犯被定义为"引起了能够且应当避免的法益损害"的行为时,结果避免可能性成为过失犯的核心要素。缺乏结果避免可能性时,不能成立过失犯。

第二,从罪责关联到不法关联的变迁。新旧古典犯罪论体系下,故意和过失都属于罪责要素,因此,作为过失犯要素的结果避免可能性也是在罪责阶层进行判断的。例如,埃克斯纳就将结果避免可能性的问题看作谨慎义务违反性与结果之间的罪责关联。在韦尔策尔目的行为论提出之前,恩吉施已经将过失看作构成要件上的问题,结果避免可能性作为"风险实现"的一个问题,当然也

---

[124] 例如周光权教授认为,如果一个学者承认结果避免可能性具有重要性,那么也能够认为他主张新过失论,也主张客观归责论。参见周光权:《刑法总论》,中国人民大学出版社2016年版,第167页。

[125] Ulsenheimer (Fn. 122), S. 68.

[126] Vgl. Schünemann (Fn. 108), S. 131.

[127] 当然,不容忽视的是,德国法院在实务中一直以来是通过"刑法上的因果关系"来判断结果避免可能性问题的。

[128] Vgl. Spendel (Fn. 49), S. 20.

是在不法上进行判断。到目的行为论出现后,学界普遍接受了将故意和过失从罪责层次分离出来的观点,原属于罪责要素的故意和过失取得了主观构成要件与罪责形式的双重地位。在这个大的理论变迁背景下,作为罪责关联的结果避免可能性成为不法层面上的谨慎义务违反性关联、违法性关联、行为与结果之间的印象关联等。[129] 将结果避免可能性理论的讨论定位于构成要件阶层是现在通行的做法。不过值得注意的是,虽然多数学者在不法的构成要件阶层探讨此问题,但也有个别学者主张将结果避免可能性的问题转移到违法性阶层。[130] 由于这个问题涉及不同学者在行为论以及客观归责理论具体问题上的不同立场,在此不予展开。

第三,从因果关系到结果归责的趋势。结果避免可能性理论首先是被德国司法实务所接受的。德国帝国(联邦)法院自19世纪末以来一直都将结果避免可能性问题视为异于自然因果关系的刑法上的因果关系来处理。例如在卡车司机案中,联邦法院认为"当同样的结果在正确超车时会发生,或者基于显著的事实,根据法官的内心确信不能排除,那么,被告人创设的条件对于结果的发生而言不具有刑法上的意义。在这种情形下,不能肯定行为与结果之间的因果关系"。[131] 之后,在刑法理论界,普珀也是从因果关系的视角来分析结果避免可能性理论的,即谨慎义务违反看作行为的一个要素,其应当属于因果解释的必要组成部分,并且根据"想象其不存在"的公式来判断。但是,将结果避免可能性看作过失犯因果关系问题的做法也备受诟病。正如埃克斯纳指出,义务违反性是非现实的东西,不能引起某种结果,引起结果的只能是原因。因果关联不应该被否认。[132] 类似的,罗克辛也认为,"根据等价理论,在这种情形下,因果关系是存在的。至于是否是刑法上或者法律上重要的因果关联,是另一个归

---

[129] 具体的理论学说,Vgl. Ulsenheimer (Fn. 122), S. 1ff.
[130] 主要存在两种情形:第一种,例如在鲍曼(Baumann)2006年的教科书中,他主张,无论是在故意还是过失中,客观的不可避免性应作为正当化事由。这是因为他主张采价值无涉的因果行为论,即刑法上的行为是由意志控制的身体举动,不关心意志的内容。在因果行为论的基础之上,他将纯粹的行为、结果和因果关系放在构成要件阶层,而将与违法性(整体不法)有关的客观归责的内容,包括义务违反关联、规范的保护目的等放在违法性阶层。不过,在2016年的最新版教科书中,结果避免可能性作为客观归责方面的内容又被安置在构成要件阶层。Vgl. Baumann/Weber/Mitsch/Eisele, Strafrecht Allgemeiner Teil, 12. Aufl. 2016, §9, Rn.6. 第二种,客观归责理论日益从构成要件阶层向违法性阶层扩张。主张将义务违反性关联扩展到违法性阶层的学者认为,义务违反性关联必须考虑所有与不法相关的情节,否则,自陷禁区原则仍然在违法性阶层保留结果责任的残余。如同结果责任出现在构成要件阶层一样,在违法性阶层的结果残余也是违反立法者意图的,典型的如"假想承诺"情形,当然这个问题又涉及假想承诺的体系定位问题。Vgl. Schlehofer,„Pflichtwidrigkeit" und „Pflichtwidrigkeitszusammenhang" als Rechtswidrigkeitsvoraussetzungen: Insbesondere zur Frage des Unrechtsanschlusses bei hypothetischer Einwilligung, FS-Puppe, 2011, S.958.
[131] BGHSt. 11, 1(7).
[132] Exner (Fn. 55), S. 584.

责要素,与因果关系无关"。[133] 阿图·考夫曼(Arthur Kaufmann)明确指出,将假设因果关系纳入因果关系认定中,造成了难以解决的矛盾:其一,让被告人承担了因果关系的证明风险;其二,因果关系是一个存在论上的事实,不可能既存在又不存在。[134] 对此,本文认为,归因与归责的区分是构成要件理论发展的必然趋势。因果关系并非如新康德主义所主张的仅仅是一种纯粹逻辑现象,纯粹依据"想象不存在"的条件公式进行判断,而不需要经验基础[135];相反,它是以事实发生作为基础的。非现实概念(如"过失""违反义务""违反交通规则")不能引起结果,其本身不能作为原因,作为原因的只能是具体的、现实的举止。[136] 至于结果避免可能性是主观归责上的问题还是客观归责上的问题,都涉及谨慎义务能否发挥避免结果功能(或者说行为人是否能够借助谨慎义务避免结果)这一评价问题,因此,归因和归责二者之间不应当混淆。

第四,结果不法与行为不法的争论。如果行为人实施了符合谨慎义务的行为,结果仍然不能避免的话,那么,是排除结果不法还是行为不法呢?在此问题上,当今学者仍然未能达成统一的意见。[137] 根据阿图·考夫曼从民法学说中引入的"假想的结果原因"理论,在合义务替代行为的场合,法益损害对象本身即蕴含了损害发生的内核,因而,法益的价值受到减损,甚至于没有价值了。[138] 因此,在结果不可避免的场合,不存在行为上的结果非价。[139] 同样的,根据克吕泊曼(Krümpelmann)的观点,在个案中会出现谨慎义务不能发挥其保护作用,以至于谨慎义务欲实现的"保护目的"与实际的"保护作用"之间发生割裂。虽然结果是由行为人违反谨慎义务的行为引起的,但是不存在一个重大相关的注意义务违反。虽然客体在"事实上受到了损害,并且在抽象意义上仍然是'法益',但是,不再受到保护或者保障规范的保护,以至于这种法益损害不能代表'结果非价'"。[140] 类似的,萨姆松(Samson)以**缩减生命**来定义侵害生命法益的构成要件结果,即比照两个死亡时间点。换言之,如果行为人仅仅是修正了

---

[133] Roxin (Fn. 105), S. 412.

[134] Vgl. Arthur Kaufmann, Die Bedeutung hypothetischer Erfolgsursachen im Strafrecht, FS-Schmidt, 1961, S. 217 f.

[135] Vgl. Arthur Kaufmann a. a. O, S. 209.

[136] Vgl. Ulsenheimer (Fn. 122), S. 101ff.

[137] 对此,我国学者也存在摇摆不定的地方。我国学者陈璇在 2012 年的《论过失犯注意义务违反与结果之间的规范关联》一文中将结果避免可能性归为危险创设,而非危险实现的问题;在 2014 年的《论过失犯中的注意义务的规范保护目的》一文中又将"合义务替代行为"放到结果无价值(危险实现)中。参见陈璇:《论过失犯的注意义务违反与结果之间的规范关联》,同前注〔2〕,第704 页;陈璇:《论过失犯中注意义务的规范保护目的》,载《清华法学》2014 年第 1 期,第 38 页。

[138] Vgl. Arthur Kaufmann (Fn. 134), S. 227.

[139] Vgl. Arthur Kaufmann (Fn. 134), S. 228.

[140] Küper, Überlegung zum sog. Pflichtwidrigkeitszusammenhang beim Fahrlässigkeitsdelikt, FS-Lackner, 1987, S. 267.

风险发生方式,而没有加速结果的形成或使得法益保护的状态变差,即不应成为该当客观构成要件的结果。[141] 但是,根据另外一些学者如金德霍伊泽尔的观点,在"遵守安全规则也无法避免某种结果"这种"被容许的风险"的场合并不否定结果不法的成立,只能排除行为不法。这是因为,"正当防卫权使行为人获得了伤害不法侵害人的权利,但在被许可的速度范围内高速驾车的行为人,却并不具有杀死其他交通参与者的权利。因此,与正当防卫对不法侵害人造成的伤害不同,在道路交通中对某人造成的死亡后果具有客观上的结果不法。实际上,被容许的风险只能排除行为不法的成立"。[142] 这种见解是值得赞同的,因为在无防卫权利的场合下,任何人造成他人的伤亡这一结果都应当受到负面的评价。而且,从否定结果不法的观点来看,这些学者在界定构成要件结果时已经纳入了许多规范评价的要素,使得构成要件结果范畴承载了过多的归责上的任务,以至于会得出这样荒谬的结论:对于过失造成一个病危的病人死亡这一结果不应该进行消极性的评价。

(三) 主客观结果避免可能性标准之争

对于过失犯的认定采主观认定标准,还是客观认定标准,在德国理论界一直存在争论。作为过失成立要素的结果避免可能性认定标准,从理论逻辑上来讲,也存在这样的问题。与现有通说将故意和过失同时定位于构成要件和罪责阶层的做法不同,新旧古典犯罪论体系下的过失犯模式只是限于罪责阶层的一阶层过失模式,关于过失成立的标准只是围绕结果预见可能性或者结果避免可能性是进行个别化判断(主观标准)还是一般化判断(客观标准)进行讨论。前者是指按照行为人的特殊能力、知识和资质本可以避免损害;后者则是按照一般模型而不考虑行为人的个别情况,避免可能性是指"一般的人可以避免什么"。当今关于过失犯标准的讨论则主要围绕着采一阶层过失论(构成要件阶层上的个别化判断),还是二阶层过失论(构成要件阶层上的一般化判断,罪责阶层上的个别化判断)。二阶层过失论也是现在的通说。[143] 采客观标准说或者二阶层过失论的学者通常从以下三个要点对个别化判断标准进行批判:第一,个别化的标准不能更好地对法益进行保护。因为个别化标准会造成一些人刻意疏忽,不去关心事态的发生,由此以缺乏结果避免能力来免责。第二,一般化标准认为,责任的程度根据个别资质升高或者降低,违反了法的"客观化趋势"。[144] 从维护法治国的角度来看,将客观与主观、行为与行为人分开,并且遵循先客观后主观、先行为后行为人的判断顺序,这不仅是犯罪认定过程清晰性

---

[141] Vgl. Samson, Hypothetische Kausalverläufe im Strafrecht, 1972, S. 100.
[142] 同前注[117],第 226 页。
[143] 参见同前注[95],第 402 页。
[144] Vgl. Exner (Fn. 58), S. 187f.

与缜密性的要求,更是现代法治国防止刑罚恣意发动、维护公民自由的保障。[145] 况且,对能力超出一般人水平的责任进行追究,实际上是一种对于道德的强制推行,不符合法治国理念下的个人主义精神。[146] 第三,如果义务取决于具体行为人能力的话,那么就不存在统一的法规范,而应针对每个人制定单独的法规范。

那么,主观判断的一阶层过失论是否真的存在上述所言的弊端呢?答案是否定的。一百多年前,埃克斯纳就已经对前两个问题进行了回答。首先,当行为人对自己行为的性质缺乏理解和认识并且判断能力薄弱,那么,也不能达到集中保护法益的效果。况且根据个别标准,即便在行为时没有能力,也不一定无罪,因为存在一种"承担的过失"。此时,责任以及有责的行为事实上是在造成损害以及无责的行为之前发生的,亦即"有责的过往将其阴影投入无责的当前"。[147] 其次,尽管自然人的资质和能力有差别,但是,一般化标准会使得不同的人同等对待,这不符合法概念和古老原则——分配正义。不同的人区别对待才是符合正义的。由于民法中涉及谁最终负担一次性形成的损害,刑法中涉及由于义务违反而对行为人进行的谴责,民法中一般能力的欠缺是实体损害的根据,刑法中主张能力的欠缺消除了国家的每一个刑罚诉求,因此,民法中存在一个一般人的假设,而刑法中不可能存在过失假设,其问题在于"可能认识",而非"必须认识"。"客观化趋势"在民法中与刑法中的"个别化原则"相对。[148] 埃克斯纳的回答至今仍旧能够有力地反驳二阶层过失论。至于第三个质疑,在主观归责论下,它也是不能成立的。虽然规范是客观的,但是在不同的案件中,人各有殊异,规范课以受规范者义务,命其达到规范所预设的世界状态,必然以受规范者有可能履行义务为前提[149],而不是一个无关紧要的一般人。另外,正如金德霍伊泽尔所指出的,通说以及客观归责理论所主张的两阶层过失论体系中的"标准的规范接收者"构想在内部存在过滤效应上的功能失调[150]:如果具体行为人不具备避免结果的能力,那么,先进行一个客观上的判断是多余的;如果具体行为人具有结果避免的能力,而客观上一般的人不具有避免能力,难道具体行为人就不应该承担责任了吗?答案当然是否定的,否则的话,法益难以得到充分的保护。况且,这也符合具体行为人的能力水平,并没有对他有所苛求。

---

[145] Liszt, Lehrbuch des Deutschen Strafrechts, 21./22. Aufl. 1919, S. 111. 转引自韦尔策尔:《目的行为论导论:刑法理论的新图景》,陈璇译,中国人民大学出版社 2015 年版,第 126 页。

[146] 参见高巍:《论注意义务的判断基准》,载刘明祥等主编:《过失犯研究——以交通过失和医疗过失为中心》,北京大学出版社 2010 年版,第 114 页。

[147] Vgl. Exner (Fn. 58), S. 186ff.

[148] Vgl. Exner (Fn. 58), S. 190ff.

[149] 同前注[103],第 1478 页。

[150] 参见同前注[116],第 192 页。

对此,罗克辛也对过失犯的客观标准进行了修正,要求超出一般人结果避免能力的行为人承担刑事责任。[151] 对客观标准的这种修正其实离主观标准已经不远了。

另外,在德国司法实务中,具体案件中对结果避免可能性的考察都是鉴定机关一次性得出的,并不存在一个"先一般人判断后个别判断"的区分。因此,在本文看来,只存在结合个别行为人的主观结果避免可能性的判断,不存在一般化的结果避免可能性。即便是主张客观归责理论的许迺曼也承认,"由于任何人都只能运用他自己的,而不是别人的认知和认识能力,故从一开始就从某个想象出来的理想观察者的认识基础出发去建构行为规范,这从一般预防的角度来看毫无意义"[152]。因此,不存在忽略行为人的知识背景、专业技能、特殊认知等个别化因素的一般理性人的能力。当然,也要避免"可能性"的判断陷入"具体情境中行为人的特定举止和最终的结果是必然的,不可避免"的传统决定论的困境。

(四)风险升高理论对通说的挑战

相对于结果避免可能性理论要求的"近乎确定避免"标准,风险升高理论降低了该证明标准。从历史发展来看,虽然风险升高理论大张旗鼓地被提出是从20世纪60年代开始,但实际上,德国帝国法院"曾一度借助证明责任的倒置而行'明修栈道,暗渡陈仓'之计"[153]。例如,在山羊毛案中,根据帝国法院的判决,如果行为人无法证明合义务的行为近乎确定不能避免结果的发生,那么,就推定合义务的行为能够避免结果的发生。直到罗克辛捅破了这层"不利于法益保护的"窗户纸后,许多其他学者也纷纷提出了结论类似但论证思路不同的风险升高理论。据现有的风险升高理论者的出发点以及论证模式的不同,可以将风险升高理论基本上分为三种类型:(1)刑事政策指导下的风险升高理论。这类风险升高理论以法益保护、一般预防的刑事政策为导向,通过"允许风险"要素,将结果犯中"避免结果"这一规范目的调整为"风险降低"。代表学者有德国学者罗克辛和许迺曼。(2)作为概率因果关系的风险升高理论。该理论认为注意义务违反性关联(结果避免可能性)的判断是一种假设的因果流程,并且难以得出一个绝对肯定的答案,因此,注意义务违反性关联只是一个概然性的判断。代表人物有德国学者施特拉滕韦特和普珀。(3)举证责任倒置视角下的风险升高理论。例如在德国帝国法院时期的做法。另外,阿图·考夫曼也将"缺乏结果避免可能性"的情形等同于"排除违法性事由",降低控方对结果避免

---

[151] Vgl. Roxin (Fn. 93), § 24, Rn. 57.
[152] Vgl. Schünemann, Über die objektive Zurechnung GA 1999, S. 216ff.
[153] 陈璇:《论过失犯的注意义务违反与结果之间的规范关联》,同前注[2],第700页。

可能性的证明标准。[154] 在上述的历史梳理中,我们可以看到,风险升高并不是特定犯罪论体系或者过失犯论下得出的结论,目的行为论下既有主张"近乎确定避免"标准的,也有主张风险升高标准的,同样还有主张新古典暨目的性体系和客观归责理论的。无论是哪种类型的风险升高理论,其背后涉及的核心问题是法益保护及自由保障之间[155]、刑事政策及刑法体系之间[156]、规范理论和刑罚目的之间的相互协调[157]。

另外,对于主张结果避免可能性还是风险升高在德国实务界的风向也似乎发生了变化。虽然德国实务界自 1957 年卡车司机案开始,一直采纳该案中已经确定的要求控方证明"当行为人遵守谨慎义务时,结果近乎确定不会发生"的理论。但是,在 1980 年的腹膜炎案[158]中,有学者指出,德国联邦法院为了对严重医疗失误进行刑法上的制裁,其判决向风险升高理论迈进了一大步。因为在该案中,只有将维持生命的可能性而非生命延长的确定性作为德国《刑法》第 222 条规定的目的时,才能够作出有罪的判决。[159]

即便如此,结果避免可能性理论作为通说的地位依旧未被撼动,德国联邦法院作出的上述判决受到了批判。这是因为,从实践操作上来看,诸多风险升高理论根本难以提出一个统一的判断风险升高的标准,不同标准的适用势必会造成司法裁判上的不公平。[160] 从法理上来看,风险升高理论的确将刑法规范要求避免的实害结果转化为具体危险,以至于在该理论的背景下,结果这一奠定不法的要素沦为客观处罚条件。从刑事政策的角度来看,依风险升高理论普遍地处罚过失犯也不能够真正地实现法益保护的效果,因为在具体案件下,行为人的确缺乏避免结果的能力;况且,要保证公民在未来遵守相关谨慎义务的话,还可以通过其他法律途径,例如治安罚或者民事赔偿等实现。

---

[154] Vgl. Arthur Kaufmann, Kritisches zur Risikoerhöhungstheorie, FS-Jescheck, 1985, S. 273 ff.

[155] 松原芳博:《刑法总论重要问题》,王昭武译,中国政法大学出版社 2014 年版,第 219 页。

[156] Vgl. Schünemann (Fn. 108), S. 171.

[157] Vgl. Dehne-Niemann (Fn. 109), S. 98.

[158] BGH, NStZ 1981, 218. 基本案情:在一次阑尾切除手术后,医生没有考虑到病人的腹膜炎症状;后续手术五天之后才进行,但是已经不能拯救 14 岁的学生。如果能在恰当的时间做手术,该女学生"高度概然性"地可能存活,虽然确定的是仅能存活一天。由于没有延长这一天的生命,德国联邦法院以过失致人死亡判决医生有罪。

[159] 该判决作出之后,在其他医疗领域的案件中,德国法院也作了类似的判决。Vgl. Krümpelmann, Zur Kritik der Lehre vom Risikovergleich bei den fahrlässigen Erfolgsdelikten, GA 1984, S. 494.

[160] Vgl. Krümpelmann, a. a. O., S. 491.

五、总结:对我国过失犯理论发展的启示

随着将过失的本质确立为违反注意义务,我国过失理论最终完成了从苏俄刑法学话语到德日刑法学话语的转变,从而使得我国刑法中的过失理论获得了生命力[161],作为过失犯成立要件的结果预见可能性和结果避免可能性也备受关注。在日本刑法理论体系下,虽然新过失论和旧过失论分别以结果避免可能性和结果预见可能性作为过失犯的核心问题,但是,逐渐地,有旧过失论者如日本学者山口厚也承认在过失实行行为判断中应加入"当行为人遵守谨慎义务时,结果能否避免"的考量。[162] 日本司法实务对新旧过失论进行了折中,也将结果避免可能性看作过失犯成立的要素之一。[163] 那么,我国理论界以及司法实务界在对德日刑法过失犯理论进行继受、消化时应该注意哪些问题呢?本文认为,可以从以下三个方面入手:

第一,只要承认过失犯违反的是一个法规范要求的避免结果义务,即承认过失是一个规范性概念,那么,就不能简单地将过失犯的本质看作心理意义上的结果预见可能性。因此,没有必要一直坚持通过排除结果预见可能性要素来排除卡车司机案中卡车司机的刑事责任。[164] 毫无疑问,当卡车司机违反了超车规定进行超车时,行为人对结果的发生必然具有预见可能性。当然,也没有必要完全否定结果预见可能性要素在限制过失犯归责中的作用。尤其在非典型的因果流程场合,也可以通过结果预见可能性标准排除责任。

第二,在我国刑法话语进行转变的背景下,风险升高理论和结果避免可能性理论的争论也是我国刑法学界的热点问题。考虑到过度考虑一般预防的刑事政策可能会违反刑法中的罪责主义以及有损刑法解释和适用的稳定性,在对"当行为人遵守谨慎义务时,结果能否避免"进行判断时,就应当采取结果避免可能性理论,即"近乎确定避免"标准。因为无论是从哪一个立场出发得出风险升高理论,其最终都违反了罪责主义,即违反了"逾越能力则无义务"这一基本法理,并且,"风险升高"的标准并不统一。

第三,我国司法实务对过失犯的认定仍然简单地以解释法条为核心,而未能在对过失犯的法理进行充分讨论下进行,这尤其体现在作为过失犯的交通肇事罪认定上。虽然我国《刑法》第16条规定"行为在客观上虽然造成了损害结果,但是不是出于故意或者过失,而是由于不能抗拒或者不能预见的原因所引

---

[161] 参见陈兴良:《过失犯论的法理展开》,同前注〔2〕,第30页以下。
[162] 参见山口厚:《从新判例看刑法》(第2版),付立庆等译,中国人民大学出版社2009年版,第61页。
[163] 参见同前注〔162〕,第54页。
[164] 参见黎宏:《过失犯研究》,载刘明祥等主编:《过失犯研究——以交通过失和医疗过失为中心》,北京大学出版社2010年版,第33页。

起的,不是犯罪",并且,在刑法分则中,诸多条文在规定过失犯时都使用了"违反……法规/规章制度/规定的,因而发生……事故或者造成……后果"的用语,从而表明过失犯的成立必须具备义务违反与结果发生之间的特殊关联,即结果避免可能性[165]。但是,在司法实务中,针对被告人提出的"结果不能预见""结果不能避免"等抗辩事由[166],法官只是在个案中以欠缺结果避免可能性为由排除行为人的刑事责任,一些案件中是将"不可预见"和"不可避免"作为量刑情节酌情处理,更多案件中则忽略了被告人这一抗辩事由,由此导致了在过失犯的认定上存在一种结果责任的倾向[167]。为了克服这种结果责任的倾向,也有必要在判断过失犯时加入结果避免可能性的考察。

(审稿编辑　徐　成)
(校对编辑　邵博文)

---

[165] 参见陈璇:《论过失犯的注意义务违反与结果之间的规范关联》,同前注[2],第684页。

[166] 如"董某某交通肇事案""李某某交通肇事案""陈某某等交通肇事案""杨某祥等重大责任事故案""伍某甲重大责任事故、重大劳动安全事故案""欧阳某甲故意伤害案""王某某非法采伐、毁坏国家重点保护植物案""胡中伟、王成斌等故意伤害案""姜顺祥玩忽职守案"等。

[167] 其具体表现为:简单地将"违反交通法规"作为过失犯的实行行为;将自然意义上的条件关系作为(刑法上的)因果关系;刑事诉讼程序中采"存疑从有"的原则。参见蔡仙:《反思交通肇事罪认定的结果责任》,载《政治与法律》2016年第11期,第142页。

强迫劳动罪的实质法基础与教义学阐释

邓卓行[*]

Substantive Law Foundation and Doctrine Interpretation of Forced Labor Crime

Deng Zhuoxing

内容摘要：我国《刑法》第 244 条强迫劳动罪，在当下中国刑法学界研究甚少，以至于司法实务在处理具体案件时因理论支撑不足而显得左支右绌。目前有两大问题亟待解决：一是本罪的法益；二是实行行为的认定。从实质法的角度出发，通过康德的权利哲学，深化强迫劳动罪的规范内涵，可以较为明快地得出问题的答案。详言之，强迫劳动罪的法益本质是选择劳动或者选择不劳动的自由。只有彻底剥夺这一自由的行为，才是强迫劳动罪的实行行为。在判断强迫行为是否压制被害人反抗时，应以客观说为准，但应注意的是，行为人的特别认知也是客观说的判断依据之一。在判断不作为威胁是否符合强迫的构成要件时，标准是行为有没有剥夺被威胁者选择的自由。在监狱劳动中，倘若执行者偏离了监狱劳动的特殊预防目的或者违反了公法的比例原则，将会构成强迫劳动罪。

关键词：强迫劳动　劳动自由　权利哲学　不作为威胁　监狱劳动

---

[*] 北京大学法学院刑法学博士研究生，德国慕尼黑大学联合培养博士研究生。

一、前言

劳动权是人的重要权利，任何国家、单位及个人均不得非法剥夺，国际社会对此已达成基本共识。比如，国际劳工组织于 1930 年和 1957 年先后通过《关于强迫劳动的公约》和《废止强迫劳动公约》，要求批准公约的各成员国在最短时间内制止国内的强迫劳动。随后，联合国于 1966 年将"禁止强迫劳动"纳入《公民权利与政治权利国际公约》，公约第 8 条第 3 款甲项规定"任何人不应被要求从事强迫或强制劳动"。自此，禁止强迫劳动在国际法上获得了坚实的法理与道义基础，凡以法治为根基的国家或地区，无论是否批准公约，都有禁止强迫劳动的法律与道德义务。[1]

2009 年 12 月 26 日第十一届全国人大常委会第十二次会议决定，我国加入《联合国打击跨国有组织犯罪公约关于预防、禁止和惩治贩运人口特别是妇女和儿童行为的补充议定书》，该议定书要求缔约国须采取必要措施，将以强迫劳动、奴役、劳役为目的，而通过暴力、威胁或者其他形式的胁迫、招募、运送、转移、窝藏或接收人员的行为规定为刑事犯罪。为此，

> 一些全国人大代表、执法机关和社会公众都强烈呼吁对相关立法进行修改，以严厉打击强迫他人劳动犯罪……针对实践中出现的新情况，出于保护公民权利和履行《补充议定书》的缔约国义务，严厉打击这类践踏劳动者人权的犯罪行为的需要，立法机关在深入研究的基础上，对相关条文进行了修改完善。[2]

修改后的相关条文即为我国《刑法》第 244 条强迫劳动罪。凡强迫他人劳动者，都应以本罪论处。但是，本罪的适用却还存在一些问题，其中尤以法益的确定和实行行为压制程度的认定最为棘手，如何理解，事关强迫劳动罪的成立标准、适用范围以及具体问题的解决。因此，本文拟立足于刑法教义学，同时兼用法哲学的分析方法，深化强迫劳动罪的理论根基，以期为理论研究与司法适用做出贡献。

二、强迫劳动罪的两大疑点

我国《刑法》第 244 条强迫劳动罪分为三款，第 1 款是基本构成要件与法律后果，规定"以暴力、威胁或者限制人身自由的方法强迫他人劳动的，处 3 年以

---

[1] 我国作为国际劳工组织的创始成员国，尽管目前由于相关制度原因尚未批准《关于强迫劳动的公约》和《废止强迫劳动公约》，但一直旗帜鲜明地禁止各种形式的强迫劳动。参见刘静坤、袁亦力：《强迫劳动罪的立法修改与司法适用》，载《中国检察官》2011 年第 23 期，第 17 页。

[2] 黄太云：《〈刑法修正案（八）〉解读（三）》，载《人民检察》2011 年第 8 期，第 49 页。

下有期徒刑或者拘役,并处罚金;情节严重的,处3年以上10年以下有期徒刑,并处罚金"。第2款是有关共犯量刑的特殊规定,"明知他人实施前款行为,为其招募、运送人员或者有其他协助强迫他人劳动行为的,依照前款的规定处罚"。第3款是有关单位犯罪的规定,"单位犯前两款罪的,对单位判处罚金,并对其直接负责的主管人员和其他直接责任人员,依照第1款的规定处罚"。显而易见,第2款与第3款都是依附于第1款而存在的。第1款解决的是定罪和基本量刑问题。第2款"表面上是帮助犯的正犯化,但实际上只是帮助犯的量刑规则(或只是量刑的正犯化)。换言之,成立这一类型的犯罪仍以被害人被他人强迫劳动为前提。如果行为人以欺骗、利诱等方法将被害人招募、运送至特定地点,但被害人没有被他人强迫劳动的,由于没有侵害被害人的人身自由,不应认定为犯罪"。[3] 而第3款属《刑法》第30条、第31条规定的单位犯罪问题,与强迫劳动罪的适用并无直接关联。只要妥善解决第1款中的疑难,则第2款与第3款自然能够得到较好适用。因此,必须处理好以下两个问题:第一,本罪法益的确定;第二,暴力、威胁或者限制人身自由须达到的程度。第一个问题涉及强迫劳动罪的结果不法;第二个问题涉及强迫劳动罪的行为不法。德国学者认为,行为不法与结果不法一并建构了犯罪的不法基础[4],唯有妥善解决这两个问题,才能在理论与实务中正确把握强迫劳动罪。

(一)法益的含混

我国一些学者在论述强迫劳动罪时,虽然基本一致认为劳动权是强迫劳动罪的法益,但却从未详细阐释过劳动权的实质内容。[5] 事实上,劳动权的内容不仅影响着本罪法益是否受到侵害的判断,而且也左右着构成要件的具体适用。

首先,劳动权在文献中具有多义性,无统一标准。有学者认为,"劳动权是公民的宪法权利,受到诸多部门法的调整。严重的强迫劳动,不仅严重侵犯了劳动者的人身权利,而且损害了公共秩序和善良风俗,应当纳入刑法的调整对象,同时民法也为被强迫的劳动者提供救济保障"。[6] 刑法学界有观点认为,强迫劳动罪的法益是国民的人身自由权和劳动权[7];亦有学者认为,强迫劳动

---

[3] 张明楷:《刑法学》(第5版)(下),法律出版社2016年版,第904页。
[4] Vgl. Wessels/Beulke/Satzger, *Strafrecht Allgemeiner Teil*, 46. Aufl, 2016, S. 9.
[5] 参见同前注[3],第904页;周光权:《刑法各论》(第3版),中国人民大学出版社2016年版,第54页;高铭暄、马克昌主编:《刑法学》(第7版),北京大学出版社、高等教育出版社2016年版,第475页。
[6] 最高人民法院刑事审判庭主编:《刑事审判参考》(总第92集),法律出版社2014年版,第77页。
[7] 参见王志祥、韩雪:《论〈刑法修正案(八)〉中的强迫劳动罪》,载《法治研究》2011年第8期,第25页。

罪的法益是"劳动者的休息权、健康权和人身自由权利"[8]。关于第一种观点，与其说人身自由权与劳动权是并列关系，不如说劳动权是人身自由权的内容之一。第二种观点虽然将本罪法益一分为三，但除人身自由权外，这一观点却将劳动权强行分解为休息权和健康权，还不如第一种观点可取。不过总体而言，我国学界通常认为，劳动权至少是强迫劳动罪的法益之一，但也必须承认，在刑法学中单独完成对劳动权的定义是不可能的，而是必须放眼于宪法、劳动法等其他法领域。资料所及，有关劳动权的学说有很多种。[9] 体系定位上，有学者认为"各项劳动权均应从属于劳动法的范畴，即它们必须是在劳动法调控和保障范围内的权利"[10]；有学者则认为，劳动权与劳动权利是两个概念，前者是宪法上的公权利，后者是劳动法上的私权利[11]。权利主体上，有学者认为，只有劳动法规定的劳动者才享有劳动权[12]；有学者则认为，劳动权不仅保护正在从事劳动的人，也保护即将参加劳动的人[13]。依宪法与劳动法的研究成果来确定强迫劳动罪的法益，原本顺理成章，但时至今日，劳动权的界定在宪法与劳动法学界也是众说纷纭[14]，这便使得刑法研究的"取经之路"困难重重，甚至进退维谷。

其次，如果生搬硬套劳动法的观点，那么将有可能严重背离《刑法》第244条的规范目的。这是因为，其一，劳动法的劳动概念过于狭窄，仅指劳方和资方之间通过订立劳动合同而达成用工协议的行为。[15] 若以此限定强迫劳动罪的适用范围，则那些发生在劳动法所确定的劳动关系之外的强迫劳动行为，将一概得不到规制。其二，

> 根据我国劳动法、劳动合同法的有关规定，"劳动者"是一个非常狭义的概念，指的是受我国劳动法所调整的、处于劳动雇佣关系中的受雇佣者或者雇工。如果把这种意义上的"劳动者"作为我国宪法劳动权的主体，首

---

[8] 高铭暄、马克昌主编:《刑法学》(第 7 版)，同前注[5]，第 475 页。
[9] 参见许建宇:《劳动权的界定》，载《浙江社会科学》2005 年第 2 期，第 60—62 页。
[10] 许建宇:《社会法视野中的劳动权》，载林嘉主编:《劳动法评论》(第 1 卷)，中国人民大学出版社 2005 年版，第 78、80 页。
[11] 参见徐钢、方立新:《论劳动权在我国宪法上的定位》，载《浙江大学学报(人文社会科学版)》2007 年第 4 期，第 51 页。
[12] 参见同前注[10]，第 80 页。
[13] 参见王锴:《论我国宪法上的劳动权与劳动义务》，载《法学家》2008 年第 4 期，第 57 页。
[14] 参见秦国荣:《劳动权的权利属性及其内涵》，载《环球法律评论》2010 年第 1 期，第 59—68 页；参见同前注[13]，第 56—64 页；参见同前注[11]，第 49—58 页；参见王旭:《劳动、政治承认与国家伦理——对我国〈宪法〉劳动权规范的一种阐释》，载《中国法学》2010 年第 3 期，第 76—89 页。
[15] 参见秦国荣:《法律上的劳动概念：法理逻辑与内涵界定》，载《江苏社会科学》2008 年第 3 期，第 91 页。

先就会把非由劳动法所调整，而是由公务员法、律师法、法官法等所调整的例如公务员、律师、法官、医师等合法职业或者工作排斥在宪法权利保护之外。[16]

倘若认为只有劳动法、劳动合同法中的劳动者才享有劳动权，那么强迫劳动罪的行为对象就只限于二法所承认的劳动者，而受公务员法、律师法等调整的主体则不再受刑法的保护。以上两点显然与强迫劳动罪扩大处罚范围的修法初衷不符。[17]

再次，倘以劳动法的规定为基准来适用《刑法》第244条，将会造成法体系的不协调。从部门法之间的关系看，《劳动法》第96条第1项规定，用人单位以暴力、威胁或者非法限制人身自由的手段强迫劳动的，由公安机关对责任人员处以15日以下拘留、罚款或者警告；构成犯罪的，对责任人员依法追究刑事责任，也就是由《刑法》第244条强迫劳动罪加以衔接。既然两部法律存在承继关系，就应该采取相同的解释路径，即强迫劳动罪的行为主体应仅指用人单位，但根据《刑法》第244条的规定，强迫者和被强迫者之间却不必存在雇佣关系。对此，可以从立法沿革的角度加以分析。《刑法修正案（八）》之前的强迫职工劳动罪的确与《劳动法》第96条第1项一脉相承，也就是将行为主体限定为违反劳动管理法规的用人单位。但是，《刑法修正案（八）》却已经取消行为主体的限定，使一般主体均可构成强迫劳动罪，若仍然依《劳动法》来认定强迫劳动罪的主体，则反倒违背了修法目的。

复次，过分拘泥于劳动关系的合法性，会造成司法裁判的混乱。在司法实践中，劳动权的认定遇到的最大困难是，劳动关系是否以合法为前提？换言之，国家不承认的劳动关系是不是也可以纳入强迫劳动罪的调整范围？否定说认为，强迫劳动罪中的"劳动"不必以合法为前提，即便是为国家所不承认的劳动关系，也可称之为"劳动"。例如，在"赵毛毛、赵留建案"中，被告人以限制人身自由的方式控制十多名未成年人，逼迫她们到KTV从事陪侍服务，赚取"坐台费"。虽然庭审中控辩双方均认为，从事营利性陪侍服务是《娱乐场所管理条例》禁止的行为，不能认定为强迫劳动罪中的"劳动"，但一审法院却认为：

> 本案中被告人……既侵犯了被害人的人身自由、通信自由权利，又侵犯了被害人自由选择劳动，拒绝从事违法劳动等权利，符合强迫劳动罪的本质特征……被告人强迫被害人提供上述陪侍服务，以此获取报酬，这种营利性的陪侍服务虽然被相关行政法规所禁止，但根据举轻明重的刑法解释方式，被告人的这种行为表现出的主观恶性更为恶劣，社会危害性亦更

---

[16] 王德志：《论我国宪法劳动权的理论建构》，载《中国法学》2014年第3期，第75页。
[17] 参见同前注[2]，第49页。

大,不应由于其逼迫从事的劳动违反了相关的行政法规,反而减轻了对被告人的刑罚或者使得被告人出罪。[18]

与此相反,肯定说则认为,强迫劳动罪中的"劳动"必须以合法为前提。本案的二审法院即持此说,认为"虽然我国刑法条文和司法解释并未明确规定强迫劳动罪中'劳动'的含义,但可以明确的是我国法律所保护的'劳动'应是合法形式的劳动,合法性是劳动的应有之义……营利性陪侍是一种违背社会公序良俗的行为,系违法行为,不应属于强迫劳动罪中'劳动'的范畴"。[19]

相同的事实,一审和二审法院得出的却是完全相反的结论。一审法院的逻辑是,既然连合法的工作都能构成强迫劳动罪,那么违法的工作就更能构成强迫劳动罪。与此相对,二审法院的推论却是,违反劳动法的行为自始就不是劳动,既然如此,无论法益侵害程度多么严重,都不构成强迫劳动罪。而如果强迫劳动罪中的"劳动"必须以符合劳动法为前提,那么这种理解并不符合立法本意。比如近些年来"黑砖窑""黑煤窑"事件频发,从法理上看,毫无疑问这些事件中的行为都是不受劳动法保护的,但它们却是典型的强迫劳动。[20] 司法实践也认为,"《刑法修正案(八)》施行后,司法实践中常见的不具有合法地位的单位或者自然人实施的强迫劳动犯罪行为,例如山西省洪洞县广胜寺镇曹生村王兵兵黑砖窑案,均可以强迫劳动罪定罪处罚"。[21]

最后,就算直接以我国《宪法》第 42 条作为强迫劳动罪的法益,也不可行,因为宪法中的劳动权本身就有待充实,径直采用会产生法益泛化的危险。宪法规定的劳动权是一般标准,具体保护还需要部门法跟进。诚然,"宪法要求刑法保护的利益,应当成为刑法上的利益"[22],"刑法的内容以及解释,必须遵循宪法的理念和宗旨"[23]。但是,刑法保护宪法承认的利益与刑法直接采用宪法的概念却不是一回事。根据宪法理论,"劳动者并非一个固定的概念,它的范围是动态可变的。比如现在不劳动的人未来可能参加劳动,所以毋宁每个公民都有可能成为劳动者。同时,从劳动权的内涵来看,它不仅保护正在从事劳动的人,也保护即将参加劳动的人"。[24] 从宪法学上看,可以说该论证毫无疑义,但若原封不动地将之移植到强迫劳动罪的法益中,结果将是灾难性的,因为这样的法益内容过于泛化,根本无法彰显强迫劳动罪的独特性。换言之,故意杀人、故

---

[18] 浙江省乐清市人民法院(2014)温乐刑初字第 1524 号刑事判决书。
[19] 浙江省温州市中级人民法院(2015)浙温刑终字第 889 号刑事判决书。
[20] 参见同前注[2],第 49 页。
[21] 同前注[1],第 18 页。
[22] 张明楷:《法益初论》,中国政法大学出版社 2000 年版,第 167 页。
[23] 曾根威彦:《刑法学基础》,黎宏译,法律出版社 2005 年版,第 222 页。
[24] 同前注[13],第 56 页。

意伤害、非法拘禁等众多不法行为,均可以说侵犯了他人的劳动权。如此一来,法益的解释构成要件和划定入罪界限的功能必将完全落空。[25]

(二)实行行为的迷失

强迫劳动罪的实行行为可分为两种:一为直接强迫劳动,即"以暴力、威胁或者限制人身自由的方法强迫他人劳动";二为协助强迫劳动,即"明知他人以暴力、威胁或者限制人身自由的方法强迫他人劳动,而为其招募、运送人员或者以其他方式协助强迫他人劳动"。[26] 本文只研究直接强迫劳动。这里的问题是,本罪实行行为的认定,是否应当以完全压制被害人的反抗为前提?张明楷教授和周光权教授认为,不必达到使被害人不能反抗的程度(简称"缓和说")。张明楷教授论述道:

> 暴力,是指广义的暴力,只要求暴力针对被害人实施,而不要求直接针对被害人的身体实施,也不要求达到压制被害人反抗的程度。威胁,是指广义的胁迫,包括以恶害相通告的一切行为;恶害的内容、性质,通告的方法没有限制,也不要求达到压制被害人反抗的程度。[27]

与之相反,黄太云先生却认为,"所谓'暴力'是指犯罪分子直接对劳动者实施殴打、伤害等危及人身安全的行为,使其不能反抗、逃跑。'威胁'是指犯罪分子对劳动者施以恫吓、进行精神强制,使其不敢反抗、逃跑"(简称"压制说")。[28] 这两种观点的差异暂且不论,但关键在于,二者均未给出理由。

首先,这一问题在实务中也并非无关痛痒。在"科长菊强迫劳动案"中,被告人"以管吃住并许以一定标准工资的方式招募工人到其厂内从事高强度作业,并对工人进行辱骂、殴打,工人忍受不了准备离开时,又采用扣发工资、扣留身份证件等手段限制工人人身自由,强迫工人劳动"。[29] 法院最后认定行为人构成强迫劳动罪。显而易见的是,行为人的辱骂、殴打并未压制工人的反抗,否则工人根本不可能作出离开的决定。同时,由于身份证可以挂失补办,工资可以走行政与民事渠道索回,因此单纯地扣留身份证和扣发工资并不足以限制被害人的自由。在这种情况下,若想认定行为人构成强迫劳动罪,就只能采用缓和说,可见缓和说更容易为司法实务所采纳。

---

[25] 参见许恒达:《法益保护与行为刑法》,台湾元照出版公司2016年版,第2页。
[26] 同前注[3],第904页。
[27] 同前注[3],第904页。类似表述,参见周光权:《刑法各论》(第3版),同前注[5],第54页。
[28] 同前注[2],第50页。高铭暄、马克昌主编的教科书的相关定义与黄文观点相同,但多了一句"上述手段是否达到其效果,在所不问"的表述。问题是,没有效果的强迫还是强迫吗?因此,还是应以教科书中的直接定义即"压制说"为准。参见高铭暄、马克昌主编:《刑法学》(第7版),同前注[5],第475页。
[29] 河南省郑州航空港经济综合实验区人民法院(2016)豫0192刑初301号刑事判决书。

仔细梳理我国有关强迫劳动罪的司法解释，会发现缓和说与压制说其实一直并存。2008年6月25日最高人民检察院、公安部《关于公安机关管辖的刑事案件立案追诉标准的规定（一）》第31条第2项规定，"采用殴打、胁迫、扣发工资、扣留身份证件等手段限制人身自由，强迫他人劳动的"，应予立案追诉，从而明确了扣发工资、扣留身份证件等手段可以成为强迫劳动行为，学理上应属缓和说。但是，2017年4月27日最高人民检察院、公安部《关于公安机关管辖的刑事案件立案追诉标准的规定（一）的补充规定》却大幅修改了2008年的立案追诉标准，将之前繁杂的规定简约为"以暴力、威胁或者限制人身自由的方法强迫他人劳动的，应予立案追诉。明知他人以暴力、威胁或者限制人身自由的方法强迫他人劳动，为其招募、运送人员或者有其他协助强迫他人劳动行为的，应予立案追诉"。由此，诸如单纯扣发工资、扣留身份证件等行为，就不再属于强迫劳动之列，学理上应属压制说。既然该《补充规定》不再以单纯扣发工资、扣留身份证件等手段认定本罪，可以认为，2017年4月27日以后的判决理由也应当随之改变。但事实却不是这样。在2017年5月17日的"刘红喜强迫劳动案"中，行为人"分别采用扣留身份证、扣发工资、言语威胁"等方式，"强迫上述被害人从事服装加工工作"[30]，法院因而认定行为人构成强迫劳动罪。[31]可见，司法解释的修改并未使司法实践发生任何转变。或许可以认为，前述司法解释的发布主体是最高人民检察院和公安部，效力不及于法院，但这种观点无法解释为何检察院还要起诉这类案件。综上，缓和说与压制说的争论绝非咬文嚼字的游戏，而是深刻影响着强迫劳动罪司法认定的标准。

其次，缓和说会模糊强迫劳动与正当劳动要求之间的界限。无论是正当的劳动，还是不法的强迫劳动，都发生在双方之间。一旦建立雇佣关系，就会出现相应的劳动权利与劳动义务，劳动者不可能只享有劳动权利，不履行劳动义务。

> 劳动关系虽然是当事人经自由合意缔结契约所产生的社会关系，却也使得劳动契约成为劳资双方当事人形成人格从属关系的前提，劳动者在劳动契约关系中从属于雇主，并未拥有完全的自由和自主决定权。虽然雇主维护劳工利益和尊重劳工人格的义务已显著增多，但劳工同样对雇主负有忠诚等人格性附随义务。[32]

申言之，虽然在确认劳动关系前，任何人都不得剥夺他人选择职业的自由，在确认劳动关系后，雇主亦不能无条件支配雇工，但这并不意味着当雇工不履

---

[30] 江苏省常熟市人民法院(2017)苏0581刑初644号刑事判决书。
[31] 类似的判决，参见黑龙江省尚志市人民法院(2017)黑0183刑初67号刑事判决书；参见浙江省绍兴市中级人民法院(2017)浙06刑终277号刑事判决书。
[32] 冯彦君、张颖慧：《"劳动关系"判定标准的反思与重构》，载《当代法学》2011年第6期，第93页。

行劳动义务时,雇主不能采取适当的手段要求其履行劳动义务。缓和说的问题也正在于此,即如何划定雇主合理要求雇工履行劳动义务与雇主非法强迫雇工劳动之间的界限?雇工甲消极怠工,饱食终日,无所用心,雇主乙遂以扣发工资相威胁,迫使甲不情愿地继续工作。根据缓和说,雇主便有构成强迫劳动罪之嫌。反驳者或许可以说,只要雇主在合法范围内强迫雇工劳动,便不构成强迫劳动罪,但问题是,如何界定雇主的"强迫"到底是合法还是非法?按照通说,根本找不到一个明确标准。如果再将"强迫手段是否达到效果,在所不问"的观点考虑进来〔33〕,问题就更加复杂,因为如果没有"效果"作为限制,就算轻微干预也有可能构成强迫劳动罪。

再次,缓和说不仅会造成法规范适用的混乱,而且还会引起实行行为内部的紊乱。放眼整个法领域,试图规制强迫劳动行为的不止刑法一家。《劳动法》第 96 条第 1 项规定,用人单位以暴力、威胁或者非法限制人身自由的手段强迫劳动的,由公安机关对责任人员处以 15 日以下拘留、罚款或警告。《劳动合同法》第 38 条第 2 款规定,用人单位以暴力、威胁或者非法限制人身自由的手段强迫劳动者劳动的,劳动者可以立即解除劳动合同,不需事先告知用人单位。《治安管理处罚法》第 40 条第 2 项规定,以暴力、威胁或者其他手段强迫他人劳动的,处 10 日以上 15 日以下拘留,并处 500 元以上 1000 元以下罚款;情节较轻的,处 5 日以上 10 日以下拘留,并处 200 元以上 500 元以下罚款。强迫劳动在《劳动合同法》中的法效果是合同解除权,属于民事纠纷的解决方式,不必纳入讨论。而《刑法》第 244 条、《治安管理处罚法》第 40 条第 2 项及《劳动法》第 96 条第 1 项三者之间的关系可作如下理解:第一,《刑法》作为制裁最严厉的法规范,应当基于谦抑性,在《治安管理处罚法》与《劳动法》不足以遏制强迫劳动行为时才出场。第二,《治安管理处罚法》第 40 条第 2 项和《劳动法》第 96 条第 1 项之间,应当属于一般规定与特别规定的关系。"当某一个犯罪的构成要件包含另外一个犯罪的全部构成要件,并且至少又多一个构成要件,那么我们说前者是后者的特别法。"〔34〕两部法的规范内容有两点不同:一是《劳动法》第 96 条限定的主体是用人单位,而《治安管理处罚法》第 40 条却没有限制主体的范围;二是行为方式除暴力、威胁相同外,《劳动法》第 96 条第 1 项另规定"非法限制人身自由",而《治安管理处罚法》规定的却是"其他手段"。显而易见,无论是主体还是行为方式,《劳动法》的构成要件要素的数量都更多更具体,因此在规制强迫劳动时,二者的适用顺序应当是《劳动法》在先,《治安管理处罚法》在后。三法的适用顺序应当是《劳动法》第 96 条第 1 项优先,《治安管理处罚法》第 40

〔33〕 高铭暄、马克昌主编:《刑法学》(第 7 版),同前注〔5〕,第 475 页。
〔34〕 黄荣坚:《基础刑法学》(上),台湾元照出版公司 2012 年版,第 8 页。

条第 2 项次之,《刑法》第 244 条殿后。这种排序不仅体现了法体系的协调,而且也彰显了《刑法》的谦抑性。

但是,当采用缓和说时,如此顺畅的安排便会瞬间崩溃,因为就连轻微干预劳动自由的行为都有可能纳入《刑法》的处罚范围,当某个强迫劳动案件发生时,公安机关可能不再考虑优先适用《劳动法》和《治安管理处罚法》,而是直接启动刑事程序。当下就有观点认为:

> 劳动合同法、劳动法、治安管理处罚法的相关规定均早于刑法对强迫劳动罪的规定,而且 1997 年刑法规定的强迫职工劳动罪要求强迫劳动情节严重的才构成犯罪,而刑法修正案(八)规定的强迫劳动罪在罪状上取消了"情节严重"的规定……只要实施了强迫劳动的行为,就应当对行为人定罪处罚,而无须围绕情节是否严重进行审查。[35]

该观点正是依缓和说才能推导出的结论。虽然有实务者反驳道,"对刑法分则规定的强迫劳动罪,不能脱离罪量的考察,以刑法在罪状中没有明文规定'情节严重'为由,主张对强迫劳动无须考察罪量的观点,无疑忽视了'但书'的规定精神,割裂了刑法总则与刑法分则的内在联系"[36],但不可否认的是,当下被缓和说支配的司法实践,确有绕过《治安管理处罚法》与《劳动法》而直接适用《刑法》的大趋势。不仅如此,缓和说的采纳也会造成实行行为内部的紊乱。详言之,本罪的实行行为类型有三:暴力、威胁与限制人身自由。缓和说认为,暴力和威胁都不必达到压制被害人反抗的程度,但又同时表示,

> 限制人身自由的方法,是指将他人的人身自由控制在一定范围、一定限度内的方法,如不准他人外出,不准他人参加社交活动等。如果采取剥夺人身自由的方法(如将他人长时间关闭在车间里),则成立非法拘禁罪与本罪的想象竞合。[37]

可是,如果以剥夺人身自由的方式强迫劳动,就必然会以达到压制被害人反抗的程度为必要条件,这便违背了缓和说的基本立场。因此,在缓和说内部,暴力、威胁与限制人身自由在压制被害人反抗这一点上是相互矛盾的。

最后,压制说可能产生处罚漏洞。缓和说的提出自有其合理的出发点,该说要解决的问题是,通过解释论保护那些反抗尚未被完全压制,但劳动自由却已受到妨碍的被害人。例如行为人以克扣工资、扣留身份证相威胁,要求被害人劳动,而被害人至少自以为除去听话工作之外,不存在其他救济手段。此时,

---

[35] 同前注[6],第 77 页。
[36] 同前注[6],第 77—78 页。
[37] 同前注[3],第 904 页。类似表述,参见周光权:《刑法各论》(第 3 版),同前注[5],第 54 页。

被害人虽然受到了心理上的压制,但客观上并未完全失去反抗能力。根据缓和说,由于威胁程度不需要达到压制被害人反抗的程度,因此可以认定行为人构成强迫劳动罪;而根据压制说,由于单纯以克扣工资、扣留身份证相威胁的行为根本无法完全压制被害人的反抗,被害人依然有选择离开的自由,因此不能构成强迫劳动罪。由此,缓和说与压制说之间就产生了巨大分歧。有司法实务人士给出一种判断标准:

> 区分强迫劳动犯罪行为与一般行政违法行为的关键在于,从社会一般观念、伦理道德角度考察,行为人实施的强迫行为是否足以使他人陷入无法或者难以抗拒和自由选择,而不得不进行劳动的境地。具体而言,可以从"强迫手段与社会一般观念相背离的程度"和"劳动者非自愿性的程度"两个角度,判断强迫行为是否足以使劳动者陷入不能自由选择的境地而需要刑法介入和干预的程度。对于强迫劳动情节显著轻微,刑法干预的必要性不强的,则宜采用非刑罚制裁方式处理。[38]

但是,这一标准太过模糊,质言之,究竟什么才是社会一般观念,就很难说清。压制说产生处罚漏洞的具体表现是,由于我国《刑法》没有强制罪或者妨害自由罪的规定,因此在处罚强迫劳动时,一旦强迫劳动罪无法构成,就只剩下第238条非法拘禁罪可以适用。可是,非法拘禁罪的实行行为仅能处置以限制人身自由强迫劳动的情形,如果行为人以暴力或者威胁强迫劳动,则非法拘禁罪就没有适用余地。加之故意伤害罪以轻伤以上为入罪条件,倘若行为人的暴力只造成了被害人的轻微伤甚至未造成伤害,该如何处理?以精神威胁方式强迫劳动的,又该以何罪衔接?总之,从反对者视角看,压制说的认定标准比较明确,但却过分限缩了本罪的成立范围,无法广泛保障劳动者利益。

三、强迫劳动罪的实质法重构

一个刑法实践问题的妥当答案,须以实质法基础或曰法哲学基础为根本。"哲学的真正本质就在于彻底检验我们眼前及周围的一切",因为"在我们的整个理智生活中,有许多我们轻易从生活和科学中借用来的未经检验的预设和观念"。[39] 这一预设经哲学检验之后,人们将会知晓该如何选择,并获得选择的理由,确立行动的信念,法哲学亦不例外。通过法哲学的探究,可以从更高层面上获悉,在现象中哪种选择是可靠的,哪种选择是不妥的。同理,强迫劳动罪的学说之争作为一种法现象,也只有站在法哲学的视角才能知晓,究竟哪种学说

---

[38] 同前注[6],第78页。
[39] 文德尔班:《文德尔班哲学导论》,施璇译,北京联合出版公司2016年版,第13页。

才是妥当的。[40] 换言之,如上所述,过去对于强迫劳动罪法益的讨论大多流于形式,在看似合理的观点背后,其实隐藏着不可化解的矛盾,比如劳动法中的劳动权过于狭窄,劳动的认定前后不一,直接引入宪法中的劳动权容易导致法益泛化等,这些问题都是由于对劳动权的认识不清所致。之所以如此,并不是因为劳动权的概念本身出了问题,既然宪法明确了劳动权的地位,那么刑法便没有任何理由放弃这个概念,真正的原因是,就目前的司法实践和学术研究而言,强迫劳动罪的法益即劳动权背后,缺少更为实质的法哲学理论作为支撑,也就是说,没有一套有说服力的普遍理论为劳动权奠定基础。由此一来,便导致司法者在认定劳动权是否受到侵害时无章可循,无法准确认定劳动权是否受到侵害。因此,有必要从法哲学的方面入手,为劳动权是否受到侵害找到实质的认定标准。在众多法哲学理论中,康德法哲学可以说是最具有明确性与实践性的理论之一,因此,笔者拟以康德法哲学为基础,为劳动权的认定寻求实质化的基础。

(一) 实质法重构的一般标准:以康德的权利哲学为路标

"人的本质并不是单个人所固有的抽象物。在其现实性上,它是一切社会关系的总和。"[41]

> 既然是社会关系的总和,人也就无时不与他人产生各种各样的关系,法律关系则是这些关系的重要组成部分。……法律关系不外是法律秩序的实质内容,也就是法所规律的人与人间生活关系。……法律对社会生活加以规律才产生各种各样的法律关系,所以法律关系具有法律所赋予的效果,这种效果之主要部分,就是权利与义务,乃法律关系之核心。[42]

劳动作为法律关系的重要内容之一,必然产生劳动权利与劳动义务,这既是理论推理,也是实证法的规定。在平稳的法律关系中,凡从事或欲从事劳动者,在劳动的选择上均具有充分的自由,不受他人干预,承担的义务也仅限于从事劳动时所约定的内容。但当劳动关系异化,也就是劳动者仅承担义务而不享有权利时,劳动者就遭受了侵犯。施行法治保障人权的国家,必须消灭这种异化关系,恢复劳动关系的应有状态。不过,只有找到强迫劳动罪应然构造的实质法根据,才能真正理解法益与实行行为的内涵,使之可以在现实中合乎理性地适用。这便是康德哲学思想中的"用普遍(规则)去统摄特殊(事例)"。[43] 以康德的权利哲学为路标,有助于释明强迫劳动罪的实质法根基,因为刑法所保

---

[40] 参见迪特玛尔:《法哲学导论》,雷磊译,中国政法大学出版社2017年版,第42页。
[41] 马克思、恩格斯:《马克思恩格斯选集》(第一卷)(上),中央编译局译,人民出版社1972年版,第18页。
[42] 韩忠谟:《法学绪论》,北京大学出版社2009年版,第134页、第136页。
[43] 康德:《纯粹理性批判》,邓晓芒译,杨祖陶校,人民出版社2017年版,中译本序第3页。

护的人身权利与民主权利,与以自由为起点的康德权利哲学之间有着天然的亲和性。

1. 权利的普遍法则

在阐释法伦理时,康德的解释路径与他的义务论的伦理学一脉相承,他在名著《道德形而上学》一书[44]中曾这样解释权利的普遍法则:"如果我的行为或我的状况,根据一条普遍法则,能够和其他任何一个人的自由并存,那么,任何人妨碍我完成这个行为,或者妨碍我保持这种状况,他就是侵犯了我,因为根据普遍原则,这种妨碍或阻力不能和自由并存。"[45]康德预设的前提是,要成为你自己的主人,无须从属于他人的任意,不要变为他人的手段。在这一前提下,每个人都是独立的个体,都可以充分行使自己的意志,设定自己的目的,选择实现目的的手段。但是,这样的自由会受到权利普遍法则的限制,也就是,如果个人行使的自由剥夺了他人行使自由的可能,或者让他人从属于自己的任意时,该自由的行使便无法与他人自由的行使并存,也就不能获得法秩序的承认。在制度层面,违背权利普遍法则的典型制度莫过于奴隶制——"奴隶的问题就在于他从属于主人的任意:主人决定使用奴隶做什么以及奴隶要做什么。奴隶并不为自己设定目的,他只是他人设定的目的的手段"。[46] 在刑法中,亦随处可见违背权利普遍法则的行为,比如,非法拘禁罪的目的是为了防止他人的行动自由遭到剥夺,强奸罪的目的是为了防止妇女的性自主决定自由遭到妨碍,抢劫罪的目的是为了防止他人的财产处分自由受到侵犯等。倘若以康德的权利普遍法则公式检验这些刑法禁止的行为,则可以发现它们的共同之处都在于,这些行为使他人行使自由的可能遭到剥夺,并让他人从属于自己的意志,使之不再成为独立的人格。换言之,诸如行动、性自主决定、财产处分等行为,倘若以之作为准则并扩展至每个主体,则它们必定能通过实践理性的检验,即"要这样行动,使得你的意志的准则任何时候都能同时被看作一个普遍立法的原则"。[47] 这是因为,只有如此,"无论是你的人格中的人性,还是其他任何一个人的人格中的人性,你在任何时候都同时当做目的,绝不仅仅当做手段来使用"。[48] 一旦这些行为的自由遭到剥夺,那么该主体就不再被视为目的,而是

---

[44] "确定康德法哲学最重要方法论的系统性著作,便是康德的《道德形而上学》的第一部分——法的形而上学基础。"Vgl. Höffe, Immanuel Kant, 2018, S. 217.

[45] 康德:《法的形而上学原理——权利的科学》,沈叔平译,商务印书馆2002年版,第41页。

[46] 李普斯坦:《强力与自由——康德的法哲学与政治哲学》,毛安翼译,知识产权出版社2016年版,第39页。

[47] 康德:《实践理性批判》,邓晓芒译、杨祖陶校,人民出版社2016年版,第37页。

[48] 康德:《道德形而上学的奠基(注释本)》,李秋零译注,中国人民大学出版社2013年版,第50页。

被当作手段看待。为了避免这种情况的出现,权利的普遍法则限制才应运而生。综上,根据康德的法哲学,权利的核心是独立于他人强制的自由,权利的普遍法则是每个人行使自由时都必须与他人行使的自由相协调。据此,康德就将他的一般伦理学和法伦理学统一起来。详言之,该法则所设定的是一个人可进行自由选择的范围,在这个范围内,无论这个人如何行使自己的意志,都是正当的。[49]

2. 禁止支配他人的含义

若想充分理解禁止支配他人的含义,即究竟在何种情况下,受他人干预的个体不再被视为目的,而是被作为手段来看待,那么就必须厘清两个问题:第一,康德权利普遍法则中的权利与其不断提及的自由之间到底是何种关系?亦即,在康德法哲学的语境下,权利是否能够等同于自由,并可以互换使用?第二,在第一个问题的基础上,该如何确立认定支配他人的一般标准,并使其能在实践中发挥作用?

(1) 劳动权利与劳动自由的关系

关于第一个问题,应当认为,在康德法哲学的语境下,自由与权利可以在同等意义上使用。首先,"权利的来源决定了权利的地位"[50],同时也决定了权利的内容。康德的权利以自由为基础,自由是权利的内容,权利是自由的外在形式。依德国法哲学家科殷的总结:

> 康德把法作为"外在的立法",把自由作为法的普遍的原则:"自由是这种唯一的、原始的、赋予每一个人根据其人性而享有的权利。"由它产生出一切其他的、自然的权利。因此他把法界定为这样一些"条件的整体,在这些条件下,一个人的随心所欲与另一个人的随心所欲,可以根据自由的一条普遍的规律结合在一起。"[51]

由此可见,康德的权利全部来源于自由,只有个人可以充分行使自由,才能认为其享有权利。同时,也只有在权利的框架中,自由才能获得保障。

其次,之所以说只有在康德法哲学的意义上才能认为自由与权利可以互换,是因为作为法律概念的权利的范围显然小于自由,有一些个人认为应当自由行使的事法律并不承认,还有一些涉及自由的问题与法律没有直接关系,比如意志自由问题就不仅是一个法律问题,而且还是一个哲学问题或者自然科学问题。但是,如果只在康德的法哲学领域中使用自由与权利,那么就完全可以

---

[49] 参见吴彦:《法、自由与强制力:康德法哲学导论》,商务印书馆2016年版,第150页。

[50] 艾伦·德肖维茨:《你的权利从哪里来?》,黄煜文译,北京大学出版社2014年版,第15页。

[51] H.科殷:《法哲学》,林荣远译,华夏出版社2002年版,第26页。

将二者等同起来。这是因为,"人们不可能有一种不是自由权的权利,因为权利可以理解为包含着作为组成部分的自由权……如果我有权利去做 X,我必须也有自由权去做 X。权利对自由权所增加的因素乃是别人不能加以干预的义务"。[52] 换言之,"如果你有权做某事,那么,任何其他人就必定有义务不得阻止你行为,不得在你行为时进行干涉,以及不得使你因行为而陷于不利或遭受困扰"。[53] 一言以蔽之,有做某事的权利即意味着有做某事的自由,有做某事的自由即意味着有做某事的权利。

最后,倘若将目光限制在康德法哲学中,并从侵犯权利与妨碍自由的角度观察,则可发现,其实二者所描述的内容是一样的。所谓权利的侵犯,无非是指权利享有者有实现自己某种目的的自由,如果他想实现这一目的,而别人不许其这么做,那么就意味着他的权利受到了侵犯。比如,甲想从小屋中离开,而乙却不允许他离开,这时乙就侵犯了甲的行动权,亦即妨碍了甲的行动自由。反观自由,虽然在一般意义上不能认为只要存在自由干预就意味着权利受到侵犯,因为如果自由不以法所认可的权利的形式表现出来,那么当其受到妨碍时,受妨碍者就没有主张恢复自由的资格,但是倘若在法律意义上思考,却完全可以承认对自由的干预就是对权利的侵犯,这是因为,在法领域中,法律以确认权利的形式伸张自由,自由在法律的领域中通过权利的形式呈现。只有为法律所明示或默示承认的自由,才是个人享有的真正的自由。为法律所承认的自由在现实中通过具体的权利呈现出来,当其受到妨碍时,享有权利者将有资格向法律寻求救济。没有救济就没有权利,没有权利的地方就没有自由。法不承认的自由乃个人行为的禁区,一旦踏入将受到惩罚,这意味着在法律看来,个人不具有做该种事情的自由。

综上所述,应当认为,自由与权利在康德法哲学中可以互换使用。详言之,按照权利的普遍法则,所谓权利,其实就是个人行使自由的边界,只有在边界以内,才可以不受干预"为所欲为"。反之,当有人侵犯他人的自由边界,干预他人的行动,则被干预者就可主张排除妨碍,这也就是通常所说的主张权利。每个人自由行使意志的边界,都止于他人行使自由的可能。换言之,不能以剥夺他人自由行使意志的可能为代价来实现自己的目的,否则受剥夺者将不再是作为目的的人,而是作为手段的物。"每个人只有权按照某些方式运用他或她的手段,这些方式是与其他人在普遍法则之下使用他们的手段相协调的"。[54] 以此

---

[52] J.范伯格:《自由、权利和社会正义》,王守昌、戴栩译,贵州人民出版社 1998 年版,第 82 页。

[53] 米尔恩:《人的权利与人的多样性》,夏勇、张志铭译,中国大百科全书出版社 1995 年版,第 113 页。

[54] 同前注[46],第 45 页。

为前提,就可推出这条普遍法则的禁令,亦即不得支配他人使之成为达到自己目的的手段。

按照康德的法哲学,既然在法领域中,自由与权利可以在同等意义上使用,那么就应当认为,所谓劳动权,其实就是指劳动的自由。劳动自由的行使,意味着个人可以在不受他人干预的情况下选择劳动,创造价值,这对应着劳动权利的行使;劳动自由的放弃,意味着个人可以在不受他人强迫的情况下选择不劳动,赋闲在家,这对应着劳动权利的放弃。劳动自由和劳动权利的关系,是实质与形式的关系。劳动权利是劳动自由的实定法表现形式,劳动自由是劳动权利的本质内容。没有劳动权利这一形式,劳动者就没有法定的资格向裁判者伸张正义;缺少劳动自由这一本质,裁判者便无从判断劳动权利是否受到侵害。一言以蔽之,应当认为,劳动自由与劳动权利是一体两面的关系,二者可以在同等意义上使用。

(2) 支配他人的认定

接下来的问题是,该如何认定对他人的支配?亦即,在何种情况下,受支配的个人不再被视为目的,而只能被作为他人的手段?在法的意义上,对他人的支配表现为对权利的侵犯,但是由于权利的形式特征,难以作实质判断,因此只有通过确认自由是否受到妨碍才能妥当认定支配的存在。职是之故,什么是对自由的妨碍?[55] 就是对个人是否受到支配的追问。依据康德法哲学,当行为人剥夺他人行使自由的可能,且行使该自由的准则能够同时上升为可供普遍遵循的法则时,就意味着被剥夺自由者正受到行为人的支配,不再成为目的,而仅仅是行为人用以实现目的的手段。不过,虽然每个人都可以自由行使意志,设定自己欲达成的目标,并选择实现目标的手段,但却可能遭受失败。因为每个人可以自由操控的仅仅是自己的身体及可资利用的外物,而诸多不可利用之物与难以预料之事却可能使目的落空,并迫使目标设定者另谋出路或者放弃目标。但在这种情况下,他无论如何都没有失去自由。详言之,当某人的失败缘于别人对外在条件的改变时,不能认为别人的行为妨碍了他的自由意志,因为他并没有丧失再次行使自由意志的可能。例如,甲乙相邻经营餐馆,甲的餐馆无人问津,乙的餐馆座无虚席,此时不能认为甲受到了乙的强制,原因在于甲并未丧失意志自由;相反,如果甲为竞争而破坏了乙的经营,那就是在剥夺乙设定目时所选择的手段,就应当认为甲对乙实施了不被允许的支配。美国哲学家乔尔·范伯格也举过类似事例,从反面说明了禁止支配他人的内涵:A和B都看到人行道上的百元钞票,两人都有自由将其据为己有,但只有那个更快跑到

---

[55] 参见吴彦主编:《康德法哲学及其起源》,汤沛丰等译,知识产权出版社2015年版,第198页。

钞票处的人才能实现这个自由。也就是说,在某人选择做某行为时,可能别人负有不干涉的义务,但在竞争状态下,有时只能有一人如愿以偿。[56] 因此应当认为,所谓禁止支配他人,是指不得剥夺他人行使意志的自由,而不仅仅是使他人的目的落空。

（二）法益的实质化：劳动自由说的提倡

依康德法哲学,即根据在法领域中权利的本质即自由,自由的外化即权利这一前提,可为强迫劳动罪的法益即劳动权下一个简明而有力的定义:劳动权是指选择劳动还是选择不劳动的自由。以该定义为前提,可反面推出一条禁令:不得剥夺他人选择劳动还是选择不劳动的自由。换言之,剥夺他人选择不劳动的自由或选择具体从事哪项劳动的自由,都是侵犯强迫劳动罪法益的行为。每个人既可以在不妨碍他人的前提下选择劳动,也可以选择不劳动。至于选择劳动还是不劳动的动机,如挣钱养家、实现自我价值、感到厌烦等,法律在所不问。法律关心的仅仅是每个人选择劳动还是选择不劳动的自由有没有受到剥夺,一旦某人强迫他人劳动,受强迫者同时也就失去了任意设定目的、实现目标的可能,丧失了独立于他人意志的地位,完全物化为他人的手段,从属于他人的任意。"传统的奴隶制度在全球已遭废除,今日可能不再有实际问题,所以,现代所理解的奴役应是指将人'物化'。'物化'的形式范围,从人口贩卖、透过强制工作之经济剥夺,一直到连续强制性交的长期剥夺自由均有可能。"[57] 对此,法秩序必须强力回应,使受强迫者重获选择劳动还是选择不劳动的自由,让被物化的个体恢复人的地位。在德国即有观点认为,强迫劳动罪的首要规范目的,就是确保国民在职业上与经济上的行动自由。[58] 英国刑法学者威廉姆·威尔逊也对这一法益的基本立场表示赞同,认为"行为被规定为犯罪,并不是简单地因为它们是不道德的行为,而是因为窃贼或侵犯者在寻求增加自己生活选择时,减少了被害人的相同选择"。[59] 为了恢复被害人的相同选择,必须动用法规范予以制裁。将该理念植入强迫劳动罪的法益中,同样可以得出以劳动自由为核心的法益结论。以选择劳动还是选择不劳动的自由作为强迫劳动罪的法益（简称"劳动自由说"）,可以妥善解决上文指出的问题。

其一,劳动自由说可以作为劳动权的本质,整合所有实证法中的劳动权概

---

[56] 乔尔·范伯格:《刑法的道德界限（第一卷）：对他人的损害》,方泉译,商务印书馆2013年版,第6页。

[57] Helmut Satzger:《国际刑法与欧洲刑法》,王士帆译,台湾元照出版公司2014年版,第494页。

[58] Vgl. Renzikowski, in: *Münchener Kommentar zum StGB*, 3. Aufl., 2017, §232b, Rdn 1.

[59] 威廉姆·威尔逊:《刑法理论的核心问题》,谢望原等译,中国人民大学出版社2015年版,第20页。

念,并明确强迫劳动罪的法益,提出行之有效的标准。通说支持者不曾真正阐述过劳动权的本质,以致强迫劳动罪的法益内容不明、适用标准混乱,且处罚范围过小,其标准既无坚实的实质法根基,也与扩大处罚范围的修法目的不协调。采纳劳动自由说,则可改变混乱状态,避免法益泛化的危险。以劳动自由说为法益,标准可谓再明确不过,法益的构成要件解释和划定处罚范围的功能都可得到充分发挥,不必受所谓"法感情"的左右,颠倒定罪逻辑,甚至突破罪刑法定。其二,劳动自由说可以终结"劳动"合法与否的争论。在前述"赵毛毛、赵留建案"中,一审和二审法院的争论在于,是否只有合法的"劳动"才有构成强迫劳动罪的可能? 这里的合法,取决于强迫行为发生前建立的劳动关系是否为实证法所认可。可以说,这将是一场永无休止的争论。依劳动自由说,所谓"劳动"是否为实证法所认可其实根本无关紧要,关键仅在于行为人是否剥夺了被害人选择劳动还是选择不劳动的自由,而不在于行为人与被害人先前有没有建立符合实证法的劳动关系。即使劳动关系非法,也不能否认强迫劳动行为的存在。"如果我强迫你为我工作,那么我就因使用你的人格而侵犯了你,这样一来,据说我还因此占有了你的劳动。然而更准确地说,因为我使用你而侵犯了你——我使你的人格从属于我的任意,这与你的独立于其他任何私人之任意的内在法权是相悖的。"[60]劳动是一个先于实证法的概念,不能说没有劳动法的原始社会就没有劳动。因此,关键在于行为人有没有因支配被害人的人格而使之从属于行为人的任意,也就是有没有剥夺被害人选择劳动还是选择不劳动的自由。

以此为前提,"赵毛毛、赵留建案"中,行为人逼迫被害人陪侍,无疑构成强迫劳动罪,因为被害人只能选择陪侍,而不能再选择其他的工作或者选择不工作,人格已经从属于行为人的任意。同理,诸如"黑煤窑""黑砖窑"等事件,被害人除挖煤、烧砖外,已丧失了选择其他工作或者选择不工作的自由。由劳动自由说推出的这一结论,与《刑法修正案(八)》的修改初衷不谋而合。在修法之前,

> 根据罪刑法定原则,强迫职工劳动罪的主体应该是用人单位。当自然人"以限制人身自由方法强迫职工劳动",但没有触犯其他罪名的情况下,最终只能作无罪处理,也影响了对强迫劳动犯罪的打击。发生在山西的黑煤窑场的强迫农民工劳动案件,很少以强迫职工劳动罪追究刑事责任的,大多以其他罪定罪处罚。[61]

经过《刑法修正案(八)》的修改,此前强迫职工劳动罪的困境迎刃而解,适用强迫劳动罪时,只看行为是否剥夺了被害人选择劳动还是不劳动的自由,而

---

[60] 同前注[46],第 110 页。
[61] 同前注[2],第 49 页。

不必再纠结于劳动关系的合法性。

(三) 实行行为的规范化:压制说的必然选择

明确了强迫劳动罪的法益,实行行为便能清晰勾勒出来。所谓实行行为,"是指与既遂结果发生的具体性危险即未遂结果之间具有相当因果关系的行为"。[62] 在具体认定时,必须依靠行为对构成要件保护法益的威胁程度来判断。被害人选择劳动还是选择不劳动的自由,受到何种程度的剥夺才能认定为法益遭受侵害?这一问题成为认定本罪实行行为的关键:只有剥夺了被害人劳动选择自由的行为,才是强迫劳动罪的实行行为。这便是所谓压制说的真义。

根据我国《刑法》的规定,强迫劳动罪中的压制行为可分为暴力、威胁以及限制人身自由三种情况。暴力是指,行为人通过物理力量即有形力使被害人丧失反抗的可能性,逼迫其去完成行为人所要求的劳动任务。

> 刑法意义上的暴力可以被区分为绝对的暴力和相对的暴力两种类型。在绝对暴力的场合,行为人完全排除了被害人的自由意志。……相对的暴力则并未完全排除被害人的意志自由,而是旨在强迫被害人进行特定的意志决定。……认定相对的暴力并不要求被害人无法反抗或者无法逃脱行为人的影响,而只需要相应的暴力行为可能使被害人屈服即可。[63]

威胁类似于心理暴力,是指"行为人为了动摇被害人而向其宣示将来的恶害,并且宣称自己可以影响这种恶害是否发生"[64]。基于这种恶害的宣示,被害人陷入意志被压制的状态,无法自主作出决定并作出相应行为。威胁的成立,必须以告知的恶害能够立即实现为前提,倘若只是对未来某种尚不确定的恶害的宣示,则不能认定为威胁。限制人身自由的方法较为广泛,应当认为,凡是能够排除被害人行动自由的行为都属于限制人身自由。应当注意的是,仅有限制人身自由的行为还不足以成立强迫劳动罪,完全存在人身自由虽然受限,但劳动选择自由却没有被剥夺的情况。因此,只有当限制人身自由与劳动之间存在必然关系时,才能成立以限制人身自由为手段的强迫劳动罪;如若不然,就只能视情况构成非法拘禁罪。

以此为前提,前文中的问题都将获得妥当的答案。首先,司法实践中将诸如扣发工资、扣留身份证、轻微殴打等行为认定为强迫劳动罪的案例简直不胜枚举,即使追诉标准已经修改,境况也未改变。但是,从强迫劳动罪的法益看,这些行为能否成为本罪的实行行为不可一概而论,关键还是要看它们有没有剥

---

[62] 西田典之:《日本刑法总论》(第2版),王昭武、刘明祥译,法律出版社2013年版,第69页。

[63] 王钢:《德国判例刑法(分则)》,北京大学出版社2016年版,第103—104页。

[64] 同前注[63],第104页。

夺被害人选择劳动还是选择不劳动的自由。倘劳动者被扣发工资、扣留身份证或者遭受轻微殴打,但他还有诉至法院、到公安机关报案或者其他出路,那么由于该劳动者的劳动自由尚未遭到剥夺,就不能认定行为人构成强迫劳动罪。反之,如果受周遭环境所限,只要劳动者的身份证或工资被扣留、扣发,该劳动者就无法脱身,那么便可以认定行为人构成强迫劳动罪。总之,依修改后的追诉标准,并不是扣工资等行为都不构成强迫劳动罪,而是在认定时必须判断被害人的劳动自由是否遭到剥夺。

其次,压制说可理清《刑法》第244条、《治安管理处罚法》第40条第2项及《劳动法》第96条第1项之间的关系。《刑法》第244条强迫劳动罪的实行行为采压制说,《治安管理处罚法》第40条第2项与《劳动法》第96条第1项的实行行为同采缓和说,后两者的关系为一般法与特别法的关系,因为《劳动法》的适用范围仅限于雇主与雇工间,而《治安管理处罚法》却未有此限制。如此一来,三者的关系就一如前述,《劳动法》适用优先,《治安管理处罚法》次之,《刑法》殿后。之所以如此安排,是因为《刑法》与《治安管理处罚法》和《劳动法》的立法目的不尽相同。《刑法》是犯罪人的大宪章,重在贯彻罪刑法定,保障脆弱的个人免受国家无端的侵害,因此在适用时必须进行严格解释,明确法益内涵,谴责对象仅限于行为。相反,《治安管理处罚法》与《劳动法》中的罚则,却更加注重社会秩序的保障与个人利益的保护,为了最大限度地发挥这种作用,就必须进行缓和解释。

再次,从体系解释上看,采纳压制说也可以使强迫劳动罪与类似犯罪的关系更为协调。以《刑法》第236条强奸罪为例,强奸者的手段必须足以压制被害人的反抗,方能认定为违背妇女意志。[65] 依1984年4月26日最高人民法院、最高人民检察院、公安部《关于当前办理强奸案件中具体应用法律的若干问题的解答》第2条[66],暴力手段是指犯罪分子直接对被害妇女采用殴打、捆绑、卡脖子、按倒等危害人身安全或者人身自由,使妇女不能反抗的手段;胁迫手段是指,犯罪分子对被害妇女威胁、恫吓,达到精神上的强制的手段;其他手段是指,犯罪分子用暴力、胁迫以外的手段,使被害妇女无法抗拒。又如《刑法》第263条抢劫罪,不仅在理论上,抢劫罪的实行行为须达到压制被害人反抗的程度[67],而且该标准也是区分抢劫罪与寻衅滋事罪的关键。根据2005年6月8日最高人民法院《关于审理抢劫、抢夺刑事案件适用法律若干问题的意见》第9

---

[65] 参见马克昌主编:《百罪通论》(上卷),北京大学出版社2014年版,第535页。
[66] 该司法解释已被2013年1月4日最高人民法院、最高人民检察院《关于废止1980年1月1日至1997年6月30日期间制发的部分司法解释和司法解释性质的文件的决定》(法释〔2013〕1号)废止。但是,其关于强奸罪实行行为的学理解释,仍可沿用。
[67] 参见陈兴良主编:《刑法各论精释》(上),人民法院出版社2015年版,第311—312页。

条第 4 款,强拿硬要的寻衅滋事行为与抢劫罪的区别之一在于,"前者行为人客观上一般不以严重侵犯他人人身权利的方法强拿硬要财物,而后者行为人则以暴力、胁迫等方式作为劫取他人财物的手段"。由上可见,强奸罪与抢劫罪的实行行为的认定,无疑必须采纳压制说。除强奸罪与抢劫罪外,还有《刑法》第 121 条劫持航空器罪,第 122 条劫持船只、汽车罪,第 237 条第 1 款强制猥亵、侮辱罪等,它们的实行行为内容均与强迫劳动罪相同,而且在理论上也都采纳压制说,因此,如果强迫劳动罪的实行行为采纳缓和说,就会在体系上产生不协调。

最后,该如何面对压制说会造成处罚漏洞的质疑?其实,以处罚漏洞作为批评理由,本就十分吊诡。刑法处罚的不完整性是刑法教科书的必写内容[68],是刑法初学者的必背条目,是罪刑法定的必然选择。处罚漏洞是刑法的正常现象,甚至可以说是法治国家刑法的优越所在,唯有直面处罚漏洞的存在,才能限制国家恣意发动权力。有观点认为,"刑法学的任务并不是设定漏洞,而是合理地填补漏洞"。[69] 诚然,刑法学的任务不是刻意设定漏洞,但也不是在发现漏洞时不顾一切地进行填补。相反,刑法学的任务是指出刑法的漏洞,并告诫司法者不得恣意处罚"钻漏洞"的人,如果想处罚,就应当依靠立法。以正义之名解释刑法的前提,是解释者持有正义,而人作为偶在的个体,谁又能自诩是正义的化身?难道我们这么快就忘记了贝卡里亚那振聋发聩的警告:"'法律的精神需要探询',再没有比这更危险的公理了。采纳这一公理,等于放弃了堤坝,让位给汹涌的歧见。"[70] 在正义不易把握的现世,康德的权利理论是值得提倡的,因其关注的重心,只在于个人在社会中能不能自由地发展。压制说或许不能穷尽处罚,但至少是有利于限制国家恣意、保障个人自由发展的。如果说在压制说的语境下,会出现不合法条文意而无法处罚的情况,那并不是压制说出了问题,而是整个立法布局出了问题,因此应当认为,所谓以处罚漏洞作为批评的理由,并不妥适。

四、强迫劳动罪的特别问题

为了防止精心构建的体系与实际情况脱节,从而忽视具体个案的特殊性[71],就应当在重构强迫劳动罪的规范内涵之后,将目光转移到本罪具体问题

---

[68] 参见同前注[3],第 20 页。
[69] 张明楷:《刑法分则的解释原理》(第 2 版)(上),中国人民大学出版社 2011 年版,第 216 页。
[70] 贝卡里亚:《论犯罪与刑罚》(增编本),黄风译,北京大学出版社 2014 年版,第 17 页。
[71] 参见克劳斯·罗克辛:《刑事政策与刑法体系》(第 2 版),蔡桂生译,中国人民大学出版社 2011 年版,第 6—7 页;参见平野龙一:《刑法的基础》,黎宏译,中国政法大学出版社 2016 年版,第 194 页。

的分析上。以下三个问题需要详细加以分析:第一,被害人特殊原因介入下强迫劳动行为的认定;第二,不作为强迫劳动的应对;第三,监狱中的强迫劳动。

(一)被害人特殊原因介入下的强迫劳动:强迫行为的判断标准

被害人特殊原因介入下的强迫劳动可分为两种:第一种是行为人在客观上不存在强迫劳动行为,而"被害人"却误认为自己受到了强迫;第二种是行为人的强迫行为一般而言具有压制效果,但由于被害人怯懦等原因,本应起到压制效果的强迫行为却对被害人没有起到任何作用,或者行为人的强迫行为一般而言不具有压制效果,但由于被害人特别顽强等原因,本来无法起到压制作用的行为却对被害人产生了压制效果。第一种情况根本不符合强迫劳动罪的构成要件,不必考察。第二种情况的问题在于,被害人自身的因素和行为人对被害人特殊情况的认识是否会影响强迫行为的认定?对此,理论上存在主观说、折中说与客观说三种学说,在被害人特别怯懦或特别顽强时会产生处理结果的不同。[72] 主观说认为,在现实中以玩具手枪即可压制被害人反抗的,行为人如已预见到这一点而行动,就成立强迫劳动罪。但主观说的疑问在于,玩具枪在客观上根本无法产生危险,因此不能将手持玩具枪威胁他人的行为认定为强迫。折中说认为,

> 原则上应按通常一般人所能抗拒的程度参酌认定,若行为人的行为在客观上虽堪认足使他人不能抗拒,但被害人并不因之发生畏惧或丧失抵抗力,而加抗拒者,则该行为仍可认定为该当本罪的强制行为;至若被害人的抵抗力虽未及通常的标准,但就其年龄、性别、性格、体能等因素,加以综合判断,足认其抵抗显有困难者,则行为人的行为虽在客观上并不足以使人不能抗拒,但亦可认定为该当本罪的行为。[73]

折中说的问题在于标准不统一,为何在被害人反抗力弱时以个人为准,而在被害人反抗力强时却以一般人为准?在具体案件中,如若被害人的反抗能力高于一般人,通常的强迫行为自是无法达到压制反抗的效果。既然没有效果,又因为压制效果是本罪既遂的必要条件,就不能认为行为人构成强迫劳动罪既遂。因此,理论上普遍采纳客观说,即应当客观判断强迫行为是否压制了被害人的反抗,而无须考虑行为人对压制反抗程度的认识或者被害人自身的感受。[74] 详言之,"是否达到了足以压制被害人的反抗的程度,取决于按照社会一般观念是否达到了该程度这一客观标准,而不应以具体案件中的被害人的主

---

[72] 参见黎宏:《日本刑法精义》(第2版),法律出版社2008年版,第419页。
[73] 林山田:《刑法各罪论》(修订5版)(上),北京大学出版社2012年版,第262—263页。
[74] 参见陈兴良、周光权:《刑法学的现代展开Ⅰ》(第2版),中国人民大学出版社2015年版,第478页。

观为标准来判断"。[75]

然而,这种通过社会一般判断来取代个案具体判断的主张,在特定情形下也不免存在疑问,首先,若就被害人而言,强迫行为确实未压制其反抗的,还能否顺利认定为既遂?其次,倘若行为人对被害人的怯懦存在特殊认知,明知只要用玩具枪即可压制其反抗,且在个案中也确实压制了被害人反抗的,为何不能认定为既遂?山口厚教授认为,第一种情况下,应当认定行为人成立犯罪未遂,因为被害人的反抗是否被压制本身就是客观说所考量的要素之一;第二种情况下,根据结果无价值的立场,行为人的主观不得影响实行行为的判断,因此只是故意的问题。"总之,暴行或者胁迫是否能压制被害人的反抗,判断时必须也考虑被害人的情况,行为人对这种情况的认识,与暴行或者胁迫本身是否具有压制反抗的性质这种判断无关,而是关系到行为人有无该认识。"[76]前田雅英教授从实行行为定型性的角度认为,是否存在暴力、胁迫行为应客观认定。即使有充分的故意,但手段欠缺定型性之轻度暴力与胁迫的,也不能认为符合构成要件。不过,如以客观的、一般的形式考虑被害人方面的情状,就要考虑被害人是否怯懦。[77]

本文赞同客观说对第一种情况的处理,即认定行为人构成未遂,反对客观说处理第二种情况的结论。换言之,应当认为行为人的特殊认知对于实行行为的判断至关重要,这与伤害血友病患者时行为人的主观认知是否重要的问题如出一辙。

> 其实,只要区分出一般的客观判断标准和具体(个别)的客观判断,答案即很明显。当行为人不知道被害人为血友病患者时,所谓的一般经验法则,即是一般而言,伤及腿部是否足以致死这个经验法则,但当行为人知道被害人为血友病患者时,据以判断因果关系的法则,即为一般而言,伤及血友病患者腿部,是否足以致死亡结果。所谓行为人的主观认知,是界定判断对象的要件之一,而不是判断的标准。[78]

同理,当行为人不知道被害人的怯懦或顽强等特别因素时,判断压制反抗与否的对象是不具有怯懦或顽强等因素的一般人,但是,当行为人知道被害人的特别因素时,判断压制反抗与否的对象就变成具有怯懦或顽强等因素的一般人。对象不同,结论当然不同。详言之,"强暴等行为方式的令人不能抗拒,是

---

[75] 同前注[62],第172页。
[76] 山口厚:《刑法各论》(第2版),王昭武译,中国人民大学出版社2011年版,第255页。
[77] 参见前田雅英:《日本刑法各论》,董璠舆译,台湾五南图书出版公司2000年版,第199页。
[78] 许玉秀:《主观与客观之间》,1997年自版,第10页。

因为这种手段对于生理与心理状态的瓦解能量太巨大"[79],当行为人特别认识到,只要通过更为轻度的行为就能瓦解被害人的生理与心理状态,从而选择社会一般认为不能压制反抗的手段,并在现实上压制了被害人的反抗时,当然能够承认这是一种强迫行为,因为这时被害人的因素已成为判断材料之一。综上,在判断强迫手段的压制程度时,原则上应以客观说为准。需要特别指出的是,行为人的特殊认知内容其实并不是主观恣意对客观判断的渗透,而只是客观判断的材料之一,因此,当行为人存在特殊认知时,应当将其纳入强制程度判断的考量之中。

(二)以不作为威胁实现强迫劳动罪的认定

所谓不作为的威胁,是指行为人通过不作为威胁的方式,实现对被害人的压制。详言之,倘若行为人完成某行为,则被害人的处境将变得更好;反之,倘若行为人不为该行为,则被害人的处境将向负面方向发展,行为人就是借此来威胁被害人,使其做自己所欲之事。比如,警察威胁已获得取保候审资格的被害人,若其不为自己做家务,那么就不给她办理取保候审手续。根据德国刑法学教授亨吉尔(Rengier)的总结,以不作为威胁实现构成要件的情况可分为三种:第一,行为人以不为法律要求的行为相威胁。亦即,行为人本有义务为法律要求的相应行为,但却以不为该行为相威胁,从而强迫被害人做自己所欲之事。比如,警察有义务抓捕犯罪者,但其却跟被害人说,如果不为其洗衣做饭,就不去实行抓捕。第二,行为人以不为法律允许的行为相威胁。换言之,行为人本没有做某种事的义务,但是如果做的话,将使被害人的境况好转。比如,学生甲为了申请某个岗位,需要一封知名教授乙的推荐信,而且也只有乙的推荐信才能起到作用,但是乙教授却威胁说,只有甲帮他完成课题,他才给甲写推荐信。在此,乙教授本没有给甲写推荐信的义务,但却可以通过写推荐信改善甲的境况,同时,乙教授写推荐信或者不写推荐信也都是为法律所允许的行为。第三,根据现状,行为人的不作为威胁并不会使被害人当前的利益丧失,倘若被害人拒绝,则不会发生任何不利之事。比如,出租车司机对还未上车的女乘客说,如果不帮他开车,那么就不会将她送到目的地。此时,如果乘客拒绝,最多只是不乘坐该出租车而已,她的境况并未因此变得更糟。[80]

对第一种情况而言,应当认为,这种行为符合威胁的构成要件。这是因为,行为人有义务为某种行为而不为,这已经属于违法行为。此外,被害人也有要求行为人履行义务的权利;倘若行为人不作为,则会使被害人本应享有的权利落空,从而导致其自由受到限制。举例言之,法律赋予每个人要求警察侦破犯

---

[79] 林东茂:《刑法综览》(第8版),台湾一品文化出版社2016年版,刑法分则第137页。
[80] Vgl. Rengier, *Strafrecht Besonderer Teil II*, 18. Aufl., 2017, §23. Rdn. 47ff.

罪、抓捕嫌疑人的权利,只有警察履行该义务,才能保证每个人的自由空间不受限缩;一旦警察拒绝履行该义务,那么每个人的自由将不受保障,在很多方面也就不再享有自由。同理,当行为人以不为有义务之事相威胁时,其实就是以侵犯被害人的权利相威胁,背后体现的是对自由的剥夺。因此,倘若以不为法律要求之事相威胁,从而强迫被害人劳动的,应当符合强迫劳动罪的构成要件。

第二种情况在德国理论上素有争议,于我国也有相当大的借鉴意义。详言之,

> 一部分司法判例与学者认为,只有当胁迫者有义务实施行为时,其以相应的不作为进行胁迫才能构成强制罪。因为若胁迫者原本就没有义务实施特定行为的话,被胁迫者也无权要求其实施该行为。此时胁迫者以不实施该行为相"胁迫",无异于为被胁迫者提供了一种额外的选择可能性:被胁迫者可以选择遵从胁迫者的意志,从而让胁迫者实施自己本无权要求其实施的行为。这里的"胁迫"没有干涉被胁迫者的意志自由,反而是扩大了其选择的余地与自由空间。[81]

与之相反,

> 较新的司法判例与另一部分学者则主张,只要行为人以不实施某种行为为内容的要挟足以驱使被害人遵从其意志,就应当构成胁迫。至于行为人是否有义务实施相应行为,则在所不问。因为究竟是以作为还是不作为相要挟,经常只是取决于行为人所采用的表述方式,二者间不应存在本质区别。[82]

应当认为,后一种观点是妥当的。这是因为,威胁行为的认定,应当以被害人具体的选择自由是否被剥夺为准。即使不作为的威胁不受法律的禁止,也不能成为剥夺他人选择自由的手段。比如,行为人威胁盗窃者,倘若为其做家务,就不再向警察告发。此时,虽然报案合法,但是行为人依然构成强迫劳动罪,因为其行为无论如何都剥夺了盗窃者选择劳动或者选择不劳动的自由。在这里,盗窃者的自由空间与选择余地并没有扩大,虽然可能增加了不被警察抓捕这一选项,但是劳动选择的空间却相应缩小。在强迫劳动罪的判断中,不能以其他方面自由空间的增加来否定劳动选择空间的缩小。同理,以告官相威胁强迫犯罪者劳动的,也同样构成强迫劳动罪。不能认为,行为人因使被害人获得了逃脱抓捕的机会,就可以理所当然地限制其选择劳动与不劳动的自由。换言之,不得将不同领域中的自由问题混为一谈,在判断自由是否遭到剥夺时应当逐个

---

[81] 同前注[63],第 105 页。
[82] 同前注[63],第 105 页。

进行。

就第三种情况而言,应当否定此种威胁行为属于强迫,判断标准依然是行为有没有剥夺被害人的选择自由。仔细观察可以发现,如果被威胁者拒绝威胁者的要求而不会发生任何不利后果,那么就意味着被威胁者的选择自由并未遭到剥夺。比如在前文所举的出租车案中,即使女乘客拒绝出租车司机的开车要求,其选择到达目的地方式的自由也并未遭到剥夺。[83] 再比如,行为人甲威胁同学乙,如果乙不帮甲送包裹,那么就不给他拷贝他想得到的文献。此时,不能认为甲构成强迫劳动,因为他的威胁行为根本没有剥夺乙选择劳动与选择不劳动的自由。即使乙拒绝为甲送包裹,也不会丧失获得文献的自由,他完全可以通过其他途径达到这一目的。因此,对于第三种情况,行为人的行为不符合强迫劳动罪的构成要件。

(三) 监狱中罪犯的劳动:刑罚执行的特殊预防目的与比例原则的限制

"监狱劳动,既是徒刑的内容,也是和服刑人的改造自新以及顺利重返社会所必要的改造指导、课程指导并列的矫正处遇的重要一环。"[84]我国《刑法》第46条规定:"凡有劳动能力的,都应当参加劳动,接受教育和改造。"《监狱法》第69条规定:"有劳动能力的罪犯,必须参加劳动。"第70条规定:"监狱根据罪犯的个人情况,合理组织劳动,使其矫正恶习,养成劳动习惯,学会生产技能,并为释放后就业创造条件。"另外,《监狱法》第71条至第73条还规定了罪犯从事监狱劳动的权益。从以上各条中,可以总结出以下几点:第一,劳动是监狱中罪犯的义务;第二,监狱劳动的目的是矫正罪犯,实现特殊预防;第三,罪犯劳动时的利益受到国家相关规定的保护。倘若仔细观察,即可发现罪犯的劳动与自由人的劳动主要有两点不同:其一,自由人有选择劳动还是选择不劳动的自由,而罪犯除特殊情况外,必须参加劳动,没有选择不劳动的自由;其二,自由人劳动的目的是换取生活资料,实现自我价值,但罪犯劳动的目的并不是换取生活资料,而是实现自我矫正。[85] 详言之,自由人遭到强迫劳动的本质是选择劳动还是选择不劳动的自由受到了剥夺,但由于劳动本就是罪犯的义务,因此罪犯自始就没有选择劳动还是选择不劳动的自由,而只能根据命令进行特定生产劳动。

如此一来,监狱劳动就与强迫劳动并无差别,前者其实就是公权力实行的强制劳动,然而为何强迫劳动罪在此却不适用于监狱中的监管者?一言以蔽之,就是由于正当化事由的存在。"在各种特定条件下允许犯罪的构成要件实现的诸个规范,则是正当化事由。正当化事由规定了(例外地)容许符合构成要

---

[83] 当然,倘若出租车司机将女乘客载至荒郊野岭处再提出要求,此时由于女乘客已经没有选择其他交通工具的自由,因此应当认定出租车司机的行为构成强迫。
[84] 大谷实:《刑事政策学》(新版),黎宏译,中国人民大学出版社2009年版,第244页。
[85] 有关监狱劳动的目的的各种学说,参见同前注[84],第244—245页。

件的举止的各种情形。"[86] 这里的正当化事由就是法令行为。"这是基于法秩序一致性而来的阻却违法事由,如果其他法令已经容许了某个行为,在制裁最为严厉的刑法,也应将其评价为合法的行为。"[87] 在监狱中,监狱管理者代表国家看管与矫正罪犯,背靠公权力依法执行各种监狱事务,监狱法则是强迫罪犯劳动的主要法源。如果监狱管理者滥用或者逾越了法律,那么就有可能构成强迫劳动罪,因为此时的执行者已经丧失了要求罪犯劳动的法律基础。以德国为例,德国《基本法》第 12 条第 3 项规定:"强制劳动仅于法院命令剥夺自由时,始得准许。"据此,"任何其他形态的劳动,无论本身就是刑罚或是以刑罚为基础,就很难依据宪法的文义加以正当化。因为,《基本法》第 12 条第 3 项也只提到'剥夺自由'时始许可强制工作。依一般法学见解,设施外的劳动根本上就不是剥夺自由,至多是'限制自由'"。[88] 虽然在德国亦有观点认为,应当对《基本法》第 12 条第 3 项作目的解释,即"在限制自由的劳动正好能避免受判决人入狱时,不剥夺自由的劳动刑罚,'更是'被宪法所准许"[89],但必须承认的是,无论如何理解《基本法》第 12 条第 3 项,都不得无视该规定而径行强迫犯罪者劳动。

在具体执行监狱法关于劳动的规定时,与其他法令行为相同,执行者必须受到特殊预防目的与比例原则的双重限制,如若不然,将有构成强迫劳动罪的可能,因为突破法令限制的行为并不具有合法性基础,也就不能作为违法阻却事由使执行者出罪。

第一,监狱管理者强制罪犯履行劳动义务的目的必须是为了矫正罪犯,从而实现特殊预防,使之重返社会时能够有一技之长。[90] 我国古代的刑罚中虽然也有劳动的内容,如秦汉时的城旦舂,受刑者"昼日伺寇虏,夜幕筑长城"[91],但是这种劳动即是刑罚的制度其实并不包含矫正的内容,只是为惩罚而惩罚。晚近以来,在德国刑法学家李斯特的倡导下,目的刑思想进入了刑罚制度的视野[92],至今已成为现代刑事法治社会的标志之一。[93] 目的刑又分为一般预防

---

[86] 乌尔斯·金德霍伊泽尔:《刑法总论教科书》(第 6 版),蔡桂生译,北京大学出版社 2015 年版,第 152 页。

[87] 林钰雄:《新刑法总则》(第 5 版),台湾元照出版公司 2016 年版,第 275 页。

[88] Kerner:《德国刑事追诉与制裁》,许泽天、薛智仁译,台湾元照出版公司 2008 年版,第 87 页。

[89] 同前注[88],第 87 页。

[90] 参见鲁辛·摩林主编:《论监狱教育》,李引、徐学榘译,黑龙江教育出版社 1990 年版,第 37 页。

[91] (清)沈家本:《历代刑法考》,邓经元、骈宇骞点校,中华书局 1985 年版,第 289 页。

[92] 参见李斯特:《论犯罪、刑罚与刑事政策》,徐久生译,北京大学出版社 2016 年版,第 1—41 页。

[93] 参见张明楷:《责任刑与预防刑》,北京大学出版社 2015 年版,第 44 页。

与特殊预防,劳动矫正即属于后者,因为"因犯参与劳动的本身并非是目的。它应该是为囚犯一旦重获自由之后的生活作这种准备……不应把囚犯参与劳动作为惩罚,或者是为了降低监狱开支费用;应该视囚犯参与劳动是他们重返社会的一种因素"。[94] 可见,监狱劳动的正当化根据应在于实现对罪犯的特殊预防,使之未来能够更好地回归社会,我国《监狱法》第70条的思想即来源于此。相反,如果监狱劳动的目的不是特殊预防,而是为了经济收益、折磨罪犯或为管理者"做私活",那么就不仅背离了矫正目的,而且也会违反实证法的规定。

第二,监狱劳动应符合比例原则,手段不得超出特殊预防的目的。既然监狱劳动的正当化来源是法令行为,行使的是国家的公权力,那就应当符合公法中的比例原则。所谓比例原则,是指在公权力行为的手段与目的之间,应存在一定的比例关系,在达到目的的所有手段中,应选择最缓和的手段,并以侵犯权利最小的方式为之。[95] 比例原则又可分为三个子原则,即适当性、必要性与均衡性。[96] 所谓适当性,是指手段的选择必须能实现欲达到的目的。比如在挪威,"许多监狱,特别是老旧的监狱,给予囚犯的工作大多毫无意义,如将广告传单装入信封,或是折叠烟草盒子"。[97] 这样的劳动除纯粹消耗罪犯的精力外,根本无法矫正罪犯,故不符合适当性原则。所谓必要性原则,是指权力的行使以达到目的为限,不得过分侵犯执行对象的权利。比如,由于每个罪犯的情况千差万别,不可一概而论,因此根据矫正的个别化原则[98],应当针对每个罪犯的具体情况,分别制定最妥当的矫正方式。[99] 只有在个别化的前提下,才能真正符合必要性原则,因为必要性原则是在每一次个别的权力行使中发挥作用的。所谓均衡性原则,是指公权力行使时所产生的侵害,不得超过欲达到的目的的价值。比如,就罪犯甲的情况而言,每日劳动6小时即为已足,但执行者却想"揠苗助长",强行让甲每日劳动10小时,终致甲积劳成疾,久治不愈。此时,监狱劳动的手段与目的就产生了不均衡。由此可见,倘若监狱劳动的手段违背了比例原则,那么执行者就将丧失执行法令行为出罪的合法性基础,从而有可能构成强迫劳动罪。

---

[94] 汉斯·约阿希姆·施奈德:《犯罪学》,吴鑫涛、马君玉译,中国人民公安大学出版社1990年版,第911页。
[95] 参见陈新民:《行政法学总论》(修订7版),2000年自版,第81页。
[96] 同前注[95],第82页。
[97] 托马斯·马蒂森:《受审判的监狱》,胡蕤如译,北京大学出版社2014年版,第25页。
[98] 犯罪教育的不同形式,参见郭明:《中国监狱学史纲》,中国方正出版社2005年版,第277页。
[99] 参见川出敏裕、金光旭:《刑事政策》,钱叶六等译,中国政法大学出版社2016年版,第131页。

五、结语

在汗牛充栋的刑法文献里,强迫劳动罪的地位或许微乎其微,就算在德国,该罪在司法实践中也只是扮演着边缘角色,起的更多是象征作用[100],但这一微小的罪名所牵涉的刑法学问题,甚至法哲学问题,却纷繁复杂。仅拿法益来说,所谓劳动自由或劳动权,与其说是一个刑法问题,不如说是一个宪法问题、劳动法问题、国际法问题,甚至是一个法哲学问题。从司法实践以观,或许在大数据上,强迫劳动的判决相较于盗窃、诈骗等可谓少之又少,但若将目光聚焦于活生生的个体,是否那些以强迫劳动罪起诉的被告就那么不值一顾?据中国裁判文书网的数据显示,从2005年1月到2018年11月,有关强迫劳动罪的一审案件共有139起[101],由于共同犯罪,涉案者更是不止139人,裁判标准哪怕稍加变动,出入罪者就会随之不同。

当务之急是强迫劳动罪法益的确定和实行行为的认定。在法益的重构过程中,采纳以康德权利理论为哲学根基的劳动自由说,可以为劳动权寻得坚实的实质法基础,又可以使之在司法适用中发挥刑法理论应有的功用。由于劳动自由说对法益的重构,可以当然推出,唯有完全剥夺被害人选择劳动还是选择不劳动的自由的行为,才是强迫劳动罪的实行行为,亦即,只有压制说才是本罪实行行为的归宿,从而满足法治国家刑法的诉求。缓和说的价值基础在于防卫社会,而非人权保障,因此在以预防为目的的《治安管理处罚法》或《劳动法》的相关规定中,可以得到提倡。在实践层面上,在判断强迫行为是否压制被害人反抗时,应以客观说为准,但应注意的是,行为人的特别认知也是客观说的判断材料之一。在判断不作为威胁是否符合强迫的构成要件时,应当分情况进行处理,根本标准依然在于,行为有没有剥夺被威胁者选择的自由。在监狱劳动中,罪犯的劳动义务本身就是公权力实行的一种强迫劳动,之所以执行者不为罪,是因为作为违法阻却事由的法令行为的存在。然而,倘若执行者在执行法令的过程中,偏离了监狱劳动的特殊预防目的或者违反了公法的比例原则,那么就会丧失执行法令行为的合法性基础,从而将会构成强迫劳动罪。

(审校编辑　邵博文)

---

[100]　Vgl. Renzikowski,(Fn. 58),§232b Rn. 6.

[101]　全文检索:强迫劳动罪,http://wenshu.court.gov.cn,最后访问日期:2018年11月7日。

废除《人权法案》与退出《欧洲人权公约》：英国普通法法理能否有效保障基本权利？

范继增*

Abolition of the *Bill of Rights* & withdrawl from the *European Convention on Human Rights*: Can British Common Law Jurisprudence Effectively Protect Basic Rights?

Fan Jizeng

内容摘要：英国的普通法体系在保障基本权利领域具有独特性和传统性。尽管英国的普通法体系具有保障和承认个人权利的传统，但是普通法对于基本权利的定义不同于现代大陆国家的宪法概念。普通法的核心是维护个人私人利益和公共利益的理性平衡，而欧洲大陆宪法权利的核心是承认基本权利保障的优先性。1998 年英国通过的《欧洲人权公约》部分改变了英国传统的司法体制，要求法院在审判过程中须与人权公约和人权法院的判决标准尽可能保持一致。这改变了英国法官的传统法理思维。部分法官和政党领袖认为外来的人

---

* 法学博士，四川大学法学院特聘副研究员。

本文系 2018 年中央高校基本科研业务费（法学）"司法审查下的直接民主：当代宪法治理模式下宪法法院制约制宪权与限制全民公决权研究"（2018fxyj-02）的阶段性成果。作者特别感谢北京大学李红海教授、中国人民大学石佳友教授、中南民族大学张颖军教授、中国社会科学院国际法所郝鲁仪副研究员等同仁的评论、意见和建议。

权公约危害了传统的普通法自治和议会至上的主权结构,要求废除《人权法案》和退出《欧洲人权公约》,制定符合英国国情的《不列颠人权法案》。然而,一方面,受到政治影响和以普通法为标准的《不列颠人权法案》具有降低国内人权保障的风险,普通法本身无法对新兴权利和社会诉求提供快速和动态的保障;另一方面,废除《人权法案》或退出《欧洲人权公约》会增加国家和个人的诉讼成本并会受到其他公约缔约国的质疑。

关键词:普通法 基本权利 欧洲人权法院 《欧洲人权公约》 镜像原则 司法对话

2016年年底,英国前首相特蕾莎·梅指出保守党将致力于在2020年前退出《欧洲人权公约》。[1]《人权法案》决定将《欧洲人权公约》和欧洲人权法院(以下有时简称为"人权法院")的判决并入到英国国内法律体系后,民众与学者一直担忧传统的议会与司法主权会面临域外欧洲法的挑战。Hirst II案的判决结果导致英国立法机构和人权法院矛盾的总爆发。人权法院认为英国立法不加区别地剥夺所有被监禁刑事犯人的投票权违背了人权公约规定的国家义务。[2]

英国保守党在2006年就着手制定了企图废除《人权法案》的计划。[3] 保守党认为现有的《人权法案》授权法官在审理国内案件时考虑人权法院相关判决以及允许法官通过"合约性解释"(consistent interpretation)的方法调和国内法与《欧洲人权公约》冲突的规定违反了"议会至上"的主权原则,因此,主张在废除《人权法案》的基础上制定一部以恢复普通法传统和保障议会主权为核心的《不列颠人权法案》;对外主张缔约国法院享有优先解释和适用公约的权利,并且限制人权法院受理案件的范围。[4] 部分保守党员要求英国政府完全退出

---

[1] Theresa May "will campaign to leave the European Convention on Human Rights" in 2020 Election (Independent, 29 December 2016), at http://www.independent.co.uk/news/uk/politics/theresa-may-campaign-leave-european-convention-on-human-rights-2020-general-election-brexit-a7499951.html. (last visited on Apr. 12, 2017).

[2] Hirst vs. UK, appl no. 74025/01, judgment 08 April 2004. 注:欧洲人权法院的判决现今都已经上网,为了便于援引,欧洲人权法院的判决(尤其是在欧洲出版的期刊)都已经变成"个人vs.国家"的模式,例如,A, B & C vs. Ireland, appl no. 25579/05, judgment 16 December 2010, para.233(主体vs.国家,案件号,判决时间,具体段落)。为方便读者或者编辑到相关的欧洲人权法院案例库区进行查找,本文以该格式作为相关案例引证格式(案例库地址 https://hudoc.echr.coe.int.),特此说明。

[3] Cameron calls for repeal of Human Rights Act. (Guardian, 12 May 2006), at https://www.theguardian.com/politics/2006/may/12/immigrationpolicy.immigration. (last visited on Apr. 14, 2017).

[4] Sarah Lambrecht, "Reforms to Lessen the Influence of the European Court of Human Rights: A Successful Strategy?", European Public Law, vol. 21, no. 2, 2015, pp. 273-274.

《欧洲人权公约》。[5] 戴维·霍普(David Hope)法官指出废除《人权法案》但不退出《欧洲人权公约》将很难完全实现英国普通法的自治性。[6]

部分英国法官认为废除《人权法案》或者退出《欧洲人权公约》不会对英国人权保障产生实质性影响。在当下的普通法复兴理念中,法官在判决中逐渐开始突出普通法优越于《欧洲人权公约》的地位。韦彦德(Robert Reed)法官在Osborn案的判决中指出,"《人权法案》并未超越英国国内普通法和制定法设置的人权保障标准,也没有依据欧洲人权法院的判决建构一套新的法律体系。人权是由国内法所保障,只有在适当的时候国内法才按照《人权法案》解释与发展"[7],所以英国法院不能将《欧洲人权公约》的保障标准视为红宝书。

本文将通过系统性的方法检验英国普通法体系对基本权利保障的能力和效果。从案例分析和比较法视角分析英国普通法体系保障基本权利的途径、方法、效果以及英国法院与欧洲人权法院在法理中的差异。笔者首先研究英国普通法体系保障基本权利的历史特征,以及普通法体系是否承认宪法的基本权利,其次从实证和案例分析视角探讨《人权法案》对英国宪法体系和结构的影响,最后探讨《不列颠人权法案》能否弥补英国退出《欧洲人权公约》后基本权利的法理真空。

一、英国普通法体系与基本权利保障

笔者需要以立宪主义与法治相结合的视角为切入点分析英国普通法与基本权利保障的关系:在缺乏成文宪法的条件下,英国法院需要从合法性原则、理性原则以及程序正义视角审查公权力机构的行为是否侵犯了公民基本权利。[8] 公权力的行使方式和对个人权利和义务影响的合法性必须根源于议会

---

[5] Roger Mastermann, "The United Kingdom: From Strasbourg Surrogacy toward a British Bill of Rights", in Patricia Popelier, Sarah Lambrecht and Koen Lemmens (eds.), *Criticism of the European Court of Human Rights*, Intersentia, 2016, p. 464.

[6] Brice Dickson, "Repeal the HRA and Rely on the Common Law", in Katja S. Ziegler, Elizabeth Wicks & Loveday Hodson (eds.), *The UK and European Human Rights: A Strained Relationship*, Hart Publishing, 2015, p. 117.

[7] *R vs. Parole Board* [2013] UKSC 61, para 57. (早期,欧洲人权法院的判决援引有两种方式,分别是 *S. A. S vs. France* [2014] ECHR 695 和 *S. A. S vs. France* XXX EHRR XX 模式,但是随着网络资源的普及,目前欧洲人权法院的判决普遍用上一段的模式。英国法院的判决比较特殊,援引案例的方式和来源也很多。例如本文中的 UKSC 是 UK Supreme Court, WLR 是 Week Law Report, AC 是 Appeal of Court, KB 是 Court of King Bench, QB 是 Court of Queen Bench, HCA 是 High Court of Australian,即澳大利亚的高等法院的援引和缩写;CLR 是 Commonwealth Law Report。这些内容和援引模式通常是牛津(Oxford)出版物援引英国和其他普通法国家的判决模式。故本文以该格式作为相关案例引证格式,特此说明。)

[8] Geranne Lautenbach, *The Concept of the Rule of Law and the European Court of Human Rights*, Oxford University Press, 2013, p. 25.

直接的立法或者间接的授权，国家议会的决定是最高主权的源泉。[9] 法院是保障个人权利最为重要的机构，通过以合法性原则为基础的判例法的发展，逐渐完善对基本权利的保障。[10] 尽管议会通过的法律具有至高无上的地位，但无权对后续的议会立法效力形成制约。[11] 虽然当下的英国最高法院在《人权法案》框架下拥有有限的司法审查权，但是在议会至上的框架下法院无权宣布某一部立法无效。当议会不满最高法院的决定时，立法权威可以通过政治途径消除法院判决的影响。

普通法发展的根基是英国法院在具体判决中的释法活动。尽管不能完全排斥自由和公正等抽象性法律价值的诞生，但英国的普通法体系不承认个人享有对抗国家的现代性宪法权利。例如，何熙怡大法官（Lady Hale）就将英国普通法与《欧洲人权公约》的差异归结为"英国人不知道享有对抗国家的权利"[12]。普通法并非缺乏人权保障的历史。布莱克斯通撰写的《英格兰法评注》(Commentary on the Law of England)列举了普通法保障个人权利的清单，并将保障个人的绝对权利视为社会的首要目的。

近代实证法对自然法的批判影响了英国普通法走向。边沁将自然权利描述为"无意义的存在"，并批判人权是"空中花园"（nonsense of stilts）。[13] 自由主义者洛克将对抗国家的自然革命权视为特殊的政治状态，将"自由"定义为人民获取机会和维护社会稳定的方式。密尔将个人自由的前提设定为权利行使人不得危害他人的权利。从历史的角度分析，英国的自由理念源于对王权的限制，而并非立法赋予个人直接的主观权利。因此，尽管部分学者将《自由大宪章》视为人权保障法的起源，但是大宪章的本质体现为限制王权的"法治"精神。显然，这与现代立宪政体直接赋予民众基本权利的模式不相符合。在《人身保护令》的框架下，"自由"是表达人民享有实体或者程序性权利，而非通过现代性"人权"词语的概念争取扩张法定权利的范围。[14] 1628年的《权利请愿书》以尊重法定程序的方式有限地保障公民的财产权和人身权；1689年《权利法案》

---

[9] William Wade & Christopher Forsyth, *Administrative Law* (10th edition), Oxford University Press, 2009, p. 17.

[10] Albert V. Dicey, *Introduction to the Study of the Rule of Law of the Constitution*, Macmillan Education, 1959, p. 199.

[11] Lucas Prakke, "The United Kingdom of Great Britain and Northern Ireland", in Lucas Prakke & Constantijn Kortmann (eds.), *Constitutional Law of the 15 EU Member States*, Kluwer, 2004, p. 878.

[12] Lady Hale, *What's the Point of Human Rights?* (EIN, 4 December 2013), at https://www.ein.org.uk/news/lady-hale-whats-point-human-rights (last visited Dec. 11, 2017).

[13] Jeremy Bentham, "Anarchical Fallacies", in Ross Harrison, *Selected Writings on Utilitarianism*, Wordsworth Edition, 2000, p. 405.

[14] Brice Dickson, *Human Rights and the United Kingdom Supreme Court*, Oxford University Press, 2013, p. 19.

将光荣革命取得的政治成果合法化,限制国王剥夺财产与处罚民众的权力以及维护议会的权威。[15] 因此,17世纪的英国立法侧重限制国王权力和维护法治,并不属于直接赋予民众权利的典范。迈克尔·弗里曼(Michael Freeman)指出"《自由大宪章》并不是对已有英国法的梗概,而是一部在特定政治背景下建立的法律。它的目的是对特殊的抱怨提供法律救济。因此,它不是一部英国人民的权利宪章,更不能称之为人权。"[16]

在《人权法案》生效前,英国大学法学院缺乏人权法的课程与专业教科书。法学课程更多是教授法律技术和程序运作,很少涉及人权价值领域。即便英国普通法体系下的侵权法承担保障个人基本权利的功能,但是与欧洲大陆法系不同,英国法院不是依靠生命权、自由权或者财产权等权利条款审查公权力行为的合法性,而是依靠程序公平标准检验政府行为是否违反普通法的标准。反对基本权利法典化的澳大利亚籍法官戴森·艾顿(Dyson Heydon)认为,《人权法案》会导致英国法院摧毁普通法的确定性,不断创造立法规则。[17]

(一)英国普通法体系是否承认宪法权利?

1770年英国首相老皮特在议会演讲中将《自由大宪章》《权利请愿书》和《权利法案》视为"英国宪法的圣经"。[18] 但是,在英国很长的历史中,"宪法"专指国王批准的法律。尽管1688年的光荣革命后,"宪法"在英国法律语境中特指与政府统治相关的基本规则,但是"宪法"条款无法具有最高的法律权威,因此不属于现代意义的宪法概念。[19] 近代英国学者戴雪将"宪法"解释为"定义主权享有者的一切规则,调整主权享有者间的关系,决定主权以及行使主权的模式"[20],但是英国法学家布莱克斯通始终不了解为什么支持革命宪法的欧洲人赞同在立法权之外存在更高的制宪权威(pouvoir constituant)。[21]

---

[15] Giuseppe F. Ferrari, La libertà e i diritti: categorie concettuali e strumenti di garanzia, in cura di Paolo Carrozza, Alfonso Di Giovine & Giuseppe F. Ferrari, *Diritto constituzionale comparato*, Laterza, 2009, ff. 1013-1015.

[16] Michael Freeman, *Human Rights: An interdisciplinary approach*, Polity, 2002, p. 17.

[17] Dyson Heydon, "Are Bill of Rights Necessary in Common Law System?", *Law Quarterly Review*, Vol. 130, no. 7, 2014, pp. 408-409.

[18] Carolyn Harris, *The Magna Carta* (Magna Carta 2015 Canada), at http://www.magnacartacanada.ca/the-magna-carta/ (last visited Jun. 11, 2019).

[19] Dieter Grimm, "Types of Constitutions", in Michel Rosenfeld & Andras Sajó (eds.), *The Oxford Handbook of Comparative Constitutional Law*, Oxford University Press, 2013, p. 101.

[20] *Supra* note [10], pp. 22-23.

[21] Stephen Holmes, "Constitutions and Constitutionalism", in Michel Rosenfeld & Andras Sajó (eds.), *The Oxford Handbook of Comparative Constitutional Law*, Oxford University Press, 2013, p. 207.

相比于政治家的说辞和学者的观点,司法判决是落实普通法权威和塑造法律的直接来源。[22] 布莱克斯通曾说道:"普通法源于法院报告或者判决和历史流传下来的英国法官们专业性和富有学识的理由。"[23]但是,部分英国法官也受到来自欧洲大陆、美国甚至以色列 *Migdal* 案[24]判决模式的影响,希望在普通法系内建立成文法国家的宪法定义,选择出相关重要的法案作为英国宪法,并且赋予其审查议会其他立法的最高效力。

在 *Thoburn* 案[25]的判决中,约翰·劳斯(John Laws)法官依照现代宪法的实质要素[26]从议会的立法中选择宪法性的法案,并试图赋予其高于一般议会立法的效力。劳斯将"宪法法案"定义为两个要素:(1)以整体框架结构的方式规定国家与个人之间的法律关系;(2)会导致扩大或者缩小基本权利的立法。因此,他将《自由大宪章》《权利法案》《联盟法案》《欧共体法案》《人权法案》《苏格兰法案》以及《威尔士政府法案》确定为英国本土的宪法。[27] 尽管劳斯大法官认为不能以修改普通法案的方式"改变或者剥夺"宪法法案确认的基本权利和地方关系制度[28],但是由于议会在英国宪制中享有最高的主权地位,所以无法将大陆法系宪法最高权威的理念直接移植到普通法,只能通过程序性审查的方式限制"后法优于新法"的适用。[29] 而在先前的 *Simms* 案的判决中,贺辅明

---

[22] Hazel Genn, *Common Law Reasoning and Institutions*, Stewart House, 2015, p. 15

[23] William Blackstone, *Commentaries on the Laws of England in Four Books*, Introduction Sec. 3 (The Online Library of Liberty), at http://files.libertyfund.org/files/2140/Blackstone_1387-01_EBk_v6.0.pdf, p. 60 (last visited Jun. 11, 2019).

[24] see Suzie Navot, "Israel: Creating a Constitution—The Use of Foreign Precedents by the Supreme Court (1994-2000)", in Tania Groppi & Marie-Claire Ponthoreau (eds.), *The Use of Foreign Precedents by Constitutional Judges*, Hart Publishing, 2013, p. 133.

[25] Thoburn vs. Sunderland City Council [2002] EWHC 195 Admin, [2003] QB 151, para. 62.

[26] 王世杰:《比较宪法》,武汉大学出版社 2013 年版,第 4—5 页。王世杰先生将规定个人的权利与义务,国家最重要的机关组织和关系,宪法之改变作为现代成文宪法的实质内容;Cfr Mark Tushnet, "Constitution", in Michel Rosenfeld & Andras Sajó (eds.), *The Oxford Handbook of Comparative Constitutional Law*, Oxford University Press, 2013, p. 217.《法兰西学术词典》对现代成文宪法的定义为:"宪法是成文或者习惯形成的基本法之汇编。这些法律不仅决定了政府的构成,同时也规定了公民的政治权利。"

[27] Giuseppe Martinico & Oreste Pollicino, *The Interaction between Europe's Legal System: Judicial Dialogue and The Creation of Supranational Law*, Edward Elgar, 2012, p. 120.

[28] John Laws, "Constitutional Guarantees", *Statute Law Review*, vol. 28, no. 1, 2008, pp. 1-2.

[29] Thoburn vs. Sunderland City Council [2002] EWHC 195 Admin, [2003] QB 151, para. 63. 劳斯法官指出"法院将以此方式检验推翻宪法法案(constitutional act)和改变议会立法规定的基本权利是否有效:必须考虑立法机关是否具有真实的意图——而不是推定或者假设——去推翻或者减损基本权利的范围。我个人认为只有在后(制定)法中明确地说明或者通过特定的语言表明立法者希望立法结果发生具有不可更改的意图时才算通过测试。"

(Leonard Hoffmann)法官甚至激进地要求仿照成文宪法国家模式建构以基本权利为核心,审查一切议会立法的宪法审查机制。[30]

尽管在脱欧前英国上院不否认欧盟法在英国法律体系中具有优先适用性,但是劳斯大法官建立宪法审查制度的企图并未得到英国上院其他法官的同意。从 Thoburn 案以后的判决分析,英国普通法体系既没有产生"宪法审查"程序,也没有对英国普通法体系是否应该存在"宪法权利"达成共识。在 ProLife Alliance 案的判决中,劳斯大法官将法院描述为"为政治辩论提供民主制度下宪法保障的最后守卫人"并认为此观点"符合近年来普通法承认基本权利和宪法权利的一般性认识"[31]。然而,英国上院推翻了上诉法院的判决。李启新大法官(Donald Nicholls)严格依据议会至上的宪法体系指出:"上诉法院不具有在政治言论表达权和保护民众免受不适当信息权之间做出平衡的权力。议会立法已在相对抗的利益间形成平衡。"[32] 2011 年,英国最高法院院长廖柏嘉(David Neuberger)告诫自己的同事:"有些人认为议会不再享有主权,而国内外的法院才真正控制国家的观点是错误的……我们不能忘记无论如何发展和适用法律,我们都不能在解释法律的过程中违背立法者的意志"[33]。

而在 Cullen 案和 Watkins 案判决中,多数法官反对给予特定权利超越一切立法的宪法性地位。阿兰·罗格(Alan Rodger)大法官在 Cullen 案的判决中质疑约翰·斯坦恩(John Steyn)和汤姆·宾汉姆(Tom Bingham)将获得律师帮助权视为宪法权利。罗格认为宪法权利应在英国全境具有统一的法律标准,但是获得律师帮助权不符合此前提。[34] 上诉法院在 Watkins 案判决中认为当事人只要能够证明宪法权利遭到损失就可以直接获得赔偿。然而,英国上院却否决了该法院的判决。罗格法官指出"不能简单地确认某些权利是'宪法权利'或者由'宪法性制定法'规定就可以获得其他法律权利不具备的特权地位"[35]。然而,罗格法官反对将部分的普通法权利赋予特权地位,但是不反对1998 年的《人权法案》赋予"《欧洲人权公约》成为英国法的一部分,并且公约权

---

[30] R vs. Secretary of State for the Home Department, ex parte Simms [2000] 2 AC 115, 131 F-G. "在缺乏明确的立法语言或者必要反对的情况下,法院以此条件可以合理推测议会使用抽象性立法语言要受到个人权利规范的审查。在这种情况下,即便英国具有议会主权的宪法特征,英国各级法院行使违宪审查权的方式与宪法已经明确规定立法需要宪法限制的其他国家并无两样。"

[31] R vs. BBC [2002] EWCA Civ 297, [2004] 1 AC 185, 191, para. 36.

[32] Id., para. 16.

[33] Anita Davis, Who are the Master Now? (UKSC Blog, 10 April 2011), at http://ukscblog.com/who-are-the-masters-now/ (last visited Jun. 11, 2019).

[34] Cullen vs. Chief Constable of the Royal Ulster Constabulary [2003] 1 WLR 1763, para 18.

[35] Watkins vs. Secretary of State for the Home Department [2006] UKHL 17, [2006] 2 AC 395, para 63.

利在英国法中具有宪法性地位"[36]。

(二)普通法秩序确认和保障基本权利的路径

在历史发展过程中,英国普通法的主要功能是保障民事领域中的个人财产权和刑事领域中的人身自由权。[37] 法院在审判过程中通常以原告具体的诉讼请求为出发点确立对当事人的保障标准,从而摆脱了抽象性法典的限制。尽管立法机关希望通过法典化的方式将其意志贯彻到法律实施过程中,但是法院依旧可以通过理性的解释方式重新塑造法律条文的含义或者设定实施法律条文的正当程序。法律不是立法者意志的简单反映,而应该代表专家、职业群体联盟和公共媒体对重要问题的思考以及他们应当给予立法者的意见。因此,罗斯科·庞德(Roscoe Pound)认为"相比于立法的缺陷,法官造法的缺陷则不明显"[38]。

一方面,随着欧洲民主制度的确立和基本权利保障的普遍化,英国法院从本土已有的立法资源出发,逐渐承认获得法庭救济、表达自由、宗教自由、参与民主进程、平等对待权与公平审判权都属于英国普通法中的基本权利,甚至法官认为部分基本权利具有绝对性。[39] 另一方面,普通法开放性地承认国际人权公约尚未包括的自然正义和法律职业特权。斯坦恩法官指出"《欧洲人权公约》不能穷尽我们普通法保障的基本权利"[40]。但是,普通法框架下的基本权利具有鲜明的层次性——与法律诉讼制度紧密联系的财产权、人身自由权以及获得法庭救济权依旧处在核心地位,而隐私权、表达自由和宗教自由处于较为次要的地位。[41]

诚然普通法的开放性和灵活性能够使英国法官通过能动性说理途径不断发展普通法权利体系,但是缺乏成文宪法权利规范会导致司法确定性的丧失。一方面,个人化的意见和历史环境会影响普通法下基本权利的塑造。布利斯·迪克森(Brice Dickson)指出英国普通法早期容忍对犯罪嫌疑人有限度的酷刑[42],直到1988年英国议会批准《联合国反酷刑公约》后才在1988年《刑事

---

[36] *Watkins vs. Secretary of State for the Home Department* [2006] UKHL 17, [2006] 2 AC 395, para 64.

[37] Benedict Coxon, "Human Rights at Common Law: Two Interpretative Principles", *Statute Law Review*, vol. 35, no. 1, 2014, p. 40.

[38] Roscoe Pound, "Common Law and Legislation", *Harvard Law Review*, vol. 21, no. 6, 1908, p. 383.

[39] Robin Cooke, "The Road Ahead for the Common Law", *International and Comparative Law Quarterly*, vol. 53, no. 2, 2004, pp. 276-277.

[40] *R vs. Secretary of State for the Home Department* [2003] UKHL 36, [2004] 1 AC 604.

[41] *Supra* note [37], p. 41.

[42] *Supra* note [14], p. 129.

审判法案》中增设了反酷刑罪。另一方面,普通法中的基本权利定义、价值认识、保障标准和规范内容与《欧洲人权公约》存在明显差异。[43] 此外,由于普通法是伴随时代发展不断变动的活法,所以"一个时代的基本权利在另一个时代就可能会失去其重要性地位"[44]。例如,随着保障公共利益思潮的兴起,普通法对个人行使财产权的限制逐渐增多。

在 1998 年《人权法案》生效前,英国后座法院(Queen Bench Court)通过司法审查的方法约束一切公权力行政机关对个人自由的干涉。[45] 审查途径包括合法性原则、理性原则(合理性原则)和程序公正原则。

合法性原则源于普通法的"越权无效原则"(Ultra Vires)。法官有权在具体的案件中审查制定法授权的公权力机构的行为是否具有合法性。[46] 然而,直到 20 世纪 90 年代,英国法院才逐渐适用合法性原则审查立法是否会侵犯个人权利。劳斯法官在 Witham 案判决中认为"除非议会立法明确地说明或者立法已经明确授权某个规章具有废除前法的效力,否则法律权利依据有效"[47]。

尽管议会是政治运行中的主导力量,但是法院可以通过释法的方式限制公权力部门实施议会授权立法的方式和结果。尼古拉·布朗—威尔金森(Nicolas Browne-Wilkinson)法官在 Ahmed 案中指出:"被授权机关行使议会以一般性方式授予的权力并不意味着其有权侵犯英国法律原则和法律赋予公民的法律权利,除非议会立法的授权明确反映了议会的上述意图。"[48] 贺辅明法官在 Simms 案中激进地认为在民主社会下合法性原则不仅能制约行政机关和审查被授权立法,同时议会立法本身也必须受到合法性原则的限制。[49] 贺辅明法官的真实意图是将合法性原则塑造为英国不成文宪法体系中的最高司法价值。通过司法解释和途径间接审查议会立法和授权行为,从而提高最高法院在英国政体中的地位,为司法机构限制议会主权提供合法性的法理基础。

---

[43] Mark Elliot, "Beyond the European Convention: Human Rights and the Common Law", *Current Legal Problem*, vol. 68, no. 1, 2015, pp. 87-88.

[44] *Malika Holdings Pty Ltd vs. Stretton* [2001] HCA 14, 204 CLR 290, para. 28.

[45] *R vs. H.M the Queen in Council, ex parte Vijayatunga* [1988] QB 322, 343 E-F.

[46] Michael Fordham QC, *Common Law Rights* (Blackstone Chambers), at https://www.blackstonechambers.com/documents/215/Common_Law_Rights (last visited Jun. 12, 2019).

[47] *R vs. Lord Chancellor, ex parte Witham* [1998] QB 575, 581 E-F.

[48] *A vs. HM Treasury* [2008] EWCA Civ 1187, [2010] 2 AC 534, para. 46.

[49] *R vs. Secretary of State for the Home Department, ex parte Simms* [2000] 2 AC 115, 131 F. "议会主权可能会导致议会按照自身通过立法违反人权的基本原则。……议会对基本权利的限制属于纯粹的政治行为,不具有合法性。但是,合法性原则意味着议会必须要直面自己的所作所为并且接受该行为的代价。不能以抽象或者模糊的语言侵害基本权利。这是因为以民主方式无意识地通过含义模糊的法案将会带来巨大的风险。在缺乏明确的语言或者立法相对应的必要含义的情况下,法院有权依据个人基本权利保障标准审查每一个议会立法所包含的词汇。"

显然,民选议会很难以"特定、明确且详细的条款"[50]方式废除已存在的法定权利。即便采用"必要之含义"的审查标准,法院也会严格地在明确的制定法规背景下寻找"必要之含义",而非简单推测议会立法"合理或可能之含义"。[51]因此,将合法性原则上升为法治核心原则无疑会赋予法院制约议会的权力。Simms 案判决无疑是一场"静悄悄的宪法革命"。劳斯法官显然也认同贺辅明的观点,暗中赞成英国普通法效仿欧陆国家建立以法院为核心的"隐藏性宪法审查制度",所以劳斯法官指出"普通法下宪法性保障演变的基础是保护人民"[52]。

　　法院通常会依据合理性原则审查公权力机关行为的正当性。合理性、正当性和诚信是英国公法的通行准则。在普通法框架下,法院的审查力度随着公权力行为对基本权利的影响程度而递增。普通法体系中的合理性审查必须与个案的事实、背景和结果相联系:限制个人自由的行政行为必须在手段与目的之间构成合理性联系。Wednesbury 案确立了普通法体系中的合理性审查标准。[53]

　　由于合理性审查在英国行政法中仅居于辅助性地位,而且缺乏相对客观的判断标准,可能导致人民质疑法院判决的确定性和有效性。[54] 由于 1998 年《人权法案》赋予了《欧洲人权公约》国内法效力,因此英国法院转而用比例原则审查公权力机关行为的合约性。

　　除了合法性原则与合理性审查,尊重已被威斯敏斯特体系转化为国内法的国际公约是英国普通法保障基本权利的重要来源。[55] 尽管将国际条约并入国内法属于国家主权的事项,普通法解释依旧需要遵守通行的国际法一般原则与

---

[50] *R vs. Comr of Police of the Meterpolis* [2006] 2 AC 307, para.15.

[51] *R vs. Special Comrs of Income Tax* [2002] UKHL 21, [2003] 1 AC 563, para.45. 约翰·霍布豪斯(John Horbhouse)法官在本案的判决中指出:"必要之含义必须来自于制定法明确法律条文蕴含的语境。必要之含义既不是议会立法中可能或者合理的倾向,也不是立法文本中白纸黑字明确无误的表达。必要之含义是尚未用明确语言和逻辑解释的立法部分。"

[52] John Laws, *The Common Law Constitution*, Cambridge University Press, 2014, p.17.

[53] *Associated Provincial Picture Houses Ltd v Wednesbury Corporation* [1948] 1 KB 223, 230. 威弗雷德·格林尼(Wilfrid Greene)法官在本案中指出:"我们完全可以这么说,如果某个权力机关作出的决定完全是不合理的,且没有任何一个富有理性的公权力机构改变这个荒谬性的决定,那么法院就应该介入其中。我认为这是对的。但是,证明介入的必要性需要比较特别的准备,并且,处理这类案件的方法并不常见。"

[54] *R vs. Ministry of Defense, ex parte Smith* [1996] QB 517, 554E. 宾汉姆和马修·索伯(Mathew Thorpe)等法官在 Smith 案中曾试图确定合理性审查的标准:(1)如果决定结果超出了所有理性人的选择,那么法院将认定行政决定不具有合理性;(2)公权力机关对基本权利的干涉程度与法院运用合理性审查的强度成正比。

[55] *J H Rayner Ltd vs. Department of Trade and Industry* [1990] 2 AC 418, 500.

道德。[56] 倘若，某类权利已成为国际社会普遍接受的习惯性规范，英国法院即便发现立法机关尚未并入该条约，依据需要仍可执行通行的国际习惯或者强行性国际法规范。[57]

合约性释法教义（consistent interpretation）是现代普通法发展和维护基本权利的重要途径。当国内立法表意不明时，英国法院有权以符合国际条约的方式解释国内法。《欧洲人权公约》在《人权法案》生效前不具备国内法的效力，但是在国内具体立法条文模糊的情况下，部分英国法官将《欧洲人权公约》视为确定国内立法的权威参照。[58]

二、《人权法案》对英国普通法的冲击与影响

《人权法案》为英国的宪法体制带来了革命性的影响。一方面，《人权法案》将《欧洲人权公约》国内法化。国内法官有义务直接保障当事人的公约权利，避免浪费诉讼成本。另一方面，尽管议会主权依旧是英国的宪法基础，但是《人权法案》突出了公约权利的特殊地位，明确要求法官以合约性解释的方式调整《欧洲人权公约》和国内法的冲突。当合约性解释无法调整法律冲突时，法院可以公开声明国内法不符合《欧洲人权公约》，对议会审议已有立法提供法理指引和政治压力。然而，英国法院在实施《人权法案》过程中遇到了很多难题。欧洲人权法院缺乏对普通法的特殊性的考量[59]和人权法院的判决缺乏确定性[60]导致英国法院很难直接适用人权法院的判例。然而，由于惧怕违反公约标准，法官甚至在部分案件的判决中以忽视英国传统的方式遵守人权法院的既有法理

---

[56] Albert V. Dicey, *Introduction to the Study of the Rule of Law of the Constitution*, Macmillan Education, 1959, p. 60. 戴雪认为："法官在解释议会立法过程中需要预设英国议会不具有违反国际法原则的立场，并因此，在任何可能的时候，都需要以符合国际社会道德的方式解释议会之制定法。"

[57] *Ellerman Lines Ltd vs. Murray* [1931] AC 126.

[58] see Benedict Coxon, "Human Rights at Common Law: Two Interpretative Principles", *Statute Law Review*, vol. 35, no. 1, 2014, p. 46; R vs. Secretary of State for the Home Department, ex parte Brind, [1991] 1 AC 696, 747-748. 奈吉尔·布里奇（Nigel Bridge）法官在 *Brindi* 案中指出："我们早已明确一个事实：当国内法条文表达模糊不清，既可以符合国际人权公约也可能与国际人权公约发生冲突时，法院将推定立法机关希望以符合国际公约的方式立法，而不是相反。"

[59] Ian Leigh & Roger Mastermann, *Making Rights Real: The Human Rights Act in its First Decade*, Hart Publishing, 2008, p. 64.

[60] Aileen McHarg, "Reconciling Human Rights and the Public Interest: Conceptual Problems and Doctrinal Uncertainty in the Jurisprudence of the European Court of Human Rights", *Modern Law Review*, vol. 62, no. 5, 1999, p. 696. 作者认为："欧洲人权法院在判决中对概念的随意捏造所导致的缺乏连续性和可预测性将会比固执不变地遵守某种司法判决给判决的合法性带来更大损害。"

判决。[61] 例如,在 *Countryside Alliance* 案中[62],英国法院以人权法院尚无判决为由拒绝审查限制英国传统打猎方式规定的合法性。

梅里斯·阿莫斯(Merris Amos)悲观地认为《人权法案》给英国带来了法律的不确定性和法律独立性的丧失,从而导致法律的不可预见性和民众对外来法的不满。[63] 保守党甚至认为英国法院适用人权法院判决将摧毁英国议会的权威。[64] 然而,阿莫斯和政客质疑《人权法案》夸大了法律冲突给英国法治带来的负面影响。尼古拉·布拉扎(Nicolas Bratza)法官指出所有国内的上诉法院都能很好地遵守人权法院的判决。[65] 即便普通法与《欧洲人权公约》具有冲突,两个法院也可以通过"司法对话"的途径调和矛盾。[66]

(一)从"镜像原则"到司法对话

保守党认为《人权法案》第2条第1款规定"法院或者法庭在审理与公约权利相关的案件时需要'考虑'欧洲人权法院的判决"导致"国内法院经常适用人权法院有问题的判决"。这实际上赋予了英国法院任意改变"立法含义的解释权"。[67]

然而,《人权法案》第2条第1款的立法意图不是给予人权法院判决在国内法体系中的约束力。立法条款使用"考虑"一词就明确地表明了立法者原意是给予国内法院边际裁量的空间。英国政府在其白皮书中明确提及制定《人权法案》的目的是降低诉讼成本;英国法院可以直接适用公约权利为当事人提供救济。[68] 德理·埃尔文(Derry Irvine)法官[69]和前内政部大臣杰克·斯特劳(Jack Straw)[70]都曾在议会辩论中指出《人权法案》将有利于英国法院以其特有的方式为推动欧洲人权法院的判决作出贡献。尽管保守党曾建议议会赋予

---

[61] Merris Amos, "Transplanting Human Rights Norms: The Case of the United Kingdom Human Rights Act", *Human Rights Quarterly*, vol. 35, no. 2, 2015, p. 405.

[62] *R vs. Her Majesty Attorney-General* [2007] UKSL 52.

[63] see Merris Amos, "Transplanting Human Rights Norms: The Case of the United Kingdom Human Rights Act", *Human Rights Quarterly*, vol. 35, no. 2, 2015, pp. 397-406.

[64] Richard Claydon, "Should English Courts under the HRA Mirror the Strasbourg Case Law?", in Katja S. Ziegler, Elizabeth Wicks & Loveday Hodson (eds.), *The UK and European Human Rights: A Strained Relationship*, Hart Publishing, 2015, p. 112.

[65] Nicolas Bratza, "The Relationship between the UK Courts and Strasbourg", *European Human Rights Law Review*, no. 5, 2011, p. 507.

[66] Cian Murphy, "Human Rights Law and the Challenges of Explicit Judicial Dialogue", *Jean Monnet Working Paper* 10/12, p. 24.

[67] Conservative Party, *Protecting Human Rights in the UK: The Conservatives' Proposals for Changing Britain's Human Rights Laws*, at https://www.conservatives.com/~/media/files/.../human_rights.pdf (last vistited June. 12, 2019), p. 4.

[68] Home Office, *Rights Brought Home: Human Rights Bill*, Cm. 3782, 1997, paras. 1, 14-1. 15.

[69] HL Debate, 3 November 1997, vol. 582, col 1227.

[70] HC Debate, 16 February 1998, vol. 307, col 769.

欧洲人权法院判决在国内法体系中的先例地位,但是遭到埃尔文法官的明确拒绝。[71] 显然,立法者和英国法官在《人权法案》制定过程中普遍反对给予人权法院判决约束力的地位。但是,英国法院却在《人权法案》生效后发现其无法摆脱人权法院判决的影响。人权法院经常通过比较法途径动态性解释公约权利内容,并追求建立适用于整个欧洲的统一人权保障标准。因此,英国法院必须要遵守人权法院通过判决建立的动态人权标准。

宾汉姆法官在 Ullah 案判决中确立了强调国内法院判决应该与人权法院判决标准保持一致的"镜像原则"(mirror principle)。[72] 一方面,适用"镜像原则"并不意味着人权法院的判决在英国法律体系中具有最高的效力,而是强调"欧洲人权法院是解释公约权利的最高权威机构"[73]。布朗—威尔金森法官在判决中指出"镜像原则"的真正功能是限制英国法院扩张性解释公约权利的危险性。[74]

另一方面,"镜像原则"赋予了欧洲人权法院大法官会议判决在境内实施的合法性。在涉及国家安全的 AF 案[75]的判决中,罗格法官指出尽管基本权利保障应该以国内法为核心,但是"人权法院一旦作出了宣判,一切也就结束了"[76]。即便是支持英国普通法至上的贺辅明法官也依据《人权法案》得出优先适用欧洲人权法院大法官会议判决的结论。[77]

由于"镜像原则"赋予了英国与欧洲人权法院保持法理一致的义务,英国法官担心"镜像原则"理论会损害普通法的明确性。人权法院法律推理通常以抽象的权利原则为出发点,依据各缔约国立法以及国际人权立法标准的动态变化适时修改通行欧洲的人权规则。这显然与普通法"先例约束原则"和"突出主要

---

[71] HL Debate, 18 November 1998, vol. 594, col 514-515.

[72] Jonathan Lewis, "The European Ceiling on Human Rights", *Public Law*, 2007, p. 720; *R vs. Secretary of State for the Home Department* [2004] 2 AC 323, para 20. 宾汉姆法官指出:"……欧洲人权法院是能够正确解释《欧洲人权公约》的唯一权威司法机构。从这个角度出发,《人权法案》第 2 条设定的义务可以理解为国内法院在没有重要理由的情况下不得减损或者削弱欧洲人权法院的权威……这是因为国际条约规范在所有缔约国都具有统一的含义。国内法院要与欧洲人权法院动态性解释标准保持一致:不多,也不能少。"

[73] *Kay vs. Lambeth LBC* [2006] 2 AC 465, para 28.

[74] *R vs. Secretary of State for Defence* [2008] 1 AC 153, para 106. "的确,我认为国内法院为了满足申诉人的利益而扩大解释《欧洲人权公约》会比紧缩性解释带来更多的危险。这是因为国内法院无法改正扩大解释欧洲人权公约所带来的错误;而在后一种情况下,即便英国法院缩小解释了欧洲人权公约的内容,但是申诉人依然能够申请欧洲人权公约的救济。"

[75] *Secretary of State for the Home Department vs. AF* (No. 3) [2010] 2 AC 269.

[76] *Secretary of State for the Home Department vs. AF* (No. 3) [2010] 2 AC 269, para 98.

[77] *Secretary of State for the Home Department vs. AF* (No. 3) [2010] 2 AC 269, para 70. "《人权法案》第 2 条第 1 款要求我们'考虑'人权法院的决定……更为重要的是《欧洲人权公约》对英国具有约束力,英国法院应该接受欧洲人权法院的解释。拒绝该决定无疑意味着英国将违反国际公约义务。"

判决理由"的思维模式相冲突。[78]

何熙怡对"镜像原则"理论的质疑源自对欧洲人权法院判决模式与英国普通法模式差异的担忧。她的观点比贺辅明的理论更能突显出"镜像原则"的缺陷。后者认为适用"镜像原则"的前提是区分国内法院边际裁量和受人权法院判决约束的范围。当人权法院已在英国为被告一方的案件中作出具体的裁判时,《人权法案》第2条第1款就赋予人权法院判决在国内的约束力。[79] 何熙怡认为欧洲人权法院的判决模式不断变动,不具有国内法的约束力,英国法院无法从数量巨大的判决之中寻找出"清楚且连贯"的判决。

部分英国法官更担心英国司法系统在人权法院面前完全丧失自治性。即便在具体的案件中认为人权法院推理不够明确,众多法官依然被迫服从人权法院的法理。[80] 霍普法官无奈地指出:"当人权法院尚未作出相关判决时,我们并不负责寻找解决的方法。人权法院有权决定已有的判决是否已经不合时宜和《欧洲人权公约》包含的具体权利需要多大程度的延展。我们则必须以人权法院的判决为导向,而不是以自己的愿望为导向。"[81]

玛丽·艾登(Mary Ardern)法官认为"镜像原则"抑制了英国人权法的发展。欧洲人权法院的判决仅奠定了人权保障的最低标准,不能阻碍英国法院提供更高的人权保障标准。况且,《人权法案》第2条第1款没有授予人权法院判决具有先例约束地位。[82] 制定《人权法案》的目的是为了发展普通法系下的人权判决,而非硬性规定国内人权保障标准必须与人权法院标准保持一致。[83] 因此,国内法院有义务在缺乏人权法院相关法理解释的情况下优先发展《欧洲

---

[78] Berenda Hale, "Argentoratum Locutum: Is Strasbourg or the Supreme Court Supreme?", *Human Rights Law Review*, vol. 12, no. 1, 2012, p. 1268. 何熙怡大法官指出:"英国最高法院将人权法院的判决视为自己的判例法。由于人权法院判决与我们的判决方法不相同,因此最高法院的做法并不理智。人权法院判决并不能约束任何人,当然也包括人权法院自己。他们并没有'主要判决理由'(ratio decidendi)和'先例约束'(stare decisis)的概念。他们的判决结果至多是对处理具体问题的指导。经过几十年的发展,欧洲人权法院建构了一系列的司法原则,但是这些原则无不处于不断的变动之中。尽管他们也在使用'原则'或者'规则'等词语,但是这些词语与英国法律语言具有不同的含义。"

[79] Brice Dickson, *Human Rights and the United Kingdom Supreme Court*, Oxford University Press, 2013, p. 40.

[80] Roger Mastermann, "Section 2(1) of the Human Rights Act 1998: Binding Domestic Court to Strasbourg", *Public Law*, 2004, p. 725.

[81] *N vs. Secretary of State for the Home Department* [2005] UKHL 31, para. 25.

[82] Marry Arden, "The Changing Judicial Role: Human Rights, Community Law and the Intention of Parliament", *Cambridge Law Journal*, vol. 67, no. 3, 2008, pp. 498-499.

[83] John Kerr, *The UK Supreme Court: The modest underworker of Strasbourg* (UKSC, 20 October 2017), at https://www.supremecourt.uk/docs/speech_120125.pdf (last visited June, 12, 2019).

人权公约》的法理。在 *Ambrose* 案[84]的判决中,约翰·科尔(John Kerr)法官坚持认为即使人权法院尚未作出相关的判决,但是法院采纳被羁押人在获得律师帮助前向警察供述的证言违反《欧洲人权公约》第 6 条。随后,布朗威尔金斯法官在 *Rabone* 案转而支持英国法院扩展人权法院判决的适用范围。[85]

从 *Horncastle* 案[86]开始,英国法院逐渐放弃了"镜像原则",转而通过"司法对话"[87]的渠道解决《欧洲人权公约》与英国法的冲突。既要考虑《欧洲人权公约》国内法的效力,又要维护英国普通法的自治,跨法域间的司法对话成为欧洲多层级基本权利保障体系下调和法律冲突的理想路径。英国最高法院在 *Horncastle* 案中发现 2003 年《刑事审判法案》与欧洲人权法院在 *Al-Khawaja* 案[88]中确立的证据采纳标准不一致。人权法院禁止国内法院采纳未经法庭交叉质证的第三人证言(hearsay)作为"唯一和决定性"证据,但是,英国立法却为法院采纳无法质证的第三人证言提供了合法性。依据《刑事审判法案》第 116 条,当作出证言的第三人生病、死亡、旅居国外或者受到恐吓无法出庭时,英国法院认为采纳该证言不会对诉讼双方造成不公平后果时可以决定采信无法质证的证言。

由于欧洲人权法院未能在 *Doorson* 案[89]中明确地解释"唯一和决定性"的含义,所以范理申(Nick Phillips)法官认为任何一份单独的证据都可能具有"决定性"作用,继而英国法院很难直接适用表述模糊的人权法院判决。[90] 由于《刑事审判法案》已经规定法官有义务以程序正义原则决定是否采纳无法质证的第三人证言,因此英国法官依旧相信普通法有能力保障无辜的人免于刑事制裁。[91]

显然,范理申法官试图通过司法对话的方式要求人权法院考虑英国普通法的特殊性,并努力说服人权法院相信普通法具有与《欧洲人权公约》同样的保障标准。他认为在《人权法案》第 2 条第 1 款框架下明确拒绝直接适用人权法院的相关判决有助于其重新思考英国普通法的特征和维护人权的能力,从而为两

---

[84] *Ambrose vs. Harris* [2011] UKSC 43,[2011] 1 WLR 2435.

[85] *Rabone vs. Pennien Care NHS Trust* [2012] 2 AC 72, para. 112. "没有人认为如果欧洲人权法院尚未在某个领域作出相关的决定,那么我们国内法院就不能用《欧洲人权公约》进行审判……这个观点非常荒唐……然而,我认为当国内法院愿意适用公约限制公权力并且相信其判决是源于欧洲人权法理之必然要求时,即便扩展了适用范围,也是可以接受的。"

[86] *R vs. Horncastle* [2009] UKSC 14.

[87] Tara L. Grove, "The International Judicial Dialogue: When Domestic Constitutional Courts Join in Conversation", *Harvard Law Review*, vol. 144, no. 3, 2001, p. 2049.

[88] *Al-Khawaja vs. UK* [2009] 49 EHRR 1.

[89] *Doorson vs. Netherlands*, appl no. 20524/92, judgment 26 March 1996.

[90] *R vs. Horncastle* [2009] UKSC 14, para. 90.

[91] *R vs. Horncastle* [2009] UKSC 14, para. 86.

个法域的法院建立良好的对话体系。[92]

英国法院的对话请求得到了人权法院的积极回应。人权法院大法官会议(Grand Chamber)在重审 *Al-Khawaja* 案件的过程中考虑了普通法证据规则的特殊性。在合议过程中,大法官会议发现普通法已规定未经质证的证言效力低于已质证的证言,所以认定英国普通法证据体系实质具有限制法官采纳未经质证的证人证言的机制。[93]

司法对话的灵活性不仅为拒绝接受人权法院的判决提供了合法空间,也限制了"镜像原则"在英国法律体系的滥用。廖柏嘉法官在 *Pinnock* 案判决中重新定义了"镜像原则"和司法对话的适用范围:"最高法院并不需要在每一个案件中都必须遵守欧洲人权法院的判决。不仅这种做法不具有实际性,同时也不具有适当性,这将会阻碍英国法院与欧洲人权法院进行建设性对话和发展欧洲人权法理的通道。当然,英国法院需要经常跟随人权法院建构的清楚且连贯的判例法体系。但是,我们并非受到人权法院判决的制约或者必须服从大法官会议的判决结果……如果欧洲人权法院所建构的清楚且连贯的判决未与我国法律体系重要的实质性或者程序性的规定相抵触,欧洲人权法院的推理也未忽略或者误解我国重要的法律原则,那么我们应该服从欧洲人权法院的判决"[94];并在 *Kaiyam* 案指出"英国法院可以反对人权法院的判决,并像 *Horncastle* 案一样要求人权法院大法官会议重新审查判决的合理性。"[95]尽管约纳森·曼斯(Jonathan Mance)大法官称赞司法对话方式有助于促使"人权法院对已有判决再次审查",但是非常谨慎地将其适用范围限定在"重大误解或者忽视英国法重要基本原则"的范围内。[96]

《欧洲人权公约》第16号议定书为英国最高法院与欧洲人权法院司法对话设置了机制性的平台。英国最高法院可以在案件审理过程中向欧洲人权法院申请解释相应的公约条款并向其提交可能与公约冲突的国内立法。人权法院依据上述材料审查国内立法并解释公约条款含义。英国最高法院可以在提交问题时提醒大法官会议注意英国普通法的特殊性和相关人权法院判决的瑕疵。

---

[92] *R vs. Horncastle* [2009] UKSC 14, para.11."《人权法案》规定'考虑'欧洲人权法院判决意味着英国法院有义务遵守适用人权法院明确建立的原则。然而,人权法院极少关注和考虑英国法律体系的特殊性。在这种情况下,英国法院有权选择拒绝接受人权法院的判决,并在判决中说明拒绝的理由和原因。这会促使欧洲人权法院在判决中再次思考英国法律体系的特殊性,从而建构起一套极为重要的英国法院与欧洲人权法院的对话体系。"

[93] *Al-Khawaja vs. UK*, appl no. 26755/05, judgment 15 December 2011, paras. 157-158.

[94] *Manchester City Council vs. Pinnock* [2011] 2 AC 104, para.48.

[95] *R vs. Secretary of State for Justice* [2015] 2 WLR 76, para.22.

[96] *R vs. Secretary of State for Justice* [2010] EWCA Civ 1439, [2014] 1 AC 271, para.27.

(二) 修法抑或释法:《人权法案》第 3 条第 1 款对英国议会至上体制的冲击

尽管议会主权是英国宪法体制的核心,但是 1998 年的《人权法案》对英国的宪法体制产生了革命性影响。即使部分学者认为《人权法案》没有实质性地破坏戴雪理念下的议会主权结构[97],但是《人权法案》第 3 条和第 4 条历史性地赋予了英国法院有限地审查国内立法的职能。[98]《人权法案》第 3 条第 1 款规定"法院应该尽可能(possible)对英国一级立法和二级立法以符合《欧洲人权公约》的方式进行解读和赋予效力";第 4 条规定当国内法院确定国内法与《欧洲人权公约》规定相冲突,无法通过合约性解释调和存在的矛盾时,只能宣布国内立法不符合公约规定,无权直接宣布国内立法无效。但是,英国上院或最高法院极少依据第 4 条宣布英国立法与《欧洲人权公约》相冲突[99],而是最大限度地以符合公约的方式解释国内法。

《人权法案》第 3 条第 1 款带来了法院是否有权以符合公约的方式改变原有立法含义的疑问。霍普法官认为《人权法案》赋予了法院审查整个英国立法体系的权力,因此支持"司法机关可以在必要时改变立法内容"[100]。哈里·沃尔夫(Harry Woolf)法官则认为《人权法案》第 3 条所规定的合约性解释应该更多地适用于《人权法案》生效前的议会立法;法院释法的首要任务是确定议会的目的,当前,第 3 条要求法院改变其传统的解释法律的方式,当《人权法案》生效前公布的立法与《欧洲人权公约》发生冲突时,法院应该依据《人权法案》第 3 条的规定修改其立法原有的含义。[101]

现代宪法制度的基本特征之一就是将权力关进笼子里。即便司法权力存在的目的为保障个人或者集体的基本权利,司法权本身也应该是可控的。《人权法案》文本原意仅要求法官"尽可能"以符合公约的方式解释立法,而不是赋予英国法院改变立法或者制定法律的权力。相关的历史资料可以证明议会并不希望法官在第 3 条的框架下享有重大改变立法原意的权力。英国保守党曾

---

[97] Alison Young, *Parliamentary Sovereignty and the Human Rights Act*, Hart Publishing, 2009, p. 10.

[98] Francesca Klug, "The Human Rights Act—A "Third Way" or "Third Wave" Bill of Rights", *European Human Rights Law Review*, no. 4, 2001, p. 370.

[99] Brice Dickson, *Human Rights and United Kingdom of Supreme Court*, Oxford University Press, 2013, p. 72. 从 2000 到 2012 年间,英国上院和最高法院仅在六例案件中宣布英国立法不符合《欧洲人权公约》的规定; LSE, *Declaration of Incompatibility under the Human Rights Act 1998*, at http://www.lse.ac.uk/humanRights/documents/2013/incompatibilityHRA.pdf (last visited Jun. 13, 2019)。从 2000 年到 2013 年 4 月,英国各级法院一共在 28 个案件中认为英国立法不符合《欧洲人权公约》的规定,但其中 8 个案件的声明已经被上级法院撤销。

[100] R vs. Director of Public Prosecutions, ex parte Kebilene [2000] 2 AC 326, 375.

[101] Poplar Housing and Regeneration Community Association Ltd vs. Donoghue [2002] QB 42, 72.

向议会建议用"合理性"代替"可能性",但是埃尔文法官则认为"法院的任务是适用法律,而不应该陷入观点争执与政治性判决"[102]。即便"可能性"在文义上限制了英国法院行使司法审查权的能动性,法院依旧有权按照自己的需要解释国内立法,但是,这会限制《人权法案》第 4 条的实施。立法机构担心欧洲人权法院判决涉足敏感领域的政治话题、行政裁量和社会问题,这不仅会导致英国法院在《人权法案》第 3 条框架下侵蚀议会的立法空间,也会导致法院释法失去正当性[103]。

英国法院在个别案件的判决中存在利用《人权法案》第 3 条改变立法原意的行为。在 Regina 案[104]的判决中,英国上院法官需要判定 1999 年《青年人刑事审判与证据法案》第 41 条是否禁止诉讼参与人在公开审理强奸案的过程中询问原告与被告过去发生过的性爱关系。立法机关认为这类案件比较特殊,必须要保障原告的尊严和名誉。如果询问其相关的感情史,则可能诱发陪审团对原告不信任或者相信其同意与被告发生性行为。然而,英国上院认为第 41 条与《欧洲人权公约》第 6 条保障的公平审判权会形成法律冲突,斯坦恩等多名法官禁止询问原告与被告间的性爱史不利于被告实现公平审判权。因此,英国上院认定第 41 条不能无条件地适用于所有涉嫌强奸罪的案件,法院应该在具体的案件中权衡被告人权利和共同利益后决定是否适用该条款。显然,英国上院的解释违背了议会立法的初衷。

斯坦恩法官认为《人权法案》的立法目的是为民众提供方便的权利救济途径,所以应该优先适用规定合约性解释的第 3 条,而宣布国内法与《欧洲人权公约》相冲突仅是最后的救济手段。[105] 在 Regina 案的判决中,他认为"除非任何方法都是徒劳的,否则就应该避免宣布国内立法与《欧洲人权公约》相冲突"。[106] 斯坦恩法官认为《欧洲人权公约》第 3 条不仅授权法官"缩小性解释"立法者的意图,同时也允许将法官的想法"加入"到条文含义之中。[107] Regina 案确立了法官在《人权法案》第 3 条下对立法含义作重大修改的权力。然而,理查德·克莱顿(Richard Clayton)法官指出《人权法案》禁止法官扮演立法者的功能,"立法条款与《欧洲人权公约》的冲突只能通过修法方式解决"[108]。霍普

---

[102] HL Debate, 18 November 1997, vol. 583, col. 535.

[103] Jonathan Sumption, *The Limits of Law* (UKSC, 20 November 2013), at https://www.supremecourt.uk/docs/speech-131120.pdf (last visited Jun. 13, 2019).

[104] *Regina vs. A (No. 2)* [2001] UKHL 25.

[105] *Ghaidan vs Godin-Mendoza* [2004] 2 AC 557, para. 46.

[106] *Regina vs. A (No. 2)* [2001] UKHL 25, para. 44.

[107] Ian Leigh & Roger Mastermann, *Making Rights Real: The Human Rights Act in its First Decade*, Hart Publishing, 2008, p. 96.

[108] *Regina vs. A (No. 2)* [2001] UKHL 25, para. 108.

法官在 Lambert 案的判决警告法官偏离立法者意志的释法行为构成修改法律。[109] 司法机关代替议会立法不符合宪法秩序。[110]

Regina 案的判决未能标出"重大修改法律"和"违背立法者原意"的明确范围。在议会至上的体制下,《人权法案》第3条的原意是赋予法官适用法律的权力而非与议会分享立法的特权。法官在明知立法者目的的情况下禁止按照个人的意见解释法律是普通法释法和宪法分权原则的基本要求。[111] 上诉法院在 Re S & W 案[112]中将专属于英国议会制定社会政策的权力通过合约性解释途径抢夺到自己手中。为了使 1989 年《儿童法案》符合《欧洲人权公约》第8条,法院宣布自己有权监督看护计划的实施并发布临时性或者最终性法令,因此,霍普法官和李启新法官在 Re S & W 案中指出"法院的做法是修改法律而非释法行为"[113]。

尽管李启新法官趋向严格地恪守法院和立法机关间的权力界限,但是他必须在 Mendoza 案中明确解释何为"可能性",并且调和斯坦恩法官和霍普法官截然对立的意见。依据 1977 年《租借法案》,只有原始承租房屋人的"丈夫或者妻子"才有权继承租赁权。Mendoza 只是逝者家庭的同性伴侣。但是上诉原告认为依据《人权法案》第3条,英国上院应该以符合《欧洲人权公约》第8条和第14条的方式解释《租借法案》中的"丈夫或者妻子"。

在该案中,李启新法官需要确定合约性解释是否具有"可能性"。他认为《人权法案》第3条规定的"可能性"体现了立法者限制法院任意解释国内法的意图。尽管《人权法案》第3条要求法院以合约性方式解释国内法,但是法院的解释不得"违反国内立法的基本规定"[114]。法院必须自我审查自身的解释是否"在立法者允许的范围内"[115]。只要法官们相信赋予合约性解释结果与已有立法体系不冲突,那么英国议会就应当尊重法院的解释结果;倘若释法过程与立法者基本意志形成冲突,那么法院的释法行为就构成修改立法。李启新法官强

---

[109] R vs. Lambert [2002] 2 AC 545, para. 79-81. "《人权法案》第3条维护了议会主权。该条款并没有授权法院推翻按照议会立法确定的判决,因此法院必须按照立法者的规定进行判决。法院以文本(字面)方式解释法律时必须要严格区分其与修法的差异。修改立法是立法机关的职责,是议会不可让渡的权力。"

[110] Richard Clayton, "The Limits of what 'possible': Statutory Construction under the Human Rights Act", *European Human Rights Law Review*, no. 5, 2002, p. 559.

[111] Antonio Scalia, "The Bill of Rights: Confirmation of Extent Freedoms or Invitation to Judicial Creation?", in Paul Rishworth & Grant Huscroft (eds.), *Litigating Rights: Perspectives from Domestic and International Law*, Hart Publishing, 2002, p. 23.

[112] Re S; Re W [2001] EWCA Civ 757; [2001] 2 FLR 582.

[113] Re S; Re W [2001] EWCA Civ 757; [2001] 2 FLR 582, para. 40.

[114] Ghaidan vs. Godin-Mendoza [2004] 2 AC 557, para. 32.

[115] Ghaidan vs. Godin-Mendoza [2004] 2 AC 557, para. 33.

调"《人权法案》第 3 条没有赋予法官在自己权限以外作出决定的权力"[116]。但是,《人权法案》第 3 条表面是限定法院的权限范围,实际上却赋予法院在裁判过程中享有自身评估权和政治—司法裁量权,所以,法官在审理案件过程中需要考虑议会是否比自身具有更好的处理法律冲突的能力。基于制定《人权法案》的目的是"把权利带回家"以及欧洲人权法院认为《人权法案》第 4 条不属于有效救济[117],因此,国内法院提供救济应该优先于议会的立法修改。

《人权法案》第 3 条确立的两个前提为英国法院提供了适用和解释《欧洲人权公约》的自由裁量空间。李启新法官认为《人权法案》只禁止法律解释结果与立法体系或者立法基本原则发生冲突,但是应该允许法院依据《欧洲人权公约》的标准"优化"(modify)国内立法的行为。[118] 尽管李启新法官不断提及文义解释对第 3 条的影响,然而他依靠类推的途径强调"妻子和丈夫"的含义应该解读为"像丈夫和妻子那样"生活的伴侣。

显然,Mendoza 案的判决结果表现出英国上院对人权法院的尊重,同时也显示出法院主动造法的雄心。法院在本案中的特定范围内实际拥有以字面解释或者动态解释改变立法原意的司法特权,议会也容忍此种特权的存在。因此,司法—政治自由裁量的主动权始终掌握在法院的手里。即便《人权法案》用"可能性"限制法院释法的权限,但是限制效果随着 Mendoza 案的判决变得微不足道。当法院相信自身能够更好地处理法律矛盾时,即便案件涉及社会政策的实施方式,法官也愿意主动为诉讼人提供具体的法律救济措施,而不愿成为宣布国内法违反公约的发言人[119],这符合欧洲人权法院、英国法院以及诉讼人的共同利益。但是,苗礼治(Peter Millett)法官认为李启新法官对于《租赁法案》的解释超出了《人权法案》第 3 条规定的"可能性"范围。立法者在 1977 年制定的《租赁法案》显然不会给予同性家庭与异性婚姻同等的保障标准。英国上院在 Mendoza 案合约性的解释超出了法院应有的权限,应当将此问题交由立法机关解决。[120]

---

[116] *Ghaidan vs. Godin-Mendoza* [2004] 2 AC 557,para. 33.

[117] *A and Others vs. UK*,appl no. 3455/05,judgment 19 February 2009,para. 135. 欧洲人权法院指出英国法院宣布国内立法与《欧洲人权公约》相冲突的声明不能成为《欧洲人权公约》第 13 条确定的有效救济权。

[118] *Ghaidan vs. Godin-Mendoza* [2004] 2 AC 557,para. 32-33. "《人权法案》第 3 条既允许对立法条款内容作扩大的解释,也可以作缩小的解释。但是第 3 条的含义远不止这些。应允许法院以改变立法原意的方式进行解释,以便使其符合《欧洲人权公约》的要求。换句话说,《人权法案》第 3 条意味着议会立法的目的受到'可能性'的制约,即法院有权力优化一级立法和二级立法的含义和法律效力。"

[119] see Gavin Phillipson,"Deference, Discretion and Democracy in the Human Rights Era",*Current Legal Problem*,vol. 60,no. 1,2007,pp. 43-48.

[120] *Ghaidan vs. Godin-Mendoza* [2004] 2 AC 557,para. 101.

Mendoza 案建构的通过合约性解释"优化一级立法和二级立法的含义和法律效果"的做法依然对当下案件审理发挥着重要的作用。在 Briggs-Price 案[121]的判决中,英国上院发现《禁止毒品交易法案》以民事证据标准确定毒品交易受益人的规范违反《欧洲人权公约》第 6 条。多数法官决定限制该法案的适用范围,从而使刑事证据认定标准最大程度地适用到确定毒品交易受益人的案件中。在 Principle Reporter 案[122]中,最高法院通过向 1995 年苏格兰《儿童法案》相关条款增添词汇的方式调和国内立法与《欧洲人权公约》的矛盾,赋予了与非婚生子女密切生活的生父参加子女探视权纠纷听证的权利。尽管立法者没有明确规定未婚生父有权参加听证,但是法院认定此解释结果"符合立法者的意图"[123]。

Mendoza 案的判决未能对解释《人权法案》第 3 条规定的"可能性"提供具有确定性和可预见性的法理支持,司法机关与立法机关的权力界限依旧模糊。艾琳·卡瓦纳(Ailleen Kavanagh)希望借助程序性分权的方法界定释法与修法:法院在做合约性解释前应该寻觅议会立法意图、立法目的和普通法精神;议会负责重大性的修改法律的任务,而法院则负责日常性的法律变革。[124] 尽管卡瓦纳没有提出区分日常性和重大性的法律标准,但是议会至上的英国宪法秩序在程序运行过程中维持了议会对法院的监督权。由于多数英国国内立法是《人权法案》生效前的产物,当议会同意法院认定其不符合《欧洲人权公约》的要求时,议会通常也会赞同法院以符合公约的方式改变其立法原意。因此,法院依据"可能性"合约性释法的前提是将法律解释的结果限定在议会可以容忍的范围内,议会同样也需要容忍法院依照公约变动立法的特权。其核心不是理论上区分修法和释法的权限范围,而是在实践过程中相互协调和对话。[125]

三、废除《人权法案》或退出《欧洲人权公约》后英国普通法人权保障的前景和能力

民众与学者对人权法案的态度呈现出两极化的趋势。2006 年英国保守党希望以本土化的权利法案代替 1998 年《人权法案》。2007 年尚处于执政地位

---

[121] *R vs. Briggs-Price* [2009] UKHL 19.

[122] *Principle Reporter vs. K* [2010] UKSC 56, [2011] 1 WLR 18.

[123] *Principle Reporter vs. K* [2010] UKSC 56, [2011] 1 WLR 18, para 69.

[124] Aileen Kavanagh, "The Role of Parliamentary Intention in Adjudication under the Human Rights Act 1998", *Oxford Journal of Legal Studies*, vol. 26, no. 1, 2006, pp. 205-206.

[125] *Sheldrake vs. Director of Public Prosecutions* [2004] UKHL 43, para. 28. 宾汉姆法官指出:"委员会成员概括了哪些合约性解释是'不可能'的;例如,合约性解释违背了立法者重要的意思、不在立法目的范围内、应该由立法机关而不是法院考量的事项,完全改变了立法实质性的意义……我认为这些意见都十分有价值,但这些意见都不能用《人权法案》第 3 条规定的'可能性'加以判断。"

的工党发布了《不列颠人权与义务法案》咨询报告。英国保守党在2010年议会选举前再次承诺将制定维护英国宪法体制的《不列颠人权法案》取代《人权法案》。2014年英国保守党建议立法改变英国基本权利保障体系,消除《人权法案》第2条和第3条对英国法院自治性以及议会主权的冲击。制定《不列颠人权法案》、废除1998年《人权法案》、缩小《人权法案》适用范围和退出《欧洲人权公约》与议定书成为保守党限制欧洲人权法院对本土法影响的政治选项。民意的支持度是政党制定政策的关键。2011年英国某人权组织指出:"93%的受访民众支持英国应该制定确认权利和义务的本土法典。"[126] 1996年英国工党公布了对制定《不列颠人权法案》的两次民意调查结果,分别有73%和79%的受访民众强烈支持制定本土的人权法案保障个人权利。[127] 即便在《人权法案》生效后,英国民众依旧希望出台本土的基本权利法典。

2015年保守党再次获得议会选举的胜利。单独执掌政府的保守党试图通过加快制定《不列颠人权法案》的方式对欧洲人权法院施压,以便减少其对英国普通法体系的影响。英国政府在2015年度报告中指出,用本土的《不列颠人权法案》代替《人权法案》将"使我们可以独立自主处理国内事务"[128]。在 *British Broadcasting Corporation* 案中,英国法院在判决中提及英国法与《欧洲人权公约》冲突的核心不是"价值",而是"平衡价值的方式"。[129] 英国政府希望通过制定本土的人权清单以最大程度地消除人权法院等国际性法院的判决对英国立法、司法机构的影响,维护普通法的自治性,保留那些已有的平衡个人权利与公共利益的英国规则。部分学者认为制定《不列颠人权法案》的目的就是要禁止英国法院适用《人权法案》第2条,人权法院判决变成了"咨询性"的意见;倘若人权法院不同意《不列颠人权法案》的内容,那么英国就会选择退出《欧洲人权公约》。[130]

2016年英国"脱欧"公投的成功使得保守党无法在反欧洲化的政治浪潮中继续维持中间路线。特蕾莎·梅比其前任更加严厉地反对人权法院对英国法

---

[126] *Liberty Human Rights Poll October 2011* (ComRes, 3 October 2011), at http://www.comresglobal.com/polls/liberty-human-rights-poll-october-2011/(last visited Jun. 13, 2019).

[127] *Rights Brought Home: The Human Rights Bill* (October 1997), at https://www.gov.uk/government/uploads/system/uploads/attachment_data/file/263526/rights.pdf (last visited Jun. 13, 2019).

[128] An Introduction by Prime Minister, *Queen's Speech 2015: background briefing notes*, Press Office, 27 May 2015, p.6.

[129] *A vs. British Broadcasting Corporation* [2014] UKSC 25, para. 57.

[130] LSE Law School, *The implication of Brexit for fundamental rights protection in the UK* (LSE, 25 February 2015), at http://www.lse.ac.uk/europeanInstitute/LSE-Commission/Hearing-6—The-implications-of-Brexit-for-fundamental-rights-protection-in-the-UK.pdf (last visited Jun. 13, 2019).

治主权的干涉。由于废除《人权法案》仅剥夺了在国内法院直接适用《欧洲人权公约》的司法权能,无法阻止欧洲人权法院继续审理个人针对英国的诉讼,因此她建议制定《不列颠人权法案》后直接退出《欧洲人权公约》。然而,考虑到英国社会对"脱欧"结果的反弹以及保守党内部政治势力的分裂,退出《欧洲人权公约》和制定《不列颠人权法案》不是保守党当下最重要的政治任务,而且刚刚退出欧盟的英国需要同欧盟开展经济和其他领域的合作,因此留在《欧洲人权公约》更容易吸引欧盟与成员国的信任。[131]

民众对《不列颠人权法案》的高支持率和强大的英国本土势力始终使《人权法案》和欧洲人权法院的判决面临政治和舆论的攻击。因此,废除《人权法案》或者修改《人权法案》第2条和第3条是英国工党和保守党的共同选择。但是,废除《人权法案》或者降低《欧洲人权公约》对英国影响的主动性并不完全掌握在英国议会手中,还需要同时得到苏格兰议会、威尔士议会和北爱尔兰议会的同意。[132]《欧洲人权公约》在苏格兰、威尔士以及北爱尔兰的效力源于独立的宪法性公约。[133] 废除《欧洲人权公约》的过程不仅要经过中央政府和地方议会的商讨,还必须要修改全国和地方议会的法律。

(一)废除《人权法案》对英国司法体系保障基本权利的冲击

废除《人权法案》不仅意味着英国法院在具体的案件中无法继续依照《人权法案》第2条"考虑"公约权利的规定,而且也终止了英国法院依据《人权法案》第3条进行合约性释法的权力。在《人权法案》失去效力后,英国法官仅具有适用国内立法和普通法的司法权力,《欧洲人权公约》和人权法院的判决不能继续成为国内有效法源,依据《欧洲人权公约》和人权法院判例形成的国内判决也可能失去先例的地位。

尽管迪克森认为《人权法案》第2条仅规定英国法院"考虑"欧洲人权法院的判决,因此废除《人权法案》对保障基本权利的影响极为有限[134],但是这将为

---

[131] 尽管英国政府正在与欧盟进行脱欧谈判,但是英国显然不希望在没有确定与欧盟关系的情况下立即失去欧盟成员国的资格,这会对英国的贸易、经济出口以及滞留在欧盟工作的国民造成损失。Brian Walker, *At the heel of hunt*, *The Tory hue and cry on human rights needs to die down* (UCL, 18 February 2011), at https://constitution-unit.com/2011/02/18/at-the-heel-of-the-hunt-the-tory-hue-and-cry-on-human-rights-needs-to-die-down/(last visited Jun. 13, 2019).

[132] Ingrid Borárosová & Ondrej Filipec, "Brexit and the Renationalization of the Human Rights Protection: the Way Backward", *Contemporary European Studies*, Vol. 18, no. 1, 2015, p. 39.

[133] see Anne Smith, Monica McWilliams & Priyamvada Yarnell, "Does Every Cloud Have a Silver Lining? Brexit, Repeal of the Human Rights Act and the Northern Ireland Bill of Rights", *Fordham International Law Journal*, vol. 40, no. 1, 2016, pp. 111-114.

[134] Brice Dickson, "Repeal the HRA and Rely on the Common Law", in Katja S. Ziegler, Elizabeth Wicks & Loveday Hodson (eds.), *The UK and European Human Rights: A Strained Relationship*, Hart Publishing, 2015, p. 123.

英国的人权司法保障带来两个弊端:(1)增加个人的诉讼成本;(2)阻碍国内法院与人权法院的对话以及适用人权法院已确定的判决。

首先,除非英国完全退出公约体系,否则,废除《人权法案》并无法彻底摆脱欧洲人权法院对英国履行公约义务的监督。依据《欧洲人权公约》第58条,个人在穷尽国内司法体系救济后可以向人权法院提出诉讼,后者依职权审查缔约国履行公约义务的状况。在《欧洲人权公约》第16号议定书的框架下,人权法院将重点审查缔约国法院是否在国内审判过程中思考欧洲人权法院已有判决以及运用判决的合理性。从经验的角度分析,英国法院忽略《欧洲人权公约》权利规范或不合理思考欧洲人权法院的判决不仅会提高英国政府的违约风险,也会导致个人向人权法院提交诉状数量的增加,消耗诉讼经济成本。

其次,废除《人权法案》第2条将阻碍英国法院与欧洲人权法院的对话渠道。*Al-Khawaja*案的判决证明当人权法院发现英国法院认真思考人权法院的判例并且提出不同观点时,人权法院愿意给予其适用普通法证据标准的特权。尽管英国法院是司法对话的发起人,但英国议会也是司法对话的受益者。英国国内法院在对话过程中向人权法院阐释议会衡量相冲突的价值的理由和方式,从而帮助人权法院从辅助性视角审查具体的问题,增强了人权法院判决的合法性;即便人权法院不同意议会的决定,其意见本身也可以作为议会再次审查已有立法的起点,还可以为法院做合约性解释提供空间。英国政界和社会反对继续适用《人权法案》并非源自《人权法案》赋予了人权法院判决在国内法体系中的约束力,而是担忧国内法院激进地移植域外法律,造成与社会固有文化与习惯的冲突,从而使国内法院失去社会公信力,损害英国自然生成的普通法秩序。[135] 但是,这不能归咎于《人权法案》,而需要依赖法官的自我约束。

最后,英国法院受到人权法院判决的约束源于英国需要履行国际公约的国际法义务,不能将其简单地归咎于《人权法案》第2条的实施。废除《人权法案》不影响国家政府继续承担国际公约义务。英国法院确立的"镜像原则"仅限于适用人权法院形成的"清楚且连贯"的判例。即便英国法院拒绝在其管辖范围内运用"镜像原则",人权法院也会在个人诉讼程序中作出不利于英国的判决结果。

英国政府或许会通过延续 *Hirst II* 案的模式拒绝实施欧洲人权法院的判决。然而,这会对欧洲人权标准一体化和英国的政治名誉产生负面影响。拒绝

---

[135] Melissa A. Waters, "Mediating Norms and Identity: The Role of Transnational Judicial Dialogue in Creating and Enforcing International Law", *Georgetown Law Journal*, vol. 93, no. 2, 2005, p. 559.

实施 Hirst II 案的结果客观上成为俄罗斯拒绝履行人权法院判决的理由[136],并导致缔约国民众对英国政府保障人权承诺的质疑。

废除《人权法案》意味着英国法院无权按照合约性解释的方式调整英国立法与《欧洲人权公约》的冲突。这无疑剥夺了《人权法案》赋予法院的有限司法审查权,法院也失去了宣布特定的国内一级立法条款不符合《欧洲人权公约》的权力。但是,普通法解释传统却依然保留了在特定情形下英国法院可以依靠公约规定或者人权法院判决作为解释国内法的指引。当国内法院发现立法条文内容模糊,并可能会导致违反《欧洲人权公约》的后果时,英国普通法允许法院以国际义务为标准做合约性的解释。但是,这种情况并不常见。废除《人权法案》最大程度限制了法院以合约性的解释方式改变立法含义的能动性,尽管这保障了议会的权威,然而也将带来较高的成本与风险。为了降低在人权法院败诉的可能性,英国议会在立法过程中必须认真思考《欧洲人权公约》和人权法院的判决。在后《人权法案》时代,国家议会成为唯一有权考虑《欧洲人权公约》和人权法院判决的国家机关。当议会无法有效履行相关职责时,人权法院可能会判决英国议会立法具有系统性的缺陷,因此会中止审理一切相关案件,要求立法机关按照公约标准修改之。此时,废除《人权法案》使英国失去了与欧洲人权法院进行司法对话的润滑剂,因此接受人权法院的判决与否直接演变为僵硬的政治问题,无法通过法律途径灵活解决。这并非废除《人权法案》的唯一代价,修改立法和议会辩论的复杂性远高于法律解释的成本。尽管法院依据《人权法案》第4条声明某一级立法不符合规定不会导致该国内法失去效力,但当事人却有权依据《人权法案》第10条获得政府颁布的救济令。因此,相比于需等待较长时间的人权法院判决,国内法院效率更高,政府也会给予最及时的反馈。然而,废除《人权法案》将导致个人只能申请域外人权法院的救济。

废除《人权法案》会对个人诉权产生负面影响。依据《人权法案》第7条,当个人的公约权利受到公权力机构的侵害时,个人有权将公权力机构诉至法庭。该规定无疑为公权力机关在制定法领域设置了侵权责任。然而,英国法院在执行第7条的过程中依旧受普通法思维模式的影响,紧密地将赔偿数额与侵犯公约权利的损失相联系。至今,英国法院在侵权法领域一直否认抽象"隐私权"的存在。上院在 Wainwright 案[137]中否认狱方对探亲母子进行脱衣检查的要求侵犯了《欧洲人权公约》保障的隐私权。

---

[136] Tobias Lock, *Human Rights Reform and the UK's International Human Rights Obligation*, British Academy for the humanity and Social Science, 2016, p. 17. Hirst II 案中,虽然欧洲人权法院认定英国限制囚犯投票权的立法是无效的,但英国仍然认为该立法是有效的(未执行该判决)。在涉及俄罗斯的类似判决的执行中,俄罗斯宪法法院提到了英国仍然有效的囚犯投票禁令,以证明这是欧洲相对普遍的做法,并作为拒绝执行相关判决的依据。

[137] *Wainwright vs Home Office* [2003] UKHL 53, [2004] 2 AC 406.

废除《人权法案》是否意味着英国法院放弃适用比例原则是值得研究的关键问题。相比于普通法的合理性原则,比例原则赋予了法院更严格审查立法的义务。尽管英国早期的立法中存在比例原则的影子,却始终未能生成具有严密结构的逻辑性审查模式。[138] 但是,英国最高法院在 Pham 案[139] 的判决中明确承认普通法受欧洲大陆法的影响,应该适用比例原则。乔纳森·萨姆欣(Jonathan Sumption)法官在判决中指出尽管英国普通法没有产生比例原则的概念和公式,但是由于近 30 年一直受欧洲法的影响,法官已经逐渐接受在具体判决中运用比例原则:在审理案件的过程中区分不同权利的重要程度,以及审查限制这些权利的程度。[140] 比例原则内化为普通法有助于抵制议会政治变化对司法的干涉。

(二)普通法复兴与基本权利保障

普通法在后《人权法案》时代担负着保障基本权利的重要任务。普通法的发展需要时间积累和社会变化。贺辅明法官自信地认为"普通法已经包含了一切保障基本权利的原则","英国法院有能力依据普通法平衡个人权利和社会利益"[141]。然而,议会主权对普通法的发展形成巨大的钳制作用。尽管贺辅明法官希望最高法院通过对议会立法的合法性审查建立合宪性审查秩序,但是普通法无法抵挡议会以明确的立法语言否决司法解释和裁判效力的权威。[142]

当下,英国法院试图在判决中不断地复兴普通法,努力从国际条约之外寻找新的权利规范。当法官们在 Osborn 案的判决中思考是否应该停止给予监外执行的囚犯听证权利时,韦彦德法官指出英国人权法规范的来源不局限于《人权法案》,同时必须思考普通法:"《人权法案》不比普通法或者制定法创设的人权标准具有优越性,该法案也不是基于欧洲人权法院判决形成的独特性法律。人权将继续由我国国内法所保障。在适当时候,法院能以符合公约的方式解释和发展国内法。"[143] 韦彦德的意见似乎改变了《人权法案》生效初期英国法院唯人权法院马首是瞻的态度。然而,如果考虑相关的司法背景,很难得出普通法

---

[138] Eric Engle, "The History of the General Principle of Proportionality: An Overview", *The Dartmouth Law Journal*, vol. 10, no. 1, 2012, pp. 7-8.

[139] *Pham vs. Secretary of State for the Home Department* [2015] UKSC 19.

[140] Mark Elliot, *Proportionality and contextualism in the common-law review: The Supreme Court judgment in Pham* (Public Law for Everyone, 17 April 2015), at https://publiclaweveryone.com/2015/04/17/proportionality-and-contextualism-in-common-law-review-the-supreme-courts-judgment-in-pham/(last visited Jun. 14, 2019).

[141] Leonard Hoffmann, "The Universality of Human Rights", *Law Quarterly Review*, vol. 125, no. 3, 2009, p. 416.

[142] Tobias Lock, *Human Rights Reform and the UK's International Human Rights Obligation*, British Academy for the Humanity and Social Science, 2016, p. 12.

[143] *Osborn vs. Parole Board* [2013] UKSC 61, [2013] 3 WLR 1020, para. 57.

能独立保障基本权利的结论,也不能得出普通法可以取代公约权利的结论。《欧洲人权公约》第 5 条为限制个人行动自由不仅设定了最低公约保障标准,同时允许缔约国在公约框架下保留高于公约的国内法标准。曼斯在 Kennedy 案中延续了对普通法的自信,认为"普通法有时可以给予比公约更大的保障空间"[144],但是这都不能成为英国废除《人权法案》的理由。《欧洲人权公约》第 53 条显然允许缔约国保留比《欧洲人权公约》更高的保障标准。

具体而言,在《人权法案》生效后,几乎所有运用普通法发展《欧洲人权公约》标准的国内判决都仅局限于公平审判权领域。法官在 A 案[145]中以普通法为基础认定第三方通过酷刑收集的证据无效;在 Ahmed 案中认定未提供司法救济的行政强制措施违反公平审判权。然而,即便英国法院在判决中宣称其理由源自传统的普通法,并没有援引人权法院判决作为支持,但其实际上是源于欧盟法院在 Kadi I 案[146]中作出判决的影响,因此,这些判决很难在真正意义上成为普通法的创造。相反,英国司法体系至今都拒绝以符合《欧洲人权公约》第 13 条(获得有效救济权)和第 8 条(私生活权利)的方式给予受害人高额的惩罚性救济,而是继续沿用普通法逻辑履行赔偿物质损失的责任。

笔者对普通法的更多质疑源于在没有《欧洲人权公约》的影响下普通法演变的速度能否与人权法院相匹配。人权法院在 Goodwin 案中指出变性人有权改变其出生登记的性别并且国家应该承认变性人具有缔结婚姻的法律资格。[147] 显然,英国法院在更早的 Bellinger 案[148]中未能创设保障变性人婚姻权的普通法规则。在保障个人私生活权的范围内,普通法无法阻止英国议会为保障公共安全创设影响个人隐私信息的立法,但是,人权法院在 S and Marper 案[149]中认定英国立法规定获取已被排除刑事犯罪嫌疑的人的 DNA、指纹以及细胞标本违反了《欧洲人权公约》第 8 条。倘若没有欧洲人权法院的介入,恐怕英国普通法现今都允许存在老师和政府对未成年学生的鞭刑。[150]

在部分案件中,普通法的适用呈现出逻辑推理和证据优于个人权利保障的趋势,英国的普通法传统几乎忽视了绝对权利的存在。无论是法院适用普通法还是政府立法都呈现出对国内安全利益的保障大于尊重外国人基本权利的倾向,甚至在 Othman 案的判决中,英国上院主张约旦法院采纳通过酷刑方式获

---

[144] *Kennedy vs. Charity Commission* [2014] UKSC 20, [2014] 2 WLR 808, para.46.

[145] *A vs. Secretary of State for the Home Department* (No.2) [2005] UKHL 71, [2006] 2 AC 221.

[146] Case C-402/15, [2008] ECR I-6351.

[147] *Goodwin vs. UK*, appl no.28957/95, judgment 11 July 2002.

[148] *Bellinger vs. Bellinger* [2003] UKHL 21, [2003] 2 AC 467.

[149] *S and Marper vs. UK*, appl no.30562/04, judgment 4 December 2008.

[150] *Tyrer vs. UK*, appl no.5856/72, judgment 25 April 1978.

得的证据不违反《欧洲人权公约》第 6 条公平审判权。[151]

当下的普通法为保障基本权利仅能作出辅助性贡献,即在具体案件中为保障特定权利或者提高权利的保障标准寻找特定理由或者给予平行性意见。从其他普通法国家基本权利保障的实践分析,基本权利法典化已经成为普遍选择。加拿大、以色列、新西兰和澳大利亚等普通法的不成文法国家与南非和美国等普通法的成文宪法国家都拥有一部源于普通法或政治商议形成的基本权利法典。基本权利明确写入宪法或者成为一级立法授权法院审查公权力机构是否滥用权力,也将公权力活动纳入基本权利讨论的平台。当下的宪法多元主义、基本权利法典化和国际法宪法化等客观背景与 17 世纪英国普通法的环境截然不同,法律全球化和全球立宪主义进程的加速会凸显孤立性普通法的劣势。

(三)《不列颠人权法案》能弥补普通法的缺陷吗?

无论在政治结构中还是在司法能力中,英国普通法都有着明显的缺陷性。保守党和工党废除《人权法案》不意味着英国要延续普通法传统继续否定基本权利法典化。相反,建议起草以英国普通法和英国价值为导向的基本权利清单,限制人权法院对英国政治和社会的影响,从而赋予国内法院和立法机关在权衡个人权利与公共利益领域更高的权威。

由于《不列颠人权法案》尚在起草过程中,所以无法从法律实施的视角作实证分析。学者可以通过对比《人权法案》和《欧洲人权公约》,了解《不列颠人权法案》草案的特征和缺陷。

《人权法案》实质赋予了英国法院以公约权利有限地审查议会一级立法的司法权,客观上体现出《欧洲人权公约》在英国法律秩序内具有形式上超立法的效力。倘若英国政府希望继续通过司法途径有效保障人权,就需要赋予《不列颠人权法案》超国家立法的效力,防止议会通过新法代替旧法的途径排除《不列颠人权法案》的权威。即便能够达成这一点,《不列颠人权法案》也无法对抗议会在特别法案中明确规定不适用《不列颠人权法案》或阻止议会通过在权衡了个人权利和公共利益后制定的特别法。在议会至上的秩序内,当议会对公共利益和个人权利冲突作出具体的立法时,法院通常只能认可议会的裁量结果,不能作超越权限范围的干预。议会主权赋予议会最高权力,通过明确的语言和决定可以暂停具体的法律条款在特定立法领域中的适用。这显然与《欧洲人权公约》的目标相冲突。人权法院明确声明"《欧洲人权公约》是维护欧洲公共利益的宪法性文件"[152],法院是审查缔约国的立法是否符合公约权利标准的权威机

---

[151] *Othman vs. Secretary of State for the Home Department* [2009] UKHL 10.

[152] *Loizidou vs. Turkey*, appl no. 15318/89, judgment 23 March 1995, para. 75.

关。人权法院享有在公共事务中更大的决定权显然与英国普通法体系不相容，这也是英国要废除《人权法案》的理由之一。

英国法院在《不列颠人权法案》的框架下认为英国立法违反基本权利规定后如何处理？英国法院不具有宣布一级立法无效的权力，因此可以推测不符合基本权利的一级立法在《不列颠人权法案》框架下会继续生效。但是，法院可以宣布二级授权立法不具有合法性而否定其效力，因此，《不列颠人权法案》在英国法律体系下仅具有形式上超立法的效力，但不具备实质性的最高宪法权威。

为了解决该结构性的缺陷，《不列颠人权法案》可能会允许英国法院通过一致性解释的方法使立法规定符合《不列颠人权法案》的标准与精神。尽管英国法享有对《不列颠人权法案》的解释权，但是制定该法案的主要目的是保障议会权威。因此，法院权限和议会权限之争将继续为英国宪制的主要矛盾：给予法院一致性解释意味着继续给予法院修改立法的权力，限制法院权力则可能危害基本权利的保障。《不列颠人权法案》和其他一级立法对法院和议会权力的明确界定将成为解决问题的最好方式。立法可以明确规定法院须在国家安全和社会事务等重大事项中服从议会的立法，而在具体诉讼程序和与私人生活相关领域中法院可以享有较大的裁量空间。即便如此，议会依旧有权决定是否接受法院的解释。

民众对《不列颠人权法案》的期望源于对让渡主权的担忧和对人权法院利用人权案件干涉英国本土事务的反感。[153] 高度排外的主权理论不愿意接受外来的人权规范，甚至在法律体系中非常谨慎地对待一切域外法对国内法体系的影响。英国普通法文化与欧洲大陆的基本权利优先论导致了思维模式和法律推理导向的不同，所以英国普通法对权利的定义和保障方式与现代欧洲大陆具有明显的法理差异性。域外的人权法院是唯一有权决定是否给予边际裁量的决定者。英国希望制定本土的人权法案，将已有的普通法权利法典化，恢复普通法建设的"不列颠价值"[154]。

然而，反对《人权法案》而追求制定本土人权法典的行为将危及英国本土的人权保障。尽管《不列颠人权法案》草案尚未正式公布，但是从保守党的建议稿可以看出，本土人权法案极大地限制了基本权利的适用范围，将严格的基本权

---

[153] Katja S. Ziegler, Elizabeth Wicks & Loveday Hodson, "The UK and European Human Rights: Some Reflections, in Katja S. Ziegler, Elizabeth Wicks & Loveday Hodson (eds.), *The UK and Human Rights: A Strained Relationship*, Hart Publishing, 2015, p. 506.

[154] LSE Law School, *The implication of Brexit for fundamental rights protection in the UK* (LSE, 25 February 2015), at http://www.lse.ac.uk/europeanInstitute/LSE-Commission/Hearing-6—The-implications-of-Brexit-for-fundamental-rights-protection-in-the-UK.pdf (last visited Jun. 13, 2019).

利保障限于刑事领域并且最大程度避免与国际法院的合作。显然,英国排斥欧洲的干涉,维护了国内民主与主权,但降低了基本权利的保障标准,排斥了国际性法院的外部监督。至少,《不列颠人权法案》无法为民众提供更高的欧洲标准作为申请司法救济的法律权威,更大的隐患在于,法院与议会的矛盾不会随着废除《人权法案》和制定本土的人权法典而消除。即便法院已有的合约性解释的判决被归为无效,但是议会按照《欧洲人权公约》制定的立法依然具有效力,除非议会将此类立法一并废除,否则无法完全消除法院延续以公约为导向解释相关国内法的可能。

四、结论:融合主权、传统和开放性是普通法发展的动力

显然,英国政府对《欧洲人权公约》的排斥源于其对传统的议会至上主权模式的坚守和骄傲,这也是其试图废除《人权法案》和退出《欧洲人权公约》的主要动机。然而,尊重和保障基本权利已成为现代国家的共识。多数国家都制定了一部保障基本权利的法典,以色列和加拿大等国的法院甚至将本国的人权法典作为审查议会立法和行政行为的合宪性标准。基本权利法典化无疑已经是全球立宪的共识。

虽然英国普通法具有光荣的保障自由的历史,但是普通法对自由的定义和保障标准与现代宪法不同,英国普通法的法治理念和目的与现代宪法权利的地位和作用有着明显差异。前者侧重于对权力任意性的限制,而后者是国家政权对个人权利与尊严的承认与尊重。法治固然有利于间接保障基本权利,然而直接赋予公民宪法权利意味着国家政体对个人权利优先性的承认,也是立法和行政行为的起点标准。

普通法的发展核心在于法院的说理与判决,但是其发展过程不仅受议会主权的制约,法院也无法为国家机关设置更多的保障人权的积极义务。法院即使能够维护法治,但是普通法秩序下的法院极少能够染指社会性政策和为政府设定行政义务。在《人权法案》生效前,部分法官试图通过合法性审查和合理性推断的方式发展普通法,试图通过建构合宪性审查机制削弱议会至上的权威,甚至在部分判决中试图通过构建宪法权利概念突出部分立法具有最高的宪法地位,但是,改革性的理念鲜能得到认同。议会至上的主权结构依旧稳固,具有保守倾向的法官无法在缺乏立法的支持下行使法律未授权的权力,因此,普通法的"宪法权利"不仅无法抵御议会明确废止其法令的效力,甚至无法在侵权程序中获得惩罚性赔偿的特权。

《人权法案》不仅形式上赋予《欧洲人权公约》超国家立法的效力,同时也赋予了法院有限的司法审查权。这场英国"宪法革命"将本土普通法与国际化的

《欧洲人权公约》相连接。《人权法案》要求英国法院考虑人权法院的判决,并在可能的情况下合约性解释国内立法;当英国法院无法做合约性解释时,需声明国内法不符合《欧洲人权公约》的要求。英国司法体系呈现出普通法与欧洲法共治的局面。但是,多元法律权威与绝对的议会至上的理念无法避免法律与政治的冲突。英国法官按照《人权法案》合约性释法并且遵照人权法院"清楚且连贯"的判决结果成为政客和部分法官提出的损害英国议会至上制度的证据。尽管英国国内法院与人权法院能动地解释《欧洲人权公约》和扩展公约适用范围可能会导致法律冲突,但这并非不可调和的矛盾。批准国际公约意味着英国有遵守公约的义务,这符合威斯敏斯特体制下普通法理念和英国《人权法案》将"权利带回家"的要求。解决问题的手段应是英国政府与欧洲理事会进行政治性商议,通过公约议定书的方式限制人权法院的审查范围和缔约国边际裁量空间。

司法对话成为政治谈判滞后或者僵局条件下解决问题的另一途径。尽管司法对话从理论上并不必然会调节两个权威机构的矛盾,但是会带来交互性影响。[155] 彼此考虑不同和差异是良好司法对话的重要条件。[156] 从实践分析,英国法院与人权法院在 *Al-Khawaja* 案中的司法对话非常成功。人权法院更改了大陆法系严格的证据采纳标准,承认英国法院依照普通法的方式采纳无法质证的传闻证据的程序符合《欧洲人权公约》的标准。《欧洲人权公约》第 15 号和第 16 号议定书规定了缔约国享有边际裁量和启动与人权法院对话的权利。英国法院在《欧洲人权公约》议定书和《人权法案》框架下显然会获得维护本国宪法特征和保障人权的双重武器。

废除《人权法案》并制定本土化的《不列颠人权法案》是"脱欧"与"反全球化"思潮在法律制度的延续。即便本土化人权法典维护了英国宪法特征,消除了人权法院对本国普通法自治性的影响,维护了议会至上的主权秩序,但代价可能是降低人权保障标准。《不列颠人权法案》无法真正帮助"不列颠自由价值"复兴,废除《人权法案》最大的受害者是普通民众。倘若没有欧洲人权法院的审查,英国普通法无法禁止体罚儿童的制度、无法禁止国家搜集无罪民众的个人信息、不能赋予变性人结婚的权利以及同性伴侣的继承权。

即便《不列颠人权法案》赋予了上述权利,废除《人权法案》的弊端依旧存

---

[155] Giuseppe Martinico, "Interjudicial Dialogue and Interparliamentary Dialogue in the Constitution of Union", in Nicola Luppo & Cristina Fasone (eds.), *Interparliamentary Composite European Constitution*, Hart Publishing, 2016, p. 45.

[156] Aida Torres Pérez, *Conflicts of Rights in the European Union: A Theory of Supranational Adjudication*, Oxford University Press, 2009, p. 118.

在。在不退出《欧洲人权公约》的情况下,穷尽国内救济的个人或者英国政府必须花费更多的诉讼成本到斯特拉斯堡寻求人权法院的救济。国内法院失去司法审查权后,英国政府违约风险增高,议会的权威和公信力也将面临严重的挑战。倘若完全退出《欧洲人权公约》后实施本土化的人权法典,英国将不仅面临其他公约缔约国对其欧洲理事会成员国资格的质疑,也会因降低人权国内保障标准和拒绝接受区域性专门人权法院的审查而受到批评。

(审稿编辑　康　骁)

(校对编辑　侯婷婷)

普通法能否更为有效地保护人权？！[*]

李红海[**]

Can British Common Law Effectively Protect Civil Rights？！

Li Honghai

  《北大法律评论》的编辑命我就范继增博士《废除〈人权法案〉与退出〈欧洲人权公约〉：英国普通法法理能否有效保障基本权利》（以下简称"范文"）一文中的相关观点进行必要的回应和解释。其实笔者对范文没有别的意见，唯一的疑问是：退出《欧洲人权公约》（有时简称《公约》）后，普通法能否对人权实施有效的保护？

  范文对此持否定态度，而笔者的观点则恰恰相反。我认为普通法能够很好地实现对人权的保护，或至少普通法对人权的保护能够满足英国人的需求。退而言之，如果把继续适用《欧洲人权公约》作为选项一，把退出公约而通过普通法和国内制定法来实现对人权的保护作为选项二的话，笔者认为英国人会倾向

---

[*] 来稿《废除〈人权法案〉与退出〈欧洲人权公约〉：英国普通法法理能否有效保障基本权利》一文观点独到、说理细致，在本稿初审的基础上，我们将之发给精通普通法基本原理和机制的李红海老师进行专家匿审。李老师随后出具了颇为详细的审稿意见。为体现不同学术观点和立场之间相互论争和辩驳的理论面貌，我们决定将之整理附于来稿之后，以期帮助读者就相关学术理论和学说形成更为清晰的认识和理解。——编校者注（下同）。

[**] 北京大学法学院研究员，博士生导师，研究兴趣为英国法律史、比较法。

于选择选项二。对于以上观点,笔者简要从以下几个方面加以论述:

第一,是经验和直觉的层面。根据日常的经验和感受,包括来自各种媒体的报道,我们很难得出下面的结论:基于《欧洲人权公约》所实现的对人权的保护,就一定比没有依据《公约》而是依据普通法和英国国内制定法对人权的保护要更好,或更加明显的优势。当然,必须承认,笔者并非人权法、国际法方面的专家,没有对欧洲和英国的人权保护状况进行过深入的研究,但笔者觉得如果范文要证成自己的结论的话,就需要有足够的证据证明:实施《欧洲人权公约》的欧陆诸国的人权保护状况要好于英国,或者至少是1998年(英国加入《公约》)之后英国的人权保护状况要明显好于这之前;或者有充分证据证明——当然这可能是未来英国退出《公约》后才能进行的研究——在未来英国退出《公约》后,英国的人权保护状况较之先前有了较为明显的恶化。

然而,就笔者所知,从过去(1998年之前及更早)的历史来看,英国对民众权利的保护一直是优于(至少没有弱于)欧陆诸国的。例如,15世纪英国的大法官约翰·福蒂斯丘[1]带着兰开斯特王子在巴黎政治避难时,就对法国人和英国人的生活状况进行了比较,他的结论是当时英国人的生活水平要远高于法国人。还有历史学家曾经拿康乾盛世时普通中国人的生活状况和英国人进行对比,结论也是后者要更好些。[2] 如果我们认可生存权是最基本的人权,认可多数普通人的生活最能反映一个国家的人权保护状况,那么上面的例子在一定程度上能够证明英国的人权保护状况一直以来都是不错的,至少不会比欧陆更糟。此外,我们也很少听说英国在人权保护方面有很多坏的记录。

第二,如果上面的结论成立的话,我们接下来就会问"为什么",即为什么英国的人权保护状况会不差?如我们所知,一个社会中对人权最大的危害不是来自普通人对普通人的侵犯(这在任何时代、任何国家、任何社会都存在),而是来自这个社会中最强权者对普通人的侵犯,尤其是体制性的侵犯。所以人权保护在一定意义上就是对一个社会中最强权者的制约和约束,而这个最强权者经常是政府。但检视欧陆诸国和英国的政治史、法律史,在限制王权和政府的权力滥用方面,英国一直都是被关注和被模仿的对象——《大宪章》和议会的历史我

---

[1] 约翰·福蒂斯丘(John Fortescue,1395—1477)在15世纪英国宪政乃至整个英国宪政思想的发展历史中占有相当重要的地位,其著作《英格兰统治方式》(The Governance of England)"被公认为是英格兰宪法的第一本著作"(C. H. 麦基文:《宪政古今》,翟小波译,贵州人民出版社2004年版,第71页),且他对早期英国宪政传统中的有限君主制以及普通法法治理论之发展和完善贡献卓著(有关福蒂斯丘的公法思想更为详尽的介绍,可参见约翰·福蒂斯上爵士著、谢利·洛克伍德编:《论英格兰的法律与政制》,袁瑜琤译,北京大学出版社2010年版;陈敬刚:《试论福蒂斯丘的宪政思想》,载"公法评论"网,http://www.gongfa.com/html/gongfazhuanti/putongfaxianzhengzhuy/2012/0421/1825.html,最后访问日期:2019年7月25日)。

[2] 欧阳哲生:《盛世下的忧患——中西关系视角下的康雍乾盛世》,载《北京大学学报(哲学社会科学版)》2014年第5期。

们就不需要重复了。

另外,对欧洲法律史的研习让笔者得出下面这个不成熟的结论:自诺曼征服和《大宪章》以来,英国实际上是在盎格鲁—撒克逊的自由民主传统和诺曼的集权传统之间保持了比较好的平衡,而英国的宪政史也是一部维持此种平衡的历史,是对王权不断进行限制的历史。欧陆则是在起初特恩制所造成的分裂割据和后来的集权之间走极端,先是极端的分裂割据,后来又是高度的集权专制(如路易十六时的法国和1871年后的德国)。专制之下,何谈对人权的有效保护呢?

特别需要指出的是,在对英国国王王权的限制过程中,普通法扮演了独特的角色。正如笔者在多篇文章[3]中所指出的那样,普通法诞生于王权的羽翼之下,后来却逐渐独立于王权,倡导"王在法下",提倡只有通过正当法律程序才能对民众进行带有不利后果的处置,所以14世纪时它已为英国人认可(内化)为自己的正式法律。概言之,16世纪末17世纪初普通法法院和特权法院之间的对抗,呈现出普通法和王权对抗的壮丽诗篇。

理解这个问题,其实就是理解戴雪在《英宪精义》中所讨论的法治(法律主治)的问题。其中至为重要且颇具深远意义的有以下三方面:其一,在英国,没有任何专横之权力可以对他人的人身和财产予以武断处置,任何人的权利和义务必须最终由普通法院来决定。其二,法律具有至高无上的地位。其三,不是宪法赋予个人权利与自由,而是个人权利产生了宪法。为说明上述观点,戴雪从正反两方面进行了论述。首先,从反面视角来看,他举了法国作家狄德罗的例子,并认为即使狄德罗有那么大的影响力,在法国他仍然会在贵族的聚会上遭到随意的鞭笞和呵斥,且无法得到相应的救济。其次,戴雪从正面视角重点讨论了人身保护令在保护英国人权方面所起到的消极作用。[4] 简言之,对人权的有效保护,绝不仅仅是通过任何法律文件来列举人们应该享有什么权利,而是应当考虑在现实中如何将其落到实处。恰恰是在后一点上,普通法很早就建立了非常完备的程序和制度:正当程序原则、陪审制、人身保护令、禁止双重危险(double jeopardy)等。但毫无疑问,这些法律上的成就同一系列政治斗争的开展是分不开的。

第三,更为重要的是,普通法具备保护人权的基本机制。成文法的信徒们相信,将民众所应该享有的基本权利予以明确列举是非常重要的——这毫无疑问是正确的。但,如上所述,更重要的是如何将成文的权利保护落到实处。从这个意义上说,司法比立法、对权利的救济比对权利的列举更为重要。此外,任

---

[3] 具体梳理和论说,可参见李红海:《普通法的内在机制与社会经济发展》,载《比较法研究》2017年第6期。

[4] 限于篇幅,此处就这两方面的详细内容不予展开讨论。

何对权利的列举都必须使用语词,《大宪章》《权利法案》和《欧洲人权公约》对基本人权的规定一般都是非常抽象的,在落到实处时都必须经由法官结合案件的具体情节予以解释,也就是为手头的个案形成个性化的、独特的也更适合于它的规则——而这正是普通法所擅长的。[5] 正如范博士所指出的那样,普通法更擅长在权利和道德之间进行权衡。实际上,任何抽象的权利或原则,都只是一种宽泛的总结或指引,一旦具体到个案,其局限性就显而易见。正如马修黑尔法官所指出的那样,人们可以很容易就一般的道德原则达成一致,但一旦具体到个案,则马上会产生分歧。谁是谁非,抽象的原则固然是重要依据,但个案的是非曲直才是最关键的。进而言之,个案的具体情节可能会使抽象的原则失效甚至走向反面,因此权利宣言和抽象的原则最多只能作为法官判案的指引,而不是判案的直接大前提。[6]

因此,一方面,对人权和民众基本权利的保护本已是普通法自身的内在价值——这是一个前文已经提及的法律史方面的问题,也是普通法能够深入人心的原因所在;另一方面,普通法独特的司法过程和判例法的形式使得它能够保持开放,随时吸收对手头案件有用的规范性资源(这其中就包括《欧洲人权公约》的规定),来为案件形塑出更适于它的规则(本案的普通法规则)。这两者相结合,笔者认为,即使退出了《欧洲人权公约》,普通法也能够实现对人权的高质量和有效的保护。

越来越多的普通法国家也都有了宪法或人权宣言、人权法案等文件的现象,对此笔者不揣冒昧地认为,如果我们全面了解普通法的上述"造法"或"形成法律"的机制,就会发现,这些法律文件的政治象征意义可能要大于其实际的法律意义;因为无论成文与否,权利它就在那里;权利不是因为成文的法律文件予以了规定才产生,相反,是因为社会生活本身的规律孕育而生的。一言以蔽之,不是法律而是社会生活本身创造了权利,法律只是体现、反映和表述社会生活而已!但,体现和表述社会生活规律的方式,却不止成文的制定法、法典一种形式。

(审校编辑 邵博文)

---

[5] 更为详细的展开,有兴趣者可参见李红海:《"选购成衣"与"量体裁衣":欧陆与英美司法进路之比较》,载《比较法研究》2019年第1期,第125—135页。

[6] 关于这个问题,此处无法展开,有兴趣的读者可以参阅李红海:《普通法的司法解读》,北京大学出版社2018年版。

个人所得税量能课征的法律构造

叶 姗[*]

Legal Construction of the Ability-to-pay of Individual Income Tax

Ye Shan

内容摘要:个人所得税是对自然人依法取得的实际收益课征的一种真正意义上的直接税,其开征的正当性根源于宪法上财产权的社会义务。个人所得税的税收收益反映了新创造的社会财富在国家与国民之间的分配格局,而其税收负担则取决于应税所得类型、法定收入额、法定扣除额、复合税率结构、税收特别措施等课税要素。个人所得税应基于量能课税原则进行法律构造:资产所得应重课税而勤劳所得应轻课税;重在设计不征税收入,基本生活费用扣除标准,专门项目扣除标准,成本、费用和损失据实扣除,超额累进税率与比例税率等,促使个人所得税税收负担在所得负担能力不同的国民与国民之间实现公平分配。

关键词:个人所得税 量能课税原则 应税所得类型 法定收入额 法定扣除额 税收特别措施 所得负担能力

---

[*] 法学博士,北京大学法学院院聘教授,博士生导师。
本文系中国法学会 2018 年度部级法学研究一般课题"税收法定原则实施中的立法问题研究"(CLS[2018]C17)的阶段性成果。

我国《个人所得税法》制定于1980年,确立了分类所得税制,1993年修法后,课税要素体系和税收征管规则基本成型,但仅有15条,明确规定了10类应税所得和授权规则——经国务院财政部门确定征税的其他所得;有学者研究2011年修法对收入分配的影响后指出,2006—2011年税制改革时期提高免征额和调整税率结构强化了个人所得税的累进性,但降低了平均税率,显得个人所得税调节收入分配的作用有限;中等收入阶层既是1997—2005年间个人所得税税收收益增加的主要负担者,也是税制改革时期个人所得税税收负担降低的主要受益者。[1] 2018年修法后,将个人所得税调整为分类综合所得税制,增加到22条;应税所得简并为9类,工资薪金所得、劳务报酬所得、稿酬所得、特许权使用费所得将合并按综合所得计税,本次修法完全实现量能课税原则了吗?

个人所得税法的设计应重在实现个人所得税税收负担在所得负担能力不同的国民与国民之间公平分配。于公平税负目标而言,综合所得税制要优于分类所得税制,然而,纯粹的综合所得税制过于理想,对税收征管能力和税法遵从程度的要求太高。折中的分类综合所得税制、不完全的综合所得税制似乎成为各国和地区制定个人所得税法的最佳选择。[2] 本次修法可以改进个人所得税的收入分配功能吗?有鉴于此,本文基于量能课税原则及税收负担公平分配,评判本次修法的成功与不足。

一、量能课税原则及税收负担公平分配

个人所得税之所以被认为是世界上最好的税种之一,主要得益于其制度安排在税收公平和税收效率这两大基本原则上均有突出的表现。关于综合与分类相结合的个人所得税制度(简称"分类综合所得税制")的改革目标,从中共中央《关于构建社会主义和谐社会若干重大问题的决定》(2006年)要求实行分类综合所得税制,到《关于全面深化改革若干重大问题的决定》(2013年)主张逐步建立分类综合所得税制,再到《国民经济与社会发展第十三个五年规划》(2016年)明确加快建立分类综合所得税制,个人所得税税制改革一直在朝着确定的改革目标艰难推进。个人所得税是对自然人依法取得的实际收益课征的一种真正意义上的直接税,其开征的正当性根源于宪法上财产权的社会义务。

---

[1] 参见徐建炜等:《个人所得税改善中国收入分配了吗——基于1997—2001年微观数据的动态评估》,载《中国社会科学》2013年第6期,第53页。

[2] 中国知网收录的个人所得税的高引用频次论文中,经济学类远远高于法学类。典型的如,徐建炜、马光荣、李实:《个人所得税改善中国收入分配了吗——基于对1997—2001年微观数据的动态评估》,载《中国社会科学》2013年第6期;施正文:《分配正义与个人所得税法改革》,载《中国法学》2011年第5期。

依据现代国家的宪法,公民有依照法律纳税的义务。抽象的纳税义务不仅是私有财产权保护的对价,而且是经济自由可以得到法律保护的代价。"财产权依赖于一个乐于征税和花钱的政府","政府不仅必须为市场经济的运作奠定基本的立法和行政基础,而且还可以使市场体制更加有效益"。[3] 现代市场经济是有宏观调控的市场经济,为着力构建市场机制有效、微观主体有活力、宏观调控有度的经济体制,政府应当履行好合理配置资源、公平分配收入、保障经济社会稳定发展等诸项职能。社会公众对收入再分配的看法和观点莫衷一是,与其对政府应当扮演的角色及其运行效率的认识存在分歧密切相关。收入再分配可能造成经济效率的损失,导致横向的收入分配不公平,使得人们反对政府强制性地进行收入再分配。反对收入再分配的人在一定程度上相信自己是通过劳动合法地获得收入,因而拒绝将收入再分配给那些与自己能力和水平不相当的人。[4]

税收负担如何按照所得负担能力进行分配,从来都是个人所得税法设计中的首要难题。然而,影响税法创制的不仅有经济因素,还有政治因素。脱离政治背景是不可能理解税法的结构及其发展过程的。税法所具有的技术性和复杂性,使得其规则原本就很难被公众理解,因此,税法实施效果不佳甚至错误执法某种程度上说是难以避免的。个人所得税作为一种直接税,其开征的正当性根源于宪法上财产权的社会义务。[5] 典型的如德国《基本法》第14条第2款规定,财产权负有义务;财产权之行使应同时有益于公共福利。我国《宪法》第13条设定了财产权条款,但没有规定财产权的社会义务。如学者所言,所得税是针对个人对其财产所有权的盈利的负担,国家通过征税取得的是财产权的孳息,而非财产权本身。[6] 财产权的社会义务是财产出于公共福利目的而应承担的经济负担。

税收公平原则是宪法上的平等原则在税法上的反映,"税法作为法学领域之一门,即无基于事理规则可言,否则即非税法或税法学既称之为法,岂可无平等原则之适用"。[7] 我国《宪法》上有几处直接使用平等这一范畴——"平等的类型体现为法律面前的平等、法律中的平等和不得歧视的特别命令等","平等

---

[3] 史蒂芬·霍尔姆斯、凯斯·R.桑斯坦:《权利的成本——为什么自由依赖于税》,毕竞悦译,北京大学出版社2004年版,第41、47页。

[4] 参见史蒂文·M.谢福林:《税收公平与民间正义》,杨海燕译,上海财经大学出版社2017年版,第123—125页。

[5] 张翔:《个人所得税作为财产权限制——基于基本权利教义学的初步考察》,载《浙江社会科学》2013年第9期,第65页。

[6] 张翔:《财产权的社会义务》,载《中国社会科学》2012年第9期,第112页。

[7] 葛克昌:《税法基本问题——财政宪法篇》,台湾元照出版公司2005年版,第117页。

主要是宪法问题,是一个控制立法权和司法权的正当行使问题"。[8] 在这个意义上说,财产权的社会义务是宪法上用于拘束税收立法者制定税法规范的法律标准。"立法者在制定有关人民财产权政策的法律时,也就必须仔细斟酌财产权对社会的'关联性'及'功能性',而不可过度地要求及决定该财产标的及种类负有'社会义务性'。"[9] 正义强调的是平衡或均等的维持或修复,税收正义的理念同样是判断税法正当性的价值标准,是税收立法、执行和绩效评价的基本原则。

如果市场机制运行中发生收入分配不尽公平的问题,以实现正义为使命的国家必然要通过税收等措施修正收入分配的结果。个人所得税法的起草与设计中的首要原则当属税收公平原则。"公平尺度是至关重要的。外观的或内含的公平标准决定了税负在纳税主体之间如何分配","税收必须反映出众所公认的并且广泛接受的税收公平原则"。[10] 税收公平原则要求个人所得税按照所得负担能力进行课征,可以确保征税的公正性与中立性,进而促使其税收负担在国民与国民之间进行公平分配。然而,税收公平其实是一个内涵不那么清晰的复杂范畴。"税收公平是个只要有不同价值观的理性人都会持不同意见的模糊概念。税负的累进度取决于公平观,也取决于通过累进税阻碍生产性经济行为以试图实现公平的程度,以及在简洁方面获得更精细的公平度所耗费的成本。"[11] 个人所得税法通过征税和调节逐渐、持续纠正收入分配中的错误并避免有害的权力集中。[12]

关于税收负担分配是否公平的衡量标准,主要有利益说和能力说两种观点,分别为受益原则和量能负担原则:前者主张,应根据国民在国家提供的公共服务中的获益程度来分配税收负担,据此,按照国民从国家获得利益的一定比例课税是公平的;后者认为,税收负担应根据国民的经济能力来分配,据此,按照国民承受税收负担的能力课税是公平的。直接税与间接税主要是以纳税人可否依法将税收负担转嫁给他人为标准划分的,两者分别根据量能负担原则和受益原则征收。在这个意义上说,量能课税原则根源于税收公平原则,有客观说和主观说之分:前者主张以国民拥有的财富作为测度其纳税能力的标准,具体分为收入、财产、支出三种尺度,其中,收入被认为是最好的尺度;后者主张以

---

[8] 徐国栋:《平等原则:宪法原则还是民法原则》,载《法学》2009 年第 3 期,第 68、74 页。
[9] 陈新民:《德国公法学基础理论》(上卷),法律出版社 2010 年版,第 464 页。
[10] 西尔文·R.F.普拉斯切特:《对所得的分类综合及二元课税模式》,国家税务局税收科学研究所译,中国财政经济出版社 1993 年版,第 118 页。
[11] 乔尔·斯莱姆罗德、乔恩·巴基哲:《课税于民:公众税收指南》,刘蓉等译,东北财经大学出版社 2013 年版,第 78、80 页。
[12] 参见约翰·罗尔斯:《正义论》,何怀宏等译,中国社会科学出版社 1988 年版,第 278 页。

国民因纳税而感受的牺牲程度作为测定其纳税能力的尺度。[13]

量能课税原则是一项税法上的结构性原则,据此,国民的税收负担应根据其经济上的给付能力确定。量能课税原则意在创设国家与具有经济上的给付能力的国民之间的距离,以确保国家对于每一个国民的给付均无所偏私,不受其所缴纳的税款影响。"然一个人负担税捐的能力终究难以绝对地度量。是故,其度量必须兼以相对的方法为之,亦即兼从纳税义务人间之相对负担的大小,认识税捐之课征是否符合量能课税原则。"[14]个人所得税税收负担之归属及其轻重原则上应以纳税人的负担能力为准,而不是以国家对其提供的权利保障、公共服务的成本和效益为度。此外,纳税人实际承担与合理估计的税收负担与税前收入的比例,综合考虑了法定税率和决定税额的其他因素,表明了真实的所得负担能力。

量能课税原则强调课税应合乎比例原则,包括适当性原则、必要性原则和狭义比例原则。课征个人所得税应避免超过必要的限度,在国民的所得负担能力基础上,课以与其相同所得负担能力者同等程度的纳税义务。"此种负担原则,应成为租税立法之指导理念、税法解释之准则、税法漏洞填补指针、行政裁量之界限,同时量能课税原则也使税法成为可理解、可预计及可学习之科学。"[15]衡量国民所得负担能力的标准有客观和主观之分:前者是透过市场交易之可税行为(非私人行为)所得结果(市场交易所得);后者是指以宪法要求的税基为客观负担能力减除个人扣除额之所余。[16]个人所得税税收负担通过法定税基的制度安排在国民与国民之间进行分配。然而,税收负担的公平分配不是一蹴而就的,而是通过数次税制改革逐渐实现的,有鉴于此,税制改革从不止歇。

新创造的社会财富要么按劳分配,要么按资分配。对所得征收个人所得税,不仅要判断由所得的性质和来源所决定的法定收入额,而且要考虑因费用扣除标准和据实扣除项目所决定的法定扣除额。费用扣除标准又称免征额,纳税人无须提供任何证明文件;据实扣除项目则因人而异,纳税人需要提供证明文件。简言之,不是所有的收入都要征收个人所得税,也不是所有的费用和成本都可以从税基中予以扣除。所得定义为:"在消费中行使的权利的市场价值,和存量财产在期初、期末间价值变化的代数和。"[17]经济学家黑格·西蒙斯曾

---

[13] 参见王传纶、高培勇:《当代西方财政经济理论》(下册),商务印书馆1995年版,第237、239页。

[14] 黄茂荣:《税法总论:法学方法与现代税法》,台湾植根法学丛书编辑室2012年版,第168页。

[15] 同前注[7],第157页。

[16] 葛克昌:《所得税与宪法》,台湾翰芦图书出版有限公司2009年版,第14页。

[17] 荷兰国际财税文献局:《IBFD国际税收辞汇》,《IBFD国际税收辞汇》翻译组译,中国税务出版社2016年版,第237页。

经给所得下了一个宽泛的定义:"所得是指个人潜在消费能力的任何增长。"[18]各国个人所得税法中关于所得的定义,主要是由基本的所得概念加上定义结构所构成。所得的范畴主要有如下三种认识:其一,所得的增值概念,认为任何已实现的财产增益均是所得;其二,所得的来源概念,认为只有得自某一来源的收益才是所得;其三,所得的信托概念,将收益定性为收入或资本,且在收入或资本账户上规定费用性质。[19]

二、分类综合所得税制改革的逻辑

个人所得税1799年滥觞于英国,此后,在上百年的时间里,它仅仅是各国的临时性税种,被看作是筹集战争经费的应急性措施。例如,英国、美国分别因1798年英法战争(因此被称为打败拿破仑的税)、1861年南北战争而开征个人所得税来筹集战争经费;德国于20世纪20年代在全境开征个人所得税,为其发动第二次世界大战奠定了雄厚的财力基础;而在普法战争中落败的法国原本想要开征个人所得税来支付巨额的赔款,但没有成功开征。[20] 但是,战争仅仅是促使个人所得税诞生的直接因素,根本原因还在于生产工具的改进和生产力的提高。美国国会1913年通过的《宪法第16条修正案》,允许国会对任何来源之收入课征所得税,且收入不必分配给各州,由此,推翻了美国联邦最高法院1895年所作的一项禁止征收联邦所得税的判决。[21] 个人所得税按照纳税人的实际收益课征,逐渐成为公认的最能体现量能课税原则、公平分配税收负担的理想税种。

各国税收制度的发展,基本上都是从征收间接税开始的。个人所得税在19、20世纪用了上百年的时间才征服了全世界,成为一个世界性的税种:一种经得起实践检验的兼具财政目的与调控目的于一身的良税。

> 论其税制本身之优点,则所得税最适合于负担能力学说,举凡公平、普遍、税收丰富、具有弹性、不易转嫁、平均贫富诸优点,无不具备。故无论从量的方面,质的方面;实际方面,理论方面观察,所得税已成现代租税之中枢,而为最合理之租税制度,已无可疑义。[22]

---

[18] 罗伯特·D. 李等:《公共预算体系》,苟燕楠译,中国财政经济出版社2011年版,第55页。

[19] 参见维克多·瑟仁伊:《比较税法》,丁一译,北京大学出版社2006年版,第234—240页。

[20] 参见张巍:《中国需要现代化的个人所得税——观英德美法个人所得税》,浙江工商大学出版社2015年版,第46—47、70—89、100页。

[21] 参见斯坦利·I. 库特勒主编:《最高法院与宪法——美国宪法史上重要判例选读》,朱曾汶、林铮译,商务印书馆2006年版,第279—281页。

[22] 朱偰、李权时:《所得税发达史·各国遗产税史要》,河南人民出版社2018年版,第1页。

没有开征个人所得税的,主要是英属维尔京、开曼、百慕大等著名避税地和部分盛产石油的国家。开征个人所得税最初是出于筹集财政资金的目的,后来逐渐具有调节收入分配的功能。我国于1936年开征个人所得税,仿行英制,所得被分为营利事业所得、薪给报酬所得和证券存款所得。

在我国现正开征的18个税种中,就2018年的税收收入而言,前四大税种的收入占全部税收收入的比重高达77.59%:分别是国内增值税(39.34%)、企业所得税(22.58%)、个人所得税(8.87%)、国内消费税(6.8%)。加上作为商品税附加税的城市维护建设税(3.09%),商品税的比重达到49.23%,可见,这是一个严重依赖商品税(特别是增值税)的税制结构。根据测算,个人所得税调整为分类综合所得税制,纳税人将从占全国人口的13.5%下降到4.5%左右。[23] 美国2017年的个人所得税收入占比是50%左右。一般来说,发达国家和发展中国家的个人所得税收入各占30%—50%和10%—20%。在未来两年,增值税仍有降低标准税率以减轻整体税收负担的必要性和可能性;此外,以房产税和城镇土地使用税合并为基础而开征的房地产税,将成为另一大直接税税种。[24]

逐步提高直接税比重是我国2013年提出的深化税收制度改革的具体措施之一,笔者认为,这主要是通过适度提高个人所得税收入的比重、逐步降低增值税收入的比重和开征新的直接税税种(主要是房地产税)等方式来实现的。《个人所得税法》2018年的修改,修改了居民个人的认定标准,提高了基本生活费用扣除标准,改进了专门项目扣除标准和据实扣除方法,增加了反避税条款,调整了综合所得和经营所得的税率结构。与美国个人所得税法的复杂性相比,我国个人所得税可谓简单得多。

> 几乎没有哪个国家的税法是简单的,但是复杂的程度却相差极大……无论如何,同时根据法律的绝对数字和深奥程度以及遵从负担来评价不同税制的复杂性,应该是适当的……几乎从来没有一个国家在简化税法方面取得过成功。相反,法律的发展趋势是一年比一年更为复杂。[25]

尽管我国早在1980年就开征了个人所得税,但是,由于《个人所得税法》规定的工资薪金所得的基本费用扣除标准是800元[26],当时全国职工月平均工

---

[23] 根据全国人口普查数据库的数据和国家税务总局公布的数据计算。

[24] 房地产税是一种设置于房地产保有环节,以房地产应有收益为计税依据的资产本体税,房地产税法建制中应始终遵循量能课税原则,公平设定且合理分配房地产税的税收负担、科学设计开房地产税的特别征收措施。参见叶姗:《房地产税法建制中的量能课税考量》,载《法学家》2019年第1期,第57页。

[25] 同前注[19],第7、19页。

[26] 这是当时的法案起草者参考40多个国家根据国民平均收入比例计算个人所得税的方法测算而得的。

资仅为63.5元,国家统计局网站可以查到的最早的个人所得税收入数据是1990年的21.1亿元,仅占当年税收收入的0.74%,几乎可以忽略不计。1990年后,国民才逐渐产生个人所得税的税痛感。个人所得税征收以代扣代缴方式为主,这使得个人所得税纳税人更像是经济上的负税人而不是法律上的纳税人,因此取得了间接税的征收效果。其后,随着国民收入的不断提高,各地方数次竞相调高了基本生活费用扣除标准,对此,《个人所得税法》2005年修改时将标准统一上调到1600元[27],同时,不再允许地方自行提高标准。由于《个人所得税法》直接规定了标准,所以,每次想要调整标准,都需要通过修法。

个人所得税收入近20年增长了32.53倍(从413.66亿元增长到13872亿元),同期全国税收收入增长了14.64倍,其占全国税收收入的比重处于3.87%—8.87%之间,2018年1—9月高达9.78%,创下历史新高。个人所得税年增长率处于-3.86%—59.46%之间。基本生活费用扣除标准于2006年1月、2008年3月、2011年9月起各调整为1600元、2000元、3500元,而2005年、2007年、2011年的全国职工月平均工资分别是1530.33元、2077.67元、3537.67元[28],即前者基本相当于同期的后者。尽管没有直接资料佐证上述标准与同时期全国职工月平均工资之间的关联程度,也没有法律、行政法规明确设定两者间的联动机制,但是,后者可以说为前者的调整提供了一定的客观依据。自2018年10月起基本生活费用扣除标准调整为5000元,而2017年的全国职工月平均工资是6193.17元,但是,若加上新增的专项附加扣除项目,标准事实上如往年修法那样有所提高。

表1 个人所得税占全国税收收入的比重及其年增长率[29]

年度	2018	2017	2016	2015	2014	2013	2012	2011	2010	2009
个人所得税占全国税收收入的比重(%)	8.87	8.29	7.74	6.90	6.19	5.91	5.78	6.75	6.61	6.64
个人所得税年增长率(%)	15.92	18.61	17.08	16.82	12.94	12.22	-3.86	25.16	22.48	6.10

---

[27] 部分地区违反税法和全国统一规定,擅自提高个人所得税工资、薪金所得费用扣除标准,扩大不征税项目的适用范围,违背了依法治税的原则。参见财政部、国家税务总局《关于严格执行个人所得税费用扣除标准和不征税项目的通知》(财税〔2004〕40号)。

[28] 根据国家税务总局公布的财政收入计算。2005年《个人所得税法》修订案草案原本拟将基本生活费用扣除标准调整到1500元,后来考虑到各省级预算单位自行制定的标准中,最高者已达到1600元,最后修法时相应作了调整。

[29] 根据国家统计局的年度数据和国家税务总局公布的数据计算。

(续表)

年度	2008	2007	2006	2005	2004	2003	2002	2001	2000	1999
个人所得税占全国税收收入的比重(%)	6.86	6.98	7.05	7.28	7.19	7.08	6.87	6.50	5.24	3.87
个人所得税年增长率(%)	16.85	29.83	17.13	20.60	22.50	17.02	21.76	50.88	59.46	22.31

上述几次调整的前一年都是个人所得税连年增长后达到较高增幅的年份，同时，均因标准提高而使得当年增长率显著下降。2011年还同时大幅调整了工资薪金所得的超额累进税率：5%—45%等9档税率调整为3%—45%等7档税率，每档税率的级距加大，中低收入者的税收负担大幅降低。个人所得税原本属于地方税，自2002年起调整为中央与地方共享税。[30] 2000年、2001年个人所得税年增长率飙升到50%以上，这实质上就是个人所得税收入划分规则调整所导致的结果。2007年、2009年的年增长率分别高达29.83%、低至6.1%，则分别是经济高速发展和经济发展受阻使然。2012年出现下降3.86%的现象，则是实行结构性减税政策的因素造成的。从表1来看，当个人所得税年增长率达到20%左右时，就有可能考虑提高基本费用扣除标准或改变税率级距。

现行分类综合所得税制引入了综合所得的范畴，尽管列入其中的仅有工资薪金所得、劳务报酬所得、稿酬所得、特许权使用费所得等4类，以劳动所得为主，但是，其所确立的综合所得应纳税所得额的计算方法却进行了根本性调整：根据现行标准，应纳税所得额为每一纳税年度的收入额减除费用6万元以及专项扣除、专项附加扣除和依法确定的其他扣除后的余额。其中，6万元属于基本费用扣除标准；专项扣除包括居民个人按照国家规定的范围和标准缴纳的基本养老保险、基本医疗保险、失业保险等社会保险费和住房公积金等；专项附加扣除，包括子女教育、继续教育、大病医疗、住房贷款利息或住房租金、赡养老人等支出；依法确定的其他扣除，包括个人缴付符合国家规定的企业年金、职业年金，个人购买符合国家规定的商业健康保险、税收递延型商业养老保险的支出，以及国务院规定可以扣除的其他项目。专项扣除和其他扣除属于据实扣除，而专项附加扣除属于定额扣除。

2018年《个人所得税法》修改删除了经国务院财政部门确定征税的其他所

---

[30] 为进一步规范中央和地方政府之间的分配关系，建立合理的分配机制，国务院制定《所得税收入分享改革方案》（国发〔2001〕37号），个人所得税收入实行中央与地方按比例分享：2002年为各占50%，2003年为60%：40%，2003年以后的比例根据实际收入情况再行考虑。但这个比例再也没有调整过。

得这一授权规则,符合税收法定原则的要求,同样是值得称道的。尽管个人所得税是一个普遍性征收的税种,但是,鉴于其对应税所得进行分类,制定解释性规则仍然是十分必要的。个人所得税 9 类应税所得是根据所得的性质确定的抽象性、概括性范畴,属于法律上的不确定法律概念中的经验概念。通常情况下,纳税人可以预测其税收负担,但是,在个别情况下,若要在个人所得税应税事实认定中达到准确性要求,则需要进行法律解释。《个人所得税法实施条例》不仅分别设定了 9 类应税所得的解释性规则——所得征收范围注释的规则,均属于偏重外延展开、辅之以内涵描述的解释性规则,即按照应税所得的来源和基础来划分和界定应税所得,而且规定难以界定个人取得的应税所得的类型时,其法律解释权由国务院税务主管部门行使,但是,进行行政解释时不得创制新的所得类型。

我国早有学者对个人所得税的发展趋势作出如下判断:"由分类所得税趋于综合所得税、由课源法趋于申报法、由对物税趋于对人税、由局部累进趋于全部累进","其精神实趋于一致,即贯彻负担能力学说,而求所得税之公平与普遍是也"。[31] 事实证明,从 1980 年开征个人所得税、确立分类所得税制,到 2018 年调整为分类综合所得税制,我国个人所得税制度改革的逻辑是:如何设计和改进应税所得类型、法定收入额、法定扣除额、复合税率结构、税收特别措施等诸项课税要素,促使个人所得税税收负担在所得负担能力不同的国民与国民之间实现公平分配。"判断一部税法起草是否适当的基本方法是看其是否能有效地实现预定的政策。因此为了确保法律将来有效,起草的过程就必须使立法能体现政策;同时还要反映法律得到预期实施时的情况。"[32] 略微遗憾的是,仍有部分个人所得税的税收优惠政策采取不符合分类综合所得税制的过渡措施。[33]

三、法定收入额与法定扣除额的架构

与增值税、企业所得税等复杂精细的税种相比,个人所得税的课税要素明显更简单。但是,这种直接税与所有国民的收入密切相关,其课税要素调整一直是关注度极高的全民议题。理论上说,一部臻于完善的个人所得税法应当是简洁的、公平的,不仅易于被遵守,而且难以被规避,同时,还要适当促进经济效率。个人所得税法的起草者应准确使用和清晰阐明法律术语,撰写的法律条款

---

[31] 同前注[22],第 158 页。
[32] V. 图若尼主编:《税法的起草与设计》(第 1 卷),国家税务总局政策法规司译,中国税务出版社 2004 年版,第 89 页。
[33] 财政部、国家税务总局《关于个人所得税法修改后有关优惠政策衔接问题的通知》(财税〔2018〕164 号)。

应易于理解且便于实施。

> 税法类型化运用甚广,有由立法为之,亦有由财税机关制定者,如同业利润标准或由法院制定者……税法类型化可能与纳税人实际负担租税能力未必相符……为达成量能原则,当事人可提供详尽之协力义务,亦可选择不提供、保留隐私,而依类型课税。[34]

然而,现实中的个人所得税法却总是不尽完美的,通常会受制于一国的政治制度、经济发展和税收征管能力等现实因素。每个税制都是在税制的制定者想要做的与能够做的之间妥协的结果。

就个人所得税制度的结构而言,主要有综合所得税制(global tax system)和分类所得税制(schedular income taxation)两大类型。各国个人所得税法通常是以分类所得税制或综合所得税制为基础构造的,但是,纯粹的分类所得税制逐渐被摒弃,而纯粹的综合所得税制则过于理想,税收征管难度极大。上述所得税制均以所得的分类为基础,但前者对归属于同一纳税人的所有或部分所得,无论其来源和性质如何,都作为一个整体统一征收个人所得税,法律列举的不征税收入以外的所得都要征税;后者则是对不同类型、不同来源的所得分别征收个人所得税,法律上未列举的所得不征税。需要强调的是,这两类所得税制下,都要对应税所得按照来源和性质的不同进行分类后课税。

一般认为,综合所得税制略胜于分类所得税制,然而,前者更像是理论上的构想而不是现实。"根据普遍运用的公平标准和通常属于所得课税的纵向所得再分配潜力,综合所得税比分类所得税得分更高?如果对综合所得的累进所得税能有效地实施的话,实际上,上述结论看起来是有根据的。"[35]分类综合所得税制吸收了两大税制的优点,即实行综合所得税制且单独规定其他应税所得的计征规则,特别适合税收征管能力不足的国家。

> 综合所得税对纳税人的总所得征税,且所得包括纳税人的所有所得类型。无论何种性质或来源的所得额,均纳入综合所得税的税基中,扣除则不用考虑与费用发生相关联的所得类型。简言之,税率所适用的应税所得总额是由所得和扣除共同确定的。[36]

《OECD 税收协定范本》对个人所得税所作的一般性定义如下:"对全部所得或某项所得征收的各种税收,包括对来自转让动产或不动产的收益征收的税

---

[34] 同前注[15],第 332—333 页。
[35] 同前注[10],第 132—133 页。
[36] 休·奥尔特等:《比较所得税法——结构性分析》,丁一、崔威译,北京大学出版社 2013 年版,第 189 页。

收,以及对企业支付的工资或薪金总额征收的税收。"[37]发展中国家以实行分类所得税制为主。而俄罗斯实行单一的比例税率,其实质上仍然属于分类所得税制,其《联邦税法典》(2001)规定,工资、经营所得、利息、特许权使用费、源自不动产的所得和资本利得的个人所得税税率为13%,但股息的个人所得税税率为9%,银行存款利息和超额彩票收入预扣税率为35%。[38]OECD国家要么实行综合所得税制,要么实行分类综合所得税制,但课税要素的设计又略有差异。例如,德国、英国、美国均实行综合所得税制,但是,不同类型个人所得的适用税率略有不同;又如,法国、日本均实行分类综合所得税制,以法国为例,其股息所得与工薪所得的最高税率基本相同,且高于公司所得和利息所得的税率。

无论实行何种所得税制类型,其基本计征原理均是在应税所得类型划分基础上,基于法定收入额与法定扣除额之差额,适用相应的税率。美国联邦大部分税收收入来自个人所得税,尽管纳税人普遍抱怨美国个人所得税法过于复杂,但美国政府和国会从来只主张渐进性的税制改革[39],因此,美国也成为OECD国家中唯一没有开征增值税的。"很久以来,所得税法一直是繁琐复杂的。连富兰克林·罗斯福也未曾有耐心读过他的政府所制定的税收立法","在罗斯福看来,它似乎是用外语写的","许多人为这种税制的极端复杂性而触怒了。正如幽默大师拉赛尔·贝克所说的那样,税法的最可怕之处在于它无人能懂。它以深不可测而闻名于世"。[40] 美国《联邦税法典》(Internal Revenue Code of 1939)于1954年、1986年进行了大规模修改,特别是1986年基于简化税制的目标所作的修改更是影响深远,然而,个人所得税法错综复杂的问题却未曾解决。"联邦所得税完全是一团糟。它既没有效率,也不公平,而且操作起来不简便。它难以理解,鼓励了逃税和欺骗行为的发生","律师和说客为他们的客户获得了税收利益,而不是从事建设性的工作"。[41]

美国和日本分别实行综合所得税制和分类综合所得税制,同样都要以所得分类为基础。美国《减税和就业法案》(Tax Cuts and Jobs Act of 2017)大幅调整了个人所得税的课税要素:超额累进税率调整为10%,12%,22%,24%,

---

[37] 迈克尔·朗:《避免双重征税协定法导论》,朱炎生译,北京大学出版社2006年版,第80页。
[38] 参见解学智、张志勇主编:《世界税制现状与趋势》(2014),中国税务出版社2014年版,第39—40页。
[39] 叶姗:《增值税法的设计:基于税收负担的公平分配》,载《环球法律评论》2017年第5期,第49页。
[40] 哈维·S.罗森:《财政学》,平新乔等译,中国人民大学出版社2000年版,第340页。
[41] 罗伯特·E.霍尔、阿尔文·拉布什卡:《单一税》,史耀斌译校,中国财政经济出版社2003版,第2页。

32%，35%和37%；标准扣除额翻倍：个人申报、家庭申报、夫妻联合申报的标准扣除额分别从 6500 美元、9550 美元、13000 美元调整到 12000 美元、18000 美元、24000 美元，同时，取消个人税收豁免；此外，取消和调整了数十项税收抵免和扣除项目。[42] 日本个人所得税法上的所得分为资产性所得、劳动性所得、资产劳动结合所得、其他所得。[43] 其应纳税所得额为收入减去给与所得控除和所得扣除，超额累进税率为 5%，10%，20%，23%，33%，40%和 45%。所得控除主要包括基础（38 万日元）、社会保险料、配偶者、配偶者特别、扶养、勤劳学生、生命保险料、医疗费、杂损、地震保险料、寡妇（夫）、小企业共济卦金、寄附金、障害者等。[44]

在我国，所得按照性质不同分为劳动所得、经营所得、投资所得、财产所得和偶然所得，前两类是积极所得，分别适用 3%—45%和 5%—35%的超额累进税率；后三类是消极所得，适用 20%的比例税率。不同类型所得适用不同的税率和税基，适用不同的计征规则，税基为法定收入额依法减除法定扣除额：劳务报酬所得、稿酬所得、特许权使用费所得等收入减除 20%的费用的余额、稿酬所得减按 70%计算收入额。设置法定扣除规则同样是基于量能课税原则的考量，与劳动所得不同，经营所得以某纳税年度的收入总额减除成本、费用、损失后的余额为应纳税所得额；利息、股息、红利所得等投资所得和偶然所得，以每次收入额为应纳税所得额；财产租赁所得扣除规定的费用；财产转让所得扣除财产原值和合理费用；慈善捐赠额中未超过 30%的部分甚至全部扣除。

社会财富按劳分配和按资分配分别依据的是劳动力所有者所付出的劳动和资本所有者所付出的资本，由此，产生了两种属性不同的所得类型——勤劳所得和资产所得，在此基础上，还产生了第三类——勤劳加资产所得。就我国《个人所得税法》而言，综合所得属于勤劳所得，经营所得属于勤劳加资产所得，投资所得和财产所得属于资产所得。2018 年修法，同样遵循资产所得重课税而勤劳所得轻课税的逻辑，综合所得（勤劳所得）的扣除最充分：调高了基本生活费用减除标准即免征额[45]，改进了专门项目扣除标准。与免征额体现的是

---

[42] DINKYTOWN. NET, *Tax Cuts and Jobs Act of 2017* (22 December, 2017), at http://www.2017taxcutsandjobsact.com/tax_cuts_and_jobs_act_fun_facts.html (last visited Jan. 1, 2019).

[43] 中里实等主编：《日本税法概论》，西村朝日律师事务所西村高等法务研究所监译，法律出版社 2014 年版，第 122 页。

[44] 小武：《五张图教你看懂日本个人所得税》，http://www.tuixiu40.com/spendsave/notax/751，最后访问日期：2019 年 1 月 1 日。

[45] 坊间所称的个人所得税"起征点"，属于误用概念。起征点和免征额的不同在于，前者是指税法规定的对征税对象征税（典型的如增值税）的最低限额，达到此限者全额纳税，未达此限者无须纳税；后者则是指税法规定的征税对象中免予征税（典型的如个人所得税）的数额，若超过此数额待扣除后再征税。

人权的生存权不同,专项附加扣除项目适当兼顾了生计费用和按家庭征收的模式,但纳税人有权放弃申报上述项目。此外,经营所得可以扣除成本、费用、损失等,财产所得可以扣除规定费用,这是净所得课税的原理使然;投资所得未设有扣除项目,即使纳税人没有勤劳所得也不能减除免征额和专项附加扣除项目。

个人所得税的应税所得(税基)和税率决定了纳税人在特定纳税期间内的纳税义务。税基是法定收入额(法定应税收入或法定不征税收入以外的收入)扣除收入取得过程中的法定扣除额(基本生活费用扣除标准,专门项目扣除标准,成本、费用和损失据实扣除)的部分。由于纳税人可以选择申报专项附加扣除项目(其中大部分项目规定的是定额扣除规则)或依法确定的其他扣除项目,法定扣除额可能因此得以增加,而纳税人的税收负担则有所降低。此外,税收规范性文件还规定了部分选择性规则,纳税人可以选择能够使其税收负担更轻的计征方法,例如,若创投企业选择按单一投资基金核算,除可以扣除的成本、费用之外,单一投资基金发生的包括投资基金管理人的管理费和业绩报酬在内的其他支出,不得在核算时扣除[46];又如,居民个人取得全年一次性奖金,可以选择不并入当年综合所得,单独计算纳税,也可以选择并入当年综合所得计算纳税。[47]

与我国《个人所得税法》实行分类综合所得税制不同,我国《企业所得税法》实行综合所得税制。自 2000 年起,国家对个人独资企业和合伙企业投资者的生产经营所得,比照个体工商户的生产、经营所得征收个人所得税。[48] 2018 年《个人所得税法》修改时将个体工商户的生产、经营所得改成经营所得,不再保留对企事业单位的承包经营、承租经营所得。同时,《个人所得税法实施条例》对经营所得设定了解释性规则,明确个人独资企业投资人、合伙企业的个人合伙人来源于境内注册的个人独资企业、合伙企业生产、经营的所得属于经营所得的范畴。由于《企业所得税法》明确将个人独资企业、合伙企业排除在适用范围以外,笔者认为,《个人所得税法》将来修改时,还是很有必要创制合伙企业课征所得税的特殊规则,确立穿透原则,分别设定普通合伙企业和有限合伙企业的计税规则。[49]

---

[46] 财政部、国家税务总局《关于创业投资企业个人合伙人所得税政策问题的通知》(财税〔2019〕8 号)。

[47] 同前注〔33〕。

[48] 国务院《关于个人独资企业和合伙企业征收所得税问题的通知》(国发〔2000〕16 号)。

[49] 叶姗:《合伙企业课征所得税规则之创制》,载《华东政法大学学报》2019 年第 1 期,第 27 页。

四、税收特别措施和税收程序规则

尽管个人所得税属于公认的直接税税种,然而,其所实行的代扣代缴方式却使其事实上更接近于间接税。2018年《个人所得税法》修改时将税收征管程序从以代扣代缴为主调整为申报缴纳和代扣代缴并重,则为个人所得税回归直接税的本质属性提供了税收程序规则上的支持。2005年《个人所得税法》修改时就已先行扩大了自行申报的范围——个人所得超过国务院规定数额的和国务院规定的其他情形,尽管实施情况不是十分理想,但仍然为个人所得税实行自行申报方式积累了经验。分类综合所得税制改革,需要增加适用于自然人纳税人的税款征收措施。为此,除了修改《个人所得税法》中的税收程序规则外,还要在修改《税收征管法》时重点解决这一问题。"税收政策的制定都是短期权宜之计而不是长期战略安排。政策制定者……几乎不重视应把税制作为一个整体来考虑的观点,因此真正和有效的改革在政治上仍然极其困难。"[50]互联网和大数据事实上解决了税收征管中传统的信息难题。

理论上说,个人所得税法采取资产所得重课税而勤劳所得轻课税的立场,但资产所得以及资产勤劳结合所得可通过各种税收特别措施而得到优惠。[51]然而,现实中却经常出现资产所得轻课税而勤劳所得重课税的现象,其原因在于,勤劳所得的税收征管效率要远远高于资产所得和资产勤劳结合所得。个人所得税法的构造对于自然人的生产性努力而言未必一定有利,也未必一定不利。

> 詹姆斯·米尔利斯提出的最优税制模型认为,必须要在收入再分配和由税收带来的对工作的负激励效应中进行权衡……因为政府用来再分配的税收收入主要来源于高收入者的努力工作,所以对高收入者的边际收入征税是提高社会总福利的最佳路径。[52]

个人所得税基于量能课税原则进行法律上的构造,应着重提高课税要素规定的明确性、税收负担预测的可能性、税收征收程序的可行性。

课税要素,又称税法构成要件,是指各个税收单行法所具有的共同的基本要素,这是税务机关据以判断纳税义务何时发生、由谁履行的基本依据。"税捐构成要件的理论提供了基本体系架构,在立法上帮助立法者从税捐主体、税捐

---

[50] 詹姆斯·莫里斯、英国财政研究所:《税制设计》,湖南国税翻译小组译,湖南人民出版社 2016 年版,第 7 页。

[51] 参见金子宏:《日本税法》,战宪斌等译,法律出版社 2004 年版,第 150—151 页。

[52] 史蒂文·M. 谢福林:《税收公平与民间正义》,杨海燕译,上海财经大学出版社 2016 年版,第 130—131 页。

客体、税捐客体的归属、税基、税率及税捐之减免事由来规划具体的税捐制度。"[53] 为了确保国民可以预测其行为应否承担纳税义务,基于法安定性原则的要求,也要求税法规定的课税要素具体明确,使纳税人可以提前预测其税收负担。现行税收单行法鲜有制定立法目的条款,无法清晰展现税收立法者的意图。制定法的不完备性是一种先验且必然的结果,其规定可能无法应对复杂的实际情况,税收行政裁量权的行使应以立法目的为规限,其措施和手段应必要、适当。"税法就租税负担能力作为法律所定要件,欠缺可供比较之显明指标","由于税法上负担事由不明确,致使立法裁量权表面上相较其他法律,更为扩张"。[54]

个人所得税法可能规定哪些所得应征税,也有可能规定哪些所得不应征税。

> 个人所得,只能就国民所得部分产生,所得税法所能掌握者,非国民财产之本体,而只就"新生产之财富"部分课征。所得者,透过经济活动以参与社会生产而有所取得。个人所得,系经由市场供给需求中,所创造出价值之增加。[55]

无论实行何种所得税制,劳动所得都是最重要的所得类型。"几乎所有的国家(除了法国、新加坡和瑞士属显著例外)对雇佣所得均实行扣缴征税。扣缴税基本上占了个人所得税收入的75%或更多(在许多发展中国家和转型国家超过90%)。在许多发展中国家和转型国家,扣缴税是一种最终税。"[56] 然而,税收政策总是由政治决定的,但是,经济上的考虑同样举足轻重,可以帮助个人所得税法的构造更加趋于公平。而税收程序规则可以在最大程度上实现征税目的。

代表国家征税的政府课征个人所得税应当依据法律,否则,税务机关不得征税,纳税人无须纳税。税收立法不仅要明确设定实体课税要素,而且要创制相应的税收程序规则。国家应当将税收负担公平分配给全体国民,"有关税法规定必须以各项公平合理原则为基础,并加以执行,以保护国民免于不法,并落实税法规定的内部伦理性,亦即税法应将整体税捐负担,按照公平的标准,分配与国民负担"。[57] 至于个人所得税法的复合税率结构设计,则要控制好边际最高税率、平均税率、税率档次、税率级距和比例税率,最有可能需要经常调整的

---

[53] 黄茂荣:《税法总论:税捐法律关系》(第三册),台湾植根法学丛书编辑室2008年版,第129页。
[54] 同前注[16],第33页。
[55] 同前注[16],第43—44页。
[56] 同前注[25],第256页。
[57] 陈清秀:《现代财税法原理》,台湾元照出版公司2015年版,第42页。

是实际税率和税率级距,其客观的判断标准包括经济增长率、人均工资增长率和居民消费价格指数等。"设计所得税税率结构时的一个重要问题是应该将其累进性包含在税率的级距中","虽然确定税率结构是一个经济、预算和税收政策的问题,并且经常会受到政治因素的影响的,但实际上它也有技术上的考虑"。[58]

税收特别措施作为偏离基准税制的课税要素,主要分为税收加重措施和税收优惠措施,以后者为主。各国税法规范系统日益复杂,通常不是基准税制所致,而是税收特别措施层出不穷使然。几乎没有哪个国家的个人所得税法是简单的,但是,复杂程度和表现却各有各的不同。"税收制度经过多年的构建已经变得异常复杂,而且管理的难度越来越大。税法中诸多税收减免的规定,以及较窄的所得税税基,都使得政府的税收征收更加困难"。[59] 然而,复杂的税法规范系统更容易引起税收规避问题。"税法之持续长期之权威,只能基于其合乎事理与平等课征。今日租税负担之不公平感,让一般人感到税法实际非依所得分配租税负担,反而依法律上形式表象及其狡诈来分配。"[60]依据税收法定原则的要求,税务机关既不能随意创设纳税义务也不得任意制定税收特别措施。

税收特别措施是一种税法上的差别待遇,通常是基于特殊的经济社会政策制定的。表面上看,税收特别不利负担牺牲了量能课税原则,与税收公平原则背道而驰,不符合宪法上的平等原则的要求。"租税特别措施系以租税减免或加重作为经济诱因已达诱导管制目的,其对象为原具有负担租税能力者,基于社会、经济、环保政策目的而与以减免或加重;本质上系牺牲量能平等负担原则,以达成其他公益要求。"[61]需要作出判断的是,税收特别措施所维护的公共利益是否远远大于其牺牲量能课税原则所造成的损害。"惟为增进公共利益或特别规定,给予特定范围纳税义务人减轻或免除租税之优惠措施,而有正当理由之差别待遇",此外,还有"租税之特别不利负担以管制人民特定行为"。[62]税收特别措施是通过加重或减轻纳税人的负担来引导其作出符合经济政策目标的决策,但是,经济政策目标与所得负担能力通常没有直接的联系,是量能课税原则的例外。

除税收优惠措施外,还有基于量能课税原则和简化计税方法而制定的税收特别措施。前者可以使纳税人的税收负担有所降低,但是,仍然符合量能课税

---

[58] 同前注[32],第549页。
[59] B.盖伊·彼得斯:《税收政治学:一种比较的视角》,郭为桂、黄宁莺译,江苏人民出版社2008年版,第284—285页。
[60] 同前注[7],第162—163页。
[61] 同前注[7],第327页。
[62] 葛克昌:《租税国的危机》,厦门大学出版社2016年版,第186页。

原则的要旨,故不宜将其归入税收优惠措施的范畴。典型的如个人所得税的专项附加扣除项目中的大部分项目,诸如赡养老人、子女教育、住房贷款利息、住房租金等支出的扣除项目,性质上属于家庭生活费用的范畴,准予其税前扣除反映了纳税人主观上的经济给付能力,可以保障纳税人及其家庭成员最低限度的生存权,正是量能课税原则的表现。我国个人所得税法下一步还有必要考虑引入夫妻联合申报制度和子女抚养支出的扣除项目。夫妻联合申报是更加契合量能课税原则的制度选择,更有可能实现个人所得税税收负担的公平分配。鉴于夫妻关系和家庭情况千差万别,是否申报家庭生活费用扣除项目、夫妻是联合申报还是单独申报,税法都给了纳税人选择权,从而使其税收负担相对更轻。

个人所得税原本是由地方税务局负责征收的地方税税种,自2002年调整为中央与地方共享税种起,其税收收益权归属进行了调整,但是,其税收征管权配置却几乎没有什么变动。中共中央《深化党和国家机构改革方案》(2018年)决定改革国税地税征管体制:将省级和省级以下国税地税机构合并,具体承担所辖区域内的各项税收、非税收入征管等职责。财政部、国家税务总局等要求[63],自2019年起,基本养老保险费、基本医疗保险费、失业保险费、工伤保险费、生育保险费等各项社会保险费交由税务部门统一征收[64]。《中华人民共和国社会保险法》(2011年)并没有明确社会保险费的统一征收机构。实际上,仅有机关事业单位养老保险和城乡居民养老保险征收职能如期移交,企业养老保险征收职能暂缓移交。此外,企业发生的合理的工资、薪金支出,准予在计算企业所得税时扣除。

国税地税机构合并且全面承接社会保险费[65]的征管职责后,不仅可以为企业所得税、个人所得税和社会保险费的征管提供可以交叉比对的涉税信息,而且有助于个人所得税与社会保险费实现制度整合。"决定有关所得税和社会保险税关系的未来政策的中心问题是社会保险税的性质。一个真正的以保险为基础的制度倾向于实行一种独立的税收,如果税基不独立,那么必然是税率结构独立。"[66]税制改革总是周而复始地发生着,理想的税制不是一蹴而就的,

---

[63] 国家税务总局办公厅:《五部委局联合召开社会保险费和非税收入征管职责划转工作动员部署会议》,http://www.chinatax.gov.cn/n810209/n810575/n811941/n811998/c3675977/content.html,最后访问日期:2019年1月1日。

[64] 《社会保险费征缴暂行条例》(2019年3月24日起施行)第6条规定,社会保险费的征收机构由省级政府规定,可以由税务机关征收,也可以由劳动保障行政部门按照国务院规定设立的社会保险经办机构征收。

[65] 社会保险分项目计算:分别由缴费基数乘以相应的费率而得,具体来说,主要有养老保险、医疗保险、失业保险、工伤保险和生育保险等5项,其中,前3项由用人单位和劳动者共同缴纳。

[66] 同前注[32],第284页。

更有可能是需要不断发展完善的。某种意义上说,税制改革肯定会改变既有的税收负担分配结果,理论上,这种改变的方向应当是可以使税收负担的分配更加公平。然而,税制改革中所产生的新旧制度之间的过渡措施,常常会持续很多年,甚至对税收收入和经济增长产生明显的反作用,但人们往往事先没有考虑到这些问题。[67] 于个人所得税法而言,分类综合所得税制改革尚未完成,仍然有大量个人所得税优惠政策仅以规章、规范性文件为载体,背离按照所得负担能力课税的原则。

五、结论

我国《个人所得税法》于 2018 年进行的大规模修改,初步实现了转向分类综合所得税制的税制改革目标,合理减轻了国民的个人所得税税收负担,鼓励国民通过劳动增加收入,与之相适应的税收征管程序同步调整,使之真正回归直接税的本质属性。本次修改被定调为对个人所得税法不适应改革需要的内容进行修改,补充、完善保障改革实施所需内容。对其他内容,原则上不作修改。[68] 以量能课税原则这一税法的结构性原则来衡量,现行《个人所得税法》既有值得肯定之处,又有继续改进的必要和可能。个人所得税税收负担取决于应税所得类型、法定收入额、法定扣除额、复合税率结构、税收特别措施等课税要素,最有可能需要经常调整的是免征额和超额累进税率的级距。按照来源和性质不同,所得可以分为劳动所得、经营所得等积极所得和投资所得、财产所得、偶然所得等消极所得。各类所得的应纳税所得额等于法定收入额减除法定扣除额的余额。此外,偏离基准税制的税收特别措施,尽管并非以量能课税原则为衡量标准,仍然要考量其基于特殊的经济社会政策所维护的公共利益是否符合适当性的要求。

(审稿编辑 邓 伟)
(校对编辑 柯 达)

---

[67] 参见亨瑞·J. 艾伦、威廉姆·G. 盖尔主编:《美国税制改革的经济影响》,郭庆旺、刘茜译,中国人民大学出版社 2001 年版,第 23 页。

[68] 刘昆:《关于〈中华人民共和国个人所得税法修正案(草案)〉的说明》,http://www.npc.gov.cn/npc/lfzt/rlyw/2018-08/31/content_2060812.htm,最后访问日期:2019 年 1 月 1 日。

资产管理违法所得追缴模式研究

缪因知[*]

The Liability Allocation Mode of Disgorgements of Illicit Profits in Asset Management

Miao Yinzhi

内容摘要:资产管理人的违法交易行为产生之所得已归于不知情委托人的部分是否应被行政执法部门一并追缴?答案取决于"追缴违法所得"的公法秩序价值和"保护交易安全"的私法秩序价值之衡量。与此同时,资产管理的业务形态和委托投资者与资产管理者的实际互动模式也对法律因应之道产生影响。执法者对并未参与违法交易的委托人追缴相关所得,将混淆合法的资产委托管理法律关系和违法的资产管理行为之间的区别,损害无辜委托人的私权,妨碍资管业发展,同时也会增加执法操作难度和执法成本。不追缴说应被坚持,但在不向不知情委托人追缴的同时,宜要求实际实施违法交易行为的资产管理人对其行为产生的全部账户违法所得承担吐出责任,而不限于其直接因此取得的收益。美国和中国均已出现符合这一模式的相关执法司法实践。我国的违法所得被没收后归入国库而非补偿其他投资者,主要体现了公法层面的震慑功能

---

[*] 法学博士,中央财经大学法学院副教授。

本文系北京社会科学基金"证券期货欺诈行为执法标准研究"(14FXC035)、教育部项目"中国证监会内幕交易监管行为研究:1994—2017"(17YJC820035)的阶段性成果。

而非私法层面的赔偿功能,亦与此种安排契合。委托人自愿代缴时,可相应减轻管理人的吐出责任。

关键词:资产管理　违法所得　追缴　内幕交易　操纵市场

一、选题说明

资产管理业务,是指银行、信托、证券、基金、期货、保险资产管理机构、金融资产投资公司等金融机构接受投资者委托,对受托的投资者财产进行投资和管理的金融服务(中国人民银行等多部门《关于规范金融机构资产管理业务的指导意见》第2条)。近年来,我国的资产管理业迅速膨胀,截至2016年底,资管业务规模已超过116万亿元[1],相应的法律争议也频频发生。

证券投资是资管业的主战场之一。不同类型的金融机构在不到五年内已经实现了行业主导权的换手[2],配资型证券资管产品也随着牛市泡沫的破灭而经历了兴衰[3]。市场波澜带来的相关法律争议尤为突出。例如,在2015年私募证券投资基金头号"操盘手"徐翔被捕后(2017年被判定构成操纵证券市场罪),诸多媒体一度热议其旗下的资管产品所得应当如何处置;2018年3月,其家属明确向法院提出申请,要求由实际获利的投资者分担违法所得,而不是完全由徐翔承担。2018年8月,影视红星黄晓明账户的操盘手因为操纵市场获利而被处罚,这又引发了对黄晓明法律责任的热议。[4]

对违法所得予以追缴、剥夺,是违法交易的当然后果,也是一项重要的行政执法制度。美国法称之为"吐出"(disgorgement),我国法称之为"没收违法所得"。可资产管理人的违法所得中已经分配、支付、转移给不知情委托人的部分,是否也应被视为违法所得,从而被行政执法部门一并追缴?[5] 这个话题看似具体,实际上涉及资管法律关系的特殊之处和公法与私法秩序的协调。

资产管理的本质是代人理财业务的规模化、专业化。在近年我国资管业务日益成熟的背景下,一方面,管理人的独立性增强,资产原始所有人/委托人和

---

[1] 沈溦:《广义资管业规模超110万亿 新特征呼吁新监管》,http://www.nbd.com.cn/articles/2017-12-12/1170711.html,最后访问日期:2019年9月18日。

[2] 参见缪因知:《证券投资信托的法律构造与监管流变》,载《当代法学》2017年第2期,第76—80页。

[3] 参见缪因知:《证券交易场外配资清理整顿活动之反思》,载《法学》2016年第1期,第48页。

[4] 参见缪因知:《黄晓明卷入操纵事件:证券账户委托人责任边界之辨》,载《经济观察报》2018年8月20日,第24版。

[5] "追缴"具有方向性,强调对已经转移的资产的追回,但不一定要以违法责任的存在为前提。而"没收"一般用于已经确认违法责任的情境下。本文讨论是否从并未从事违法行为的委托人处追缴资产,刻意不简单使用"没收"一词。

管理人普遍出现了意思联络的隔离,大量涉及被管理资产的违法交易行为并非由管理人和委托人合谋所致,委托人未必知道或应当知道受托人及其员工系通过违法行为而获利;另一方面,交易人动用他人巨额资金买卖,造成交易人本身直接违法所得(报酬、分成等)与违法交易收益金额之间的不平衡日益突出。对此,传统交易法律规则是按"为己理财"的模式设计,未必能准确适用于"为人理财"的形态,未能对这一新的资产运用现象有充分的因应准备。

如果对相关责任承担问题处理不妥、宽严失衡,要么会损害无辜委托人的私权、投资积极性乃至行业发展,要么对真正损害市场秩序的违法行为人不能作出充分的惩罚,使得公法或私法的制度目的落空。故本文将从资产管理法制的原理展开,充分借鉴比较法资料,基于公私法原理和实务可操作性,集中对证券资管违法所得追缴模式中的行政执法法理予以分析,以期有效梳理法律空白点和理论难点,得出较为公平、易行、具有逻辑统一性的法律解释与回应方案,以进一步维护资管业的良好秩序,实现公私法益、市场发展和市场公平之间的平衡,充实监管法治。本文的结论亦可推广用于其他领域的资管违法所得追缴的法律疑难。

二、资管违法交易责任认定的现行框架与可能的问题

在资管场景下,违法交易的实际操作人并非只是为了自己的利益而操作,而主要是将他人资金用于交易,并通过分享投资收益来获利。资管可分作"内部型"和"外部型"两种情形,前者的交易操作人系机构投资者的雇员(如自营部门员工),后者的操作人系根据契约关系接受他人的委托和资产进行交易;狭义的资管只限于基于合同关系而非人事关系的外部型资管。此外,现实中还存在内部型和外部型资管叠加的状态,如一个机构担任一个资管产品的管理人,管理人机构并非只提供交易服务,而是同时投入了自有资金,但机构的交易决策由其员工作出,该员工是该机构的实际资管人。

我国法律尚未涉及此类复杂问题。一方面,《证券法》只是规定对内幕交易、操纵市场等行为应当没收违法所得并予以罚款。立法者在创设法律条文时,参照的是交易人动用自身资金(包括借款)而为自身利益从事违法行为的传统场景。另一方面,中国证监会对此可能的立场体现在 2007 年《证券市场内幕交易行为认定指引(试行)》(以下简称《内幕指引》)、《证券市场操纵行为认定指引(试行)》(以下简称《操纵指引》)关于实际交易人和账户名义持有人关系的条款中:

第一,《内幕指引》第 15 条第 1 款规定:"以单位名义实施内幕交易行为,且违法所得归单位所有的,应认定为单位的内幕交易行为。"《操纵指引》第 6 条有类似规定。

第二,《内幕指引》第 16 条规定:"盗用单位名义实施内幕交易行为,违法所得由实施内幕交易行为的个人私分的,应认定为个人的内幕交易行为。"《操纵指引》第 10 条规定:"盗用单位名义操纵证券市场的,应认定个人为操纵行为人。"这里未强调私分违法所得的要件,可能是由于实践中操纵市场的结果经常是没有违法所得。但反过来讲,无违法所得亦非内幕交易免责的理由,故《内幕指引》第 16 条应被理解为如何根据当事人事先约定的违法所得分配安排来分配责任。

第三,《内幕指引》第 17 条规定:"个人利用其设立的公司、企业、事业单位实施内幕交易的,或者个人设立的公司、企业、事业单位设立后以实施内幕交易为主要活动的,应认定为个人的内幕交易行为。"《操纵指引》第 9 条有类似规定。

第四,《内幕指引》第 18 条规定:"管理人或受托人等以投资基金、社保基金、保险品种、企业年金、信托计划、投资理财计划等实施内幕交易的,应当认定为管理人或受托人等的内幕交易行为。"《操纵指引》第 12 条有类似规定。

此外,《操纵指引》另有一些特殊规定,也可参照适用于内幕交易执法,包括:第 7 条界定了单位操纵证券市场中的直接负责的主管人员和其他直接责任人;第 8 条规定了利用他人账户操纵证券市场的情形,这指的是交易人自行提供证券或资金并自负盈亏的情形;第 11 条规定了证券公司的协助操纵责任。但这几条均不属于本文所论的资产管理情形。

小结之,针对内部型资管的标准是"谁获取违法所得,谁承担法律责任"(标准 I);而针对外部型资管的标准是"资管产品管理人违法,自行承担责任"(标准 II)。标准 II 可以被视为是对市场资管产品的一种优待,是对标准 I 的例外。因为资管产品管理人也完全可能"以单位名义实施内幕交易行为,且违法所得归单位所有",直接交易人员不私分违法所得,而是希望通过制造更好的业绩来获取更多的薪酬。

由此派生出来的问题是:其一,在外部型资管委托人并非资管产品管理人,而只是不知情的自然人时,应适用标准 I 还是标准 II? 其二,当内部型和外部型资管模式交织时,是对机构管理人,还是机构管理人的管理人(工作人员)适用标准 II? 是只针对经手人员的单罚制,还是同时波及机构委托人的双罚制?

从执法实践看(参见后文),证监会的基本立场是:

(1) 外部型资管委托人是不知情的自然人时,适用标准 II,即不对委托人追责。

(2) 对资管产品的机构型管理人及其直接负责的主管人员(一般是总经理、投资总监等)实施双罚;但在空壳机构型管理人情形中,只对直接负责的主管人员和其他责任人(董事、监事、交易员)单罚。

上述法律规则适用的正当性,自然可以被评价。而进一步的,我们还可以讨论标准 I、II 本身的正当性,特别是标准 II 是否会令资管产品委托人/投资者"不当得利"?

三、对资管委托人是否追缴所得的两种对立学说及其法理

资管委托人对管理人的违法交易行为存在合谋、知情情形时的责任共担问题,并无争议。但在委托人不知情时,如何明晰地辨识应有的法律责任,需要从委托人和受托人的关系[6]、违法所得追缴的制度功能及其执行成本等多个角度来展开深度思考。

本文将分析主张追缴和不追缴的两种观点所秉持的法理依据以及在比较法(主要是证券业务和执法均十分发达的美国的法制)上的运用,并结合我国实际予以分析,进而指出:除了对违法行为、违法所得本身的性质应予以准确认识外,违法所得被没收后的处置方式(收归国库,还是补偿其他投资者)也将对执法方式的选择合理性产生影响。相关制度回应的思考答案应当建立在法理基础之上,同时又与执法对象的具体特点相契合。

在借鉴比较法时,需要注意的一点是:本案涉及的美国等国的司法案例并非单纯的民事诉讼,而是由执法机关提起的诉讼。其与中国法制的区别只在于行政执法机构受到的法治约束较大,无法自行作出罚款、追缴或没收违法所得等行为,而须经过法院判决。故一方面,其与我国行政执法案例面临的实体法律问题高度相通;另一方面,中立的司法结论实际上也为如何合理约束执法机构的行为提供了有益参考。

(一)是否向委托人追缴所得的两种对立学说

资产管理人的违法行为产生所得已归于不知情委托人的部分是否应被行政执法部门一并追缴的法理争议,在早年就已经出现。证监会在 2009 年张野案[7]中认定:基金经理张野操作朱某实际控制的某账户,(通过获知"旗下基金投资及推荐相关个股的非公开信息")违法从事了抢先买卖的老鼠仓交易,为朱某实现盈利 900 多万元,并收取感谢费 200 万元。证监会没收了张野 200 万元的违法所得,并罚款 400 万元。显然,该案的罚没金额小于由于违法行为衍生出来的所得。证监会一般把抢先交易视同内幕交易处理,但朱某作为自然人委托人,恰好既不是《内幕指引》第 15 条规定的"单位",也不是第 18 条规定的"理

---

[6] 对于实践中各种类型的理财/资管关系定性,存在委托说和信托说的不同看法,详见缪因知:《资产管理内部法律关系的定性:回顾与前瞻》,载《法学家》2018 年第 3 期,第 101—104 页。但其定性不影响本文结论。本文也不讨论名为资产管理,但实际上只是把受托人作为通道的情形。

[7] 证监会行政处罚决定书(张野)〔2009〕21 号。

财产品"。事实上,证监会是按第18条的思路处理的,这在理论界产生了争议。2018年高勇案[8]因为涉及作为委托人的文娱名人黄晓明,又引发了一波舆论风潮,以至于证监会在高勇案结案一个多月后公开强调"黄晓明未被列为本案违法行为当事人"。

一种观点认为,对违法行为产生的所得应该一律没收。如彭冰教授认为,在张野案中,无论朱某是否构成内幕交易,这900多万元交易所得应当被没收。[9] 此外,证监会行政处罚委员会时任委员张子学也在学术论文中建议在"实体上明确执法机构追缴他人因证券违法所获收益的法律依据"。[10]

另一种针锋相对的观点则认为,应当结合具体法律关系来分析。如果资产被管理人对违法行为是不知情、无辜的,没收其相关所得缺乏法律和法理依据,也可能会有操作难度,故只应通过加大对违法资产管理人的打击力度来减少资管中的违法交易。

(二)追缴说的法理依据:基于秩序维护的公法视角

主张追缴说的一大理由是从公法关系出发,认为没收违法所得并未给违法者科处新的义务负担,所以其与罚款不同,不属于额外加惩性的制裁,而只是一种公权力施加的修复性措施,不需要收缴对象具有违法行为或法律责任。持此论者认为,《刑法》第64条的表述"违法所得的一切财物,应当予以追缴或责令退赔"是更为精确的提法。[11] 换言之,虽然委托人并未违法,但追缴其所得,本身亦非法律责任的施加。

此说在比较法上能得到一定的支持。德国宪法法院较近的判决认为:不法利益追缴之行政责任以消除违法状态、秩序管理为目的,类似于不当得利返还,应适用与行政处罚不同的法律标准。[12] 我国台湾地区2006年"行政罚法"第20条第2项规定:"行为人违反行政法上义务应受处罚,他人因该行为受有财产上利益而未受处罚时,得于其所受财产上利益价值范围内,酌予追缴。"

追缴说的另一大理由是主张通过公权力的剥夺和返还实现的分配正义令受害人获得有效赔偿。美国法上有"偿付被告"(relief defendant)制度,这是指

---

[8] 证监会行政处罚决定书(高勇)〔2018〕47号。

[9] 彭冰:《内幕交易行政处罚案例研究》,载张育军、徐明主编:《证券法苑》(第三卷),法律出版社2010年版,第96页。

[10] 张子学:《资管账户因管理人证券违法所获收益的没收问题》,载《证券市场导报》2015年第7期,第5页。

[11] 同前注[10],第5页。彭冰也认为违法所得与罚款不同,并非对违法行为的惩罚,故而没收的违法所得应当被用于赔偿投资者。彭冰:《建立补偿投资者的证券行政责任机制:针对内幕交易和操纵市场行为》,载《中外法学》2004年第5期,第577页。这个问题本文将在第五(二)部分讨论。

[12] 陈清秀:《行政罚法上不当利益之追缴问题》,载《法学丛刊》(第五十五卷)2010年第4期,第27页。

基于"指名被告"(named defendant)的违法行为而非法取得(ill get)财产者,也被称为"名义被告"(nominal defendant)。中文文献中有将之翻译为"救济被告"的,而本人认为此等主体被加入诉讼的主要目的是为了进行偿付,故采用"偿付被告"的译法。

偿付被告一般是无辜的(innocent),本身未必参与违法行为。美国联邦第二巡回区上诉法院曾列出针对偿付被告施加返还责任之衡平救济的两项条件:(1)该人已经获得非法取得的资金;且(2)对这些资金没有合法的权利要求(claim)。[13] 其中,合法的权利要求包括偿付被告获得资金是由于向指名被告提供了劳务而获取报酬等。最典型的偿付被告是人头账户,如交易者利用亲友的账户进行操作,但有时也会是证券投资基金。[14]

在我国,则有证监会行政处罚委员会时任委员张子学强调追缴时"应看违法所得处在谁的实际控制之下",提出通过修改《证券法》,在行政处罚中直接列出第三人,并建议允许第三人对本人获利事实、金额及涉案行为的违法性提出申辩、要求听证等。[15]

(三)不追缴说:基于交易安全的私法视角

1. 公私法益的界分:追缴重在公法的震慑惩罚功能,不应侵害善意委托人的私权

与我国台湾地区相关规定的"得""酌予"追缴类似,美国法院只是判决"可以"(may)而非"必须"追加偿付被告。如果真正的违法行为人即指名被告愿意承担相关违法所得,偿付被告自然可不予支付。法院也可以依职权不加入偿付被告,而要求指名被告完全承担相关吐出责任。这似乎是一种更新的趋势,如在2014年SEC v. Contorinis案(详见本文第四部分)中,美国第二巡回区上诉法院认为:在特定情境中讨论哪种救济最为合适时有很多相关因素,其中之一便是交易人是有罪的(culpable),而第三人是无辜的。[16]

而且,更多的判例指出追缴是一种公法行为,受驱动于保护市场完整性等公共利益、公共政策目标[17],其首要的制度目的在于剥夺违法所得[18]或震慑

---

[13] SEC v. Cavanagh, 155 F.3d 129, 136 (2nd Cir. 1998).
[14] 如在一起案件中,当基金经理从事内幕交易后,纽约南区联邦法院判决其与作为偿付被告的基金就基金因此产生的所得之吐出承担连带责任,但单独对自己所得的酬金承担吐出责任。Securities and Exchange Commission v. Joseph F. "Chip" Skowron III, et al., 10-CV-8266-DAB (S. D. N. Y.) (filed Nov. 2, 2010, amended Apr. 13, 2011), at http://www.sec.gov/litigation/litreleases/2011/lr22158.htm (last visited Sep. 1, 2019).
[15] 同前注[10],第5页。
[16] SEC v. Contorinis, 743 F.3d 296 (2nd Cir. 2014).
[17] SEC v. Rind, 991 F. 2d 1486, 1491 (CA9 1993).
[18] SEC v. First Jersey Securities, Inc., 101 F. 3d 1450, 1474 (CA2 1996).

违法行为[19],同时独立于民事原告诉求[20],因此具有惩罚性。2017年 Kokesh 案判决中,美国联邦最高法院推翻了第十巡回区上诉法院的判决,进一步认为对违法交易者的吐出要求,应视同行政处罚适用时效限制[21][详见本文第四(一)部分]。举重以明轻,对无辜委托人自然更不应以"追缴并非处罚"为由予以追责。

可见,不追缴说的法理立场是反对公权对有效私法关系的过多介入,强调对不知情的善意的资产委托人予以保护。这种观点更符合法教义学立场的分析。具体来说,资产管理人和委托人属于不同的法律主体。被管理人把资产委托给管理人予以管理,和管理人将资产实际运用,是不同的法律关系下的行为。倘若委托人并未和管理人恶意串通,则即便受托人通过违法活动牟利,二者之间的资管民事关系仍然是合法的,不应受管理人的具体资管行为合法性的影响。例如张野案中,朱某的900多万元虽然源于违法活动的收益(不过朱某由于支付了200万元感谢费,所以实际所得只有700万元),但对货币这种一般等价物不适用于类似赃物的物上返还请求权,故实质性地否定资管合同效力、要求朱某放弃依据合同获得之收益的法律依据不足。

换言之,在不涉及合谋的情形中,就像民法里的第三人善意(有偿)取得规则一样。一般公法上的追缴规则最多只应限于违法所得受益人单纯获益的情形,因为在这些情形中,获益人被追缴并不会对之产生明显损害;而资产管理本身是有偿行为,委托人应当受到类似于第三人善意取得无权处分规则的保护。虽然在涉及资管违法所得需要追缴的具体情境中,委托人事后的实际收益常常会远远大于支出(对受托人支付的报酬和管理费、托管费等被委托资产的机会成本),但其基本性质没有发生变化,而且承担了本金亏蚀的风险。若仅仅因为在资管中成功生存获利的部分委托人的收益大于支出,就认为可以在制度上一律追缴此等"违法所得",将严重影响资管业务的交易安全性。理论上,委托人将因此被迫付出更多的时间和精力去持续了解调查管理人的行为,以免被波及受累。而实际上,委托人难以有效进行此类调查,因为即便是在合法注册的大型公募证券投资基金中,也已然出现过不少管理人的违法交易行为。委托人"防不胜防",只能"听天由命"。这对他们是不公平的,并会导致他们退出市场。

当然,如果资管委托人被认定为与受托人串通,则需要对违法所得追缴承担连带责任。串通分为两个层次:较高的层次是委托人在事前出资,原因是依

---

[19] *SEC v. Fischbach Corp.*, 133 F. 3d 170, 175 (CA2 1997). *SEC v. Texas Gulf Sulphur Co.*, 312 F. Supp. 77, 92(SDNY 1970), aff'd in part and rev'd in part, 446 F. 2d 1301 (CA2 1971).

[20] *SEC v. Teo*, 746 F. 3d 90, 102 (CA3 2014).

[21] *Kokesh v. SEC*, 581 U. S. (2017). 该案限制了SEC对被告5年前的违法所得予以追缴。

赖管理人以违法活动赚钱的"能力","一个出钱、一个出力",则委托人应与之承担无限连带责任。较低的层次是委托人在事后有合理理由怀疑所获得的收益超出了正常水平;在这种情况下,可令委托人就其所得部分为限,与操作人承担连带责任,但"有合理理由怀疑"应该以一般理性投资者知识标准和委托人自身的特殊知识标准孰高者为准。消极型的外部投资者(如公募基金的份额持有人)基本上可免责,而在委托人本身为资深的专业投资者且与受托人互动密切时,适度予以追责,理论上能打击其"揣着明白装糊涂"。不过要注意防止仅以明显更高的收益率等客观"异常"情形来反推委托人有理由产生怀疑,例如高勇(黄晓明的账户操作人)的违法所得数额很大的原因除了本金大以外,还在于大部分股票是在2015年股灾前一周的最高点卖出的。

2. 资管主客体变化的复杂性产生了向委托人追缴的正当性和操作性疑问

资产管理不是单个法律行为,而是一系列复杂的交易活动。其可能存在长周期的开放结构,委托人主体和被管理资产客体会产生复杂的变化,因此,简单实施追缴就会产生包括高昂执法成本在内的诸多有悖效率与公平的问题,既大大有悖交易安全,也严重增加了执法的困难。

一是在时间上,违法交易被确认,可能已经是在资管收益分配后多年[22],资管委托人已经将所分得资金消费完毕,身无余财,必须变卖资产才能返还这些所得,对其追缴的操作难度和正当性疑问便会凸显。

二是在空间上,被委托资管的财产并非只有违法交易,从事违法行为时的获利亦并非只来自违法行为(如在牛市和真实利好信息发布时,集中资金拉抬股价)。违法所得和合法所得的资金混同后,在分配前已经进行过多次的"资金—证券—资金"的变换,很难说委托人最终的收益中哪些是来自违法交易。

三是委托人本身可能会发生变化。典型的情形就是在集合投资计划产品或开放半开放式资管产品(典型如公募型证券投资基金,但近年来私募基金份额的二级转让市场也逐渐出现)中,资管委托人是变动不居的,等违法行为被确认时,委托人往往早已发生了变化。如果在发现令基金客观获利的违法行为后,再对当初可能获益的委托人进行资产追缴,将会带来巨大且复杂的计算量,如似乎应当按日精确计算违法所得被归入资金池时相应的受益人。因此,追缴的现实可操作性也会被打折扣,执法成本会很高。但如果仅向违法行为被确认时的现有委托人追缴,则明显是不公平的。何况,很多理财产品或资管计划本身并非独立法人,而是契约型产品。即便我们认同公司法人若干年前的违法行为被发现、确认而对今日之公司进行罚款,将之类推适用于契约型资管产品也

---

[22] 我国证券执法流程经常长达数年。参见缪因知:《政府性证券监管批判及与民事诉讼之权衡》,载《交大法学》2015年第1期,第149页。

存在正当性疑问。

有论者认为,可以区别资管委托人是单一的还是集合的,从而进行分别处理。但单一委托人的情形实际上较少,或是单一委托人的资金还是会被集合处理。如高勇作为自然人管理人,操盘资金就来自黄晓明账户、某集合投资信托计划子账户等22个账户。而且对最终的违法交易行为而言,资金本身来源于单一还是集合委托人,并无区别。虽然单一委托人可能与管理人互动性更高,但本文讨论的正是二者无互动、不知情的情境。仅以是否方便追究来区别对待,正当性不足,甚至会在集合型和单一型资管产品之间制造不公平竞争。

最多只有一种极端情形下的追缴可能勉强符合实质的公平和效率,即不知情的单一委托人(或多个委托人的资产完全被用于违法交易,所有所得都是违法所得)的资产收益在被交付后,执法机关很快就发现了资管违法行为,从而实施追缴。此时,委托人可以被认定为无物质损失,只是有一些期待利益方面的精神损失。

四、"不追缴委托人、向受托人完全追缴":实践选择模式的提炼

从前一部分分析可见,追缴说的基本理由是为了尽量追回涉案资金,以便对受害者予以赔偿等,具有基于后果的功利性。但不追缴说更本质地体现了相关交易关系的内在法理,对向不知情的委托人的所得予以追缴的正当性和操作性提出了切实的质疑,故更为合理。

本文主张不追缴说,即不向资管业务委托人追缴违法所得。除了第三部分述及的理由如为实现法律规则的逻辑一致性、公法与私法秩序的协调外,我们还应当注意,目前学界对不追缴说存在误解。不追缴说其实并不"邪恶","不追缴"并非单纯的不作为,不等于对违法所得所对应的数额完全放弃法律要求。只追缴从事违法行为的受托人之直接所得的做法,的确很容易导致责任规避。一方面,在讨论追缴还是不追缴时,"不追缴"是从不知情的委托人的角度作出的结论;但另一方面,在不向委托人追缴的同时,法律完全可以把相应责任施加给受托人,从而发挥与追缴说异曲同工的功效,即尽力追回违法所得,且如下文所指出,这还能对违法活动的中心环节(受托人的资产管理活动)施加更大的震慑。

具体而言,法律可以要求从事违法交易的受托人(或受托人的代理人)吐出从事违法行为的账户本身盈利所得,而不限于受托人实际所得酬金,即追缴违法所得时"认账户,不认人",或者"不追缴委托人,向受托人完全追缴"。特定账户中产生的违法所得如何被账户操作者安排、是否已被消费、是否已被赠与他

人、是否有能力交出,均非处罚者所需要考虑的问题。[23] 相对于委托人的财产而言,管理人的行为是违法结果实现的更重要条件,应重点对其予以打击。令委托人和管理人各自交出实际所得,亦是对直接违法行为人的放纵。

值得注意的是,这一不追缴的思路并非只是一种理论学说,本人在以实证检验这一思路时发现,相关做法在中外执法司法中已渐成主流,本部分将对之予以回顾、总结、评估。

(一)比较法的演化与启示:以美国为中心

从比较法上看,在证券法制最发达的美国,近年来不止一个联邦上诉法院的判例已明确证券违法所得的吐出作为一种衡平救济,只求等值金额返还,不求对资金流的实际追溯。[24] 尤其在涉及全权委托型客户(discretionary customers)时,联邦法院通常会放弃要求其吐出所得,也不把此等客户列为偿付被告,而是将相应金额加到指名被告的民事罚款中[25][民事罚款制度见本文第五(一)部分]。

换言之,"恢复原状"不应限于违法者个人占有资产的增减,而应着眼于恢复到其行为导致违法所得出现前的整体状态。可以设想,如果某人借贷后从事内幕交易获利900万元,则即便他向银行支付了700万元的本息,他的违法所得也还应该是900万元。在代人管理资产的情形下,自然也是如此。要令资管委托人承担比银行更多的法律责任,并无合理性。

从法理上看,当资管资金的占有从委托人转移到受托人后,基于货币"占有即所有"的特性,这时的"代人理财"已经和"借钱理财"并无法律本质上不同。[26] 而在理财资金的占有并不转移到管理人处的情形(管理人只有账户交易操作权,无资金提取权)中,虽然在民事效果上,管理人的行为应被视为代理,其法律后果完全归属于委托人,但在管理人的行为被视为违约或侵权行为时,非串谋的委托人不一定应对管理人的行为承担责任。《内幕指引》第18条即是此意。

---

[23] 本文结论最契合的适用对象是证券交易,其账户内出现的违法所得是真实的、来自他人交易损失的货币,而非虚拟市值或账目金额变动。获取真实资金收入的集资型欺诈如庞氏(Ponzi)骗局中,可适用本文结论。但财务造假型违法行为中,不能以此要求有责任的高管交出公司虚增的利润或赔偿虚增的市值。

[24] See *FTC v. Bronson Partners*, 654 F. 3d 359, 374 (2d Cir. 2011). *SEC v. Banner Fund Int'l*, 211 F. 3d 602, 617 (D. C. Cir. 2000).

[25] See *Securities and Exchange Commission v. Mack D. Murrell, et al.*, Civil Action No. 2:13-cv-12856 (E. D. Mich. January 13, 2014), at http://www. sec. gov/litigation/complaints/2013/comp22738.pdf (last visited Sep. 1, 2019). 第2页列明被告Adams内幕交易后本人账户所得64450元,两名全权委托客户账户所得42596元,后Adams被判令吐出所得64450元,支付民事罚款107046(66450+42596)元。

[26] 资金控制权实际转移又有约定回报的"代人理财"可以被看作是一种"借钱理财"甚至高利贷。

故而，只要执法者不能认定资产委托者构成违法行为的共谋，则被管理资产或账户控制权转移时间的长短、原因、对价均为无关因素，不应造成法律后果的不同。如此安排也能最大化地震慑借用资金型的违法交易。在这些交易中，违法交易人有意扩大了自己可以支配的资源之范围、放大了对市场的危害后果，故对之加大震慑力度，要求其承担返还所有由于其行为而产生的违法所得是合理的。

此种思路已经成为美国证交会（SEC）的基本立场，并在美国司法界获得了相当的支持。较早的判例中，美国联邦地区法院曾判决违法证券投资方案的知情参与方（knowing participants in an illegal securities scheme）承担超出其个人收益（personal gain）的吐出责任。尽管此判决被联邦第五巡回区上诉法院所推翻[27]，但主流的判例法正在向追究实际交易者对账户的所有违法所得的责任迈进。

判例法规则早已确立的一项规则是，联邦地区法院在审判证券案件时对是否判令吐出、吐出的数额有宽泛的裁量权。"吐出额只需要是对利润的合理估计、与违法情形有松散联系的（only be a reasonable approximation of profits causally connected to the violation），计算不精密导致的不确定风险由其行为创造了不确定的过错人自行承担。"[28]

在后来的判例中，在证券法领域一向具有领先的重要地位的联邦第二巡回区上诉法院（纽约位于第二巡回区）认为：行为人操作妻子账户从事违法交易时，若无证据表明账户所有者即交易者的妻子参与其中，交易者本人应当就违法所得承担吐出责任。[29] 第九巡回区上诉法院认为：违法行为人将非法取得的资金注入第三方账户后获得显著（substantial）个人利益的，可被要求吐出违法行为产生的所有利润。[30] 更为集中的规则体现在泄露内幕信息的案件中，第二巡回区上诉法院和其他联邦上诉法院确立的判例法规则指出：可以令泄密者（tipper）对受密者的内幕交易所得承担吐出责任，无论泄密者是否因此受益。[31]

在资产管理领域，近年的 *SEC v. Contorinis* 案中，初审的纽约南区法院判令被告基金经理吐出（disgorge）由于其内幕交易行为而令基金获利的 726 万美

---

[27] *SEC v. Blatt*, 583 F. 2d 1325, 1335-1336 (5th Cir. 1978).
[28] *SEC v. First Jersey Sec., Inc.*, 101 F. 3d 1450, 1474-75 (2d Cir. 1996).
[29] *SEC v. Warde*, 151 F. 3d 42, 49 (2d Cir. 1998).
[30] *SEC v. First Pac. Bancorp*, 142 F. 3d 1186, 1192 (9th Cir. 1998).
[31] *SEC v. Texas Gulf Sulphur Co.*, 446 F. 2d 1301, 1308 (2d Cir. 1971), *Elkind v. Ligget & Myers, Inc.*, 635 F. 2d 156, 165 (2d Cir. 1980), *SEC v. Warde*, 151 F. 3d 42, 49 (CA2 1998), *SEC v. Great Lakes Equities Co.*, 775 F. Supp. 211, 214 (E.D. Mich. 1991), *SEC v. Clark*, 915 F. 2d 439, 454 (CA9 1990).

元（计算方式为交易收益减去佣金成本），并支付民事罚款 100 万美元，尽管其个人因此项交易获得的酬金其实只有 43 万美元。一向对内幕交易责任持扩张观点的第二巡回区上诉法院对此维持原判。[32]本案实际上是对前述内幕信息泄露责任的判例法规则的进一步推导。

第二巡回区上诉法院指出：初审法院一向有决定泄密者等违法行为人的吐出金额的裁量权。如果法院不能对违法者的吐出额进行裁量，而只限于其个人所得，后者就能通过为他们的朋友、家人、业务伙伴的交易提供便利来躲避责任[33]；甚至内部人可以互惠提供各自的内幕信息，以便对方交易[34]。Contorinis 案中的基金经理虽未直接泄露信息，却相当于亲自操作受密者的账户。此类内幕交易者比起普通泄密者更为恶劣，其控制了交易的时点和规模，向选定的、将来能提供互惠（confer reciprocal benefits）的受益人提供信息，而令本人收获财务、名誉、心理满足（psychic satisfaction）等难以测量的好处。这接近于内幕交易人使用自有资金操作后将所得捐给第三人，故而属于基础性的（bedrock）吐出情形。

根据此等规则，联邦地区法院在特定的善意（innocent）第三人获益的情境下可以选择（may elect to）令违法者（wrongdoer）承担吐出责任，以防止内幕交易者通过或者代表第三人操作以逃避责任，包括将信息径直告诉必然会利用之获利的第三人。倘若法律规则只限于要求吐出违法者的个人货币收益，就不能剥夺他获得的非货币利益，这有悖基本的衡平救济原则。

第二巡回区上诉法院合议庭多数意见还指出，刑事没收（criminal forfeiture penalties）与民事吐出程序不同。前者应当具有法定性、以个人收益为限[35]；而民事吐出并非一种罚款、刑罚或刑事没收[36]，而是具有衡平性，可以实现对被告所有形式的不当得利的剥夺，其仅以违法行为造成的所有利益为上限。因此，初审的地区法院并没有滥用其应有的宽泛裁量权。[37]

有趣的是，在另一条判例法的法理推导进路中，司法者强调吐出具有惩罚性、震慑性，与行政处罚并无不同[38]，由此同样导出吐出不限于违法交易人个人实际所得的结论。这一进路的高峰是 2017 年美国联邦最高法院 Kokesh

---

[32] SEC v. Contorinis, 743 F. 3d 296 (2nd Cir. 2014).
[33] SEC v. Warde, 151 F. 3d 42, 49 (2d Cir. 1998).
[34] SEC v. Texas Gulf Sulphur Co., 446 F. 2d 1301, 1308 (2d Cir. 1971).
[35] 此案的刑事判决为 United States v. Contorinis, 692 F. 3d 136,145-48(2nd Cir. 2012). 民事判决的少数派法官是刑事判决合议庭成员之一。
[36] SEC v. Lorin, 869 F. Supp. 1117, 1121 (S. D. N. Y. 1994).
[37] See SEC v. Contorinis, 743 F. 3d 296 (2nd Cir. 2014).
[38] SEC v. Fischbach Corp., 133 F. 3d 170, 175 (CA2 1997). SEC v. First Jersey Securities, Inc., 101 F.3d 1450, 1474 (CA2 1996)（均指出吐出的首要功能是震慑）。

案[39],该案判决指出要求"吐出"具有惩罚性,不会考虑被告人的支出(expense),因此与赔偿性的侵权责任不同;此外,法院引用 Contorinis 案判决称,吐出额可能是违法者个人所得和第三人所得的总和。吐出并非简单使违反公法者的资产恢复到违法行为前的原始状态,而是为了使他们的经济状况变得更加糟糕(worse off)。

可见,令违法者负责承担返还所有违法所得的责任,可以增强震慑,同时防止他们向亲友输送利益而不受追究,又能避免累及无辜的资管委托人,实现了公私法律秩序的协调和公私法益的良好平衡。基于此等法理,我们可以提出一个统一性的法律规则:令违法交易人对相关账户或资产的所有违法所得承担吐出或返还责任。这不仅可适用于资产管理人的违法性交易,也可适用于以自有资金从事违法交易的人已经将部分违法所得偿还、赠与、交付给无辜第三方的情形。换言之,法律不再区分违法交易人是如何分配、处理违法所得的。

(二)中国证监会执法模式的演化与评析

如前所述,自 2009 年张野案以来,证监会对不知情的委托人基本均采纳标准 II,即不追究委托人责任,而由违法交易人对违法所得承担全部责任,并处以相应幅度的罚款。这一模式值得肯定。

不过,就违法所得的范围而言,2014 年的较早案例中,证监会还只是把机构管理人的直接所得视为违法所得,如财富成长投资公司总经理唐雪来通过内幕交易使该公司担任投资顾问的 4 只信托产品获利,该公司计提的管理费和信托受益人享有的特定信托利益 19.5 万元被认定为违法所得,但信托产品的总所得未被提及。[40] 而后来,证监会明确以资管产品账户所得为违法所得。不少违法交易人以"大部分收益已归客户"为由进行辩解(如 2015 年涂忠华等案[41]、2016 年穗富投资公司等案[42]),但未被证监会采纳。在 2017 年广州安州公司等案中,证监会明确指出"违法所得是指市场操纵行为所产生的全部收益,而非广州安州所收取的业绩报酬"。[43]

与此同时,证监会除了对实施违法交易决策的机构管理人追缴违法所得和相应罚款外,还对其直接负责的主管人员和其他直接责任人员处以定额罚款。直接负责的主管人员包括董事长(2016 年、2017 年穗富投资管理公司等三次处罚)[44]、总经理(2014 年财富成长公司等案、2017 年安州投资管理公司等案)、

---

[39] *Kokesh v. SEC*, 581 U. S. (2017).
[40] 证监会行政处罚决定书(深圳财富成长投资有限公司、唐雪来、肖猛)〔2014〕1 号。
[41] 证监会行政处罚决定书(涂忠华、王伟力、薛文聪等 5 名责任人员)〔2015〕89 号。
[42] 证监会行政处罚决定书(广州穗富投资管理有限公司、易向军、周岭松)〔2016〕77 号。
[43] 证监会行政处罚决定书(广州安州投资管理有限公司、王福亮)〔2018〕30 号。
[44] 同前注〔42〕、证监会行政处罚决定书〔2017〕27 号、〔2017〕92 号。

投资部门负责人(2015年金中和投资管理公司等案)[45];被处罚的其他直接责任人员较少,一般是操纵案件中的交易员——比起内幕交易类案件,此类案件需要交易员直接作出一些复杂的、有技术难度的下单行为,他们对违法活动的参与度更高,因此违法性也更强。[46]

在例外地未追究机构责任的2015年涂忠华等操纵案中,涉案资产管理公司"自成立以来,没有固定的办公场所,没有任何实质的经营业务活动",股东抽逃主要资本,并以个人账户收取客户佣金,故被认定只是以"公司名义招揽理财客户",实为相关人员自行合谋从事违法资管交易。据处罚者自述,五位涉案人员既是"公司股东,也是主要工作人员"。此认定亦符合前引《操纵指引》第9条的认知。

上述被罚的机构管理人与被罚主管人员的利益关联密切性暂不得而知。机构管理人若并非被罚主管人员的利益化身(如形式或实质的一人公司),则机构管理人可以根据被罚主管人员的过错对之予以追责,包括要求他们分担机构承担的罚没责任。但在外部型资管关系中,机构管理人毕竟是名义管理人,同时也是管理行为的报酬、佣金等的收取方。如金中和等案中,证监会强调被罚总经理"所从事的投资行为未超出公司的授权范围","本案涉及的投资业务属于公司经营业务范围内,收益归公司"。故而对外部型资管或内外型资管交织的情形而言,将之视为管理人的单位违法行为,予以双罚的模式较合理,而非直接穿透,令外部型资管关系的管理人的有责人员对违法所得承担责任,这亦有违法所得实际追缴效率方面的裨益。

五、从相关制度看"不追缴委托人、向受托人完全追缴"模式的正当性

如何合理地对资管交易违法所得予以追缴,还应放在整个相关执法体制、执法法治程度的大背景下予以考察。罚款制度、罚没收入处置方式等制度现实,均会对是否向不知情的委托人追缴的正当性判断产生影响。"不追缴委托人、向受托人完全追缴"的模式既优于多倍罚款制度,也契合我国目前追缴所得全部进入国库的现实;而在适用上,应注意委托人的自愿返还金额或对受托人的刑事罚金额均应计入对受托人的追缴额。

(一)令违法者对账户内全部违法所得承担责任,优于多倍罚款制度

第四部分提出可以在不向不知情委托人追缴的同时,要求直接从事违法行为的受托人就账户内全部违法所得承担全部责任,以增强法律的震慑功能。那这种对违法行为人的震慑功能是否能改由其直接违法所得数倍罚款的制度来

---

[45] 证监会行政处罚决定书(深圳市金中和投资管理有限公司、曾军)[2015]19号。
[46] 同前注[44]。

替代,而仍然向委托人追缴相应所得?本文不赞成此说。相比较而言,数倍罚款制度存在行政裁量权滥用的风险,也不能与违法行为的后果相匹配。

首先,我国《证券法》已经授权执法者对内幕交易者、操纵市场者没收违法所得,并按违法情节处以违法所得一倍以上五倍以下的罚款。但实证研究表明,我国在确定内幕交易等证券案件的罚款数额时的随意性较大。[47] 执法机构对"没收程序中"的内幕交易违法所得与"作为罚款幅度确定依据"的内幕交易违法所得也存在认知混淆。[48] 有时候,执法者仅仅从具体罚没数额出发进行衡量,对实际所得较少的账户操作人处以较高的罚款倍数,对实际所得较多的账户操作人处以较低的罚款倍数,反而导致罚款倍数与违法情节的倒挂。故更合理的制度选择是先由违法行为人对账户全部违法所得承担责任,在此基础上再酌情施加罚款,如张子学建议的"在已经追缴全部或者大部分违法所得的情况下,酌减罚款数额"。[49]

其次,虽然在美国、日本、新加坡等国内幕交易或证券执法中存在征收相当于违法所得三倍的民事罚款(civil penalty)之制度,但这些民事罚款一般需要通过诉讼机制施加,而不是由行政机构自行施加。[50] 在我国证券执法存在数量、范围和金额的扩张,又不无合法性瑕疵,并缺乏有效司法审查的制度背景下[51],合理限制其处罚裁量权尤为重要。

故而,在涉及资管违法交易的所得追缴时,与其对违法交易人提高罚款倍数,不如令其对违法交易的全部所得承担吐出责任,以更好地令违法行为的后果与责任程度相匹配,也契合我国《证券法》已经另外允许施加多倍于违法所得之行政罚款的现行法制。

(二)追缴所得归入国库的处置模式之影响

至少在金融市场的语境内,较之更重视维护公共秩序的大陆法法域,普通

---

[47] 王启迪:《内幕交易罚款数额影响因素的实证研究》,载《行政法学研究》2011年第4期,第115—128页。

[48] 肖泽晟:《违法所得的构成要件与数额认定——以内幕交易为例》,载《行政法学研究》2013年第4期,第53—55页。

[49] 同前注[10],第11页。不过作者主张向委托人追缴收益。

[50] 详见缪因知:《内幕交易民事责任制度的知易行难》,载《清华法学》2018年第1期,第198页。

[51] 对证券执法实务的批评,参见陈洁、曾洋:《对"8·16光大事件"内幕交易定性之质疑》,载《法学评论》2014年第1期,第184—191页;缪因知:《光大证券事件行政处罚与民事索赔之合法性质疑》,载《法学》2014年第1期,第10—19页;吕成龙:《谁在偷偷地看牌——中国证监会内幕交易执法的窘境与规范检讨》,载《清华法学》2017年第4期,第157—176页;周天舒:《证监会对内幕信息传递人的选择性执法研究——以2011年至2015年内幕交易案件为样本》,载《北方法学》2017年第5期,第40—52页;缪因知:《证券虚假信息规制的原理反思与实证评价》,载《北方法学》2018年第4期,第68—78页;陈洁:《内幕交易事实认定中自由裁量权的适用及其规制》,《清华法学》2018年第6期,第6—23页。

法法域整体上更重视对个人权利予以保护。[52]普通法法域受到衡平救济原则（equitable remedy）的影响，有着较为成熟的受欺诈投资者补偿制度，违法所得乃至罚款主要用于剥夺不当得利（unjust enrichment），以便向投资者返还，因此，向委托人等追缴资管违法所得，至少还能用实质性地补偿受损投资者来辩解。而其他国家的违法所得追缴后直接归入国库而非补偿投资者，如此则向委托人等不知情者予以扩大化追缴的正当性大为减弱。

英国《金融服务与市场法》第383节授权法院指令市场滥用行为的获利方向有权部门缴付非法利润，再由有权部门分配给相应的受损者。在美国，早期会由证交会向投资者分配吐出所得，罚款上交国库。而2002年《萨班斯法》（SOX）设立了公平基金条款（15 U. S. C. §7246(a)），授权公平基金酌情不均等地在受欺诈投资者之间分配被吐出的违法所得和民事罚款。2010年《多德法》第929(B)条又修正为证交会执法施加的任何民事罚款都可以归入，不限于是否追缴违法所得。基于此制度基础，新近的上诉法院判例开始强调违法所得的吐出并不以赔偿受损投资者为目的[53]，而恰恰往往是为了使得吐出额不仅以投资者的实际受损额为限[54]，且重在实现综合返还。我国香港特别行政区也有着丰富的向投资者进行返还（restoration）的制度和实践，香港证监会根据《证券及期货条例》（SFO）的授权，直接授权高等法院原讼法庭（the Court of First Instance）就内幕交易、操纵市场等欺诈行为作出冻结令、返还令等，与内幕交易者发生交易的投资者可以就实际买卖价和证券真实价值（由法院根据内幕信息予以估算）之差直接获得返还，避免了证券民事诉讼的艰难和讼累。[55]较著名的例子有2015年分配完结的杜军内幕交易案[56]、2016年分配完结的老虎基金内幕交易案[57]。在此大制度背景下，运用偿付被告制度来尽力追缴违法所得并实施再分配，有其积极的社会价值。

而在我国，实践中违法所得被追缴后并不返还给其他投资者。有学者早就

---

[52] 参见缪因知：《法律如何影响金融：自法系渊源的视角》，载《华东政法大学学报》2015年第1期，第92—102页。

[53] *FTC v. Bronson Partners*，654 F. 3d 359，374 (2d Cir. 2011)。

[54] *SEC v. Cavanagh*，445 F. 3d 105，117 (2d Cir. 2006)。

[55] 章武生、成谦：《香港证监会代表投资者索赔诉讼案例分析与借鉴》，载《华东政法大学学报》2016年第4期，第188—189页。

[56] *SFC Recovers $23 Million for Investors from Restoration Orders Against Insider Dealer Du Jun* (18 Aug 2015), at http://www.sfc.hk/edistributionWeb/gateway/EN/news-and-announcements/news/doc? refNo=15PR85 (last visited Sep. 5, 2019).

[57] *Administrators Complete Distribution of Restoration Payments to Investors Affected by Tiger Asia's Insider Dealing* (19 May 2016), at http://www.sfc.hk/edistributionWeb/gateway/EN/news-and-announcements/news/enforcement-news/doc? refNo=16PR46 (last visited Sep. 5, 2019).

提出将证券违法所得用于补偿投资者的设想[58],可惜十余年来并无进展[59]。所以尽力追缴违法所得并无针对性的补偿价值,除了令国库增加收入外,只是体现了对此类行为的震慑功能。既然如此,我国更应将打击重点指向直接的违法交易行为人,而不是无辜的资管委托人。

（三）委托人主动代交的违法所得、管理人交纳的罚金可冲抵管理人的违法所得

本文主张对并未参与违法行为的资产管理委托人不进行追缴,以避免法律适用的不确定性和不公平性,但支持委托人主动返还相应所得。违法行为产生所得后,资管委托人和受托人的所得总和实际上是恒定的。尽管不知情的委托人的所得不应视为违法所得,但如果其基于种种动机希望为与之本有交情的管理人解困、或为避免无知民众的舆论压力、或自认为此等所得受之有愧,而主动自愿返还所得、代替受托人承担责任,委托人和受托人的返还额亦可以通配。

除了获得资金返还的实际效果外,允许所得返还的通配,也能合理分配委托人与受托人的责任。有效判定委托人的吐出责任的主要疑难在于对委托人实际参与情形的信息不对称。由于管理人对委托人在资管中真实的角色和应有的地位最为知情,故向管理人充分施加法律压力,可以令法律打击力实现合理的转移扩散。若委托人在此过程中并不清白,面临法律直接的全部打击力的管理人自然会根据两人当初的实际安排要求委托人承担其应有的吐出责任;若委托人无辜,管理人自然无法向其追缴;若委托人并未参与或对违法资管行为并不知情,管理人却基于二者的亲密关系而有意施惠,则委托人同样可能愿意主动吐出相关所得。他们二者之间如何协调,无碍公共利益。

诚然,若放弃向无责任的委托人追缴,单纯向违法交易人追缴,可能会产生吐出能力不足的问题。但由于我国个人破产制度的出台尚无时间表[60],故对之追缴可以无限期进行。尽管在个案中可能会遭遇追缴实获资金不足的问题,

---

[58] 彭冰:《建立补偿投资者的证券行政责任机制:针对内幕交易和操纵市场行为》,载《中外法学》2004年第5期,第571—583页。

[59] 针对当前情形作出的分析和建议,见陈洁:《证券民事赔偿责任优先原则的实现机制》,载《证券市场导报》2017年第6期,第55—62页。

[60] 虽然2019年7月国家发展改革委员会等多部门制定的《加快完善市场主体退出制度改革方案》(发改财金〔2019〕1104号)提出研究建立个人破产制度,重点解决企业破产产生的自然人连带责任担保债务问题,引发媒体热议。但该《方案》目前只提到"与生产经营活动相关的负债可依法合理免责",因违法活动承担的责任的免除显然还不在其列。此外,2018年9月第十三届全国人民代表大会常务委员会公布的立法规划中,即便是"立法条件尚不完全具备、需要继续研究论证的立法项目"中也没有个人破产法,这意味着至少2023年以前个人破产法不会进入立法准备阶段。

但却能形成更强大的事前震慑、一般预防效果。[61]

此外,同一主体被没收的违法所得和刑事罚没所得也应具有通配性。美国的法院判决中通常会明确指出:指名被告所需要吐出的违法所得,可以被偿付被告吐出的违法所得、指名被告自身在刑事程序中被没收的(forfeited)金额所抵扣(credited dollar for dollar by amounts)。此等制度较为公平简明,可以为我国采行。

六、本文结论及其扩展适用空间

违法交易产生的所得应当被行政执法机构追缴。在交易人和获益账户涉及不同法律主体时,与其机械理解"不当得利"而向未曾参与或知情违法交易的获益账户所有人追缴实获所得,不如向违法交易人追缴全部账户违法所得。从执法模式的功能上而言,这既体现了追缴规则应具有的法理上的逻辑一致性,确保公法机制没有侵蚀私法关系;也体现了行政执法的比例原则,即采纳了对相关人员与一般大众损害最小的手段[62];又使委托人避免了挑选、监督管理人的负担,保障了资管关系的交易安全和行业发展活力,减少涉及多委托人、长周期多轮交易的资管操作后追缴委托人收益的困难和不公平性,还能通过令实际违法交易主体承压,最大化地震慑违法行为。

从配套法律制度层面看,在我国行政法制度存在不足时,也不宜授予执法机构太多的罚款倍数裁量权。我国的违法所得追缴目前直接进入国库,而不是用于偿付市场中的其他投资者,本身就是震慑性高于偿付性,故与本文主张的规则也是一致的。本文主张的执法模式亦能有效维护市场公平和市场效率之间的平衡,促进资管业的有序发展。

上述结论直接导出于对证券资管业务的分析和比较法考察,但其间的法理也可适用于对其他类型的资管业务的违法所得的行政追缴,如投向非上市公司的股权、房地产、文化产品的资管活动,因为二者的区别只是违法所得的具体产生方式不同,委托人、管理人、案外受害人之间的关系是大体相同的。

本文之所以集中讨论证券资管业务的执法,一是由于相关比较法制度和原

---

[61] 当被处罚人表示无力承担时,美国证交会有时会在行政和解中同意当事人提交宣誓财务状况声明(a sworn Statement of Financial Condition),称无力承担超过若干千元的民事罚款,而只施加以该数额为限的民事罚款。但行政和解文件一般会指出证交会执法部门(Division of Enforcement)有权随时申请证交会重启此案件来核查当事人当时是否提交了准确完整的财务信息,并对之施加法律限度内最大额的民事罚款。当事人不得在事后依据时效等各种理由提出辩护。一个典型的例子可见针对 Mindlin 父子 ETF 内幕交易案的禁止令。See OrDer Making Findings and Imposing Remedial Sanctions and A Cease-and-desist Order(2012 年 1 月 26 日), at https://www.sec.gov/litigation/admin/2012/33-9296.pdf (last visited Sep. 5, 2019).

[62] 刘权、应亮亮:《比例原则适用的跨学科审视与反思》,载《财经法学》2017 年第 5 期,第 43 页。

理较为成熟;二是由于证券资管是资管业务中最可能产生违法所得的类型,因为资管账户操作人可以通过交易快速牟取利益并变现,违法行为和所得之间的关联较为明显。在其他领域,资管人运用被管理财产获取违法利益的周期较长、模式较复杂,但只要能在违法行为和违法所得之间确认因果关系,就会产生追缴问题,就能参照本文提出的模式合理分配责任。

(审校编辑　柯　达)

社交媒体能为民主做什么？
——读桑斯坦的《标签共和国》

孙竞超[*]

What Can Social Media Do for Democracy?
A Review on Cass Sunstein's #*Republic*：*Divided Democracy in the Age of Social Media*

Sun Jingchao

内容摘要：通信技术革新对协商民主的影响是凯斯·桑斯坦一贯的学术关切点。将《标签共和国》置于其关于通信技术民主功能问题的研究脉络之中，本文集中讨论该书在问题意识和方法上的传承与创新之处。一方面，该书延续了桑斯坦前两本著作的问题意识和行为科学分析方法，提出使用协商民主的质量作为现有社交媒体的评价标准，而社交媒体的价值则取决于行为主体的身份认同及与之对应的行为逻辑。另一方面，"标签共和国"已经真实存在于美国的社会生活之中，桑斯坦揭示了"标签"对人们线下活动及思考方式产生的根本性影响，尤其以线上恐怖主义的兴起与应对为例，强调了这种影响的真实性。

---

[*] 南开大学法学院讲师，北京大学法学院博士，主要研究方向为美国宪法、美国两党制。联系方式：sunjch9061@gmail.com。本文写作和修改过程受益于陈颀、李晟、邵博文等师友的建议，在此致谢，当然，文责自负。

关键词:《标签共和国》 社交媒体 协商民主 极化

哈佛大学法学院教授凯斯·桑斯坦(Cass R. Sunstein)长期致力于法哲学、宪法理论以及行为科学和法学交叉学科的研究,著作颇丰。尤其是在行为科学与法学的交叉领域,桑斯坦教授常常将其他学科的实证研究和方法引入法学研究之中,颇具启发性。值得注意的是,涉及大量的新材料、新信息使得桑斯坦的研究显得"十分时髦",加之其诙谐的笔调和超越专业研究者的读者群定位,也使桑斯坦的著作被推崇为"畅销书"。这固然反映出桑斯坦及其著作极高的受欢迎程度,但这股近似"粉丝追星"的热度往往也掩盖了一些贯穿于桑斯坦研究思考始终的深刻问题。

换言之,仅将桑斯坦的著作视为"畅销书",甚至仅将桑斯坦本人视为"网红法学家"有失偏颇,甚至本末倒置。故而要想理解桑斯坦教授关于信息传播及民主的相关研究,先得摆正作为研究型读者的心态,努力脱离"畅销书"趣味。[1]

慢于通信技术更新换代的速度,但明显要快于大部分法学研究者的认识和接收速度,时隔十年,桑斯坦推出了他的"网络共和国3.0"——《标签共和国:社交媒体时代的分裂民主》(♯Republic: Divided Democracy in the Age of Social Media)。书名本身即反映出桑斯坦本人一如既往关注的问题,从讨论广义上的互联网技术,到对协商民主产生具体影响的博客及博客文化,再到如今以推特、脸书等社交平台为载体的通信世界,可谓是流水的技术、铁打的民主。自2001年《网络共和国》起,桑斯坦便致力于探究现有技术与一个民主自治体制的核心保证之间的关系问题。同时,书名标题也体现了通信技术革新所带来的根本性变化,由".com"域名营造的网络共和国逐渐被由"♯"指令符隔离出的一个个零散的"小众市场"之聚合体所取代,社交媒体带来了更直接、更快速、更丰富的交流体验,也带来了人们躲进自己打造的信息茧房,只听取与自

---

[1] 在《政治、审议民主与司法审查:论青年桑斯坦的宪法理论》一文中,田雷教授曾详细讨论桑斯坦对于中国法学界研究的影响。从中译作品数量上看,桑斯坦"是过去十年最具统治力的美国法学家",桑斯坦绝大多数的学术专著都已译为中文出版,据田雷不完全统计就有16种之多。然而从"质"来看,桑斯坦译著品质参差不齐,基本上散见于不同出版社的不同书系,与苏力教授组织翻译的波斯纳著作相比,"这种无组织、自发性的粗放翻译模式无法形成一种桑斯坦效应",因而田雷建议,"应当从翻译桑斯坦转向研究桑斯坦,系统地整理、梳理、消化桑斯坦"。如今距离田雷教授的文章又过去了5年时间,国内的桑斯坦研究现状似乎与田文时期并无二致,更有甚者,桑斯坦在社交媒体与网络行为方面的研究已经更新了两代,而国内学者的研究依然依赖于最原始的《网络共和国》中译本。参见田雷:《政治、审议民主与司法审查:论青年桑斯坦的宪法理论》,载《南京大学法律评论》(2013年秋季卷),法律出版社2013年版,第13—29页。此外,"追星桑斯坦"也不是中国研究者的特有现象,在美国,同样有大批学者敬佩、崇拜甚至依赖他的研究。关于桑斯坦其人其事,参见林肯·卡普兰:《法律学人中的奥林匹克神:凯斯·桑斯坦与现代规制国家》,任肖容、宋华琳译,载《行政法论丛》(第19卷),第254—269页。

己相近观点而无视相反观点的风险。当然,将书名放在一边,桑斯坦想要通过这本新书表达的内容显然更多,尤其是他曾经作为白宫信息与规制事务办公室主任与巴拉克·奥巴马总统共事的经历,使其在谈论个人和集体行为给协商民主带来的种种影响时多了几分"现身说法"的味道。

桑斯坦的研究更新速度终于赶上了现有通信技术的发展速度,这实在是一件幸运的事,然而略有遗憾之处在于,学者们受惠于他的研究,却一直没有跟上他的更新速度。时至今日,无问西东,人们仍在学习、引用和评论他的《网络共和国》,鲜有人注意到他早已不止一次地更新了自己的研究,既使自己的行为科学研究方法日臻成熟,补充了对于技术变革本身引发的新问题的关注,同时也修正并进一步明确了一些颇具争议的观点。[2] 有鉴于此,我们需要尽己所能跟上他的脚步,从阅读和思考《标签共和国》开始,实现认知的更新换代过程。以下,结合桑斯坦教授先前的相关研究,我将《标签共和国》置于桑斯坦关于通信技术的民主功能问题研究的一系列著作之中,重点尝试理顺该书中的"不变与变",讨论其核心问题与问题域,以及这些问题在社交媒体时代发生的新变化。最后,结合书中提出的观点和研究方法,谈谈桑斯坦教授的研究带来的启示。

一、不变的问题域:现有通信技术的民主功能

桑斯坦在《标签共和国》的"致谢"部分提到,所有的书都有祖先,而对于《标签共和国》来说,它的祖父便是出版于 2001 年的《网络共和国》(*Republic. com*),父亲便是出版于 2007 年的《网络共和国 2.0》(*Republic. com 2.0*)。[3] 由于晚近通信技术的变化,尤其是社交媒体的兴起,使得虚拟世界的网络共和国发生了不小的变化——单从书名来看,从祖父到孙辈,通信技术已完成了从域名世代到标签世代的一次飞跃。然而不变的一点在于,桑斯坦在著作中一如

---

[2] 中文学界对桑斯坦研究的印象仍停留于《网络共和国》一书,且多是介绍或援引书中提到的观点和概念,缺乏对该书的批判性理解。目前,在研究中提及桑斯坦新著《标签共和国》的,仅见胡凌《论赛博空间的架构及其法律意蕴》一例,胡文也仅是用脚注的方式,将该书作为"网络信息传播、接受的架构设计与动态变化引发关于公共领域内民主沟通机制和议程设置的讨论"的例证。参见胡凌:《论赛博空间的架构及其法律意蕴》,载《东方法学》2018 年第 3 期,第 88 页。而实际上美国学界也还没有针对《标签共和国》的严肃评论文章,关于 *Republic. com* 的严肃评论,see Thomas S. Ulen, "Democracy on The Line: A Review of Republic. com by Cass Sunstein", *Journal of Law, Technology & Policy*, Vol, 2001, issue 1, 2001, University of Illinois, pp. 317-346, College of Law. Anupam Chander, "Whose Republic?", *The University of Chicago Law Review*, vol. 69, no. 3, 2002, pp. 1479-1500. L. A. Powe, Jr., "Disease and Cure?", *Michigan Law Review*, vol. 101, no. 6, 2003, pp. 1947-1959.

[3] Cass Sunstein, #*Republic*: *Divided Democracy in the Age of Social Media*, Princeton University Press, 2017, p. 263.

既往地关注现有通信技术的民主功能[4],亦即现有技术与一个民主自治体制的核心保证之间的关系问题。从问题意识和方法论两方面,《标签共和国》最能体现其血统和基因之处有二:一为作为核心问题的民主(质量);二为关注技术变革中的(个体、群体)行为、行为逻辑以及可能产生的行为后果。

(一)社交媒体对协商民主的影响

桑斯坦教授主要关注社交媒体与民主体制关系背后的法理问题。[5] 但归根到底,他关注的是民主问题,而不是技术问题。通信技术充其量是实现民主目标的工具,而如书中的一些例子所示,通信技术有时也会给实现民主目标带来不小的危险。因而,理解乃至读懂《标签共和国》,我们首先要搞清楚的问题是:什么是桑斯坦在书中所说的"民主"?其次的问题才是:现有通信技术以及通信技术的革新,与桑斯坦语境中的"民主"有着怎样的关系?技术对民主产生了怎样的影响?

桑斯坦的书中时时处处都透着尤尔根·哈贝马斯的影子——对他而言,民主几乎可以与"协商民主"(deliberative democracy)划等号。[6] 这一点早在2006年出版的《信息乌托邦》中便有比较详细的论述。事实上,与其说桑斯坦关注的是民主,不如说他关注的是"协商"。桑斯坦的《信息乌托邦》全书就是围绕"协商"以及如何更好地进行"协商"展开论述的,他将"协商"视作一种人类古老的、"毫无疑问也将与人类相伴始终"的交流方式,其中关于信息茧房、串联与极化以及为什么发生极化等问题的分析,无疑也是《标签共和国》中相关思考的基础。所以从桑斯坦的知识架构来看,借用他在《标签共和国》"致谢"中的说法,《标签共和国》不单有《网络共和国》和《网络共和国 2.0》这两本"祖父"和"父亲",还拥有《信息乌托邦》这样一位"叔祖父"。[7] 而在《标签共和国》中,桑

---

[4] 参见桑斯坦:《网络共和国:网络社会中的民主问题》,黄维明译,上海人民出版社 2003年版,第 141 页。

[5] 关于"法理问题"的界定,我赞同朱苏力教授早在 1999 年对于"科技与法律"问题中法理学问题的界定,我认为他的判断非常具有前瞻性。他指出,法律与科技的关系,若作为法理学问题,应当对其中的根本性问题作出哲学思考,应关注科学和技术对法律制度、原则的各种构成性影响;至于法律对科技的影响,他认为就总体而言与法律在规制社会生活的其他方面的影响没有根本区别,因此难以独立构成一个法理学问题。就社交媒体和网络作为"科技"的一个分支来说,苏力关于法理学问题的界定同样适用。比较看来,桑斯坦在《标签共和国》中当然也谈到法律对社交媒体及网络的规制问题,但尚未触及关于算法与代码等技术问题的讨论,这一问题则属于另一个法律部门——网络法的核心问题域了。参见苏力:《法律与科技问题的法理学重构》,载《中国社会科学》1999 年第 5 期,第 57—71 页。

[6] 关于桑斯坦著作中的"民主"概念,我认同目前国内桑斯坦著作的主要译者毕竞悦的理解。但显然,按照毕竞悦的解读,在《网络共和国》和《信息乌托邦》中,桑斯坦对于网络与协商民主的前景要更为乐观。参见毕竞悦:《通过网络的协商民主——评桑斯坦的〈网络共和国〉与〈信息乌托邦〉》,载《清华法治论衡》2009 年第 2 期,第 423—442 页。

[7] 参见桑斯坦:《信息乌托邦:众人如何生产知识》,毕竞悦译,法律出版社 2008 年版。

斯坦更是将"协商"视为自己要讨论的核心议题之一,并强调纯粹的民粹主义或直接民主与试图确保审议、反思及问责的民主制度之间存在巨大的差异。[8]协商民主是一种民主制度,民主的参与者们("我们公民")通过获取信息,共同审议,最终就特定议题作出集体性决策。

基于对民主的上述理解,可以注意到,对比《网络共和国2.0》,桑斯坦在"前言"部分的第一句话中增加了一个单词"运转良好"(well-functioning)[9],这进一步提高了他论述表述的精确度,同时也迫使我们思考民主与技术之间的应然和实然关系问题。桑斯坦认为,一个运转良好的民主社会中,人们不会生活在回音室(echo chamber)[10]或信息茧房(information cocoon)[11]中。然而,即便是不了解回音室或信息茧房等术语的一般读者也能够结合自己的经验判断,现实生活中确实存在有人(不能说大部分人)生活在回音室或信息茧房之中的情况。在这种情况下,民主还能够"运转良好"吗?显然,回音室和信息茧房作为通信技术发展之后的新兴事物,却使得民主"生了病",一定是哪里出了问题。可以推测,桑斯坦一定乐于见到读者按照这样的思路并带着这样的问题继续阅读下去。

(二)协商民主质量作为评价通信技术的标准

桑斯坦的创见在于破除言论自由是"绝对真理"(absolute)的盲信,并尝试打破"消费者主权"作为通信技术评价标准的垄断地位,进而提出一套基于协商民主质量的不同评价标准。同样是站在信息的需求侧,消费者主权的标准是一个近乎奥林匹克运动会"更高、更快、更强"的标准——消费者说了算,只要让消费者在尽可能短的时间内获得他们想要的任何资源,一个通信系统就可以被称为是"好的"。基于同样的判断标准,技术革新可以使通信系统变得"更好"。而从民主的标准出发,需求侧的主体不再是一个个单独的个体,而是作为整体的民主社会,一个好的通信系统则成了一个可以尽可能满足协商民主需求的系统。诚然,一个运转良好的民主体制需要的条件千千万万,不能期待通信系统达成全部的条件,也更不能武断地在"好的通信系统"与"好的民主制度"之间建立起任何过于简单的逻辑联系。然而,好的通信技术的确至少能够帮助改进"协商"。桑斯坦在《信息乌托邦》的前言中就曾高度赞扬由于通信技术的进步

---

[8] *Supra* note [3], p. 24.

[9] *Id.*, "Preface", p. IX.

[10] "回音室效应"是桑斯坦在《信息乌托邦:众人如何生产知识》一书中提出的理论概念。在该书中,他用"回音室"隐喻了网络时代信息传播的局限性。

[11] "信息茧房"是桑斯坦在《信息乌托邦:众人如何生产知识》一书中提出的一个分析概念。与"回音室"类似,借由"茧房"的比喻,桑斯坦指出,在信息传播过程中,因公众自身对信息的需求不是全方位的,公众只会注意到自己选择的东西和使自己愉悦的通讯内容,久而久之,会像蚕茧一样将自己桎梏于用信息编织的"茧房"之中。

而产生的协商方法,他甚至认为这些方法在某种意义上具有革命性。简而言之,他认为新方法具有两个鲜明的优点:"第一,它们向我们展示了获取许多人头脑里信息的新途径。第二,它们向我们展示,如何通过提高群体了解成员的信息的可能性,大大改善协商的旧方法。"[12]在《标签共和国》中,他进一步提出了两个更为具体的民主标准:不期而遇的机会与共享经验(chance encounters and shared experiences)。[13] 与消费者主权的标准相比,这是一个更具自律性的标准,这意味着信息的提供者或展示者(比如特定的网站、脸书、推特等)要广开言路,尽量不预先过滤掉带有特定观点的信息,同时也意味着具体个人要兼听则明,既接收让自己感到愉悦的信息,同时也要勇于面对不同的声音甚至是异议者的挑战。协商民主构成了评价通信系统优劣的标准,同时,桑斯坦的开篇之句还引发了另一种追问:既然现有技术存在使人们生活在回音室或信息茧房中的危险,进而使民主无法"运转良好",那么为了实现运转良好的民主,我们需要拥有并发展出什么样的通信技术呢?这样的问法看上去与前一个没有什么不同,但却将通信技术在协商民主中发挥的作用突显出来。

在桑斯坦看来,一个运转良好的表达自由体系构成维持共和国存续的先决条件。[14] 面对美国本土极化政治和恐怖主义袭击增加的"新常态",标签共和国促进协商民主的技术革新已经不是锦上添花,而是一种具有紧迫性的政治号召了。也正是在这一意义上,研究新兴通信技术对于民主质量的影响不能仅仅被看成是一种"时髦的研究",而应将其视为在新时代下对既有宪法原则的深入思考。换言之,桑斯坦并没有想当然地接受"活宪法"(living constitution)概念,而是继续追问:在社交媒体时代,"活宪法"何以可能?

二、不变的行为逻辑:谁在用社交媒体?怎么用?

很大程度上讲,宪法的"死与活"取决于宪法秩序下一个个、一群群活生生的人。为了探究上述问题,桑斯坦借助了一些行为科学的研究方法,重点关注"行为"本身,研究新兴技术对国家的民主生活产生的影响。

(一)社交媒体上的行为:群体极化与虚拟串联

先是两种在社交媒体和网络中发生的现象:群体极化与虚拟串联,这也是桑斯坦在该书中着墨最多之处,篇幅占到全书的近三分之一。在桑斯坦看来,极化和串联似乎不可避免,而"技术地讲",两种现象本身兼有利弊,不值得庆祝,更不应该"一竿子打死"。造成群体极化的原因有三:其一是说服性论证和信息。由于说理能力和掌握信息不均衡,而人们的精力有限,可以接触到的论

---

[12] 参见同前注[7],第2页。
[13] *Supra* note [3], p.7. 详见该书第五章。
[14] *Id.*, p.202.

据亦有限,社交媒体中总有某些观点更"强"些,强强观点之间又往往对立,这便迫使支持观点的个人进行"站队"。其二是声誉的考虑。一些人出于对自己名誉的保护,不敢更不愿公开反对某些鲜明观点,这便造成所谓的"沉默螺旋"(a spiral of silence)[15],久而久之,较弱的观点便被鲜明观点排挤出言论市场。其三是自信、极端主义与补强效应。出于人们对自己观点的本能自信,当他们听到与自己相近的观点或意见时,一方面会肯定对方观点,另一方面也进一步加强了对自己观点的肯认,两相补强,观点相近者们最终朝着一个更为极端的立场迈进。

至于虚拟串联,类似于我们老百姓常说的"随大流",桑斯坦认为核心概念是"信息",它存在两种不同类型的虚拟串联:信息串联和名誉串联。前者"对物"(信息),即个体放弃了基于自己私人信息或观点的立场,以他人的示意作为判断基础,常常是由最初一人或几人的行为,导致无数跟随者产生类似的行为;后者则"对人",可以理解为"给面子",即不问对错地随大流,肯定他人的观点,桑斯坦分别举例进一步解释了两种串联的产生机理。无论如何,群体极化和虚拟串联二者在社交媒体上最终产生的效果不尽相同。群体极化产生了更为激进和极端的观点,虚拟串联则可以在不问信息和论据是否可靠的情况下使此类观点迅速放大——这便是当前技术带来的线上行为革命。

(二)线上行为的积极意义:社会胶合与传播信息

接下来是评估社交媒体给民主社会带来的影响,当然涉及前文提到的"民主的标准"问题,但这里桑斯坦关注的是更具技术操作意义的标准——社会胶合与传播信息(social glue and spreading information),重点在于为一个异质性社会匹配一系列有价值的通用架构和经验。以此标准观之,群体极化与虚拟串联可以为运转良好的民主制度提供助益,当然也有潜在的风险。助益在于,两种线上行为可以促进社会胶合与传播信息。

在异质性社会中,每个人都持有某些独特且有价值的信息,通过极化与串联,个人手中的信息将在社交媒体和网络中迅速传播,为尽可能多的人知晓。这一方面满足了人们共享信息的"知情权";另一方面,通过披露信息,人们可以向政府施压,防止其不作为,进而令更多事先不知情的人受益,这也正是桑斯坦推崇阿玛蒂亚·森关于饥荒与民主关系研究的原因所在。[16] 桑斯坦鼓励公民们在社交媒体中形成这样的极化与串联,认为它们不是奢侈品,更不是知识精英们的喜好,而应成为全体公民安居乐业的必要保障。同样是在异质性社会中,极化与串联还有一个更为激进的益处:政治动员。尽管我们在很多情形中

[15] *Id.*, p. 73.
[16] *Id.*, p. 137.

无法直观判断政治运动和变革是否能够促进社会发展,但通过极化与串联,更多的人了解了政治运动和变革,通过飞地内的协商以及对于"二等多样性"的认同,人们也因此有了参与甚至组织变革的机会,这也正是社会活力所在。然而极化与串联也确实给一个本就"异质"的社会带来了不小的风险。过度的极化会促生极端主义观点,也可能致使人们活在自己观点的回音室中,隔绝与其他公民交流;同时,由于无法确认信息真实性,串联可能会导致谣言的广泛散播,甚至会引起整个社会的混乱和动荡。总之,机遇与挑战并存,桑斯坦认为社交媒体能为民主所做之事,就是行为主体利用社交媒体所做之事,结果是好是坏,取决于当前技术的发展,更取决于主体所遵循的行为逻辑和目的(目标)。

(三)线上行为主体:消费者与公民

最后才是行为主体的两种不同身份——消费者与公民,以及每种身份背后不同的行为逻辑。桑斯坦书中的意图非常鲜明:强调"选择"是一种公共商品,提醒人们注意公民的责任,同时提出消费者主权逻辑可能导致的"消费跑步机"[17]问题,试图说服他的公民同胞们,消费与选择,有时并不如看上去那般具有吸引力。在他看来,社交平台和现有通信技术为更好地"商品个性化"提供了支持,人们奉行"消费者主权"原则,服从市场力量调配,满足个人和群体的需求是生活常态,本无可厚非。然而注意,这里提供给人们的选项和信息实则是一种公共品(a public good)[18],诚如桑斯坦所说,要"作为一个群体来行动"(acting as a group)[19],公民个体需要遵循超越消费者主权和市场力量的民主/宪法原则,接触自己不曾想过甚至颇为厌恶的观点,促成全社会的共享经验,为政治审议创造先决条件。面对两种不同的身份,桑斯坦采取的是一种折中态度,既让公民们意识到一个无限选项体系下的私人选择可能会引发不幸后果,也让消费者们意识到他们的选择不单是为了自己,同时也是服务整个社会。但与此同时,他也提醒读者,消费者不是公民。与前者相比,后者经常会思考更为重大也更为长远的社会目标。作为消费者,桑斯坦祝福人们能够从信息中获得乐趣(infotainment)[20];作为公民,桑斯坦则希望人们可以不局限于个人选择,形成集体行动。消费者与公民,两种身份及两种行为逻辑意味着两种不同的能力。从桑斯坦对两种身份的定位和他自己的倾向性中,作为纯粹消费者读出的是批判,作为公民读出的则更多是责任。

---

[17] *Id.*, p. 170.
[18] *Id.*, p. 147.
[19] *Id.*, p. 175.
[20] *Id.*, p. 175.

三、根本性变化:一个"标签共和国"真实存在

美国"最了解罗斯福和肯尼迪时代"的著名历史学家和政治评论家小阿瑟·施莱辛格在1999年为其1986年论述美国政治周期律的经典作品《美国历史的周期》撰写的新版前言中,曾不无"历史感"地写道:"《美国历史的周期》或许是实际借助那老掉牙的打字机完成的最后作品之一。这篇前言则在另一荣耀的发明——文字处理器上完成。电脑和微晶片达成了一种永久性革命。它是一场无人能够阻止的革命。亨利·亚当斯的'加速律'将我们推向了新千年。"[21]施莱辛格用公共目的与私人利益之间的持续性转换来定义美国政治和社会发展的周期,同时强调驱动周期变化的根本原因在于人性的自然生活(the natural life of humanity)和现代性的心理特征(the very psychology of modernity)。[22] 站在一个崭新世纪的门口,施莱辛格无疑已经感受到科技对于传统历史周期变化的加速作用,同时也预见到了新一代人面对急剧变化的世界可能产生的困惑。从科技和知识的更新换代角度来看,桑斯坦在《标签共和国》中的论述恰恰印证了施莱辛格的远见。

《标签共和国》与前两部《网络共和国》的根本性差异在于,桑斯坦敏锐地观察并清晰地传递给读者们一个信息:社交媒体不单单是在改变人们的交互质量,同时也深刻地影响了人们认识周边世界乃至认识自身的方式;"标签共和国"已经溢出赛博空间,成为一种真实存在的生活状态。

(一)线上"标签"促进线下行动力

从"网络共和国"到"标签共和国",网络社交媒体所发生的变化可被称为施莱辛格意义上的"无人能够阻止的革命"。因为变革本身已经使原有的物理空间和赛博空间融合为一个"国家—社会"结构的整体,无论是在线上或线下,人们都无法避免生活在标签共和国之中。也正因此,"标签共和国"成了一种全新的人类生活方式。

公共话题以"标签"的形式得以展现,"标签"无处不在,而"标签"本身即代表着弥漫于整个社会的行动力。"标签"往往会指向特定议题,比如公众普遍关注的选举政治、种族、环境保护以及恐怖主义等议题——在如推特等社交媒体上,随处可见与这些议题相关的"标签",搜索这些标签,我们便可以随意地加入相关的议题讨论;创建一个与议题有关的标签,我们便能够邀请社交媒体中任意的他者加入话题讨论中来。在《标签共和国》中,桑斯坦将其称为实用的分类

---

[21] Arthur M. Schlesinger Jr., *The Cycles of American History*, First Mariner Books, 1999, "Foreword to the Mariner Edition", p. vi.

[22] *Id.*, pp. 26-27.

机制(convenient sorting mechanisms)[23]。自从2007年"标签"成为推特上对议题分类的特别技术以来,已过去十年有余,如今,遍布美国街头的"标签"一方面昭示着这一技术的成功,另一方面也成为美国人参与公共议题讨论的绝对主导方式。

哪怕在同一议题之下,"标签"本身的更新速率也极快,变得越发醒目,也越发具有力量,正为美国政治的极化现象推波助澜。人人都生活在"标签共和国"中,除了前文提到的"消费者/公民"之外,人们在物理世界中的职业与身份认同在赛博空间内得到延伸,其在赛博空间内所发挥出的影响力甚至远超于物理空间的影响力。桑斯坦在书中提到了"黑命贵"(♯BlackLivesMatter)与"全命贵"(♯AllLivesMatter)支持者之间使用不同标签发表竞争性观点的实例。同时,结合2016年美国大选所引发的更为尖锐的极化政治现象,他也提及民主、共和两党利用不同标签申明竞选纲领,甚至进行负面选举策略的诸种行为,更不要说新任总统特朗普独辟蹊径的"推特治国"手段。[24] 距离桑斯坦的《标签共和国》发表已有段时日,纵观这段时日美国民众使用"标签"及社交媒体的情况,我们可以发现,无论是普通公民还是技术官僚,抑或是职业政客,人们获取信息和表达思想乃至践行政治行动,都离不开"标签"的作用。

仅以女权运动为一典型例证。2017年10月推特上爆发了支持女性倾诉性骚扰或侵犯经历的♯MeToo运动,仅10月15日当天,♯MeToo标签就在推特上出现超过20万次,次日更是超过了50万次;而在脸书上,最初24小时内就有470万人在1200万条状态中提到该标签。不仅如此,该活动也迅速引发好莱坞、音乐界、科学界、政界等各领域对性骚扰与性虐待问题的广泛讨论,甚至美国联邦最高法院大法官金斯伯格也不止一次在公共场合分享了自己的♯MeToo经历。此外,♯MeToo也发展成一种美国全境范围内相互呼应的线下抗议活动。2018年1月20日,为纪念特朗普总统就职抗议一周年,仅纽约就有超10万人走上街头,以♯MeToo为行动标签进行抗议活动,一时之间,华盛顿、波士顿、洛杉矶等城市的市民也纷纷进行游行,相互呼应。同时,此标签已在全球至少85个国家得以使用,标签本身也出现了许多变体。♯MeToo运动的出现,也带动了一大批与女权议题相关的标签运动,如关于女性未来与世界领导力议题的♯FutureIsFemine,还有2018年因女性历史学家佛恩·里德尔博士(Fern Riddell)不满加拿大《环球邮报》只称呼医生为"Doctor"而称呼其他博士为"Mr/Miss/Mrs"的做法发推文而引发的关于女性社会地位与职业尊严的♯immodestwomen大讨论。关于线上讨论的现实情况,相似的例子不胜

---

[23] *Supra* note [3], p. 79.
[24] *Id.*, pp. 82-83.

枚举。

(二)"标签"改变人们的思考方式

再者,可能也更为根本性的一点在于,"标签共和国"对人们的影响已大大超越了行为本身,永久性地改变了人们思考问题和想象世界的方式。

在琳琅满目的"标签"之下,社交媒体充斥着大量的议题,也带来了一系列信息过载问题。由于个体本身的经历有限,这种信息过载可能引发的一个问题是:人们逐渐失去了对信息的控制力,并且无法对信息的真确性作出恰切的判断。从美国《宪法第一修正案》研究及行为科学角度入手,桑斯坦教授本人也一直在关注网络及社交媒体中的这种信息过载给言论自由和民主协商带来的潜在风险问题。从他以往的研究可大致得出一个有趣的结论——三个诸葛亮,有时竟会比不上一个臭皮匠——线上讨论中共享信息存在诸多死角,信息的真确性在未经证实的情况下便快速传播开来,看似"科学"的内容往往充斥着大量的虚假"谣言"。[25] 不得不承认,他的研究就像是一个关于线上行为的预言,研究揭示的许多可能的行为后果已经纷纷显现出来。在社交媒体的世界里,人们渐渐失去了真理的判断标准。对此,美国总统特朗普发起的与"虚假新闻"(Fake News)有关的言论战就是最近的例证。"虚假新闻"至少暴露了关于线上信息交流的两方面问题:一方面,"人是万物的尺度"这种自古希腊发端而经启蒙时代放大的思想在极化政治时代同时导致了判断真理标准本身的极化,而标准的极化比之个体偏见来说对社会整体结构更具破坏性;另一方面,以"虚假新闻"为标签的信息战对物理世界中的媒体及新闻人本身获取信息的能力表示质疑,这暗示着对信息源本身的根本性质疑——问题已经从"如何获取真实信息"变成"真相如何可能"。

"标签共和国"指向了一种以信息为基础的、全新的社会组织方式,同时也使人们不得不开始思考其潜在的风险。事实上,自互联网和社交媒体诞生之初,人们在对新科技生活的乐观展望中便掺杂了些许忧虑。忧虑者来自科技、信息传播、民主理论、法律、社会文化甚至是历史学等各个领域。尽管桑斯坦本人一直对网络及社交平台带给民主社会的影响持中立偏乐观态度,他聚焦于人们的线上行为,在论述中同时提及行为本身可能带来的正面及负面效果,将选择权充分地交予读者和他的公民同胞们,但自"标签共和国"建国起,忧虑者的队伍只增不减。

自《标签共和国》出版后,几位来自不同领域的作家的思考便很能说明问题。例如耶鲁大学历史学教授蒂莫西·施耐德(Timothy Snyder)的《论专制:

---

[25] 桑斯坦与信息的获取和聚合相关的研究,可参见凯斯·桑斯坦:《阴谋论及其他危险的想法》,陈丽芳译,中信出版社2015年版;凯斯·桑斯坦:《谣言》,张楠迪杨译,中信出版社2010年版;同前注[7]。

来自二十世纪的二十个教训》(On Tyranny: Twenty Lessons from the Twentieth Century),通篇主要是利用第二次世界大战时期的档案材料及历史事实反思纳粹及苏联统治中的专制因素,提醒当下的人们能够以史为鉴,从自身行为出发,及时遏制一些专制的趋势。而在他提出的第十一个教训"调查"中,他也感受到了技术革新对获取信息和真理产生的影响:"既然在互联网时代我们都成了发表者,那么我们每个人都应该为公众获知真相承担一定的私人责任。如果我们是在认真地寻求事实,我们每个人都能为互联网运作的方式贡献一次小小的革命。"[26]

施耐德教授的小册子在高校师生和普通民众之间传播广泛,而更有针对性且看来更为激进的论述来自硅谷的虚拟现实从业者嘉隆·拉尼尔(Jaron Lanier)。由于对社交媒体背后的算法及商业模式太过熟悉,拉尼尔充分感受到他称之为"BUMMER"的社交媒体系统背后对人们行为模式的修正作用,在其畅销书《十个立即删除你社交账号的理由》(Ten Arguments for Deleting Your Social Media Accounts Right Now)中,拉尼尔从个人行为模式、精神及经济状态等不同侧面论及社交媒体对人们生活产生的负面影响,极具说服力,与桑斯坦提供的法律与规制视角互补——在该书中,拉尼尔站在平台运营商的角度向人们发出"求救信号",表明除个体用户之外,这些运营商同样沦为BUMMER的受害者,这也让人们意识到"标签共和国"似乎确已到达一个"危急存亡之秋"。[27]

关于社交媒体对人类思维方式乃至天性的根本性影响问题,或许更为学理性的讨论来自于哥伦比亚大学法学院伯纳德·汉考特(Bernard Harcourt)的新作《反革命:我们的政府如何走向与其公民的战争》(The Counterrevolution: How Our Government Went to War Against Its Own Citizens)。延续作者先前对于人们线上行为导致个体自动、无意识地将自己的信息暴露于公众及政府监控之下这一现象的观察和批判,汉考特教授在该书中将社交媒体分散人们注意力的"奶头乐"策略视为美国"反革命"式国家治理模式本土化的最重要的组成部分,"在反革命本土化过程中,我们的心灵日日受到安抚、变得麻木、获得抚慰——并且得到极乐的欢愉"[28]。借用福柯的说法但又与福柯所关注的语境迥异,汉考特教授说:"我们是温顺的(docile)过气商品。我们着迷——而不是以一种温顺的方式消极参与。我们积极地点击与碰撞,从一个屏幕跳到另一个

---

[26] Timothy Snyder, *On Tyranny: Twenty Lessons from the Twentieth Century*, Tim Duggan Books, 2017, "11 Investigate", pp. 72-80.

[27] See Jaron Lanier, *Ten Arguments for Deleting Your Social Media Accounts Right Now*, Henry Holt and Company, 2018.

[28] Bernard E. Harcourt, *The Counterrevolution: How Our Government Went to War Against Its Own Citizens*, Basic Books, 2018, p. 181.

屏幕,查看一个平台然后再找另一个落脚点——脸书、快照、推特、谷歌、油管,数不胜数。"[29]与前几位作者比较,汉考特教授从国家治理层面揭示了上述现象所产生的深刻影响,首当其冲的当然是人本身的变化,"我们正在亲眼见证的是一种新型数字着迷(digital entrancement),将我们塑造为臣民,使我们迟迟感知不到临界状态,令我们分心,抚慰了我们"[30];然后则是国家治理模式意义上的"历史终结"——因为"我们"的沉迷,"我们"便自愿加入一种"反革命"的治理行动之中,也因为我们的"沉迷",无人愿意改变治理现状,进而诚如汉考特所言,在没有意识到战争的情况下,美国公民便输给了他们的"反革命"政府。

上述几位作者的讨论还只是自《标签共和国》出版以来人们表达类似忧虑的突出例证。可以预见,随着美国政治和社会的分裂愈发严重,相关的讨论将有增无减。从线上行为到普遍的行为模式,从生活方式到思维模式,桑斯坦及其他作者在著作中所描述的情境已不再是明日科幻,而是今日现实。不禁令人感慨,无论是"乌托邦"还是"恶托邦",这就是生活本身。这,就是当下人人生活于其中的标签共和国。

四、新变化的实例:恐怖主义网站

与前两本书相比,桑斯坦在《标签共和国》中新增"恐怖主义网站"(terrorism.com)一章,以恐怖主义者利用新兴社交媒体平台进行主义宣传、普及制作炸弹等杀伤技术和招募成员等极端行动为例,进一步向人们展示了群体极化和虚拟串联等群体行为可能导致的不良后果。在桑斯坦看来,事实上并不存在导致恐怖主义的天然倾向,反而是包括使用社交媒体在内的线上行为为恐怖主义提供了重要的社会动力。同时,因为"恐怖主义网站"真实存在并对人们的生活产生了实际影响,桑斯坦提供的例子也无时无刻不在提醒着人们改变看待社交媒体的态度和线上行为的紧迫性。

(一)线上恐怖主义的兴起

桑斯坦的论述开始于一个在他看来"不真实,但确切说来也不假"的线上讨论组故事——"再造美利坚"(Reclaim America)。[31]说其"不真实"是因为,尚不存在一个统一的有组织群体,打着"再造美利坚"的旗号进行统一行动;说其"确切来说不假"则是因为,这是一系列线上讨论行为的混合物。桑斯坦也举了教人们制作炸弹的《恐怖分子手册》、来复枪协会线上讨论等例子,意在说明即便是美国本土,利用互联网和社交媒体反抗政府、开展极端激进行为也早已有之,算不得什么新鲜事了。正是在这一背景下,"恐怖主义网站"作为旧有抵抗

---

[29] *Supra* note [28], p.182.
[30] *Id.*, p.194.
[31] *Supra* note [3], p.234.

言论和行动的新表现形式,被桑斯坦纳入有关线上极化问题的讨论之中。

桑斯坦集中分析了恐怖组织利用社交媒体的目的和策略。恐怖组织利用社交媒体的目的在于招募人员和传播仇恨。[32] 针对这两个目标,互联网和社交媒体被用作恐怖分子之间彼此交流的手段,在确定人员(know-who)和普及手段(know-how)两个方面都为恐怖主义的线上传播提供了动力。在招募人员方面,恐怖分子恰恰利用了互联网和社交媒体上经常发生的群体极化和虚拟串联现象,通过扼杀异见和强化内部高度团结的方式制造了一个个回音室,吸收并强化想法相似者,甚至是有策略地锁定潜在的恐怖分子,将他们从其生活的环境中隔离出来,同化并最终转化成为恐怖组织中的一分子。尤其值得注意的是,恐怖分子们是在有意识地利用这些线上现象,为了达成他们的目的,他们甚至会施加一些心理压力,加速极端运动的进程。简言之,互联网和社交媒体使恐怖分子在全世界范围内招募成员变得更加容易了。而在普及手段方面,恐怖主义网站延续了先前的做法,继续提供各种制造恐怖行动的技术指导。更有甚者,社交平台上充斥着"推特恐怖分子"(tweeting terrorists)[33],互联网上也涌现出许多促进恐怖主义或至少是同情恐怖分子的网站。以"伊斯兰国"为例,恐怖组织利用社交平台宣扬恐怖主义,并且在平台上与政府的反恐机构及平台运营商玩起了"猫鼠游戏"——不断适应并规避来自政府和运营商的管制行为,例如暂时迁移到其他社交平台,创建一些"低调行事"的小账号和上传恐怖主义宣传视频的文件共享网站,通过修改私人设置使得少数支持群体关注恐怖组织动态的方式重建一些账号,不一而足。

(二)打击线上恐怖主义:宪法原则

或许恐怖主义网站给人们带来的最大启示在于,必须"以其人之道还治其人之身",亦即与恐怖分子的策略相似,利用社交媒体回击恐怖主义。当然,反制线上恐怖主义还涉及若干与宪法的言论自由原则相关的讨论。桑斯坦重点提及的是霍姆斯及布兰代斯大法官提出的"明显且即刻原则"与汉德法官提出的"汉德公式",二者都是与言论自由的宪法保护和法律规制有关的司法原则,但存在竞争关系。似乎就规制社交媒体上的恐怖言论而言,桑斯坦更倾向于支持后者,并且他也提出了自己的改进意见。一方面,作为"伟大的异议者",霍姆斯和布兰代斯提出的"明显且即刻原则"保护了许多包括恐怖分子招募和宣传在内的危险言论,在提出者看来,对抗危险言论的方式是"更多的言论,而不是审查"[34]。同时,桑斯坦还注意到,尽管"明显且即刻原则"出现得很早,但是直到1969年美国联邦最高法院才完全予以接受。第一次世界大战期间及其后,

---

[32] *Id.*, p. 236.
[33] *Id.*, p. 243.
[34] *Id.*, p. 248.

美国政府对危险言论都实施了严控,"危险言论是可以被规制的;言论自由原则缺乏与今日类似的健全性"[35]。随着时代变迁,危险言论之"危险"程度大大增加,此时界定危险既"明显"又"即刻"就成了不必要之事。在桑斯坦看来,这是"明显且即刻原则"失效的主要原因。

另一方面,汉德法官提出的"汉德公式"在保护言论时则更关注言论本身的性质而不是言论可能带来的后果。与前一原则类似,"汉德公式"在数十年间也没有引起美国联邦最高法院的兴趣,但在桑斯坦看来,当言论实际带有的危险已不足以通过"更多的言论"来消除时,"汉德公式"显然更胜一筹——"根据汉德公式,一些恐怖分子招募形式太出格,因而不受保护"[36]。然而,尽管汉德法官自己强调限缩该公式的应用范围,尽量避免主观性和过度解释,"汉德公式"仍存在被政府滥用以噤声异议者的风险。也正是基于此,桑斯坦才提出针对"汉德公式"的改造方案,即"当(且仅当)人们通过清晰的呼求来明确煽动暴力,当(且仅当)他们的言论对公共安全产生严重威胁时,不论即刻与否,或许他们的言论不值得保护"[37],通过摘除"明显且即刻"中的"即刻"标准,试图最大限度地减少言论自由所引发的危险。

一言以蔽之,我们可以看到,对言论的保护与对言论可能带来的危险的担忧之间的矛盾始终困扰着人民以及他们的政府。如果单纯讨论宪法原则,那么上述两种原则都是好选择,只要言之成理即可。然而,桑斯坦总是希望我们注意的一点在于,虽然在一个自由社会里,惩罚言论几乎总是错的,但是时代已然发生了新变化,随着"恐怖主义网站"的兴起,没有人能在"担忧死亡威胁"(fraught with death)[38]的同时还可以心安理得地主张保护带有死亡威胁的言论。像桑斯坦一样,在思考纯粹的宪法原则时,偶尔与身处的时代来个"不期而遇",或许我们也会对"自由抑或安全""保护言论抑或规制言论"这类问题有更深入的思考。

五、两点启示

(一)社交媒体时代的公民参与

从理论假设有诸多局限以及主流法经济学家们误读了科斯定理等方面彻底批判了目前仍通行于法律经济学界的侵权法模型,是不是就意味着经济分析方法在侵权法的研究中是一个没有任何利用价值的理论和方法了呢?鉴于以边际化最优模型见长的新古典经济学并不是经济学的全部,这个答案当然是否

---

[35] Id., p.248.
[36] Id., p.250.
[37] Id.
[38] Id., p.251.

定的。

在 2014 年 12 月柏林演讲中,桑斯坦在幻灯片中的一页上写下"但正确的是:重视学习"[39]字样。的确,他每一本著作最广泛的受众都是美国公民,甚至是关注相关问题的各国公民,《标签共和国》也不例外。通过呈现人们在社交媒体中的个体与集体行为并探究行为背后的逻辑,桑斯坦强调公民同胞通过社交媒体实现线上学习和自我教育的重要性。[40] 在一个"标签共和国"里,尽管社交媒体所代表的消费者主权这一核心价值可能会危及民主理想,但社交媒体和网络也能成为密尔和杜威心目中社会进步的源泉;尽管群体极化和虚拟串联引发了严重的问题,但极化和串联本身在发起重要运动、发生重要变革时也起到了确定无疑的作用,用桑斯坦的话说,"它们是恩赐也是危险"(they are a boon as well as a danger)[41]。面对社交媒体以及民主的未来,桑斯坦反对一个无限过滤的体系。他认为个体拥有无限过滤权会导致过度碎片化,无益于共享信息和经验,也会危及个体自我发展的自由和自由民主。[42] 但他的观点不是要让我们悲观,也不是要怀旧,更不是要想当然地预测未来,而是让我们将当前技术与民主自治体系的核心保证之间的关系当成一个重大问题,并加以认真对待。

另外要说明的一点是,桑斯坦写《标签共和国》启发民智,最终还是希望他的公民同胞们能够将社交媒体上的行为转化为有意识的行动,实现"改造我们的生活"。为应对网络及社交媒体可能给民主和自由带来的各种危险,桑斯坦延续先前两本书的做法,在《标签共和国》中也开出了一套"组合拳"。其中既有学者发起的改造审议领域试验,也有针对网站和平台运营商的行为公开、行业自律和"必载"政策,他还建议政府可以通过补贴的形式鼓励平台和网站确保人们接触到各种不同的话题和观点。即便这些措施都有效,桑斯坦也诚恳地表示,他提出的建议并不是万灵药,"生存还是毁灭"的问题仍在众多公民的一念之间,但至少,国家中的每一份子都可以为更好地实践民主做点什么。对此,"富兰克林的挑战"(Franklin's Challenge)似乎成了桑斯坦每部著作必有的结语,在追踪他相关主题书籍的读者看来根本就是老生常谈,甚至可以被看成是一本"与时俱进"论著的最大败笔。然而,就桑斯坦关注的根本问题,亦即维持一个共和国的先决条件(the preconditions for maintaining a republic)来说,再怎么强调富兰克林的谆谆教诲都不为过。维持共和国需要一个公共领域,需要公民之间的共享经验,也需要公民能够接触到各种不同的话题和观点——现有

---

[39] 参见林肯·卡普兰:《法律学人中的奥林匹克神:凯斯·桑斯坦与现代规制国家》,任肖容、宋华琳译,载《行政法论丛》(第 19 卷),法律出版社 2016 年版,第 266 页。

[40] *Supra* note [3], p. 253.

[41] *Id.*, p. 254.

[42] *Id.*, pp. 259-260.

技术确实能够为上述先决条件提供助益。以自由和民主为目标,面对"消费者—公民角色""消费者主权—民主理想"这两种不同的行为逻辑,桑斯坦相信他的公民同胞们能够及时采取行动,作出更好的选择。

(二)宪法学者如何研究网络法

回到中国语境,在网络立法与研究渐热的大背景下,桑斯坦对于社交媒体对公民参与和协商民主的影响,以及言论自由等宪法原则在网络世界的延伸与解释等问题的研究,也为我国宪法学研究者参与网络法研究和学术讨论提供了难得的问题意识和可行的研究方法。从这一意义上讲,美国学者桑斯坦也言传身教,邀请我们一起思考:面对社交媒体时代,宪法学者应该如何研究网络法问题?更进一步,应该如何与其他关心网络法问题的研究者"不期而遇",参与相关话题的讨论?

随着网络技术的发展及大众网络时代的到来,从20世纪90年代至今,我国网络立法先后经历了2000年以前的"网络自由发展阶段",2000年到2013年的"网络治理探索阶段"以及2014年以来的、以2014年2月中央成立网络安全和信息化领导小组和2016年11月7日第十二届全国人民代表大会常务委员会通过《中华人民共和国网络安全法》为关键节点的"网络空间全面治理阶段"。我国网络立法工作取得了重大进步,已经制定了大量有关网络的法律、法规和规章。[43] 相应地,聚焦于网络知识产权、网络犯罪、网络管辖权、网络侵权等具体问题领域,各部门法学者的网络法研究逐渐展开。诚如研究者所描述,"研究内容经历了从单一化到多元化、从浅表化向具体化的发展,既表现出对国际立法和实践的关注,又表现出对国内网络热点事件和网络立法的积极回应"。[44] 然而,尽管我国的网络法研究事业也正处于如火如荼的发展阶段,但我国的网络立法更侧重国家治理、政府监管与信息安全及风险防控面向,宪法学者的参与水平尚处于较低的程度。[45]

如果宪法学者有意愿加入网络法问题的讨论中来,桑斯坦的研究则成为一

---

[43] 参见谢永江、姜淑丽:《我国网络立法现状与问题分析》,载《网络与信息安全学报》2015年第1卷第1期,第24—30页。

[44] 参见夏燕、栗佳佳、石琳民:《中国网络法研究现状与反思——基于CSSCI法学类期刊论文(1999—2011年)的分析》,载《理论与现代化》2012年第6期,第82页。

[45] 据夏燕等人基于CSSCI法学类期刊论文(1999—2011年)发表数据的实证分析,截至2011年,在网络法研究领域的分布统计中,属于宪法范畴的占比仅有0.78%。在反思网络法研究情况,并思考未来网络法研究的可能发展方向时,夏燕等人建议:"如何维护和保障公民的权利,应该成为现代网络法研究的主要价值基点。与此相对应,学界应该积极关注在网络空间公民权利(如网络言论自由权、公民网络政治参与)如何能够在网络和法律的结合中得到保障。进一步地,以公民权利和自由为主要价值基点,着力研究如何利用网络空间扁平化结构、无个人权威中心的技术特性,构建通过对政治权力的制约与规范来保障公民的权利与自由的路径。"如今看来,他们所建议的研究方向依然是我国网络法研究的薄弱部分,也是宪法学者可以集中发力,进而参与网络法问题讨论的切入点。同前注[44],第78、84页。

个可以学习和借鉴的成功案例。首先值得学习的是他自始至终的问题意识——面对网络空间,他并没有急于做一个立法者,反而是将公民参与、协商民主及言论自由等宪法学经典问题自然延伸到网络空间之中,既揭示这些原则在新环境下所面临的挑战,也展现了新技术对于宪法原则的推动作用。其次,桑斯坦是一位行为科学家,而不是通信技术专家。据此定位,他所使用的研究方法帮其成功抓住了技术变革影响的实质,即对人的行为本身的影响,而恰恰是通过观察、描述、判断网络中公民/消费者的行为变化情况,他开始意识到社交平台对公民参与并不总是施加有利的影响,网络中的言论自由也并非绝对权利,进而认为网络世界同样需要政府的规制,同样需要服从法院对于宪法的诸种解释。然而,在美国的语境中谈论"政府规制"问题并不是一件容易的事,即使是天才如桑斯坦也是如此——在《标签共和国》中,为了强调权利的非绝对性,为了劝说网络运营商接受规制,也为了建议政府更明智地规制,桑斯坦苦口婆心,不惜花费了过量的笔墨,语气中多少流露出些许无奈。对比之下,中国学者并没有桑斯坦关于规制问题的"说服障碍",更有可能在他的研究的基础上做进一步的理论推进,何乐而不为?

无论是否出于自愿,考虑到如今的社交平台和网络已越发将全世界的人民"捆绑"在一起,通过社交媒体发展并快速传播的极化政治已经溢出赛博空间,影响了物理世界,正所谓"牵一发而动全身","全球同此凉热"。[46] 桑斯坦在《标签共和国》中提出的问题契合了当代的重大主题,我们可以乐观相信,持续关注网络治理、社交媒体功能及人工智能影响的中国学者们也定将在这一问题上大有作为。对此,本文希望通过理解《标签共和国》实现对桑斯坦的研究与桑斯坦所关注问题本身知识的更新换代,为大家共同的事业贡献一份力量。

(审稿编辑 邵博文)
(校对编辑 叶依梦)

---

[46] 有趣的是,在曝出脸谱网(Facebook)外泄用户信息的丑闻前后,关于社交媒体民主功能的讨论再度升温,也可以看出桑斯坦对此问题的持续性关注实际上是有一定预见性的。关于信息暴露的产生及影响的政治理论反思,see Bernard E. Harcourt, *Exposed: Desire and Disobedience in the Digital Age*, Harvard University Press, 2015. 此外,与桑斯坦将注意力集中在网络行为本身,强调通过多主体协同过滤,群体极化以及虚拟串联之后引发了社会碎片化等民主问题不同,尼尔·弗格森则认为社交网络摧毁了"公共议题"本身,使得人们完全无法辨识出哪些问题才是当今社会面临的最严重的问题,这一危害要远甚于人们通过社交网络形成的群体极化,see Niall Ferguson, *Social Networks are Creating a Global Crisis of Democracy* (*The Globe and Mail*, January 19 2018), at https://www.theglobeandmail.com/opinion/niall-ferguson-social-networks-and-the-global-crisis-of-democracy/article37665172/ (last visited Jun. 28, 2018)。

法律的性质[*]

〔美〕安德瑞·马默　〔英〕亚历山大·萨奇[**] 著

张民全[***] 译

The Nature of Law

Andrei Marmor and Alexander Sarch

Translated by Zhang Minquan

内容摘要：一般法理学试图探究法律的普遍性质，这种研究包括两方面内容：一是阐明法律有效性的条件，二是说明法律的规范性。对于前者，法律实证主义者、自然法学者和德沃金分别给出了不同的观点；而关于后者，则经历了早期实证主义者的"强制论"、哈特的"理由给予"学说和拉兹的权威理论。此外，关于一般法理学自身的性质，也产生了许多争论，此即"法理学的方法论"问题。该问题涉及两方面争论：一是法律理论的目标何在？对此，存在着概念分析观点、探究法律本身、元规范性探究观点、规定性观点和法律实践的建构性解释五

---

[*] 本文是作者安德瑞·马默教授（Andrei Marmor）和亚历山大·萨奇博士（Alexander Sarch）为《斯坦福哲学百科全书》（*The Stanford Encyclopedia of Philosophy*）撰写的"The Nature of Law"词条，原文请参见 https://plato.stanford.edu/archives/fall2015/entries/lawphil-nature/（最后访问日期：2020年3月7日）。本译文已获得作者授权。

[**] 安德瑞·马默，康奈尔大学 Jacob Gould Schurman 哲学与法学教授。亚历山大·萨奇博士，萨里大学法哲学讲师。

[***] 张民全，中国政法大学"2011计划"国家司法文明协同创新中心博士研究生。

种观点。二是法律理论是否内在地是评价性的？对此，形成了源自法律功能的论证、源自内在观点的论证和源自解释的论证三种观点。

关键词：一般法理学　法律的有效性　法律的规范性　法理学方法论

　　律师对这个问题特别（typically）感兴趣：对于某个特定的争议点，法律规定了什么（What is *the law*）？这经常是一个地方性问题，其答案会因这个问题被提问时所处法域的不同而不同。相反，法哲学则对这一般性问题感兴趣：法律是什么（What is Law）？这个关于法律性质的一般性问题预设了法律是一种独特的社会—政治现象，有着或多或少的普遍特征，这些特征可以通过哲学分析予以辨明。对法律性质的这一哲学探究被称作一般法理学（general jurisprudence），它意在成为普遍性的。它假定，法律拥有某些特征，而且是因其作为法律所具有之性质或要素而拥有这些特征的，无论法律存在于何时何地。然而，即便存在这些普遍的法律特征——这是有争议的，正如我们后面会讨论到的——我们依然需要说明为何会对阐明这些特征产生哲学上的兴趣。首先，对于理解这样一种复杂的社会现象，我们有着纯粹智力上的兴趣，毕竟这种现象是人类文化最难理解的方面之一。然而其次，法律也是一种规范性的社会实践：它旨在指导人类行为，为行动提供理由。尝试对法律的这一规范性、理由给予性（reason-giving）面向加以说明，是一般法理学需面对的一个主要挑战。对法律性质感兴趣的上述两个来源是紧密关联的。法律并非我们文化中唯一的规范性领域；道德、宗教、社会成规（social convention）、礼仪等也以许多类似法律的方式指导着人类行动。因此，对于法律性质的理解便包含这样一些部分：说明法律如何区别于这些类似的规范性领域，法律与这些规范性领域如何相互作用，以及对法律的理解是否依赖于其他规范性领域，例如道德或社会成规。

　　当代法律理论以下述方式区分了对于法律性质的这两种主要兴趣：首先，我们需要理解使得任何特定的规范具有法律有效性的一般条件。例如，它是否只是一个关于该规范之来源的问题，比如该规范是由某个特定的政治机构制定的？抑或，它也是一个关于该规范之内容的问题？这是一个关于法律有效性条件的一般性问题。其次，便是对法律的规范性面向的兴趣。这一哲学兴趣是双重的：一个完整的、关于法律规范性的哲学理论，既包含一项说明性任务也包含一项证立性任务。说明性任务包括尝试说明法律规范如何为行动提供理由，以及究竟是什么类型的理由牵涉其中。证立性任务关心的问题是，从道德上说或全盘考虑之下，人们是否应当遵守法律的要求。换言之，它试图说明法律的道德正当性（legitimacy）和受众（subject）遵守法律的理由。与对法律的批判理论不同，关于法律性质的理论集中于这两个问题中的前者。它旨在说明法律的规范性实际上存在于何处。然而,当代某些法哲学家怀疑,法律规范性的这两个方面能否被分割开来。(我们会在后面再回到这个问题。)

因此,阐明法律有效性的条件和说明法律的规范性,便构成所有关于法律性质的一般性理论的两个主题。在第一部分,我们会说明关于这两个主题的某些主要争论。在第二部分,我们会讨论关于一般法理学之性质的某些方法论争论。在过去的几个世纪中,关于合法性(legality)的性质出现了两个主要的、相互对抗的哲学传统。年代更为久远的那个可以追溯至中世纪晚期的基督教学统,被称为自然法传统。自 19 世纪早期开始,自然法理论遭到了法律实证主义传统的激烈挑战,后者由杰里米·边沁(Jeremy Bentham)和约翰·奥斯丁(John Austin)等学者宣扬开来。而法律实证主义的哲学起源要早得多,可能源于托马斯·霍布斯(Thomas Hobbes)的政治哲学。这两个传统之间的主要争议集中于法律有效性的条件。大体上讲,法律实证主义主张而自然法否认法律有效性的条件纯粹是一个社会事实问题。与实证主义相反,自然法主张,法律有效性的条件并未被社会事实穷尽;特定规范的道德内容也与其法律有效性相关。正如通常归于圣·奥古斯丁(Saint Augustine)的那个著名格言所言:不义之法不是法(lex iniusta non est lex)。[1]

一、一般法理学

(一) 法律有效性的条件

法律实证主义的主要观点是,法律有效性的条件是由社会事实决定的;它包含两个分离的主张,分别称为社会命题(The Social Thesis)和分离命题(The Separation Thesis)。社会命题主张,法律是一种社会现象,而法律有效性的条件由社会性事实,即非规范性(non-normative)事实构成。早期的法律实证主义者遵循了霍布斯的观点,即法律在本质上是政治主权者的一种工具,而且他们坚称,法律有效性的基础性来源存在于构成政治主权者的那些事实之中。他们认为,法律主要是主权者的命令。后来的法律实证主义者已经修正了这一观点,他们坚信,是社会规则而非关于主权者的事实构成了法律的根据(ground)。当代的大多数法律实证主义者都共享这一观点:存在承认规则,即这样一些社会规则或成规,它们确定了那些创设、修改和废止法律标准的特定事实或事件。这些事实(例如一项立法活动或一项司法裁判)便是每个现代法律体系都会成规性地予以承认的法律来源(the sources of law)。理解法律实证主义者这一

---

[1] Augustine, *De Libero Arbitrio*, On Free Choice of the Will, translated by Thomas Williams, Indianapolis: Hackett Publishing, 1995, I, 5. see also, St. Thomas Aquinas, *Summa Theologica* (available online in English translation: http://www.newadvent.org/summa/), I-II, Q. 96, Art. 4.

观点的方式是,将该观点视作某种形式的还原论:法律实证主义本质上在主张,法律的有效性可被还原为某种非规范类型的事实,也就是关于人们行动、信念和态度的事实。

自然法学者否认这种观点并坚称,一项特定的规范只有通过了某个特定的道德门槛,才能成为在法律上有效的规范。为了成为法律,实在法必须首先在内容上符合自然法的某些基本规诫,即普遍性道德(universal morality)。换言之,自然法学者主张,规范的道德内容或优点,而不仅仅是其社会来源,也构成法律有效性的条件的一部分。在此,可以将此立场视为关于法律的某种非还原论概念观(conception),它主张法律的有效性不能还原为非规范性事实。[2]

分离命题是社会命题一个重要的否定性推断,它主张在法律与道德之间,即在"法律是什么"与"法律应当是什么"之间存在概念上的分离。然而,分离命题经常被过分强调。在有些时候人们会认为,自然法主张而法律实证主义否认"法律必然在道德上是善的"或者"法律必须具有某种最低限度的道德内容"。社会命题当然不意味着"法律中存在某些必然为善的东西"这一推论是错的。法律实证主义可以接受这种主张:法律因其自身性质或其在社会中的必要功能而成为某种善的东西,值得我们在道德上赞赏。法律实证主义也不必被迫承认这一看似合理的主张:只要是有法律存在的地方,便需要有大量与道德相符合的指令。在法律的实际内容和道德之间,可能存在,或许必然存在大量的重叠之处。再次强调,恰当理解的分离命题仅仅关涉(concern)法律有效性的条件。它主张,法律有效性的条件不依赖于相关规范所具有的道德优点。"法律是什么"不能依赖于在相关情境下"法律应当是什么"。

当代许多法律实证主义者不会同意分离命题的这一构想。当代一个被称作包容性法律实证主义(inclusive legal positivism)的思想流派赞成社会命题,即法律有效性的基本条件源自社会事实,例如碰巧通行于某个给定共同体之中的社会规则或成规。但是,包容性法律实证主义者坚称,法律的有效性有时是一个关于规范的道德内容的问题,依赖于恰巧通行于某个给定共同体的特定成规。社会成规是我们识别法律的基础,它可能但不必然包含着将道德内容作为合法性的条件予以参照。[3]

自然法传统在20世纪被大大地精致化,这主要是因为其传统的、通俗的版本面临着对其核心观点的明显反对:要坚持"在道德上恶的法律不是法律"这一观点,本身就非常困难。"为了能够被视作法律,法律就必须通过某种道德过滤",这种观点在大多数法学家看来是与我们所了解的法律世界相矛盾的。因

---

[2] 参见论述"自然法理论"的词条,https://plato.stanford.edu/entries/natural-law-theories/.

[3] 例如可参见,Wil Waluchow, *Inclusive Legal Positivism*, Clarendon Press, 1994.

此,当代自然法学者已经为自然法的主要原则提供了不同的、更为精细的解释。例如,约翰·菲尼斯(John Finnish)并未将(托马斯主义版本的)自然法视作对实在法之法律有效性的限制,而是主要将其视为对(最为完满或最高级别意义上的)法律理念的阐明,聚焦于法律以何种方式必然促进共同善。[4] 然而正如前面提到的,我们并不清楚,这样一种认为法律必然具有道德内容的观点是否与法律实证主义的主要原则相抵触。如果说这里存在争议的话,那也是一个形而上学的争议:对于法律来说什么最为本质或必不可少?法律的必要特征是否必须以目的论形式加以阐明?法律实证主义者并不倾向于循着菲尼斯描述的路线,寻求对法律进行深入的目的论说明,但是我们不清楚他们是否会否定这种形而上学事业。

"法律有效性的条件至少部分地是一个关于规范的道德内容或优点的问题"这一观点,被罗纳德·德沃金(Ronald Dworkin)的法律理论以一种精致的方式予以阐发。然而,德沃金并非一个传统意义上的自然法学者,他并不主张在道德上可接受的内容是一个规范获得合法性的先决条件。他的核心观点是,法律领域的事实与价值之分,即法律是什么与它应当是什么之分,会比法律实证主义所认为的更为模糊得多:确定在特定案件中法律是什么,不可避免地依赖于对于法律应当是什么的道德—政治考量。对法律应当具有或应当规定的内容的价值判断,部分地决定了法律实际上是什么。

德沃金的法律理论并非基于对传统事实—价值分离的普遍拒绝,而是基于一种特定的关于法律推理的概念观。这一概念观经历了两个主要阶段。在20世纪70年代,德沃金主张,法律实证主义的谬误在于,它无法说明法律原则在法律中扮演的重要角色。德沃金主张,法律实证主义认为法律仅仅是由规则构成的。然而,这是一个严重的错误,因为除了规则,法律还部分地由法律原则决定。规则与原则之间的区分是一个逻辑上的区分。德沃金坚称,规则以一种"全有或全无的方式"得以适用。如果规则适用于某些情境,它便决定了某个特定的法律结果;如果它并不适用,它便与该结果毫无关系。然而,即便原则清晰地适用于相关情境,它也并未决定一个结果。原则为法官提供了一个法律理由来以这样或那样的方式裁判案件,因此它们仅仅具有分量的维度,即原则提供的理由可能相对较强或相对较弱,但是它们从来不是"绝对的"。这种理由本身并不能像规则那样决定一个结果。[5]

然而,法律原则最为有趣,从实证主义的观点来看也最成问题的方面,在于它们的道德维度。根据德沃金的理论,不像法律规则(它们可能会,也可能不会

---

[4] John Finnis, *Natural Law and Natural Rights*, Clarendon Press, 1980.
[5] Ronald Dworkin, *Taking Rights Seriously*, Duckworth, 1977.

与道德有某种关联),原则在其内容上必然是道德的。事实上,决定一项法律原则存在与否的,正部分地是一种道德考量。何以如此?因为根据德沃金的观点,如果一项法律原则是根据对相关领域中过往司法裁判和立法决定的最佳道德和政治解释得出的,那么该原则便是存在的。换言之,法律原则占据着法律规则和道德原则之间的中介位置。法律规则是由被承认的机构设定的,它们的法律有效性源于它们被制定的来源。道德原则因其内容而存在,它们的有效性是纯粹依赖于内容的。同时,法律原则从以来源为基础的(source-based)考量和以内容为基础的(content-based)考量的结合中获得其有效性。正如德沃金以最为一般性术语表述的那样:"根据整全法,如果法律命题考虑了为该共同体的法律实践提供最佳建构性解释(constructive interpretation)的正义、公平以及程序正当原则,或是根据这些原则推导出来,那么该法律命题便为真。"[6]因而一项法律原则的有效性便来源于对事实和道德考量的结合。事实关涉在相关领域中已经发生的、过往的法律决定,而对于道德和政治的考量则关涉过往的这些决定如何能够被正确的道德原则予以最佳说明。

不消说,如果这样一种对法律原则的说明是正确的,那么分离命题便不再能够被坚持。但是许多法律实证主义者质疑是否存在德沃金所设想的那种类型的法律原则。对于法律中规则与原则的区分,有另外一种更为自然的说明方式:相关的区别所关涉的,是该法律规范所规定的规范行动(norm-act)的一般性或模糊性程度。在该规则所规定的规范行动的精确度上,法律规范的一般性或模糊性可多可少;而且这些规范越是具有一般性或模糊性,它们就越是具有德沃金赋予原则的那些准逻辑性(quasi-logical)特征。更为重要的是,需要注意,如果你将规范(例如法律原则)的法律有效性依赖于道德论证,那么你便允许了这种可能性,即整个法律共同体会使得法律发生错误。在推导某个法律原则时存在的任何道德错误,都可能导致关于该原则的结论不可靠,该原则自身因而不具有法律上的有效性。由于没有什么东西能够阻止法官和其他法律行动者犯道德上的错误,因而便不存在任何东西能避免整个法律共同体长时间地使其法律发生错误。[7] 或许德沃金不会认为这是一个问题,但是其他人会;"整个法律共同体有可能系统地误解其法律"这一观点可能会被法律理论家视为严重的问题。

在20世纪80年代,德沃金进一步推进了他在这一问题上的观点,力图将其反实证主义的法律理论建立在一个一般性的解释理论基础之上,并且强调法律深刻的解释性特征。尽管事实上德沃金的解释性法律理论极其精致和复杂,

---

[6] Ronald Dworkin, *Law's Empire*, Harvard University Press, 1986, p. 225.

[7] Andrei Marmor, *Philosophy of Law*, Princeton University Press, 2011, chapter 4.

但对于他那根据解释的论证,我们却能够以一种相当简单的方式来概括其要义。它主要的论证包括两个重要的假设。第一个命题坚称,在确定法律在每个特定案件中要求了什么时,必然会涉及解释性推理。任何这种形式的陈述,"根据 S 的法律,x 针对 y 有一项权利/义务……",都是某个解释的结论。而根据第二个假设,解释经常包含评价性考量。或许更为准确地讲,解释既不单纯是一个关于决定性事实的问题,它在本质上也不是一个关于评价性判断的问题,而是二者不可分割的混合物。足够清楚的是,同时接受上述两个命题之人必然会得出"分离命题存在根本上的谬误"这一结论。如果德沃金的这些命题是正确的,那么在确定法律要求了什么时,自然经常需要涉及评价性考量。

德沃金这一一般论证的第一个预设尤其具有高度的争议性。某些法律哲学家已然主张,法律推理并不像德沃金所假设的那样全部都是解释性的。根据这个长期由 H. L. A 哈特(H. L. A. Hart)坚持的观点,解释是对语言和沟通的标准理解的例外,只有当法律由于某种原因而不清楚时,解释方才必要。[8] 然而,在大多数标准情况下,法律可以被直接理解和适用,而无须解释作为中介。[9]

德沃金的法律理论与包容性法律实证主义共享了某些观点。然而需要指出,尽管德沃金和包容性法律实证主义者共享了"道德与法律的有效性紧密关联"这一观点,但是他们在这种关联的根据上存在分歧。一方面,德沃金坚持,法律有效性对道德考量的依赖,是法律的一个必要特征,它源于法律那深刻的解释性性质。另一方面,包容性实证主义者坚称,法律有效性对道德考量的这一依赖是一个偶然事件,它并非源于法律的性质或者法律推理的性质,诸如此类。包容性实证主义者接受社会命题;他们主张,道德考量只有在这样一些情况下才会影响法律有效性:恰巧盛行于某个给定法律体系的那些社会规则或成规,要求道德考量影响法律的有效性。在任何给定的法律体系中,道德的相关性都是由该社会中成规的偶然性内容决定的。相对于上述两种观点,传统的,或如其现在被称作的,排他性法律实证主义(exclusive legal positivism)则坚称,一个规范的法律有效性从不依赖于其道德内容。根据这一观点,法律有效性完全依赖于法律那些被成规性地予以承认的事实性来源。

可能需要指出的是,那些坚称"法律有效性部分地依赖于道德考量"的法律理论,也必然共享关于道德性质的某种观点,即他们必然在道德价值的性质问题上抱持一种客观论立场。否则,如果道德价值不是客观的而合法性又依赖于

---

[8] H. L. A. Hart, *The Concept of Law*, J. Raz & P. Bulloch (eds.), Oxford University Press, 1994, chapter 7.

[9] Andrei Marmor, *Positive Law and Objective Values*, Clarendon Press, 2001, chapter 6.

道德,那么合法性也会成为主观性的,从而给"如何识别法律是什么"这一问题的回答造成严重的困难。然而,某些法律理论确实坚持道德判断的主观性,因而在法律的性质问题上拥护怀疑性结论。根据这些怀疑论,法律的确深刻地依赖于道德,但是由于这些理论假定道德是完全主观性的,它仅仅阐明了法律如何也具有深刻的主观性,即所谓的经常是悬而未决的。这种怀疑论进路流行于所谓的后现代文学之中,它关键性地依赖于一种价值的主观论,而这种价值主观论在后现代文学中几乎未获得任何精致形式的阐述。

(二)法律的规范性

纵观人类历史,法律一直被视为一种强制性制度,它通过威胁和暴力的方式强迫其受众遵守其实践要求。法律的这一显著特征诱导某些哲学家主张,法律的规范性便存在于其强制性面向之中。然而,即便是在法律实证主义传统内部,法律的强制性面向也已引发了激烈的争论。早期的法律实证主义者,例如边沁和奥斯丁,坚称强制性是法律的一个必要特征,它将法律从其他规范性领域之中区分出来。20世纪的法律实证主义者已然倾向于否认这种观点,并主张强制性对于法律而言既非必要,而且实际上对于实现法律在社会中的功能而言也不关键。在我们对这个争论中的各个问题展开讨论之前,可能需要指出,关于法律的强制性面向的讨论是法理学中聚焦于"什么可能是法律的一个本质性或必要性特征,无论其在这个或那个法律体系中有何具体表现"这一问题的众多讨论中一个优秀的范例。如何理解这些关于法律本质的主张,以及这些主张是关于形而上学的还是关于别的什么东西(或许是道德)的,这样一些问题会在第二部分第(一)小节中得以讨论。

回到法律的强制性面向上来,这里有许多问题相互纠缠,而我们应当仔细地分辨它们。约翰·奥斯丁坚称,每个法律规范本身都必然包含一项以制裁为后盾的威胁。这至少包含两个分离性的主张:在第一个意义上讲,它可被理解为一项关于法律的概念的主张,坚称我们称之为"法律"的那个东西只能是这样一些以政治主权者的制裁为后盾的规范。在第二个意义上讲(尽管这一意义同样颇具争议),法律与制裁威胁之间存在的紧密关联,是一项关于法律规范性的主张。这是一项关于法律的规范性特征的还原论主张,它认为法律的规范性在于,主体有能力预测自身招致惩罚或恶果的可能性,而且他们希望避免这些惩罚或恶果。

除上述争议外,还存在另外一个问题,即对于法律实现其社会功能的能力而言,制裁具有何种相对重要性。例如,汉斯·凯尔森(Hans Kelsen)坚持认为,对社会中暴力的垄断以及通过暴力手段施加其要求的能力,是法律在社会中最为重要的功能。20世纪的法律实证主义者,例如H. L. A 哈特和约瑟夫·拉兹(Joseph Raz)否认这一观点,并主张法律的强制性面向要比他们的前辈们所设想的更为边缘性得多。这里的争议实际上又是双重的：对于法律做的事情而言，强制是否必要？以及，即便它并不必要，那么与法律在我们生活中发挥的其他功能相比较，强制具有何种重要性？

奥斯丁关于法律规范性的还原论认为，法律的规范性面向仅仅存在于主体避免制裁的愿望之中；这种说明被 H. L. A 哈特广泛讨论并激烈批评。针对奥斯丁对法律规范性的还原论说明，哈特提出的根本性反对是（用他自己的话来说）："这种预测论解释遮蔽了这样一个事实，即在规则存在之处，对规则的背离不仅是预测会发生敌对反应的根据……而且也被当作这种反应和施加制裁的一项理由或证立。"[10]这种对规则的理由给予（reason-giving）功能的强调当然是正确的，但或许并不足够。预测论的支持者们可能主张，它仍需追问这样一个进一步的问题：人们为什么应当将法律的规则视为行动的理由或证立。例如，如果仅仅是因为法律恰巧是一个有效的制裁提供者，那么法律规范性的预测论模式最终便是正确的。也就是说，哈特对预测论模式的根本性反对，实际上是基于他对法律在社会中主要功能的观点，与奥斯丁和凯尔森不同，这种观点主张这些功能并不是排他性地与法律施加制裁的能力联系在一起的。

然而，法律在我们文化中的功能与其强制性面向之间的联系，要比哈特所设想的更为紧密。"博弈论"在当代法律领域的应用倾向于表明，大量法律安排的基本原理能够被法律解决机会主义难题（例如所谓的囚徒困境）的功能予以最佳解释。在这些情况下，法律的主要功能实际上是为所有相关各方的相互利益提供强制性激励。即便如此，我们或许也应当对奥斯丁或凯尔森的立场持保留意见，他们认为法律在社会中的唯一功能必然系于其强制性面向。解决一再发生的和复杂的协作问题，为可取的行为设置标准，宣布共同价值的符号性表达，解决关于事实的争议，诸如此类，都是法律在我们生活中发挥的重要功能，而这些功能与法律的强制性面向和施加制裁的功能没有什么关系。

"法律实际上在多大程度上能够通过为其受众提供行动理由来指导行为"，这一问题已经被 20 世纪上半叶一群非常有影响力的法律学者（法律现实主义流派）提了出来。美国法律现实主义者主张，我们在法律规则的基础上预测法律案件结果的能力是相当有限的。在那些需要由上诉法院裁判的更为疑难的案件中，相对于案件结果而言，法律规则本身便极度不确定。法律现实主义者认为，对预测法院实际上会如何裁判疑难案件感兴趣的那些法律人，需要进行社会学和心理学研究，着力发展那些能够增强我们预测法律结果之能力的理论工具。因此法律现实主义主要是一种为了实现预测之目的而将社会科学引入法理学领域的尝试。这项科学事业究竟在多大程度上是成功的，是一个有争议

---

[10] *Supra* note [8], p. 82.

的问题。即便如此,法律现实主义也很少关注法律规范性问题,即"在法律似乎足够确定的那些案件中,法律如何指引行为"这一问题。

关于法律的规范性问题,我们可以在约瑟夫·拉兹的权威理论中找到一个更具前景的进路;他的理论也展现了一个关于法律规范性的理论如何蕴含着与法律有效性条件相关的重要结论。[11] 拉兹论证的基本观点是,法律是一种权威性社会制度。拉兹主张,法律是一种事实权威。然而对于法律来说,同样必要的是,法律必定主张正当性权威。当然,任何实际的法律体系都可能无法满足这一主张,但是法律正是这样一种必然主张成为正当性权威的制度。

根据拉兹的观点,权威在我们实践推理中发挥的必要角色,便是充当权威的受众与在相关情境中适用于这些受众的正确理由之间的中介。一项权威当且仅当它能够帮助其受众更好地遵从与他们的行动相关的正确理由时,方才是正当的,即他们通过遵循权威性解决方案比他们试图(不借助这种中介性解决方案而)直接找到这些理由并以之行动更为可能是按照这些正确理由在行动。例如,对于"在某条行人众多、急弯不断的道路上,究竟以多快的速度行驶"这一问题而言,存在许多理由;但是司机通过遵守法律规定的时速限制比他们试图在当时计算出所有的利弊得失,能够更好地遵从对这些理由的权衡。因此,对于法律所规定的时速限制而言,其正当性便会源自其帮助人们更好地按照对于正确理由的权衡进行行动。

现在可以得出,对于某个想要主张正当权威的事物而言,它必须具有能够主张正当权威的那类东西,即能够实现这样一种中介性角色的东西。什么类型的东西能够主张正当权威呢?对于权威能力(authority-capacity)而言,至少有这样两种特征是必要的:首先,对于某个想要主张正当权威的事物而言,它必须满足这种情形,即其指令能够被识别为权威性指令,而无须依赖该权威性指令所取代的那些理由。如果这个条件不能得到满足,即如果不依赖该权威意在取代的那些理由,便无法将该权威性指令识别出来,那么该权威便不能实现其必要的中介性角色。简而言之,它无法产生它意在制造的实践差异。需要注意,这一论证与权威的实效(efficacy)并不相关。这里的要点并不是除非权威性指令能够被这样地识别出来,否则权威便不能有效地发挥功能。这一论证是以我们实践推理中的权威的原理为基础的。权威意在制造差异;而只有当权威的指令无须借助其据以作出决定的那些理由就能够被识别出来时,权威才能够制造这样一个差异。换言之,如果为了发现一项权威性指令是什么,你就必须进行这样一些推理——这些推理恰恰是你在依赖该指令时所意图取代的——那么,

---

[11] Joseph Raz, "Law, Authority and Morality", in J. Raz, *Ethics In The Public Domain*, Clarendon Press, 1994, Chapter 9.

拥有一项权威性指令便毫无意义。其次，对于某个想要主张正当权威的事物而言，它必须有能力在"其受众应当如何行为"这一问题上形成意见，以区别于受众自己对其行动理由的推理；权威要求某种创作（authorship）。

拉兹关于法律权威的概念观为排他性法律实证主义提供了非常强有力的支持，因为它要求作为一种权威性解决方案的法律能够根据它自身被识别出来，而无须依赖法律意在予以解决的那些考量。因此，只有当一项规范的有效性并非源自该法律意在取代的那些道德考量或其他评价性考量时，该规范在法律上方才是有效的（权威性的）。很明显，拉兹的理论既挑战了德沃金的反实证主义法律理论，也挑战了法律实证主义的包容性版本。这种挑战以及它所引发的争议，形成了当今一般法理学领域中讨论的一个重要话题。

然而，对法律权威的基本原理进行说明，并非关于法律规范性的理论所包含的唯一内容。如果我们支持法律实证主义的命题，认为法律本质上建立在社会成规之上，那么这里便出现了另一个重要的问题：一个成规性的实践如何能够产生行动理由，尤其是如何能够产生义务？某些法律哲学家主张，成规性规则本身并不能产生义务。正如莱斯利·格林（Leslie Green）所观察到的，"哈特的'根本性（承认）规则仅仅是成规'，这一观点与任何义务观念都不能轻易地相联"；格林认为这一点非常棘手，因为承认规则标明了"法官在法律上应当适用的来源"。[12] 这里的争论，部分是关于承认规则的成规性性质的，部分是关于成规能够以何种方式出现在我们的行动理由中的。根据由大卫·刘易斯（David Lewis）阐发的一个有影响力的理论，成规性规则是作为大规模的、一再出现的协作问题的解决方案而出现的。[13] 如果承认规则的确是这样一种协作类型的规则，那么要说明为何它们能够产生义务就相对容易。如果规范的受众有义务解决协作问题，而协作问题导致了相关协作性成规（coordination conventions）最初的产生，那么协作性成规便会是义务性的。但是有疑问的是，作为法律基础的那些成规到底是不是协作性成规？在某些方面，法律可能更像是实际上由社会成规构成的一种有组织的游戏或艺术类型。这种构成性成规（constitutive conventions）并不能被说成是对某些先在的、一再发生的协作问题的解决方案。例如，构成象棋游戏的成规性规则便并不是为了解决棋手间的协作问题；在象棋比赛开始之前，并不存在某个协作问题需要解决。象棋的成规性规则将这项游戏自身构造成一种人们会发现值得参与其中的社会活动。构成性成规部分地构成了内在于这一初现的社会实践的价值。然而，这种价值仅对那些关心它们的人而言才存在。构成性成规本身并不能为"参与由构成性

---

[12] Leslie Green, "The Concept of Law Revisited", *Michigan Law Review*, vol. 6, no. 6, 1996, p.1697.

[13] David Lewis, *Convention*, Harvard University Press, 1969.

成规构成的实践"这一义务提供根据。

从道德观点来看,承认规则本身并不能被视作"遵守法律"这一义务的来源。法官或任何其他人是否应当尊重一个法律体系的承认规则,最终是一个道德问题,它只能由(关涉政治义务这一由来已久的问题的)道德论证予以解决。而更为普遍的是:一项社会实践的存在本身并未要求任何人有义务参与该实践。承认规则仅仅定义了该实践是什么,它们对于"某人是否应当参与该实践"这一问题无从置喙。但是当然,一旦某人确实参与了该实践,扮演了法官或某个其他法律官员的角色,那么便存在由该游戏的规则予以界定的法律义务。也就是说,在遵守承认规则的法律义务这一观点上,并不存在什么特殊之处。一场足球比赛的裁判同样有义务遵守他的比赛规则,从这个"内在游戏者的"观点来看,"这场比赛是成规性的"这一事实并未造成任何困难。但是同样,足球的构成性规则并不能为任何人解决"他们是否应当踢足球"这一问题。类似的,承认规则并不能为法官或任何其他人解决"他们是否应当依法律规则行动"这一问题。它们只是告诉了我们法律是如何规定的。然而,不像象棋或足球,法律也可以说是一种人们有义务去参与的游戏。但是如果存在这样一种义务,那么它必然产生于外在的、道德的考量,即一项遵守法律的一般性道德义务。是否存在这样一项遵守法律的一般义务,这项义务是否依赖于相关法律体系的某些特征,这样一些复杂的问题在论述道德义务的文献中得以广泛讨论。一个完整的、关于法律规范性的理论,也必须处理这些道德议题。[14]

然而最近,一些哲学家已经开始质疑"法律的规范性有其独特之处"这一观点。他们让我们了解,法律如何以一些与法律的性质并无紧密关联的方式,影响我们的行动理由。[15] 其中一些观点(例如 Enoch 和 Marmor)意在表明,各式规范的存在以许多不同的方式作用于人们的行动理由,其他领域如此,法律领域也是如此;这些观点并未否定法律经常制造差异;这些观点仅仅是否定,与其他类型的规范性要求相比,法律以一种独特的方式改变其受众的行动理由。其他人从一个相反的角度挑战了法律的规范性[16],他们主张,法律中唯一具有规范性意义的面向,便是它给人们的行动理由造成的道德差异。

---

[14] 参见论述"政治义务"和"法律义务"的词条,https://plato. stanford. edu/entries/political-obligation/,https://plato. stanford. edu/entries/legal-obligation/,最后访问日期:2020 年 3 月 7 日。

[15] Mark Greenberg,"The Moral Impact Theory of Law", *Yale Law Journal*, vol. 123, no. 5, 2014, p. 1118; David Enoch, "Giving Practical Reasons", The Philosopher's Imprint, vol. 11, no. 4, 2011, pp. 1-22; Andrei Marmor, "Norms, Reasons and the Law", *Cornell Legal Studies Research Paper* No. 16-19 (2016); reprinted in K. Himma et al. (eds.), *Unpacking Normativity*, Hart Publishing, 2018.

[16] Mark Greenberg, "The Moral Impact Theory of Law", id., p. 1118; Scott Hershovitz, "The End of Jurisprudence", *Yale Law Journal*, vol, 124, no. 4, 2015, p. 1160.

在 20 世纪的最后二十年里,对一般法理学尤其是法律实证主义的新的挑战,发生了一个有意思的方法论转向。这种方法论转向随着德沃金《法律帝国》(Law's Empire)一书的出版而获得力量;这本书主张,不仅作为一种社会实践的法律是一种深刻的解释性事物(因而部分地、但必然地在性质上是评价性的),而且任何关于法律性质的理论也以类似的方式是解释性的,因而同样是评价性的。许多人并不必然分享德沃金关于法律实践之解释性特征的观点,或者德沃金解释理论的具体内容,但他们也已经与德沃金一同加入了这样一种方法论怀疑主义的阵营:它怀疑一般法理学的传统目标,即怀疑发展一个具有普遍适用性和道德中立性的、关于法律性质的理论的可能性。这些,以及其他随之而来的对传统一般法理学的方法论挑战,会在接下来的部分得到处理。

然而,这种说法是公允的:在过去的数年里,许多法哲学家对这些关于法律性质的传统讨论越来越失望,他们呼吁法哲学走出哈特—德沃金之争,并探索新的研究方向。在这些新的批评者中,一些人情愿将这整个事业抛弃,宣称一般法理学的死亡。[17] 而其他人则忙于探索新的挑战。一个正在兴起的研究领域与法律的人造物(artifact)性质相关,意在从如下事实中获得关于法律性质的某些东西,这个事实就是,法律似乎是一种人造物,是由人类为了特定目的而创造并维持的。[18] 其他人则探究了法律的人造物特征与虚构主义之间的关联,认为它们的潜在逻辑以及形而上学有众多相同之处。[19] 另一个新兴并可能多产的研究领域则关注语言哲学在法律中的应用,它引入语言哲学尤其是语用学中的最新发展,来回答关于法律解释和对法律内容的理解问题。[20] 然而,这个语言学方向并非毫无争议的;一些法哲学家对"法律的内容是由语言因素决定的"这种观点表示怀疑[21],关于这些问题的讨论正在进行中。最后,在最近的发展中,对可能作用于法律性质理论的形而上学的兴趣,似乎也在与日俱增;甚至关于元形而上学(meta-metaphysics)的讨论也正在一般法理学的语境中兴起,这些讨论意图表明,我们对于形而上学探讨之任务的思考方式可能作

---

[17] Scott Hershovitz, "The End of Jurisprudence", id., p.1160.

[18] 例如可参见,Luka Burazin, Kenneth Einar Himma and CorradoRoversi (eds.), *Law as An Artifact*, Oxford University Press, 2018.

[19] Andrei Marmor, "Law as Authoritative Fiction", *Law and Philosophy*, vol.37, no.5, 2018, p.473.

[20] HrafnAsgeirsson, *The Nature and Value of Vagueness in the Law*, Hart Publishing, 2016; "On the Instrumental Value of Vagueness in the Law", *Ethics* vol.125, no.2, 2015, pp.425-448. Andrei Marmor, *The Language of Law*, Oxford University Press, 2014.

[21] Mark Greenberg, "Legislation as Communication? Legal Interpretation and the Study of Linguistic Communication", in A. Marmor and S. Soames (eds.), *Philosophical Foundations of Language in the Law*, Oxford University Press, 2011.

用于我们对于法律的思考方式。[22] 例如,如果形而上学的主要任务是确定什么事物真实地存在于世界之中(无论我们对这个事物有什么想法或者我们以何种方式表达这个世界),那么形而上学可能就对法律的性质无从置喙,或许它可能指出,只有一种科学的法理学研究方式能够产生在形而上学上值得尊重的结果。但是,如果形而上学探究的任务也包括指出哪些事物比其他事物更具基础性,给我们提供这个世界的一个等级结构,在这个结构中,某些事物构成了其他事物的基础,那么,在试图阐明合法性以及更为一般意义上的法律现象的基础时,形而上学可能就是一个成果非常丰硕的研究框架。目前,这种潜在的、对法理学的形而上学兴趣还处在初始阶段,时间会告诉我们这种新的进路是否能够让我们得到一些有趣的结果。

二、法理学的方法论

当涉及法理学的方法论时,我们会发现两个主要的问题,其中一个并不直接与规范性相关,而另一个则相反。第一个问题追问的是,对于关于法律性质的哲学理论而言,其目的和成功标准是什么?即一阶(first-order)法律理论意在把握的目标(target)是什么,以及它们何时成功地把握了这个目标?第二个问题追问的是,在法理学方法论中,评价扮演了何种角色?即一阶法律理论是否内在的或必然的是评价性的,或者说它们是否可能纯粹是描述性的。上述每个问题都会依次得以讨论。

(一)法律理论的目标

法理学中第一类重要的方法论问题,与一阶法律理论的目标有关,即这些理论意在提供的说明是关于什么现象的?为了确定一阶法律理论的恰当目标是什么,学者需要作出许多其他的方法论承诺,包括明确一个理论的成功标准,确定这些理论意图予以系统化和说明的资料类型,以及决定哪类论证能被正当地用来在不同理论之间作出判断。

在这个问题上存在五类主要的观点。第一种观点将法理学当作某种形式的概念分析,也就是说,法律理论意在为某个关于法律的概念提供说明。这一进路经常与哈特的名作《法律的概念》(The Concept of Law)相联。第二种观点对概念分析方法采取一种更为怀疑的立场,并且将法律理论当作从事这样一种工作:为法律本身而非法律的某种概念提供一种还原论说明。第三种近来的观点将一般法理学视为仅仅是元规范性探究(metanormative inquiry)的另一个分支,这就使得它与其他的哲学领域(例如元伦理学)相联系。第四种观点是

---

[22] Gideon Rosen, "Metaphysical Dependence: Grounding and Reduction", in B. Hale & A. Hoffman (eds.), *Modality: Metaphysics, Logic and Epistemology*, Oxford University Press, 2010, pp. 109-136.

规定性(prescriptive)观点,它认为法律理论的目的是详细说明那些最值得我们采纳的法律观念。第五种观点与德沃金的工作相关联,认为法律理论所从事的工作是为法律实践提供一种建构性解释。接下来将会更深入地讨论上述五种观点及它们面临的主要问题。

1. 概念分析观点

根据概念分析观点,法律理论意在把握法律的概念,而且它们成功的标志是:它们为关于该概念以及其他相关概念的有关资料提供了一个融贯的说明。具体而言,人们认为需要被体系化的资料是人们的直觉,这些直觉包含了那些被人们共享的关于法律的概念(或像"法律有效性""法律义务"这些同族概念)。在其最简单的形式上,这些直觉被视为是在判断这个相关概念是否适用于特定情形。因此在这种观点看来,一个法律理论意在说明目标法律概念(或其同族概念)得以适用的条件。

而且,我们能够通过运用概念分析方法,一个众所周知的迂回方法,来得到这样一种法律理论。这种方法是,理论家从某套用于判断目标概念是否得到正确适用的判准开始,然后根据他关于该目标概念的直觉检验这一判准的说明。如果这个说明允许该概念适用于某些从直觉上看它并不适用的情形,那么这便提供了反对或修正该说明的理由。相反,如果这个说明导致目标概念适用于特定情形,而这也是直觉上正确的结果,那么这便倾向于为该说明提供确证性支持。如果该说明针对特定情形产生了直觉上正确的结果,而且是以一种在说明上足够令人满意的方式(而非某种特设的方式)产生这种结果,那么在这个意义上,我们可以说该说明成功地把握了目标概念。[23]

法理学受到了理解相关直觉(或资料)——这些直觉(或资料)正是法律理论意在系统化的东西——的两种主要方式的影响。反过来讲,这是由于人们可能以两种不同的方式来理解概念本身以及我们关于这些概念的直觉。因此,我们发现了两类主要的概念分析方法论。

对概念的第一种理解,将掌握(possess)某个概念主要当作一个语言能力问题,即掌握法律的概念就是知道在法律实践意义上(juridical sense)(而非科学意义上)使用的"法律"这个词何时适用。因此,关于该法律概念的直觉便需要被理解为是关于如何使用"法律"这个词的语言直觉。根据这个观点,概念分析便是一种语言分析模式。这类观点在德沃金《法律帝国》一书的第一章和第二章中得到了著名的讨论。[24] 可以说,这种观点可以追溯到与J. L. 奥斯丁

---

[23] 欲了解更多对适用于法律概念的概念分析方法的深入讨论, see Scott Shapiro, *Legality*, Harvard University Press, 2011, pp. 16-22.

[24] *Supra* note [6], pp. 32, 43-46.

(J. L. Austin)和吉尔伯特·赖尔(Gilbert Ryle)相关的那类日常语言哲学。[25]

然而,这种对掌握某个概念的理解有其缺点。或许当下语境中最受关注的便是,这种观点助长了德沃金的"语义学之刺"的论证。[26] 这项论证可以概括如下:假设法律理论意在把握法律的概念,而对概念的掌握仅仅是这样一个问题,即知晓"法律"这个词在何时适用。这项论证继而指出,果真如此的话,那么法律理论便不能说明关于法律根据的争议,即关于法律有效性条件的争议。毕竟,如果法律理论在性质上是这种语义学理论的话,那么关于"法律的根据是什么"的争议便必然归结为"'法律'这个词何时适用"的争议——它至少预设了争议各方并不只是在自说自话。但是现在出现了一个两难。法律从业者要么掌握了同样的法律概念,要么没有。如果他们确实掌握了同样的概念,那么看来他们便不会在"一个规范要想算作法律的话,需要满足什么条件"这一问题上产生分歧。毕竟,他们都知道在何时适用表达了他们共享的法律概念的那个词。但是这并不合理,因为法律实践事实上充斥着关于"法律的根据是什么(因而,什么可算作法律或合法的)"的争议。反之,如果法律从业者并不共享同样的法律概念,那么他们关于"法律的根据是什么"的争议便必然只能是他们在自说自话。但是这同样不合理。正如德沃金所指出的,法律实践并非"一个荒诞的玩笑"。[27] 因此,将法律理论解析成仅仅是关于"法律"这个词何时适用的语义学说明,这种做法必然有误。

根据上述论证,如果我们想要抛弃"一阶法律理论就是语义学理论"这个观点,那么明显有两个方式可以选择。首先,可以直接抛弃"法律理论就是在从事概念分析"这一观点。这是德沃金所倾心的回答,然而我们会看到,人们能够在不接受德沃金自己偏爱的方法论的同时,拒斥概念分析。(对此,后面第二部分会有更多的讨论。)其次,如果人们仍然坚持法律理论是在从事对法律概念的分析的话,那么对"语义学之刺"这一论证显而易见的回应便是,否认掌握概念仅仅是知晓法律实践意义上的"法律"这个词该如何适用。这便提出了法律理论家们可能会从事的第二类,也是内涵更为丰富的概念分析。

这个内涵更为丰富的观点背后的基本看法是,掌握概念与其说仅仅是一个知道词语何时适用的问题,倒不如说其包含着更为丰富的东西,即掌握大量关于该概念及其必要特征与恰当适用方式的实质性信念或直觉。这里预设的是,

---

[25] Andrei Marmor, "Farewell to Conceptual Analysis (in Jurisprudence)", in Waluchow & Sciaraffa (eds.), *Philosophical Foundations of the Nature of Law*, Oxford University Press, 2013, pp. 210-212.

[26] *Supra* note [6], pp. 43-46.

[27] *Supra* note [6], p. 44.

某人由于掌握法律的概念而具有的直觉,已经足够构成某种关于法律是什么及其如何发挥功能的实质性概念观。如此,法律理论的目的便是,将这些关于法律概念的前理论(pre-theoretical)判断予以系统化,以提供一个关于某种实质性法律概念观的说明。[28] 根据这个观点,法律争议依然是可能的,因为尽管法律从业者可能都在使用同样的法律概念,然而概念的丰富内涵却允许他们并不足够确定地掌握这个概念,或者并不足够全面地理解其适用条件以保障在关于"法律的根据实际上是什么"这一理论问题上达成共识。

然而,这个内涵更为丰富的关于概念掌握的理解,以及这一理解产生的内容更为丰富的概念分析图景,也遭受了广泛的批评。[29] 一个立即出现的问题是,究竟是哪个法律概念构成了法律理论的恰当目标?是某个特定法域中法律从业者所拥有的那个法律概念?还是某个普遍共享的法律概念?无论哪种答案都令人疑惑。一方面,如果一个法律理论仅仅意在把握应用于特定法域的法律概念,便会使得该理论是区域性的(parochial)并且使并不关心该法域的那些人对这个理论失去兴趣。另一方面,人们可能会怀疑,是否真的存在某个被人们普遍共享的、能够被法律从业者在所有法域中使用的法律概念,又或者确实存在这样一个概念。但是同样可疑的是,这个概念不过是这样一种薄(thin)概念,即人们由于知道法律实践意义上的"法律"这个词意味着什么而掌握的那种概念。

对于所有形式的概念分析而言,一个更为深刻的担忧在于这个问题:我们为什么一开始就关心某个人的法律概念。[30] 毕竟对于哲学家们而言,法律的性质本身似乎才是我们应当关心和理解的。[31] 即便追问"关于法律如何发挥

---

[28] 这种内涵更为丰富的关于拥有概念的观点,在这样一些文献中得以讨论,例如 Joseph Raz, "Can there be a Theory of Law?", in Golding & Edmundson (eds.), *The Blackwell Guide to the Philosophy of Law and Legal Theory*, Blackwell, 2004, pp. 4-7; Nicos Stavropoulos, "Obligations, Interpretivism and the Legal Point of View", in Andrei Marmor (ed.), *The Routledge Companion to Philosophy of Law*, Routledge, 2012, pp. 78-79; Scott Shapiro, *Legality*, Harvard University Press, 2011, pp. 16-22. 这可能也是哈特预设的那类观点。

[29] Andrei Marmor, "Farewell to Conceptual Analysis (in Jurisprudence)", in Waluchow & Sciaraffa (eds.), *Philosophical Foundations of the Nature of Law*, Oxford University Press, 2013, pp. 215-217; Joseph Raz, "Can there be a Theory of Law?", in Golding & Edmundson (eds.), *The Blackwell Guide to the Philosophy of Law and Legal Theory*, Blackwell, 2004, p. 10; Brian Leiter, *Naturalizing Jurisprudence: Essays on American Legal Realism and Naturalism in Legal Philosophy*, Oxford University Press, 2007, pp. 177-179.

[30] Andrei Marmor, "Farewell to Conceptual Analysis (in Jurisprudence)", in Waluchow & Sciaraffa (eds.), *Philosophical Foundations of the Nature of Law*, Oxford University Press, 2013, pp. 216-217; Brian Leiter, *Naturalizing Jurisprudence: Essays on American Legal Realism and Naturalism in Legal Philosophy*, Oxford University Press, 2007, pp. 177-179.

[31] Joseph Raz, "Can there be a Theory of Law?", in Golding & Edmundson (eds.), *The Blackwell Guide to the Philosophy of Law and Legal Theory*, Blackwell, 2004, pp. 7, 10.

功能,各个群体的人们相信什么"这个问题有着社会学意义上的吸引力,这个问题也并没有任何特别的哲学特色。哲学家们(作为哲学家)会对"关于某个给定的概念,人们相信什么"感兴趣,乃是因为理解"关于该概念,人们相信什么"是理解"它究竟是关于什么的概念"这一问题的一种方式。[32] 据此,人们可以认为,法律理论意在把握的并非任何特定之人的法律概念,而是法律自身的性质。[33]

对于这个反对意见,一个可能的回应是主张,既然法律是一种社会现象而且部分地由从业者自己对他们所参与的这个实践的理解构成,那么收集关于法律从业者们掌握的法律概念的证据便是探究法律本身的一种非常有效的方式。[34] 然而,人们可能会怀疑,既然这种探究法律本身性质的方法并不直接,那么它还是不是我们能够运用的最为有效的策略?如果法律能够被直接予以研究的话,为什么还要把我们局限于提出关于概念的问题?

一个非常不同的回应会采取一种对概念的柏拉图式说明,根据这种说明,概念根本不是心灵的表达,而是与数学研究的客体属于同类的抽象客体。那么,法律的概念便会是想要思考法律之人必须予以把握的抽象客体。据此,正是这个抽象客体——法律的这个概念——才是哲学家们关心并意在运用概念分析方法予以探究的东西。[35] 然而,关于概念的这种观点面临常见的反驳。对于人们来说,需要说明的是,对于这个被设想为独立存在之抽象客体的法律概念,我们如何能够使用它。而且,即使我们能够使用它,仍然存在这样一个疑问:那些都准确把握了这个法律概念的不同的人,为什么最终会对其性质产生分歧?[36] 最后,尽管数学和逻辑学这类先验学科意在探究抽象的客体[37],然而并不清楚的是,对于法律这种社会现象——它非常依赖于人类的信念、态度和行为——的探究是否也能得以类似地理解。尽管数学家们可能是在探究数或集合这类抽象客体的性质,然而,说"法律哲学家是在探究法律这个抽象客体",这看来却是更为可疑的。

---

[32] Joseph Raz, "Can there be a Theory of Law?", in Golding & Edmundson (eds.), *The Blackwell Guide to the Philosophy of Law and Legal Theory*, Blackwell, 2004, pp. 4, 10.

[33] 也可参见论述"概念"的词条第 5.2 部分。https://plato.stanford.edu/entries/concepts/,最后访问日期:2020 年 3 月 7 日。

[34] Nicos Stavropoulos, "Obligations, Interpretivism and the Legal Point of View," in Andrei Marmor (ed.), *The Routledge Companion to Philosophy of Law*, Routledge, 2012, p. 79.

[35] 试比较,George Bealer, "Intuition and the Autonomy of Philosophy", in M. DePaul and W. Ramsey (eds.), *Rethinking Intuition: The Psychology of Intuition and Its Role in Philosophical Inquiry*, Rowman & Littlefield, 1998, pp. 201-239.

[36] Alexander Sarch, "Bealer and the Autonomy of Philosophy", *Synthese*, vol. 172, no. 3, 2010, pp. 468-473.

[37] 参见论述"数学哲学中的柏拉图主义"的词条。https://plato.stanford.edu/entries/platonism-mathematics/,最后访问日期:2020 年 3 月 7 日。

2. 探究法律本身

既然概念分析存在上述疑问,许多观点便被提了出来,根据这些观点,一阶法律理论所主要从事的,是描述和说明法律本身的性质而非它的任何概念。还原论观点和自然论(naturalistic)观点都属于这一类型。(正如下文所示,这类观点并不需要完全抛弃刚才描述的那些迂回的方法,而既然那些方法依然可行,就需要为它们的可辩护性提供一种非常不同的说明。)

具体而言,还原论观点认为,阐明法律的性质就是以更为根本性的事实来说明法律是什么以及法律如何运转。其结果是,一阶法律理论需达到这种程度方为成功:该理论以一种有力的方式完成了上述说明工作。[38] 根据这类观点,一阶理论的目的是提供一个对法律的形而上学的还原,即表明法律现象实际上是由其他某些更为根本性的现象构成的,而且它完全能够还原为这些根本性的现象(就像化学原则上可以被还原为微粒的物理学)。若如此分析,那么以实证主义为例,它便会寻求通过将关于法律是什么、法律如何发挥功能以及法律要求什么的事实还原为更为根本性的社会事实——例如关于人们的行为、信念以及安排的事实——来说明法律的性质。通过提供这样一种还原论,诸如实证主义这种理论便试图通过将法律本身分解为其组成部分并说明这些组成部分如何共同构成了法律这种复杂的社会实践来阐明法律现象本身。[39]

一种著名的还原论观点是自然论法理学(naturalized jurisprudence)。布莱恩·莱特(Brian Leiter)是这一立场最为突出的辩护者。[40] 如同其他还原论观点,自然论法理学将法律理论的目的视为说明法律自身(而非任何人的法律概念)的性质。但自然论法理学的特征在于,它还坚持应当在其中应用一种纯粹经验性的方法。[41]

自然论者可能会部分地赞同还原论者在如下问题上的观点:哲学家们的迂回方法以及相应地对直觉、思想实验以及其他类似事物的借助是否是被误导的?自然论者可能会拒绝这种探究模式,而其他的还原论者可能更倾向于使用

---

[38] Andrei Marmor, "Farewell to Conceptual Analysis (in Jurisprudence)", in Waluchow & Sciaraffa (eds.), *Philosophical Foundations of the Nature of Law*, Oxford University Press, 2013, pp. 209-229.

[39] 欲更多地了解一般意义上的形而上学还原论,可参见 Mark Schroeder, *Slaves of the Passions*, Oxford University Press, 2007, pp. 61-83;亦可参见论述"科学还原论"的词条,https://plato.stanford.edu/entries/platonism-mathematics/,最后访问日期:2020 年 3 月 7 日。

[40] Brian Leiter, *Naturalizing Jurisprudence: Essays on American Legal Realism and Naturalism in Legal Philosophy*, Oxford University Press, 2007.

[41] Brian Leiter, *Naturalizing Jurisprudence: Essays on American Legal Realism and Naturalism in Legal Philosophy*, Oxford University Press, 2007, pp. 180-181, 183-199. 也可参见论述"法律哲学中的自然论"的词条,https://plato.stanford.edu/entries/lawphil-naturalism/,最后访问日期:2020 年 3 月 7 日。

它。例如,一个还原论者大体上会以如下方式为这种探究模式辩护,即主张我们在特定情况下的直觉包含了我们从法律实践经验中获得的一个概念,而且这种直觉能够成为有关法律自身性质的一个有效信息来源。而且,如果法律实践(作为一种社会现象)部分地是由从业者自己关于他们参与之实践的信念和态度构成的,那么关于法律从业者的法律概念的证据便会是关于法律自身的非常相关的证据。[42]

与之相对,自然论者倾向于不支持"以直觉检验法律理论"这一迂回方法,因为他们的目的是使"哲学上的理论化承接于并依赖于科学上的理论化"。[43] 莱特主张(像其他人针对其他哲学领域中的直觉所主张的那样),我们关于法律的直觉太过不可靠以致无法提供多少认识论上的力量。[44] 根据莱特的观点,哲学家们一般应当试图分析这样一些概念:"这些概念已经被它们对经验现象的成功说明和预测予以辩护。"[45]因此,他主张方法论要"认真对待社会科学关于法律的论述,以发现何种法律概念在对法律现象(诸如司法行为)的最有力说明和预测中发挥了作用"。[46] 然而,这种方法论却引发了"为何法律哲学家仅应当研究司法行为而不研究其他东西"这一问题。更为一般地说,自然论者欠缺关于"法律的何种特征最需要被说明以及为何如此"的论述。

还原论观点(或许还有自然论观点)所引发的另一个问题是,它可能会给实证主义设置特定难题。具体而言,如果法律是一种产生法律义务的规范性现象,那么人们可能会担忧,法律事实(关于我们的法律义务是什么的事实)便不可能还原为纯粹的非规范性事实,例如社会中的各类事实。人们可能会认为,这会跨越著名的(尽管并非毫无争议的)是/应当的鸿沟,而这种跨越是不被允许的。[47]

作为回应,想成为还原论者的那些实证主义者可能会采纳的一种路线是,坚称法律事实在性质上确实是描述性的,而非规范性的。具体而言,这些实证主义者可能主张,关于我们拥有的法律义务的那些事实,仅仅是关于"法律要求(hold)我们应当做什么"的描述性事实,而非关于"我们真正应当做什么"的规

---

[42] Nicos Stavropoulos, "Obligations, Interpretivism and the Legal Point of View", in Andrei Marmor (ed.), *The Routledge Companion to Philosophy of Law*, Routledge, 2012, p. 79.

[43] Brian Leiter, *Naturalizing Jurisprudence: Essays on American Legal Realism and Naturalism in Legal Philosophy*, Oxford University Press, 2007, p. 35.

[44] Id., 2007, pp. 180, 184;试比较, Robert Cummins, "Reflection on Reflective Equilibrium", in M. DePaul and W. Ramsey (eds.), *Rethinking Intuition: The Psychology of Intuition and Its Role in Philosophical Inquiry*, Lanham, MD, 1998, pp. 113-128.

[45] Brian Leiter, *Naturalizing Jurisprudence: Essays on American Legal Realism and Naturalism in Legal Philosophy*, Id., p. 184.

[46] Id., Oxford University Press, 2007, p. 184.

[47] 欲了解此种关于实证主义的担忧,see *supra* note [23], pp. 47-49.

范性事实。[48]

3. 元规范性探究观点

最近,另一个方法论观点由普伦基特(Plunkett)和夏皮罗(Shapiro)发展起来[49],这个观点将一般法理学当做仅仅是元规范性探究的另一个分支。后者作为一个一般性的事务,意在阐明规范性的思想、言论和实体(如果有的话)如何与现实相契合。元伦理学是元规范性探究的另一个分支,它聚焦于伦理学思想、言论和实体如何与现实相契合。因此,根据当前这个观点,一般法理学探究的主题就是法律思想、言论和实体(如果有的话),这个领域的目标就是阐明这些关于法律的思想和言论——以及法律结构和法律属性(如果有的话)——如何最好地贯彻了某人关于现实的一般性哲学观点。在这个观点看来,法理学的探究会与规范性探究的其他领域(尤其是伦理学和美学)的工作相接续,而且在方法论上也颇为相似。

然而,这个立场引发的一个问题是,它在多大程度上是一个区别于前述讨论的方法。如果某人元规范性探究的关注点是法律思想和言论,那么我们似乎就非常接近于关于法理学应当如何开展的概念分析图景。另一方面,如果探究的关注点着重于法律实体或者属性如何契合于一般的现实,那么这个观点终究会非常接近于自然论立场,即法理学探究的主题是法律现象本身。虽然如此,或许元规范性观点的一个特别引人之处在于,它表明了概念分析图景和自然论图景如何共同捕捉到了这个更大的事业(法理学所从事的那个任务)的不同片段。因此,如果元规范性观点想要变得合理的话,它不应当意图取代上述讨论的其他方法,而是应当祛除这种观点,即法理学探究中存在着一个优先始点(例如法律内容的形而上学、法律陈述的语义学分析或者法律义务的性质)。

4. 规定性观点

法理学方法论中一个不同类型的进路认为,法律理论的恰当目标是详细说明某个实质性的、尤为值得人们采纳的法律概念观。而且,即便这种研究最后得出的那个法律概念观完全偏离了我们对法律的前理论理解,我们得出的这种理论也会要求我们摒弃先前对法律的理解。据此,如果法理学首先是一种规定性的事业的话,那么法律理论在性质上可能最终就是完全修正主义的(当然,尽管并非必然如此)。

正如下面一节所示,德沃金的方法论便包含了一定的规定性要素。但是排

---

[48] Id., 2011, pp. 188; see also, *supra* note [8], p. 110.
[49] David Plunkett and Scott Shapiro, "Law, Morality, and Everything Else: General Jurisprudence as a Branch of Metanormative Inquiry", *Ethics*, 2017, 128(1), pp. 37-68.

他性的规定性方案的一个主要倡导者是尼尔·麦考密克(Neil MacCormick)。[50] 麦考密克主张,有许多强有力的规范性论证支持了采纳一种实证主义的法律概念观。具体而言,他主张,像自治和良心自由这种价值要求法律不能以高压手段规制"可取的价值的范围、自我尊重义务的范围以及爱这一义务的范围",这些领域"寻求超越于义务的善,或者寻求自我发展的正确道路,或者寻求应当施与个人家庭、朋友或者邻居的恰当关怀"。[51] 麦考密克认为,像自治和良心自由这种价值支持了这一主张:至少在这种行为领域,保持"法律要求了什么"这一问题与"道德要求了什么"这一问题的完全分离,是可取的。[52] 据此,至少在某些行为领域,"法律是什么"这一问题应当区别于"道德要求什么"这一问题。因此,麦考密克似乎为经常与实证主义联系在一起的一个主张提供了规范性论证,即某种版本的分离命题。(尽管一如前述,并非所有的实证主义者都必然承认该命题的强版本。)

尽管"何种法律概念观最值得人们采纳"这一问题非常重要,但依然有必要指出,法理学方法论中的规定论并不真正地与概念分析观点或还原论方法相互竞争。例如,我们可能最终会发现,尽管存在强有力的规范性论证要求改变法律实践或者采纳一种新的法律概念观,即与自然法理论相契合,但实证主义依然为我们的法律概念提供了最佳的说明或者是对法律现象本身的最佳的还原论说明。据此,对于法律概念的说明,或者法律的还原论,并不必然与这种规定论说明相冲突,即从道德观点来看,何种法律理论是最值得采纳的。

5. 法律实践的建构性解释

第四种方法论是德沃金的方法论,它因其影响力和精致程度而需要被单独对待。[53] 这种观点认为:(1)一阶法律理论的目标是既存的法律实践;(2)这种理论需达到这种程度方可成功——它们为该实践提供了一个可辩护的(德沃金意义上的)建构性解释。根据这种建构性解释观点,一阶法律理论的目的并

---

[50] Neil MacCormick, "A Moralistic Case for A-Moralistic Law?", *Valparaiso University Law Review*, vol. 20, no. 1, 1985, pp. 1-41;也可参见 Tom D. Campbell, *The Legal Theory of Ethical Positivism*, Dartmouth, 1996; Liam Murphy, "The Political Question of the Concept of Law", in Jules Coleman (ed.), *Hart's Postscript: Essays on the Postscript to 'The Concept of Law'*, Oxford University Press, 2001, pp. 371-409; Gerald Postema, *Bentham and the Common Law Tradition*, Clarendon Press, 1989; Fredrick Schauer, "Positivism as Pariah", in Robert P. George (ed.), *The Autonomy of Law: Essays on Legal Positivism*, Oxford University Press, 1996, pp. 31-55; Jeremy Waldron, "Normative (or Ethical) Positivism", in Jules Coleman (ed.), *Hart's Postscript: Essays on the Postscript to "The Concept of Law"*, Oxford University Press, 2001, pp. 410-434.

[51] Neil MacCormick, "A Moralistic Case for A-Moralistic Law?", *id.*, pp. 35-36.

[52] 然而,麦考密克也允许法律恰当地规制"正义的义务"的范围,因为这种义务在某种意义上更为重要。*Id.*, p. 35.

[53] *Supra* note [6].

非分析任何概念或者将法律事实还原为其他更为根本性的事实。法律理论的目的是重构法律实践参与者的行为和自我理解,而且是通过以其最佳道德观点来审视该实践的方式加以重构。其结果是,一个法律理论越是能够更好地符合(fit)关于"法律从业者如何理解他们所参与之实践"的材料,同时又更好地为该实践提供了规范性证立,那么该法律理论也就越成功。[54]

关于法理学方法论中的建构性解释的观点,一个担忧是,它可能并不会与概念分析或还原论方法真正冲突。毕竟,说明(或许是根据我们的法律概念说明)法律实际上是什么以及它如何运作,是一种方案,而说明我们应当如何设想法律以使法律实践能够得到最佳证立,却是另一种非常不同的方案。很可能我们关于"法律实际上是什么"的陈述告诉了我们一种事情(例如,法律的某些特征是必要的而其他的不是),而我们关于"法律应当像什么样以使法律实践能够尽可能地被证立"的陈述却告诉我们以另一种相当不同的方式思考法律(例如,认为法律拥有不同的必要性质)。据此,有人已经主张,只有当建构性解释的观点否认前述其他类型的方法论观点所主张的东西——法律理论试图提供关于法律的实际性质(或者我们关于法律的概念)的说明(或许是某种特定类型的说明,例如还原论说明)——时,建构性解释的观点才与前述这些方法产生冲突。

一种拥护建构性解释的观点的方式,可能会通过否认法律提供一种还原论说明的可能性,来否认某些其他的方法论观点所主张的东西。[55] 这种观点可能会主张法律是一种规范性实践,而规范性实践不能被还原为纯粹的非规范性事实而不失去其本质。作为回应,还原论者可能会否认法律实践实际上是规范性的(此时,寻求还原便不会存在问题),也可能会主张任何成功的还原都需要将法律事实还原为一系列包括规范性事实在内的事实(此时,某种版本的自然法理论便具有了吸引力)。

(二)法律理论是否内在地是评价性的?

关于法理学方法论,第二个广为讨论的问题是:一阶法律理论是否内在地是评价性的?对于这第二个问题,上述关于一阶法律理论恰当目标的观点有着不同的推断结论。但是在对此进行说明之前,我们首先必须使相关问题更为清晰地展示在人们眼前。

1. 初步准备

人们可能会问,人们为何会对"法律理论是否内在的是评价性的"这个问题

---

[54] *Supra* note [6]; Stephen Perry, "Interpretation and Methodology in Legal Theory", in Andrei Marmor, *Interpretation and Legal Theory*, Clarendon Press, 1995, pp. 129-131;也可参见论述"法律解释主义"的词条,https://plato.stanford.edu/entries/law-interpretivist/,最后访问日期:2020年3月7日。

[55] 欲了解相关讨论,可参见 *supra* note [38], p. 218.

产生兴趣。某些兴趣可能会追溯到这一怀疑性的担忧:意在成为纯粹描述性理论的法律理论实际上是在推行某种隐藏的观念性方案或政治性方案。[56] 这一问题第二个有意思的地方可能来源于这种怀疑(或希望):如果法律理论最终内在地是评价性的,那么这便是一项采纳某种版本的自然法理论的独立理由。然而,是否真的如此仍然是不确定的,因为初步看来,关于法律理论方法论的元问题(meta-questions)似乎独立于一阶的法律理论问题(例如,法律内容的决定性因素是什么)。此外,法律学者们可能是通过思考德沃金的下述论证而被吸引到这个问题上的:在法律理论化的评价性性质与法律自身的评价性性质之间存在紧密关联,使得法律的内容不可避免地(至少部分地)依赖于道德—政治考量。然而,无论究竟是何种动机使得人们参与到对"法律理论是否内在的是评价性的"的讨论之中,这一讨论都已经具有了独立的重要性,并且它本身就已成为一个成果丰硕的思想来源。

为了避免混淆,我们必须在几个方面对这里关心的问题加以澄清。因为,在许多并不存在争议的方面,法律理论似乎是或可能是评价性的;但是这些方面并非法理学方法论讨论中的核心。

首先,在许多无足轻重的方式上,法律理论如同关于任何其他主题的理论一样,不可能完全是价值无涉的。具体而言,如果不对"各种理论需要达到何种程度方才是一致的、简单的、清晰的、优雅的、全面的等"进行评价,人们似乎便无法参与到对法律的理论化这一事业中来。[57] 尽管这意味着法律理论家必须从事某种形式的评价,但是在这种看法中,法律理论并无任何特殊之处,毕竟这些元理论性价值是判断关于任何主题的理论是否成功的标准。

其次,第二种似乎不存在争议的方式是,如果不确定法律的何种核心特征需要被说明,那么人们便不可能发展一种法律理论。[58] 例如,约翰·菲尼斯主张,如果不对"法律的何种重要特征(例如,法律对权威的主张)是那个完整的理论需要说明的"这一问题表达立场,人们便不可能得出一阶的法律理论。然而,这看来是需要进行评价的。[59]

但是,法律以这种方式而具有评价性,这似乎并不会存在太大争议。为理解其缘由,需要区分厚的评价性主张(thick evaluative claims)与薄的评价性主张(thin evaluative claims),前者需要对某个事物的某种类型的道德善或者全

---

[56] 更多论述,请参见约翰·加德纳(John Gardner)对 Julie Dickson, "Methodology in Jurisprudence: a Critical Survey", *Legal Theory*, vol. 10, issue. 3, 2004, pp. 117-156. 一文的介绍。

[57] Julie Dickson, *Evaluation and Legal Theory*, Hart Publishing, 2001, pp. 32-33.

[58] Id., pp. 38-45.

[59] *Supra* note [4], pp. 9-15.

盘考虑下的价值进行判断,后者则无须如此。[60] 因此,最为简单的厚的评价性主张拥有这种形式:X 在道德上(全盘考虑下)是善(恶)的。这种主张在其性质上可能也是可进行比较的,因此它们拥有这种形式:X 在道德上(全盘考虑下)比 Y 更为善(恶)。相反,薄的评价性主张所判断的是:相对于某个既不具有道德上的规范性也不具有全盘考虑下的规范性的标准而言,某种事物发展得如何?这种主张也无须预设任何厚的评价性主张。因此,薄的评价性主张的例子会包括"X 是重要的"或者"X 是有趣的"。据此,即便法律理论家必须作出薄的评价性主张以便能够发展一种一阶法律理论,也并不意味着他们必须作出厚的评价性主张以便从事这项工作。毕竟,人们能够构造一种理论来把握一系列被视为中心性的和重要性的法律现象,与此同时又依然能够在"这些现象是否自身便是有价值的"这一问题上坚持不可知论。

最后,法律理论能够原则上是评价性的第三种方式,同样不存在什么争议,它是由上一部分第(三)小节的规定性观点产生的。如果一阶法律理论的工作便是识别最值得我们适用的法律概念,那么我们说"得出的法律理论当然会是评价性的"便有一定的道理。然而,正如我们前面所看到的,规定性理论意在回答的问题不同于概念分析方法、还原论方法或者解释性理论所欲回答的问题。因此,在对"法律理论是否是评价性的"这一问题的讨论中,关键的不是法律理论是否原则上是评价性的,而是它是否不可避免地或必然地是评价性的。

现在我们能够完整地理解这里最有趣的问题了。具体而言,这一问题便是,关于既存法律实践之性质(或者我们的法律概念)的理论是否必然包含或要求关于法律的厚的评价性主张。即提供一种一阶的法律理论(无论这种法律理论是概念分析类型的、还原论的还是建构性解释类型的),是否要求接受关于下述问题的主张:法律或法律的某些特征具有怎样的价值?这是本词条剩余部分要讨论的问题。

2. 在相关意义上,法律理论是否是评价性的?

对第二部分第(一)小节中所论问题的某些回答会主张,从"为拥护某些法律理论,需要对法律作出厚的评价性主张"这一意义上讲,这些法律理论是内在的评价性的。正如我们将要看到的,方法论中的建构性解释观点最为支持这种看法。相反,对第二部分第(一)小节中所论问题的其他回答则并不会明显地得出这种结论:一阶的法律理论要求其支持者们作出厚的评价性主张。法理学方法论中的概念分析观点和还原论观点尤为如此。至少表面来看,这两种观点似乎都承认存在对法律的纯粹描述性说明,即这样一些说明,它们未对法律做任

---

[60] 这一区分大致可回溯到朱莉·迪克森(Julie Dickson)对直接的评价性命题与间接的评价性命题的区分。参见 *Supra* note [57],pp.51-55。

何道德上的或全盘考虑下的评价就把握住了法律的核心特征。毕竟,人们可能认为,某个特定的说明能够很好地把握某个广为接受的法律概念,但它却并不明显地要求人们说这种概念下的法律是善的。类似的,人们可能支持将法律事实还原为某类更具根本性的事实(例如某些社会事实),而这种还原并不要求人们认为法律是有价值的或能够在道德上得到证立的。

其结果是,至少在表面看来,概念分析观点和还原论观点似乎都认为存在纯粹描述性的一阶法律理论。如果要支持相反的结论,人们就需要一些论证。因此,让我们考虑一些突出的论证,它们认为法律理论在其性质上必然是内在的评价性的。[61]

(1) 源自法律功能的论证

为了得出"在相关意义上,法律理论必然是评价性的"这一结论,一个核心的论证来源于这一观点:理解法律是什么,要求在"它服务于什么功能"这一问题上采取一定的观点。[62] 而且,人们可能认为在下述意义上,功能是评价性的:将一项功能赋予某事物便是支持某个标准,人们能够根据该标准判断该事物是否成功。以这种方式,人们可能认为法律理论也是内在的评价性的。

尽管这种思路合理地表明法律理论要求接受某种评价性主张,但它并未明显地表明法律理论必然包含厚的评价性主张。[63] "X的功能是F"这种形式的主张会被自然地归类于"X是重要的"(或更为具体的,"X相对于某个目的Y是重要的")这种薄的评价性主张。据此,主张"法律的功能是F",并不明显地要求对法律作出厚的评价性主张。毕竟,这一点并不清楚:将一项功能赋予某事物,为何会要求相信"实现该功能在全盘考虑下或道德上是善的"? 因此,将一项功能赋予法律,并不要求作出任何厚的评价性主张。

(2) 源自内在观点的论证

支持将法律理论视为在相关意义上是内在的评价性理论的第二个自然的论证,依赖于这一观点:任何适格的法律理论必然考虑法律从业者倾向于对法律采取的内在观点。更为具体地讲,对法律采取内在观点便是对法律采取某种类型的支持态度,将它视为在某种意义上证立了行动或为行动提供了理由。[64]

---

[61] 欲了解相关概述,see supra note [7], pp. 122-35.

[62] *Supra* note [59], pp. 12-17; Stephen Perry, "Interpretation and Methodology in Legal Theory", in Andrei Marmor, *Interpretation and Legal Theory*, Clarendon Press, 1995, pp. 114-120.

[63] *Supra* note [59], pp. 114-125.

[64] *Supra* note [23], pp. 96-97; Stephen Perry, "Interpretation and Methodology in Legal Theory", in Andrei Marmor, *Interpretation and Legal Theory*, Clarendon Press, 1995, pp. 99-100;也可参见论述"法律实证主义"的词条,https://plato.stanford.edu/entries/legal-positivism/,最后访问日期:2020年3月7日。

而且，通常认为，大量关键性的法律实践参与者必须对该实践采取内在观点，以保证该实践能够被真正当作法律。人们可能认为，这是任何适格的法律理论都必须予以考虑的事实。据此，既然内在观点包含一种对法律的肯定性评价，既然任何适格的法律理论必然将这种观点考虑在内，那么人们便可能推导出，任何适格的法律理论本身必然是内在的评价性的。[65]

然而，并不清楚的是这种论证是否成功。毕竟从原则上讲，人们能够对"何种类型的考量得到了法律从业者的支持以及为何如此"进行说明，而无须自己也支持这种考量。类似的，一阶法律理论能够合理地说明"法律从业者倾向于对他们法域中的法律采取内在观点（支持该法律）"，而无须主张任何法域中的法律（或一般意义上的法律）都是有价值的或能够被证立的。据此，便不能清楚地主张：如果一个法律理论不对法律作出任何厚的评价性主张，那么原则上它便无法把握法律从业者对法律采取的内在观点。

（3）源自解释的论证

或许，为"法律理论是内在的评价性的"这一观点提供的最有影响力的论证源于这一观点：法律理论是一种德沃金意义上的解释性事业。[66] 说法律理论是一种解释性事业便是主张，对法律是什么的全面理解要求将法律建构为它所能够成为的、它所属于的那类东西的最佳事例。而且，人们可能认为，为了将法律实践构建为它所属于的那类东西的最佳事例，就需要对法律作出厚的评价性主张。[67]

有人可能试图以两种方式回应这一论证。一种自然的（尽管最终是不成功的）回应是，将某事物建构为它所属于的那类东西中它所能够成为的最佳事例，并不要求将那类东西当作是善的。说伯尼·麦道夫（Bernie Madoff）是历史上（一段时间内）最好的骗子，并不要求赞成欺骗。其结果是，说法律必须如此这般以成为它所属的那类东西的好的事例，并不要求作出任何厚的评价性主张。但是，在另外一种更为深入、更有意思的意义上，德沃金的观点使得法律理论是内在的评价性的。对于德沃金而言，法律理论是一种解释性事业，而为法律实践提供一种建构性解释便要求以其最佳的道德观点对法律实践进行建构。因

---

[65] 例如，人们可以在 Stephen Perry, "Interpretation and Methodology in Legal Theory," in Andrei Marmor, *Interpretation and Legal Theory*, Clarendon Press, 1995, pp. 121-25 和 Wil Waluchow, *Inclusive Legal Positivism*, Clarendon Press, 1994, pp. 423-28 中找到这种论证的多个版本。

[66] *Supra* note [6]；对其批判，可参见 Julie Dickson, *Evaluation and Legal Theory*, Hart Publishing, 2001, p. 105; Andrei Marmor, *Philosophy of Law*, Princeton University Press, 2011, pp. 126-30.

[67] 参见论述"法律解释主义"的词条，https://plato.stanford.edu/entries/law-interpretivist/，最后访问日期：2020年3月17日。

此,提供一种对法律实践的解释,会要求在"这些可能的建构法律实践的方式中,哪种方式在道德上比其他方式更好"这一问题上采取一定的立场。当然,这并不必然要求主张,在任意特定的建构中,法律是完全善的。但是它的确要求至少法律实践的某些建构会在道德上比其他建构更好。这看起来是一个厚的评价性主张,尽管是一个比较级的厚评价性主张。而且,如果人们在"什么会使得法律实践的一种建构在道德上比另一种建构更好"这一问题上没有一个观点,那么便不可能作出这样一种比较性的判断。因此,至少在这种意义上,将法律理论作为一种德沃金意义上的解释性事业,会使得法律理论在我们当前关注的意义上成为内在的评价性的。

据此,如果有人想要坚持"纯粹描述性的一阶法律理论是可能的",那么一个更好的、回应源自解释之论证的策略便是质疑其关键性前提,即法律理论必然是一种德沃金意义上的解释性事业。如果某个支持源自解释之论证的人想要主张这一前提,那么就需要为它提供某些理论上的说明。即需要提供某些论证来说明,为什么我们应当认为理解法律要求给予法律一个建构性解释。如此,对源自解释之论证的批评就可能会主张,这种论证的支持者们并未为该论证所极度依赖的这一前提提供一个理论上的说明。

这里可能提供的一个理论上的说明是,既然社会实践必然包括沟通,而理解任何形式的沟通都必然包含对言说者之主张的解释,那么理解法律这一社会实践便必然包含对法律的解释。然而,这一理论上的说明太过急切了。即便理解任何社会实践都要求这种类型或那种类型的解释,但是这并不会得出,这一解释要求一种德沃金意义上的建构性解释——为实践识别出这样一种解释,它将该实践放在其最佳的道德观点下予以审视。[68] 但是毫无疑问,这后面一项主张是支持源自解释之论证的人需要确立的,以得出他们想要的结论,即法律理论是内在的评价性的。

据此,我们似乎处在了这样一种二分境地。"在相关意义上,法律理论是否内在的是评价性的"这一问题依赖于"源自解释的论证是否成功"。而这一论证是否成功又依赖于其关键性前提,即这一主张:理解法律必然要求给予法律一种建构性解释。如果能够为这一主张提供一个不存在疑问的支持性论证,那么便有理由认为法律理论在性质上必然是评价性的。相反,如果不能为"理解法律要求一种建构性解释"这一想法提供一个不存在疑问的支持性论证,那么人们便能够坚持存在纯粹描述性的一阶法律理论。

当然,即便源自解释的论证失败了而纯粹描述性的法律理论是可能的,"试图为法律实践提供一种建构性解释"依然会是一项值得从事的事业,而这种事

---

[68] *Supra* note [7], pp. 127-128.

业的结果也确实会是一种部分评价性的理论。然而,这两种类型的理论并不会真正地相互冲突,因为它们会被用来回答不同的问题。因而最终,"方法论上的多元主义"可能是对法理学当前状况最恰当的定性。

(审稿编辑　谢可晟)
(校对编辑　潘　程)

二十年,我们不曾缺席!

一

2018年6月受《北大法律评论》(以下简称《法评》)编委会的委托,我承担起《法评》第20卷的主编工作,彼时内心感受委实复杂。从编辑到主编的身份转变,让我难以继续坚持对文执着的"硬气";处在管理《法评》的位置则更(应)像一位"经营者"——保本且图利!其中夹杂着的无奈与妥协之感——相较于拣选与编辑学术文章这一"苦差事"——或许更令人难以言明。然不必讳言,担任《法评》主编一职不仅是北大在校(博士)生较高的学术追求,更是学有所成的一次"自我证明",至少在若干年间仍是一项可资炫耀的"光环"。坦率来说,这种光环确实可以抚慰不少苦楚,甚至还会带来某刻无名的愉悦。现在想来,这种互偿式的矛盾情感,恰如《法评》二十年的发展路迹:时而高歌猛进颇有纵横学术刊物行列的豪情气概、时而沉郁低缓难遣苦苦探索仍未见前途的苦楚心绪。正是在这高唱低吟之间,《法评》迎来了第一个二十周年纪念日。

虽然早在创刊十周年之时,便有"无须纪念"的周年纪念之语(时任主编、现任职中国人民大学法学院的尤陈俊师兄明确表示"不想以那些浮华的方式专事庆祝,也无意为所取得的一些成绩沾沾自喜,我们只是想以心里不变的承诺和手中未改的事件来默默予以纪念"[1]），但时任院长的苏力老师还是提出了"追求不可替代"的期许。[2] 然而，知易行难，《法评》编委会这支"非正规军"，在评论辑刊遍地开花的趋同情势下，依旧不免坠入"乱花渐欲迷人眼"的境地。更有甚者，连我们也都在深深地自我质疑：还有连续出版《法评》的必要吗？我想，这一问题并非仅是到自己执掌主编之职时才有的疑惑。于是乎，我基本上在每次的编委会全会上都会提出同样的问题，即怎样"做"才能找回我们已经淡忘乃至丧失的那股子批判、革新的精神，怎样"想"才能在原有成绩的基础上继续创新以取得更多突破性进展？在我看来，这不仅涉及《法评》如何传承的问题，还关切着怎样盘活《法评》二十年来积攒下的"精华存量"，以图在未来可期的时间中获得更多有助于稳妥发展的动力。正是在这种自我革新的激励下，《法评》20卷编委会共同讨论并相继制定和修改了一系列办法（包括建立和完善了编辑奖惩机制、编辑业务的禁止性规定、编辑守则、校文注意事项、引征体例等），以适应不断变化着的学术（发表、出版）时空环境。

二

其实，改变的又岂限于外围的时空环境，学人的胸襟视角和思维关切也推动着学术研究范式不断发生变化。有鉴于此，我们决定以**"时空维度中的法学（律）"**作为本辑专题，以期彰显如下三方面的意义：一是，凸显本刊在既往特定时空下对学术界所产生的影响，事实上，《法评》确实不曾缺席（甚至在某种意义上还积极建构了）法学界某些重要的学术争论（包括但不限于"何为法律人思维""社科法学与教义法学的争论"等）；二是，突出"时空"维度本身对法律和法学的建构意义，以文字诠释出特定时空因素如何经由习惯发展至规范性的成例体制（这点尤其反映在我国早期法制实践中的经验传承与创新方面）；三是，强调具体法律制度与法学研究的"时空属性"。特别是，在"比较与借鉴"成为（部门）法学主流研究范式的当下，针对可能被这种范式所遮蔽的、因片面言说逻辑甚或某种意识形态等原因而遭忽视的研究路径及其所形成的智识成果，提供相当程度的学术再反思的机会。

在本专题项下共计刊发四篇文章。它们各具重点和特色：既有关于古典欧陆两大法哲学传统的历史钩沉，也有对经济法研究范式之时空嬗变史的纵向铺陈，二者共同揭示了法学研究中抽象与具体范畴在不断变迁的时空环境下相互交融的特质；此外，还有考究我国古代法制中具体文书之构成和意涵的文本读

---

[1] 尤陈俊："编后小记"，载《北大法律评论》（第十卷第1辑），北京大学出版社2009年版，第304页。

[2] 具体参见苏力："追求不可替代——《北大法律评论》十年感言"，载《北大法律评论》（第十卷第2辑），北京大学出版社2009年版，第563—568页。

解,以及探微近现代我国践行颇具特色的自首制度的具体叙事,这些均展示了法律(制度)分析中的规范理念与实践技艺在相对稳定的时空环境下所形塑出的鲜明特色。

本辑所收录的其他文章也基本上是围绕具体制度、争议学说乃至特定概念展开的。其中既包括关于传统法哲学问题的最新思考,也包括针对具体罪名的实践难题所进行的法理再诠释,还包括对于具体概念、理论所作的学术史式的谱系学梳理以及受国外反思现代社交媒体的著述所启发的个性化解读等作品。这些文章的论证颇为详细且独到,更难能可贵的是,其中多数出自年轻在校学生之手。应该说,本辑刊录的文章较为圆满地体现了前述专题的意义,当然,这并非否定存在缺憾,例如,本辑中并没有特别突出的、反映剖析法学研究成果横截面的文章,以致我们难以从中同时观察到"时间"所形塑出的研究意识之更迭以及空间所建构出的研究范式之变迁的具体情状及其机理。

三

应当说,"文以载道"是一代代"法评人"办刊的基本信念,当然这其中的"文"应当是自由而无禁的作品,"道"也应当是包容且可争鸣的思想。就此而言,20 卷的《法评》文稿经得起时间的考验:不仅仅是因为那一行行铅墨刻写出了二十年来我国法学发展的模糊轨迹和大致轮廓,也不仅仅是她承载了一代代"法评人"的坚守和智识,更为重要的原因在于她是(并将继续成为)一位刻意追求小众的孤独者,她选择了一条不那么主流甚至刻意不去追随主流的"少有人走的路"——在学界大量引入比较、借鉴等混杂叙事文风的大潮中,《法评》热衷于强调就基础知识进行正本清源式的研究成果(本人所提倡的"国外理论在地梳理、国内分析扎根实际"审稿标准);同样地,与大多数期刊偏好强势学科、追逐热点问题不同,《法评》则更加关注且愿意把发表版面给予"冷门绝学"类的文章和成果。

然而,这也绝不意味着《法评》没有推陈出新的自觉意识,事实上,无论时空如何转换,不变的是一代代"法评人"总能找到新的出发点,以不断更换着的编辑力量,为搭建一座别样的学术平台默默恳切地贡献着自己的力量。每届编委会的"法评人"都坚守着某种纯粹化了的"执念",这种执念不仅表现在编辑们时常会为一篇文章争执得面红耳赤的"较真儿"精神[3],更表现在我们为了刊发某些不讨喜的文章而情愿付出更大代价也不轻言放弃的"执拗"脾性。我想也许这才是学术讨论的本真形态,无拘无束而又恪守初心,不问禁区但求真知!

---

[3] 早在第十九卷的"编后小记"中,时任主编的刘思艺博士就描绘了法评编委会讨论稿件的情形(《北大法律评论》第 19 卷第 1 辑,北京大学出版社 2019 年版),可见身为主编,是十分乐意见到和极其珍惜编委会成员就学术问题争论的兴奋表现的。

值得一提的是,在编委会审稿过程中,我们发现作为范继增博士《废除〈人权法案〉与退出〈欧洲人权公约〉:英国普通法法理能否有效保障基本权利?》一文的外审专家,法学院的李红海研究员在给出可以刊文的肯定建议之余,附带出具了不同于作者基本立场和观点的详细说明及理由。在这份外审意见的基础上,经我提议,编委会决定邀请李老师扩写相关内容并全文整理出来,以《普通法能否更为有效地保护人权?!》为名,同范博士的文章一起交付刊印,意在以黑白文字的形式供读者自行评鉴。应该说,直接将针锋相对的匿审专家意见具名刊发,这在《法评》(当然也可能包括同行刊物[4])历史上尚属首次,但我们认为是值得的。

四

尽管《法评》存在或多或少的问题,也确实疲于应对不断变化的学术环境,同时亦尚未完成自我定位和探寻稳定刊物风格的任务。但是,作为二十年的连续出版的刊物,《法评》还是受到了校内外诸多领导、老师、同行们的大力支援和扶持。在此,本人谨代表第 20 卷编委会全体成员向以各种形式帮助《法评》继续发展的机构和人员表达诚挚的谢意。感谢积极为《法评》提供出版资金、办公场所等物质条件的北大社科部、北大法学院和科研办的相关领导、老师们,这些举动及时清除了掣肘《法评》进一步发展的关键性障碍。感谢北大出版社法律事业部的李霞主任和王晶编辑,她们的尽心协调和辛苦付出,从根本上缓解了《法评》出版延宕的现实窘况。感谢来自包括北京大学、清华大学、中国人民大学、中国社会科学院法学研究所等在内的全国十余所高校科研机构的鼎力支持,为我们奉献了一场十分精彩的"《法评》二十周年纪念学术研讨会"。其中要特别感谢强世功教授[5]、苏力教授与《法评》的老朋友冯象教授[6]、田雷教授[7]对《法评》的提携与厚爱。感谢前辈(主编)编辑代表(以姓氏拼音排序)曹

---

[4] 据我了解,在我国台湾地区的一些学术刊物中,刊文作者经常会以页下注的形式回应匿审专家提出的某些意见,但囿于理论立场和言说逻辑等因素,这种"回应"通常要么是以进一步反驳和澄清的形式表现出来,要么是以避而不谈的"另文讨论"的形式表现出来,对于真正要达到析理辩论的程度,仅具象征意义。

[5] 现为北京大学法学院教授。曾为《北大法律评论》创刊主编之一。

[6] 现为清华大学法学院梅汝璈法学讲席教授。

[7] 现为华东师范大学法学院教授,"雅理译丛"主编。

志勋[8]、李晟[9]、李诗鸿[10]、凌斌[11]、刘晓春[12]、尤陈俊[13]等师友拨冗参加"《法评》二十周年编辑恳谈会",他们为分析《法评》现状、诊断症结并化解现实困难与规划未来发展路径提供了许多宝贵且可行的建议和方法。感谢第 20 卷编委会的小伙伴们,没有你们严格把控稿件质量、精心组织年会讨论、尽力协调各项事务性工作,便不可能有如今这番气象。

扬洒四千余言,权当作为主编心路历程的纪实侧写。谨以此记纪念我们曾经的初心、共同度过的点滴以及一同前行的身影。

邵博文

2019 年 6 月初稿于未名湖边

12 月修订于玉渊潭河畔

---

[8] 现为北京大学法学院副教授。曾任《北大法律评论》第 12 卷至第 13 卷责任编辑。

[9] 现为中国海洋大学法政学院教授。曾任《北大法律评论》第 6 卷第 2 辑至第 8 卷第 1 辑的责任编辑。

[10] 现为华东政法大学国际金融法律学院副教授。曾任《北大法律评论》第 11 卷至第 13 卷编辑。

[11] 现为北京大学法学院教授。曾任《北大法律评论》第 1 卷至第 3 卷责任编辑。

[12] 现为中国社科院大学互联网法治研究中心执行主任。曾任《北大法律评论》第 3 卷至第 5 卷第 1 辑编辑。

[13] 现为中国人民大学法学院副教授。曾任《北大法律评论》第 7 卷第 2 辑至第 10 卷第 1 辑编辑,第 10 卷第 2 辑执行主编。

引 征 体 例

(2019 修订版)

一、援用本刊规范：
苏力:《作为社会控制的文学与法律——从元杂剧切入》,载《北大法律评论》第7卷第1辑,北京大学出版社2006年版,第132页。

二、一般体例
1. 引征应能体现所援用文献、资料等的信息特点,能(1)与其他文献、资料等相区别;(2)能说明该文献、资料等的相关来源,方便读者查找。
2. 引征注释以页下脚注形式连续编排。
3. 正文中出现一百字以上的引文,不必加注引号,直接将引文部分左边缩排两格,并使用楷体字予以区分。一百字以下引文,加注引号,直接放在正文中。
4. 直接引征不使用引导词;其他情况,分别按照以下规则处理:
    (1) 间接引征(概括引用大意)的,须在所引征的文献前加引导词"参见"(see; vgl)。
    (2) 同一文献有不同出处,需要互相印证的,可以写"又见"(also see; siehe auch)。
    (3) 引征二手文献、资料,需注明该原始文献资料的作者、标题,并在其后标注"转引自"(cited in; zitiert nach)及该援引的文献、资料等。
5. 文章来源于期刊(含以书代刊的连续出版物以及独立作品组成的文集)、报纸和网络,文献来源一律标注"载"。
6. 作者(包括编者、译者、机构作者等)为三人以上时,仅列出第一人,使用"等"予以省略。
7. 引征信札、访谈、演讲、电影、电视、广播、录音、未刊稿等文献、资料等,在其后注明资料形成时间、地点或出品时间、出品机构等能显示其独立存在的特征。
8. 不提倡引征作者自己的未刊稿,除非是即将出版或已经在一定范围内公开的。
9. 引征网页的出处仅限于大型学术网站或新闻网站,但应附有准确的网页链接地址,并注明文献资料的上传时间,如无上传时间的,注明最后访问时间(从学术网站上下载的单篇完整引文献的,可直接参见下述相应的引征体例进行标注,无须注明访问日期)。一般不提倡引征 BBS、BLOG 等普通用户可以任意删改的网络资料。

10. 翻译文章中,译者需要对专有名词进行解释说明,并以【*译注】的方式在脚注中表明;如译者对原文内容进行实质性补充论述或举出相反例证的,应以【*译按】的方式在脚注中表明。

11. 同一注释里如需罗列多条同类文献的,一般按时间顺序排列,用分号隔开(但依论证重要程度排列的文献次序除外)。同一注释里中外文文献混合排列的,结尾所使用的句号以最后文献的语种所对应的格式为准。

12. 英文、德文、日文和法文以外作品的引征,可遵从该文种的学术引征惯例,但须清楚可循。

13. 其他未尽事宜,参见本刊近期已刊登文章的处理办法。

三、脚注格式

(一) 中文

1. 著作
- 朱慈蕴:《公司法人格否认法理研究》,法律出版社 1998 年版,第 32 页。

2. 译作
- 孟德斯鸠:《论法的精神》(下册),张雁深译,商务印书馆 1963 年版,第 32 页。

3. 编辑(主编)作品
- 朱景文主编:《对西方法律传统的挑战——美国批判法律研究运动》,中国检察出版社 1996 年版,第 32 页。

4. 杂志/报刊
- 张维迎、柯荣住:《诉讼过程中的逆向选择及其解释——以契约纠纷的基层法院判决书为例的经验研究》,载《中国社会科学》2002 年第 2 期,第 40 页。
- 刘晓林:《行政许可法带给我们什么》,载《人民日报》(海外版)2003 年 9 月 6 日,第八版。

5. 著作中的文章
- 宋格文:《天人之间:汉代的契约与国家》,李明德译,载高道蕴等主编:《美国学者论中国法律传统》,中国政法大学出版社 1994 年版,第 32 页。

6. 裁判文书
【仅标注与裁判文书本身相关的信息】
- 最高人民法院指导性案例 93 号:于欢故意伤害案,2018 年 6 月 20 日发布。
- 江苏省无锡市滨湖区人民法院(2015)锡滨民初字第 01033 号民事判决书。
- 《陆红霞诉南通市发展和改革委员会政府信息公开答复案》,载《最高人民法院公报》2015 年第 11 期。

7. 网上文献资料引征
【一般在末尾注释文献发布或上载日期,如无,则标注最后访问日期】
- 梁戈:《评美国高教独立性存在与发展的历史条件》,http://www.edu.cn/20020318/3022829.shtml,最后访问日期:2008 年 8 月 1 日。

8. 古籍
   - （清）汪辉祖：《学治臆说》（卷下），清同治十年慎间堂刻汪龙庄先生遗书本，第4页b。
   - （清）薛允升：《读例存疑》（重刊本），黄静嘉编校，台湾成文出版社1970年版，第858页。
9. 档案文献
   - "沈宗富诉状"，嘉庆二十二年十二月二十日，巴县档案6-2-5505，四川省档案馆藏。
   - "傅良佐致国务院电"，1917年9月15日，北洋档案1011-5961，中国第二历史档案馆藏。
   - "党外人士座谈会记录"，1950年7月，李劼人档案，中共四川省委统战部档案室藏。

（二）英文
【著作名、期刊名用斜体，其他不斜体】

1. 英文期刊文章 Consecutively Paginated Journals
   【一般格式为…vol. ♯, no. ♯, 2010, p. X.】
   - Frank K. Upham, "Who Will Find the Defendant if He Stays with His Sheep? Justice in Rural China", *Yale Law Journal*, vol. 114, no. 7, 2005, p. 1677.

2. 文集中的文章 Shorter Works in Collection
   【注意区分例二和例三】
   - Lars Anell, "Foreword", in Daniel Gervais, *The TRIPS Agreement: Drafting History and Analysis (3rd edition)*, Sweet & Maxwell, 2008, p. 10.
   - Robert J. Antonio, "KarlMarx", in George Ritzer and Jeffrey Stepnisky (eds.), *The Wiley-Blackwell Companion to Major Social Theorists (volme I): Classical Social Theorists*, Blackwell Publishing, 2011, pp. 116—125.
   - John Rawls, "Kantian Constructivism in Moral Theory", in John Rawls, *Collected Papers*, Samuel Freeman (ed.), Harvard University Press, 1999, p. 300.

3. 英文书 Books
   - Richard A. Posner, *The Problems of Jurisprudence*, Harvard University Press, 1990, pp. 456—457.

4. 非英文著作的英译本 English Translations
   - Otfried Höffe, *Kant's Cosmopolitan Theory of Law and Peace*, Alexandra Newton (trans.), Cambridge University Press, 2006, p. 100.

5. 英美案例 Cases
   【正文中出现也要斜体】
   - *New York Times Co. v. Sullivan*, 76 U.S. 254 (1964).
   - *Kobe, Inc. v. Dempsey Pump Co.*, 198 F. 2d 416, 420 (10th Cir. 1952).

6. 未发表文章 Unpublished Manuscripts
   【尽量少引或不引此类文献】
   - Yu Li, *On the Wealth and Risk Effects of the Glass-Steagall Overhaul: Evidence from the Stock Market*, New York University, 2001 (unpublished manuscript, on file with author).

7. 信件 Letters
   - Letter from A to B of 12/23/2005, p. 2.

8. 采访 Interviews
- Telephone interview with A, (Oct 2, 1992).【如该采访刊载于网站等平台上,须参照前述有关引征网页资料的格式进行标注。】

9. 网页 Internet Sources
【应注明公布(上载)日期,如无可标注最后访问日期】
- Lu Xue, *Zhou Zhengqing Talks on the Forthcoming Revision of Securities Law* (*XXXX*, 5 July 2017), at http://www.fsi.com.cn/celeb300/visited303/303_0312/303_03123001.htm (last visited Aug. 1, 2018).

(三) 德文
【著作名、期刊名用斜体,其他不斜体】

1. 教科书: 作者、书名、版次、出版年份、章名、边码或页码
- Jescheck/Weigend, *Lehrbuch des Strafrechts Allgemeiner Teil*, 5. Aufl., 1996, § 6, Rn. 371/S. 651ff.

【注意:ff.之前没有空格】

2. 专著: 作者、书名、版次、出版年份、页码
- Roxin, *Täterschaft und Tatherrschaft*, 7. Aufl., 2000, S. 431.

3. 评注: 作者、评注名称、版次、出版年份、条名、边码
- Crame/Heine, in: Schönke/Schröder, 27. Aufl., 2006, § 13, Rn. 601ff.

4. 论文: 作者、论文题目、刊物名称、卷册号、出版年份、首页码、所引页码
- Schaffstein, Soziale Adäquanz und Tatbestandslehre, *ZStW* 72 (1960), 369, 369.

5. 祝寿文集: 作者、论文题目、文集名称、出版年份、页码
- Roxin, Der Anfang des beendeten Versuchs, *FS-Maurach*, 1972, S. 213.

【文集名称保留简写方式。例如,*Festschrift für Küper zum 70 Geburtstag* 简写为 *FS-Küper*】

6. 一般文集: 作者、论文题目、编者、文集名称、出版年份、页码
- Hass, Kritik der Tatherrschaftslehre, in: Kaufmann/Renzikowski (Hrsg.), *Zurechnung als Operationalisierung von Verantwortung*, 2004, S. 197.

7. 判例: 判例集名称或者发布判例机构名称、卷册号、首页码、所引页码
- BGHSt 17, 359 (360).
- BGH NJW 1991, 1543 (1544).
- BGH NStZ-RR 1999, 185.

8. 法律法规: 具体条文序号、法典(规)名
【原则上以"§"标明条文数,以罗马数字标明所引款,以"Nr."标记所引项。对于《基本法》以及国际条约等以 Art. 表示条文数的,以 Art. 标明条文数。】
- § 32 II StGB.
- § 58a I Nr. 2 StPO.
- Art. 2 II GG.

【法典或法规名称,有惯用缩写的,使用缩写。没有惯用缩写的,注明全称】

(四) 日文
【「」为繁体字输入法状态下 shift+[]组合键】

1. 书籍: 作者、书名、版次、出版社、年份、页码

- 我妻栄『新訂担保物権法（民法講義 III）』，有斐閣 1971 年版，50 頁。
- 我妻栄＝有泉亨『民法総則物権法（法律学体系・コンメンタール篇）』，日本評論社 1950 年版，31 頁。
- 参照我妻栄＝有泉亨『民法総則物権法（法律学体系・コンメンタール篇）』，日本評論社 1950 年版，31 頁。

【对作者进行提炼或解读时的格式】
【如系多位作者合著的，则在作者之间加＝】

2. 论文：作者、文章名称、杂志名称、出版年份（卷号）、页码
   - 於保不二雄「付加物及び従物と抵当権」，民商法雑誌 1954 年 29 巻 5 号，1 頁以下。

【论文名加""，杂志名称不加符号，杂志名称用全称】
【多位作者合著的参照前述体例】

3. 文集：作者、文章名称、编者、文集名称、出版社、年份、页码
   - 佐藤英明「一時所得の要件に関する覚書」，金子宏ほか編『租税法と市場』，有斐閣 2014 年版，220 頁。

4. 案例：判决机构名称、判决日期、所在法律文件名称（卷号）、页码
   - 大審院 1919 年 3 月 3 日判決，大審院民事判決録 25 輯，356 頁。
   - 最高裁判所 1982 年 7 月 15 日判決，最高裁判所民事判例集 36 巻 6 号，1113 頁。

5. 官方文件：文件名称
   - 「平成 26 年版犯罪白書」による。

【による为固定格式】

6. 新　　报纸：名称、发行时间、刊物类型（朝刊/夕刊の別）、版面
   - 『日本経済新聞』1992 年 6 月 23 日朝刊。

(五) 法文
【著作名、期刊名用斜体，其他不斜体】

1. 书籍：作者、书名、出版社、版次、出版年份、页码
   - Marc Chevallier, *L'État de droit*, Montchrestien, 4e éd., Paris, 2003, pp. 16—29.

2. 论文：作者、论文题目、刊物名称、卷册号、出版年份、页码
   - Marc Poisson, « Le droit de la mer », *RGDIP*, 2015, pp. 15—47.
   - Claire Badiou-Mouferran, « La promotion esthétique du pathé tique dans la seconde moitié du XVIIe siè cle », *La Licorne*, n°43, 1997, pp. 75—94.

【« » 为英文半角状态下的双引号格式】

3. 文集文章：作者、论文题目、编者、文集名称，出版年份、页码
   - Marc Poisson, « Le droit de la mer «, in R. Lapieuvre (dir.), *Le droit des Océans*, Eyditions de la mer, 2015, pp. 12—48.

4. 会议报告：作者、报告名称、会议名称、报告日期、页数
   - Marc Poisson, Le droit de la mer en Méditerrané, Congrès de Marseille, juillet 2016, pp. 228—229.

5. 博硕士论文：作者、论文名称、毕业学校（院系）、毕业（通过答辩）年份
   - Marc Poisson, Le droit de la mer appliqué à la Méditerrané e, Theèse de l'Université de Marseille, 17 juin 2016.

6. **法典法规**：条款、编号、法典（规）名称
   - Art. 78 et s. de la Constitution du 24 juin 1793.
   - Art. 6 de la Charte de l'é lu local codifié à l'art. L. 1111-1-1 CGCT.
7. **案例**：法院名称、审判庭名称、日期、案件名称和案件号
   - CE. 15 février 2008, Commune de La Londe-les-Maures, req. n°279045.
   - CIJ, Délimitation maritime en mer Noire (Roumanie c. Ukraine), 3 février 2009, CIJ Recueil 2009, p. 61.

   【例二表示该案件已被载入案例汇编（Recueil），须标注具体页码】
8. **网络信息**：作者、题目、网址、上传（公布）日期或最后访问日期
   - Béatrice Joyeux-Prunel, « L'histoire de l'art et le quantitatif », Histoire & mesure, vol. XXIII, n°2, 2008, En ligne: http://histoiremesure.revues.org/index3543.html. Consulté le 17 mars 2010.

   【只有在无法查明上传（公布）日期时，才需注明最后访问日期】

四、重复引注规则

（一）中文文献一律为"同前注〔X〕，第 2 页。"
【如被重复引用的脚注中不止一个文献，则仍需标明具体所引文献的作者姓氏和文献名称信息，具体格式按照上述相应规则处理】

（二）同页次第紧连文献
注释中重复引用文献、资料时，若为注释中同页次第紧连援用同一文献的情形，应根据文献语言类型，按以下方式分别标明：
1. 英文文献：*Id.*, p. 2.
2. 德文文献：Kaser/Hackl, a. a. O., S. 35.
3. 日文文献：同正文格式，但字体应为日文汉字
4. 法文文献：*Ibid.*, p. xx—xy fait reéférence àplusieurs pages de ce même ouvrage.

【如被重复引用的脚注中不止一个文献，则仍需标明具体所引文献的作者姓氏和文献名称信息，具体格式按照上述相应规则处理】

（三）非次第紧连文献
若为非次第紧连的文献，可将文献的作者、名称、版次、出处等简略，根据文献语言类型，按以下方式分别标明：
1. 英文文献：*Supra* note〔X〕, p. 2.
2. 德文文献：Leenen (Fn. 2), Rn. 2.
3. 日文文献：同正文格式，但字体应为日文汉字
4. 法文文献：Marc Poisson, Le droit de la mer, op. cit., p. 212.

【如被重复引用的脚注中不止一个文献，则仍需标明具体所引文献的作者姓氏和文献名称信息，具体格式按照上述相应规则处理】

五、其他

本体例未尽事宜，可参照《法学引注手册》一书的相关规定（法学引注手册编写组编，北京大学出版社 2020 年版）。